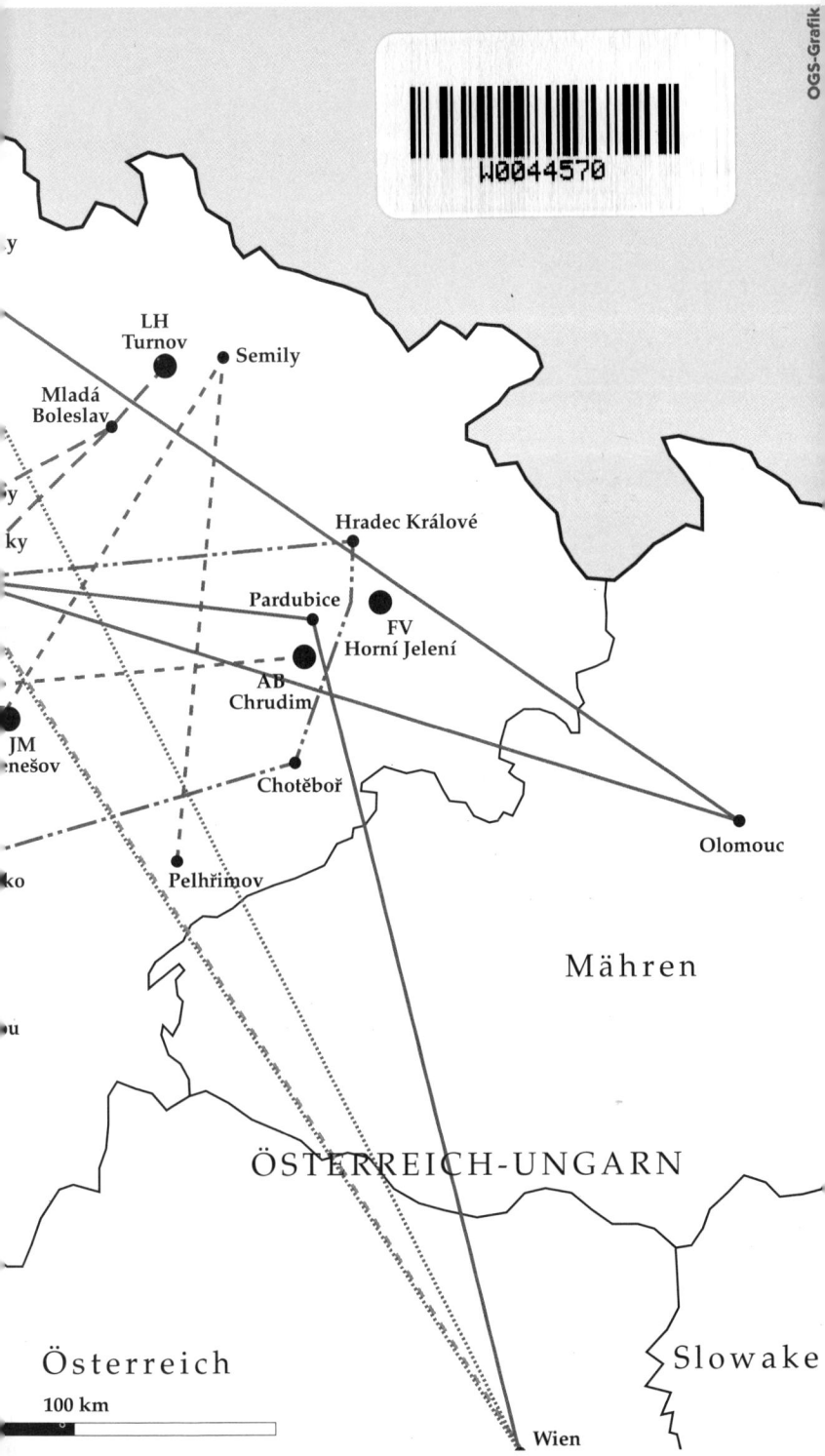

y

LH
Turnov
● Semily

Mladá
Boleslav

Hradec Králové
●

Pardubice
● FV
Horní Jelení

AB
Chrudim

JM
nešov

Chotěboř

ko

Pelhřimov

Olomouc
●

Mähren

ÖSTERREICH-UNGARN

Österreich

Slowake

100 km

Wien

bőhla Wien

Damit es nicht verlorengeht ...

37

Herausgegeben von Michael Mitterauer
und Peter Paul Kloß

Pavla Vošahlíková (Hg.)

Von Amts wegen

K. k. Beamte erzählen

BÖHLAU VERLAG WIEN · KÖLN · WEIMAR

Gedruckt mit Unterstützung durch
das Bundesministerium für Wissenschaft und Verkehr und
den Fonds zur Förderung der wissenschaftlichen Forschung.

Bildnachweis

Abbildungen 1 bis 3 und Umschlagseite 1:
Fotosammlung des Archivs des Technischen National-
museums, Prag;
Abbildungen 4 bis 7:
Fotosammlung des Historischen Instituts AW der Tschechi-
schen Republik, Prag

Die Deutsche Bibliothek – CIP-Einheitsaufnahme

Von Amts wegen : k. k. Beamte erzählen /
Pavla Vošahlíková (Hg.). –
Wien ; Köln ; Weimar : Böhlau, 1998
(Damit es nicht verlorengeht . . . ; 37)
ISBN 3-205-98418-8

Gedruckt auf umweltfreundlichem,
chlor- und säurefreiem Papier.

Satz: KLOSSSATZ, 2565 Neuhaus/Triesting
Druck: Imprint/TISKARNA DAN, d.o.o., Ljubljana

INHALTSVERZEICHNIS

ÄMTER UND BEAMTE UNTER FRANZ JOSEPH I.

VON PAVLA VOŠAHLÍKOVÁ

Der tschechische Journalist und Schriftsteller Servác Heller beschrieb an der Wende des 19. zum 20. Jahrhundert die gesellschaftliche Funktion von Autobiographien mit den folgenden Worten: „In unserer Zeit, in der wissenschaftliche Entdeckungen und Forschungen schier um die Wette entstehen, in der sich in wilder Hast technische Erfindungen überholen, in der sich Lebens- und Arbeitsformen sprunghaft ändern und ein auf Energie, Willenskraft und Tatendrang hin orientierter Fleiß immer wieder neue Ziele setzt, werden so manche Begebenheiten und Umstände des öffentlichen und häuslichen Lebens vergessen. Dinge, welche die jüngeren Generationen nicht mehr vorfinden, geraten in völlige Vergessenheit, und auch erst unlängst Vergangenes verblaßt in der Erinnerung."[1]

Aus ähnlichen Erfahrungen wie den eben zitierten rührt sehr oft bei älteren Menschen das Bedürfnis, die eigene Lebensgeschichte in schriftlicher Form festzuhalten. Aus der raschen Veränderung der Lebensbedingungen und der alltäglichen Gewohnheiten entsteht für viele Menschen der Wunsch, ihren Kindern und Freunden ein persönliches Zeugnis über eine entschwindende Welt zu hinterlassen. Die Mehrzahl der so entstandenen Selbstzeugnisse ist ursprünglich nicht für die Öffentlichkeit

---

1 Vgl. Servác Heller: Z minulé doby (Aus vergangener Zeit), 2. Teil, Prag 1918, S. 5–6.

bestimmt, sondern wird im Familienbesitz weitergegeben oder in Archiven aufbewahrt.[2]

Seit ein bis zwei Jahrzehnten werden lebensgeschichtliche Erzählungen in zahlreichen europäischen Ländern verstärkt als sozial- und zeitgeschichtliche Quellen gesammelt und für historische Forschungen genutzt.[3] Dementsprechend bemühen sich auch immer mehr wissenschaftliche Einrichtungen und manche Verlage, autobiographische Zeugnisse durch Veröffentlichung einem größeren Leserkreis zugänglich zu machen.[4]

---

2 Zu den größten Dokumentensammlungen in Böhmen, aus denen auch alle autobiographischen Texte dieses Bandes entnommen sind, gehören die Handschriftensammlung des „Archiv Národního technického muzea" (Archiv des Technischen Nationalmuseums) in Prag und die Nachlaßsammlung im „Archiv Národního muzea" (Archiv des Nationalmuseums) in Prag.

3 In manchen Ländern, vor allem in Polen und Skandinavien, hat das Sammeln von lebensgeschichtlichen Aufzeichnungen schon eine lange Tradition, die teilweise weit in die erste Hälfte des 20. Jahrhunderts zurückreicht. In Österreich besteht seit 1983 die „Dokumentation lebensgeschichtlicher Aufzeichnungen" am Institut für Wirtschafts- und Sozialgeschichte der Universität Wien, aus deren Textsammlung bereits zahlreiche Bände der Buchreihe „Damit es nicht verlorengeht ..." hervorgegangen sind. In Deutschland bestehen vergleichbare autobiographische Textsammlungen in Tübingen, Lüdenscheid und Nartum. Weitere international bekannte Archive dieser Art gibt es in Italien, Frankreich und Großbritannien.

4 Als autobiographische Buchreihen mit wissenschaftlichem Anspruch sind im deutschsprachigen Raum neben der Reihe „Damit es nicht verlorengeht ..." die „Selbstzeugnisse der Neuzeit" im Berliner Akademie Verlag sowie „Das volkskundliche Taschenbuch" im Zürcher Limmat Verlag zu erwähnen.
In der Reihe „Damit es nicht verlorengeht" erschienen bereits mehrere Bände, deren Entstehen aus der Intention der Herausgeber resultierte, fremdsprachige Selbstzeugnisse – insbesondere aus dem mittel- und osteuropäischen Raum – einem deutschsprachigen Lesepublikum zugänglich zu machen. (Vgl. Bd. 30: Pavla Vošahlíková (Hg.): Auf der Walz. Erinnerungen böhmischer Handwerksgesellen (1994); Bd. 33: Jana Losová (Hg.): Kindheit in Böhmen und Mähren (1996); Bd. 35: Kristina Popova: „Ein roter und ein weißer Zwirn". Jugend auf dem Balkan (1996); Bd. 39: Agota Bartnykaite-Savickiene: „Ein Dorf zwischen großen Wäldern". Erinnerungen aus dem alten Litauen (1997).

Im Lauf der Forschungsarbeiten in verschiedenen Archiven zeigte sich, daß das Bedürfnis, Zeugnis über das eigene Leben abzulegen und der Nachwelt zu hinterlassen, keineswegs bei allen Bevölkerungsschichten gleich stark war und ist. Je nach Alter, Geschlecht, Beruf oder sozialer Stellung findet sich eine sehr unterschiedlich ausgeprägte Neigung, die eigenen Lebenserinnerungen zu Papier zu bringen. Zu den fleißigsten Autoren dieses Genres gehörten im 19. und Anfang des 20. Jahrhunderts zweifellos die Beamten.

Autobiographien, Lebenserinnerungen und Familienchroniken von Beamten entstanden – wie die Bestände der Archive und die Zahl an Veröffentlichungen zeigen – vor allem in der Zeit Kaiser Franz Josephs I. sehr häufig. Dieser Trend hängt zweifelsohne mit der starken Erweiterung der Behörden und der steigenden Zahl von Beam-

Bei den im vorliegenden Band präsentierten autobiographischen Texten handelt es sich zur Gänze um Übersetzungen aus dem Tschechischen, die im Rahmen eines Seminars am Institut für Slawistik der Universität Wien unter der Leitung von Univ.-Doz. Gero Fischer erstellt wurden. Eine besondere Schwierigkeit stellte sich bei der Frage der Übersetzung tschechischer Orts-, Straßen- und Institutionennamen in den edierten Texten. Grundsätzlich wurden die in den tschechischen Originaltexten verwendeten Bezeichnungen in der Übersetzung beibehalten. Zum einen Teil (z. B. Titel von Büchern, Zeitschriften, Namen von Institutionen, Straßennamen) wurden deutsche Entsprechungen unmittelbar nach dem tschechischen Originalausdruck in Klammern beigefügt, zum anderen Teil (geographische Bezeichnungen) in gesammelter Form im Anhang dieses Bandes aufgeführt. Das zweisprachige Ortsverzeichnis enthält sämtliche vorkommenden tschechischen Orts-, Stadt- und Stadtteilbezeichnungen, für welche deutsche Entsprechungen existieren. Für geographische Begriffe außerhalb des Gebietes der heutigen Tschechischen Republik wurden durchwegs nur die deutsche Bezeichnung verwendet, wie auch im Fall einiger weniger im Deutschen heute sehr geläufiger Namen tschechischer Städte und Flüsse (z. B. Praha – Prag, Plzeň – Pilsen, Vltava – Moldau) vom erstgenannten Grundsatz abgegangen und im Sinne einer Verbesserung des Leseflusses die deutschen Namen verwendet wurden. Besonders verwiesen sei auch auf das Verzeichnis der Personen- und Institutionen samt kurzen Erläuterungen im Anhang des Buches.

ten zusammen.[5] Die schwarze Uniform mit den goldenen Lampassen an den Hosen und dem goldenen Stehkragen auf dem Mantel, die in den fünfziger Jahren die frühere farbenfrohe Uniform ablöste[6], war in den folgenden Jahrzehnten bei festlichen Anlässen ein unübersehbarer Bestandteil des Straßenbilds in den Groß- und Kleinstädten der ganzen Monarchie. Die festliche Beamtenuniform war Kennzeichen des Staatsdienstes, Zeugnis einer beruflichen Karriere, ein Zeichen für soziales Prestige und gehobenen Lebensstandard. Ihr Tragen verpflichtete jedoch auch zu einem vorbildlichen Privatleben sowie zu einem dem Beamtenstand angemessenen Benehmen.[7] Je häufi-

---

5   Zu einem starken Zuwachs an österreich-ungarischen Beamten kam es insbesondere nach dem Jahr 1870. Genauer hat sich mit dieser Problematik Miloslav Martínek in seiner Dissertation beschäftigt: Příspěvek k poznání struktury státního úřednictva v Čechách na počátku 20. Století, Ústav československých a světových dějin ČSAV (Ein Beitrag zur Erkenntnis der Struktur der Staatsbeamtenschaft zu Beginn des 20. Jahrhunderts, Institut für tschechoslowakische und Weltgeschichte der Tschechoslowakischen Akademie der Wissenschaften), Prag 1975, S. 21–26. Die österreichische Statistik verzeichnet in bezug auf die Zahl der Beamten der cisleithanischen Staatsverwaltung in den Jahren 1890 bis 1910 folgende Entwicklung: 1890: 136.000 Personen, 1900: 201.000 Personen, 1910: 247.000 Personen. In den Angaben sind die sogenannten Angestellten- und Arbeiterberufe in der Staatsverwaltung nicht berücksichtigt; Postbeamte und das Personal der Eisenbahnen sind jedoch eingerechnet. (Vgl. Österreichische Statistik XXXIII/1, S. 29; LXVI/1, S. 14 ff.; Neue Folge 3/1, S. 10 f.) Zur Anzahl der Beamten vgl. weiters Karl Megner: Beamte. Wirtschafts- und sozialgeschichtliche Aspekte des k. k. Beamtentums, Wien 1986, S. 343 f.
6   Die Beamten trugen ab dem Jahre 1814 Uniform, als sie der Kaiser als besondere Gnadenbekundung gestattete. Die ursprünglichen Uniformen hatten einen dunkelgrünen Grund und vielerlei Verzierungen, wobei die höchsten Ämter auch farblich hervorgehoben waren. Nach den Reformen unter der Herrschaft Franz Josephs I. vereinheitlichte sich die Beamtenuniform schrittweise. Vgl. Waltraud Heindl: Gehorsame Rebellen. Bürokratie und Beamte in Österreich 1780 bis 1848, Wien 1991, S. 241–293.
7   Eindeutig wurden die Beamtenpflichten in den achtziger Jahren des vorigen Jahrhunderts von Justin Blonski formuliert. In seiner Arbeit schrieb er: „Im allgemeinen ist jeder Beamte und

ger Beamten-, aber auch Militär- und Polizeiuniformen auf den Straßen zu sehen waren, desto mehr sollten die Bürger die ständige Präsenz der Staatsmacht als einen festen Bestandteil in ihrem Alltagsleben wahrnehmen.

Die Beziehung des Beamten zum Staat, dem er diente, mußte, wenigstens nach außen hin, loyal sein. Autobiographien von Beamten zeigen jedoch, daß dieses äußere Erscheinungsbild durchaus täuschen konnte und daß vor allem subalterne Beamte mit den Anforderungen, die ihnen ihre Stellung diktierte, manchmal nur schwer zurechtkamen.

Der staatliche Dienst brachte einerseits zahlreiche Vorteile. Er bot Existenzsicherheit sowohl während des aktiven Dienstes als auch nach dessen Beendigung an.[8] Außerdem stellte der Bürokrat ein Vorbild für die anderen dar und zählte zur Elite der Gesellschaft. Andererseits wurden er selbst und seine Familie ständig beobachtet und bewertet. Vor allem die „geheime Qualifikation", die umfassende Beurteilung durch Vorgesetzte, deren Maßstäbe und Ergebnisse nicht offengelegt wurden, war für ihn oft ein Alptraum.[9] Die Staatsmacht würdigte an ihren

Diener verbunden, die durch sein Amt und seinen Diensteid aufgelegten Pflichten auf das genaueste zu erfüllen. Insbesondere versehen sich Seiner Majestät der unbedingten Treue und des unverbrüchlichen Festhaltens an den allerhöchst vorgezeichneten Regierungsgrundsätzen und erwarten die Bethätigung einer diesen Pflichten jederzeit vollkommen entsprechenden Handlungsweise nicht nur in ihren Amtshandlungen, sondern auch in allen ihren sonstigen Verhältnissen." – Justin Blonski: Der österreichische Civil-Staatsdienst, Wien 1882, S. 226.

8   Die Vorteile des Beamtenberufes, vor allem jene sozialer Art, faßte Karl Megner in seiner Arbeit zusammen (vgl. ders.: a.a.O., S. 320ff.). Gleichzeitig deutete er auch die Mängel dieser Absicherung an, die erst in der zweiten Hälfte des vorigen und am Anfang unseres Jahrhunderts allmählich beseitigt wurden.

9   Die geheime Qualifikation aufzuheben war eines der Hauptanliegen der Beamten, welches zu Anfang des 20. Jahrhunderts vor allem in den Forderungen nach Einführung einer Dienstpragmatik zum Ausdruck kam. In einem Entwurf der Pragmatik, der 1907 von Hermann Elhart vorgelegt wurde, wurde zur

Dienern vor allem Gehorsam und erhob dieses Prinzip zu einer Rechtsnorm. Der Regierungserlaß aus dem Jahr 1849 ordnete beispielsweise an, daß „jeder Beamte entweder auf seine Stelle verzichte, oder in und außer dem Amte so rede und handle, daß sein aufrichtiges Wirken im Sinne und Geiste der Regierung gar nicht in Zweifel gezogen werden kann, zugleich ist ihnen ausdrücklich zu erklären, daß die Centralgewalt fest entschlossen ist, jeden Beamten ohne weiteres seiner Stelle zu entsetzen, der sich erlauben sollte, der Centralgewalt, sei es durch öffentlichen Tadel ihrer Verfügungen entgegenzuwirken oder gar sich soweit vergäße, daß er direkt gegen die Regierung oder die aufgestellten Grundsätze derselben handelnd auftritt".[10]

Ein Beamter, vor allem ein Anfänger, war auch häufig mit bedeutenden Existenzproblemen konfrontiert, weil er, bevor er das Definitivum erreichte, oft unentgeltlich dienen mußte oder nur ein sehr bescheidenes Einkommen

---

geheimen Qualfikation folgendes festgestellt: „Die bisherige geheime Qualifikation ist ein Pfahl im Fleische der Beamtenschaft. Die korrumpierende Wirkung der geheimen Qualifikation ist eine so offenkundige Tatsache, daß jedes weitere Wort hierüber überflüssig ist." – Hermann Elhart: Dienstpragmatik für Staatsbeamte und Staatslehrpersonen, Wien 1907, S. 19.

Die Qualifikationstabellen, die bis zum Jahre 1914, dem Jahr der Einführung der Dienstpragmatik, das Vorrücken in der beruflichen Hierarchie bestimmten, beruhten auf einer nicht-öffentlichen Beurteilung nach den vier Noten: hervorragend, sehr gut, gut und befriedigend. Dabei wurden nicht nur die Arbeitsleistung sondern auch Figur und Körperbau des Bewerbers, seine Familienverhältnisse und dergleichen bewertet, und nur eine „hervorragende" oder „sehr gute" Benotung brachte eine Beförderung mit sich. – Vgl. Miloslav Martínek: a. a. O., S. 153–154, 230–231.

10 Erlaß des Ministers des Inneren vom 7. Dezember 1848, wodurch den politischen Behörden ein den Grundzügen der Centralgewalt entsprechendes Verhalten zur Pflicht gemacht wird. Allgemeines Reichs-Gesetz und Regierungsblatt für das Kaiserthum Österreich. Erste Abteilung des Ergänzungsbandes, umfassend die Gesetze und Verordnungen vom 2. Dezember 1848 bis Ende Jänner 1849, S. 15 f., Nr. 13, Wien 1850.

erhielt.[11] Gleichzeitig mußte er jedoch im Interesse seiner künftigen Karriere verschiedenen Verpflichtungen nachkommen, sich angemessen kleiden, entsprechend wohnen und am gesellschaftlichen Leben der gehobenen Schichten teilnehmen. In zahlreichen Autobiographien werden hinter dem glänzenden äußeren Erscheinungsbild der Beamten auch die Schattenseiten ihres Berufes sichtbar. Im Unterschied zu Statistiken und anderen offiziellen Dokumenten präsentiert sich in den schriftlichen Lebenserinnerungen der Staatsdiener oft der trockene Beamtenalltag, die persönliche Art der Auseinandersetzung mit Arbeitsbedingungen und sozialen Anforderungen, die Verbindungslinien zwischen Beruf, Familienleben und gesellschaftlichen Kontakten.

Im Vergleich mit der Zeit davor kann man während der Regierungszeit Franz Josephs I. von einem großen Aufstieg des Staatsbeamtentums sprechen.[12] Um die Jahrhundertwende nahm die Zahl der systemisierten Stellen im Staatsdienst (Polizei und Armee ausgenommen) allein in Böhmen jährlich um fünf- bis achthundert zu.[13] Sehr schnell stieg die Beamtenzahl in der Zentralverwaltung und in den Provinzen an. Obwohl in Böhmen keine zentralen Behörden vertreten waren, bewegte sich die Zahl der Beamten um fünfzehntausend.[14]

---

11 Vergleiche Miloslav Martínek: a.a.O., S. 87 ff.; Karl Megner: a.a.O., S. 285 ff.
12 Vgl. Karl Megner: a.a.O., S. 30 ff.; Gerhard Botz: Angestellte zwischen Ständegesellschaft, Revolution und Faschismus. Zur Entwicklung des Begriffs und des Organisationsverhaltens von angestellten Mittelschichten in Österreich (1890–1933). In: Jürgen Kocka (Hg.): Angestellte im europäischen Vergleich. Die Herausbildung angestellter Mittelschichten seit dem späten 19. Jahrhundert, Göttingen 1981 (= Geschichte und Gesellschaft, Sonderh. 7), S. 196–239.
13 Vgl. Miloslav Martínek: a.a.O., S. 59. In dieser Angabe sind Hilfsbeamte, Diurnisten, Anwärter u. dgl. nicht eingeschlossen.
14 Vgl. ebd., S. 1. Die Zentralverwaltung umfaßte neben dem Hofstaat die k.u.k. Zentralstellen (Außen-, Kriegs- und Gemeinsames Finanzministerium sowie den Gemeinsamen Ober-

Neben der Zahl der Staatsbeamten wuchs jedoch unter Franz Joseph I. – vor allem seit den sechziger Jahren des 19. Jahrhunderts – auch der Bedarf an qualifizierter Beamtenarbeit bei · Magistraten, in Gemeindeämtern und später in den Privatunternehmen schnell an.[15] Der Staat übertrug den Selbstverwaltungsorganen verschiedene Pflichten, beispielsweise bei der Registrierung der Bevölkerung gemäß den Erfordernissen der Finanzämter. Diese übertragenen Aufgaben wurden zusammen mit den aus der Selbstverwaltung resultierenden Tätigkeiten allmählich immer komplizierter und entwickelten einen ständig steigenden Bedarf an qualifizierten Angestellten.

Die berufliche Laufbahn auf einem Magistrat war, besonders in den Großstädten, in vielem jener im Staatsdienst ähnlich. Das gesellschaftliche Prestige eines Staatsbeamten war zwar in der Regel höher, der Magistrat hatte aber auch seine Vorzüge. Die Vor- und Nachteile der Arbeit für den Magistrat hat der tschechische Belletrist Ignát Herrmann, ein Kenner der damaligen Verhältnisse, sehr treffend und leicht satirisch beschrieben. Einer der Helden seines Romans „Vater Kondelík und Bräutigam Wejwara" stellt sich nach Beendigung der juridischen

<hr>

sten Rechnungshof) und die k. k. Zentralstellen (Innen-, Justiz-, Finanz-, Handels-, Ackerbau-, Eisenbahnministerium und die Ministerien für Landeskultur und Bergwesen, für Kultus und Unterricht u. a.) in Wien samt nachgeordneten Dienststellen. An der Spitze der Landesverwaltungen standen die Statthaltereien bzw. Landesregierungen der einzelnen Kronländer, ihnen unterstellt waren Kreis- und Bezirksbehörden. Vgl. Walter Goldinger: Die Zentralverwaltung in Cisleithanien – die zivile gemeinsame Zentralverwaltung. In: Adam Wandruszka, Peter Urbanitsch (Hg.): Die Habsburgermonarchie 1848–1918, Bd. 2: Verwaltung und Rechtswesen, Wien 1975, S. 100–189; Ernst C. Hellbling: Die Landesverwaltung in Cisleithanien. In: ebd. S. 190–269.

15 Die Bürokratisierung der lokalen Verwaltung schritt ab 1862 sehr schnell voran, als das Reichsgemeindegesetz in Kraft trat. Für die Administration von Privatunternehmen ergab sich, je nach Art und Größe des Unternehmens, erst in den darauffolgenden Jahrzehnten ein größerer Bedarf an Privatangestellten.

Studien die Frage, wohin der weitere, am leichteste gang-
bare Lebensweg führe. „‚Sollte ich mich der Advokatie
zuwenden?' fragte sich Wejwara. Er mußte bekennen,
daß ihm zu diesem allerselbständigsten Berufe die nötige
Selbständigkeit fehlte. . . . Staatsbeamter? Bei dem bloßen
Gedanken an die goldenen engen Krägen, an die zuge-
knöpften Uniformen wurde ihm angst und bang. Nein,
Staatsbeamter wird er auch nicht. Was blieb ihm noch,
um die Studien nutzbringend anzuwenden? Nach vielen
Erwägungen gelangte Wejwara zu der Überzeugung, daß
nur der Magistrat ein ruhiger Hafen sei, in welchen er
sein Lebensschifflein steuern sollte. Beim Magistrat winkt
zwar kein Ruhm, das Haupt wird nicht mit Lorbeer
bekränzt, aber er bietet eine sichere Existenz. Schön mä-
ßig rückt man dort vom Praktikanten aufwärts, Stufe um
Stufe, keiner jagt den anderen, man arbeitet behaglich im
Warmen, die Verantwortung trägt immer der Höhere, der
Herr Sekretär, der Herr Kanzleidirektor, der Herr Rat, der
Herr Bürgermeister, der löbliche Stadtrat. Der Untergebe-
ne folgt nur den Anordnungen des Höheren, es wird ihm
zwar ab und zu eine Nase gezeigt, aber er kann nichts
verderben. Ob er die Sache auf die oder jene Weise
erledigt, immer ist eine Richtigstellung möglich. Und
Herr Wejwara ging also zum Magistrate. . . . Er wurde
Praktikant, wird einmal Konzipist, wird Sekretär – und er
bringt es vielleicht einmal zum Rat. Mein Gott, ein Magistratsrat! Das ist kein kleiner Herrgott mehr!"[16]
Trotz mancher Unterschiede in der beruflichen Karriere der Staats- und der Magistratsbeamten, die Ignát Herrmann in der Person seines Romanhelden Wejwara tref-

---

16 Ignát Herrmann: Vater Kondelík und Bräutigam Wejwara, Berlin 1907, S. 14–16. Ignát Herrmann (geb. 12. 8. 1854, gest. 8. 7.
1935) war ein tschechischer Schriftsteller und Journalist. Er war
ein Kenner des Lebens der Mittelschicht, insbesondere in Prag.
Außer durch sein Werk „Otec Kondelík a ženich Vejvara"
(„Vater Kondelík und Bräutigam Wejwara") wurde er vor allem
durch den Roman „U sněděného krámu" („Beim Graffel. Schilderungen aus dem Prager Leben") bekannt.

fend beschrieb, waren die Lebensbedingungen und alltäglichen Gewohnheiten in vieler Hinsicht auch ähnlich. In früheren Zeiten war ein Vorrücken im Beamtenrang in Abhängigkeit von Bildung und Arbeitsjahren nicht selbstverständlich. Voraussetzung war das Freiwerden einer Stelle im nächsthöheren Rang, und gab es für eine Stelle mehrere Bewerber, so kam zusätzlich persönliche oder politische Protektion ins Spiel. So entschieden oft andere Faktoren als Bildungsgrad und absolvierte Dienstjahre darüber, ob ein bestimmter Beamter rascher oder langsamer in Führungspositionen vorrückte.[17]

Die Beamtenschaft selbst, insbesondere im Staatsdienst, war darum bemüht, die verschiedenen Möglichkeiten persönlicher, lokaler oder politischer Interventionen beim Aufstieg in der beruflichen Hierarchie zu beseitigen. In mehreren Gesetzen, von denen das bedeutendste im Jahr 1873 angenommen wurde[18], wurden die beruflichen Aufstiegsmechanismen geregelt und Bildung und Vorpraxis als Grundlagen für die Einreihung in eine bestimmte Rangklasse festgelegt. Die endgültige Lösung sollte eine Dienstpragmatik bringen, die aber erst im Jahr 1913 ausverhandelt wurde und im Jahr 1914 in Kraft trat.

Die Forderung, eine bestimmte Funktion im Staatsdienst mit einem vorgeschriebenen Bildungsgrad zu verbinden, war übrigens in Österreich-Ungarn in den siebziger Jahren des letzten Jahrhunderts keineswegs neu. Sie kam um die Wende vom 18. zum 19. Jahrhundert auf.

---

17 Die Ernennung der höchsten Staatsbeamten ging fast nie ohne Polemiken in der Presse und im Parlament ab. Vgl. z.B. das heftige Echo der österreichischen und deutschen Presse auf die „große Ernennung" der Auskultanten, also der Gerichtspraktikanten, im Jahre 1905. (Státní ústřední archiv Praha [Staatliches Zentralarchiv Prag, im weiteren zitiert als SA.]), Fond ministra krajana (MK), R. Nr. 291; České úřednické listy (Tschechische Beamtenblätter) 1905, Nr. 12, S. 2; Wiener Deutsches Tagblatt 15. 4. 1895. – Vgl. Karl Megner: a.a.O., S. 83 ff.

18 Karl Megner bezeichnet dieses Gesetz treffend als „Magna Charta" der österreichischen Beamten. Genauer zum Inhalt vgl. Karl Megner: a.a.O., S. 108–126.

Schon damals wurde bei den Zentralbehörden der Staatsverwaltung für höhere Funktionen eine universitäre Ausbildung verlangt. Dies führte auch zu einer umfangreichen Reform des Universitätsstudiums, insbesondere des Studiums der Rechte.[19] Zugleich geht jedoch aus einer Reihe damaliger Quellen hervor, daß sich die Realisierung dieser Forderung bei niederen Behörden und in den Provinzen verzögerte.[20]

In den siebziger Jahren wurde, in Zusammenhang mit der Einführung der neuen Dienstordnung, die vorgeschriebene Qualifikation neuerlich ausdrücklich empfohlen. Einige Ausnahmen und Vorrechte für einzelne Gruppen im Staatsdienst hielten sich dennoch bis zum Jahr 1914. Die vorgeschriebene Bildung und Dienstdauer waren vor allem für die sogenannten Zertifikatisten, ausgediente Unteroffiziere der österreichisch-ungarischen Armee, nicht verbindlich. Nach Beendigung des Militärdienstes hatten sie die Möglichkeit, einen Schnellkurs zu absolvieren und eine Stelle in den staatlichen Behörden in einer höheren Rangklasse zu bekommen, als es ihrer Bildung entsprach. Die Zertifikatisten arbeiteten oft in den Behörden der Finanzverwaltung, im Polizeiapparat, aber auch in anderen Ämtern. Ihre Privilegien riefen Unmut unter den übrigen Beamten hervor, vor allem in den schlechter bezahlten Klassen, wobei vor allem darauf verwiesen wurde, daß die Unteroffiziere auf die Administrationsarbeit

---

19 Vgl. Waltraud Heindl: a. a. O., S. 33–133; dies.: Beamte, Staatsdienst und Universitätsreform. Zur Ausbildung der höheren Bürokratie in Österreich (1780–1848). In: Das achtzehnte Jahrhundert und Österreich. Jahrbuch der österreichischen Gesellschaft zur Erforschung des achtzehnten Jahrhunderts 4 (1987), S. 35–53.
20 Im Jahre 1800 bestätigte Kaiser Franz eine schon von seinen Vorgängern getroffene Entscheidung, indem er bekanntgab, daß für höhere Staatsfunktionen Hochschulbildung Voraussetzung sei, und zwar auch für Angehörige des Adels. Außerhalb der Zentralbehörden in Wien war die Situation jedoch eine andere. – Vgl. Waltraud Heindl, a. a. O., S. 21–26.

fachlich gar nicht vorbereitet waren.[21] Aufgrund der Vorzugsregelung für die Zertifikatisten mußten andere Beamte länger auf eine Beförderung warten, was sich wiederum auf ihre soziale Lage negativ auswirkte.

Die im Jahr 1914 verabschiedete Dienstpragmatik, die die Vorrechte der Zertifikatisten und weitere Ausnahmebestimmungen im Vorrückungssystem beseitigte, trug zur Stärkung des ständischen Zusammenhalts der österreichischen Bürokratie bei und versöhnte viele Unzufriedene aus ihren Reihen. Die österreichische Herrschaft konnte von den positiven Auswirkungen dieses Gesetzes während des Krieges insofern profitieren, als die Bürokratie eine Stütze der Staatsmacht blieb.[22]

Die Rangklasse, der ein Beamter zugeordnet war, beeinflußte das Leben der gesamten Beamtenfamilie wesentlich. Von ihr hing nicht nur das Einkommen des Familienerhalters ab, sondern auch die gesellschaftlichen Kontakte der Ehefrau, die Zukunftsperspektiven der Kinder, die Größe der Wohnung und viele weitere Bedürfnisse des täglichen Lebens. Die Pragmatik, die sich die Beamten wünschten und um die sie einen nachhaltigen Kampf führten – die meisten Fachzeitschriften vom Ende des 19. und Beginn des 20. Jahrhunderts berichten darüber[23] –, bedeutete für sie mehr Sicherheit. Auf ihrer Grundlage konnte sich jeder mehr oder weniger seine Zukunftsaussichten ausrechnen. Er wußte, wann die Heirat einzuplanen, wie die Existenz einzurichten war.

---

21 Die Zertifikatisten nahmen vor Inkrafttreten der Pragmatik in der Staatsverwaltung Cisleithaniens fast ein Viertel aller Stellen ein, im Jahr 1912 waren es 22,6 Prozent. – Vgl. Státní úředník (Der Staatsbeamte) 1912, Nr. 2, S. 14. Genauer zu ihrer Stellung vgl. Karl Megner: a.a.O., S. 228 ff.

22 Vgl. Miroslav Martínek: a.a.O., S. 232–233.

23 Vgl. V posledním okamžiku (Im letzten Augenblick). In: Všeobecné úřednické listy (Allgemeine Beamtenblätter) 1910, Nr. 2, S. 5; Po stálých odkladech najednou urychlené tempo (Nach ständigem Aufschub plötzlich ein erhöhtes Tempo). In: Český úředník (Der tschechische Beamte) 1912, Nr. 50, S. 1 u.a.

Genauso wie früher konnten aber einige unvorherseh-
bare Umstände die Karriere beeinflussen. Wichtig waren
die persönliche Gunst oder Mißgunst der Vorgesetzten
oder auch ein Überangebot an Arbeitskräften in einzelnen
Ressorts der Staatsverwaltung. Die Autoren der hier ge-
sammelten Texte verwiesen oft auf die spezielle Lage in
den einzelnen Kronländern, wo etwa Nationalitätenkon-
flikte oder ein Mangel an Interessenten für irgendein
Ressort des Staatsdienstes Auswirkungen auf die Laufbahn eines Beamten haben konnten. Ein Beispiel für Son-
derbedingungen waren die Verhältnisse in Bosnien und
der Herzegowina nach der Annexion im Jahr 1908. Das
Bestreben, rasch eine zivile Staatsverwaltung aufzubauen,
schuf weit günstigere Bedingungen für eine Vorrückung
als in den anderen Ländern.[24]

Die Beamten im Staatsdienst hatten meist die Möglichkeit, die Verhältnisse in verschiedenen Teilen der Monarchie zu vergleichen. Im Unterschied zu den Beschäftigten
eines Magistrats und zu den Privatangestellten zogen sie
aus dienstlichen Gründen sehr oft um. Zusammen mit
einer Beförderung erwartete sie oft auch ein Wechsel des
Dienstortes. Dahinter stand das Interesse der Staatsmacht,
daß sich ihre Repräsentanten mit dem Ort, wo sie arbeiteten, nicht zu sehr identifizierten. Sie hätten sonst lokale
Interessen den Bedürfnissen der Zentralmacht vorziehen
können. Zum Idealbild des Beamten im Vielvölkerstaat
Österreich gehörte die Vorstellung, Beamte blieben unab-
hängig von partikulären Einflüssen. Allmählich erwies
sich jedoch eine derartige Neutralität der österreichischen
Beamten als Illusion. Man kann sich davon sowohl in den
zahlreichen Beamtenbiographien überzeugen, die ab der
Jahrhundertwende immer häufiger die herrschenden Na-

---

24 Vgl. Jan Baše: Paměti českeho. měřičského úředníka (Erinne-
    rungen eines tschechischen Vermessungsbeamten), ANTM,
    Sbírka rukopisů (Handschriftensammlung) Nr. 1199, 1. Teil,
    S. 5–7.

tionalitätenkonflikte aufzeigen[25], als auch durch amtliche Quellen, die zum Beispiel belegen, daß bei den Zentralbehörden zugunsten der Vorrückung eines Beamten von bestimmter Nationalität interveniert wurde.[26] Außer von nationalen Interessen war die Karriere eines Beamten wohl oder übel auch von sonstigen politischen Umwälzungen und Krisen innerhalb der Monarchie abhängig. Das parlamentarische System und der Kampf der politischen Parteien konnten auf die österreichische Beamtenschaft nicht ohne Einfluß bleiben. Der Konflikt zwischen Standessolidarität und politischer Einstellung eines Beamten zeigte sich insbesondere seit dem Ende des 19. Jahrhunderts immer öfter, und es kam in manchen Fällen zum Verlassen des Staatsdienstes.[27]

Die politische Unzufriedenheit der Beamten war vielfach durch konkrete soziale Probleme motiviert. Das Realeinkommen der Beamten sank am Ende des Jahrhunderts. Die Lage war vielleicht nicht so dramatisch wie zu Beginn des Jahrhunderts nach den napoleonischen Kriegen,[28] aber immerhin erfaßte eine gewisse Proletarisierung den Großteil der Beamten bis in die höchsten Rang-

25 Von diesem Standpunkt aus ist es interessant, die Erfahrungen der zwei Autoren Eduard Bazika und Karel Fasse zu vergleichen. Beide wurden, im Abstand von mehr als fünfzig Jahren, nach Bodenbach (Podmokly), in ein gemischtnationales Gebiet mit mehrheitlich deutscher Bevölkerung, versetzt. Ihre Eindrücke vom Zusammenleben der Nationalitäten waren merklich verschieden. – Vgl. Eduard Bazika: Mé paměti (Meine Erinnerungen), ANTM, Sbírka rukopisů (Handschriftensammlung) Nr. 1540, S. 63–70; Karel Fasse: Vzpomínky (Erinnerungen), ANTM, Sbírka rukopisů (Handschriftensammlung) Nr. 778, S. 10–12.
26 Dieser Problematik hat sich insbesondere der tschechische und nach seiner Einrichtung auch der deutsche Landsmann-Minister gewidmet. – Vgl. SA. Fond Ministra krajana (Fonds des Landsmann-Ministers) (MK) 1906, Nr. 704, 599, 894, 1316, 1317 u.a.
27 Über den Konflikt zwischen der Stellung im Amt und der politischen Überzeugung schreibt in diesem Band zum Beispiel Karel Fasse: a.a.O., S. 7–9.
28 Vgl. Karl Megner: a.a.O., S. 159–179; Waltraud Heindl: a.a.O., S. 159–179.

klassen. Noch größere Probleme hatten die sogenannten Diurnisten, die keine ordentlichen Beamten waren und gegenüber denen die Behörde, für die sie arbeiteten, keinerlei Verpflichtung hatte. Eine Sonderstellung hatten Anwärter auf ein behördliches Amt: Sie gehörten zwar bereits zur Behörde, bekamen aber anfangs kein Gehalt. Später, nach dem Jahr 1873, erhielten sie eine finanzielle Abgeltung, die aber auch nur einen Teil der notwendigen Ausgaben deckte.

Die Staatsbeamten waren seit 1873 in elf Rang- und Qualifikationsklassen eingeteilt. In der ersten Klasse machte das Gehalt zwölftausend Gulden jährlich aus, in der letzten, also der elften Klasse, waren es – je nach Umfang der Zulagen – zwischen sechshundert und neunhundert Gulden im Jahr. Aus dieser beträchtlichen Diskrepanz ergab sich ein gewisses Spannungsverhältnis, auch wenn in der Praxis nur eine ganze geringe Zahl an Beamten in die ersten zwei Klassen eingereiht war. In der ersten Klasse rangierte etwa der Ministerpräsident und in der zweiten die Minister und Statthalter. Der zehnten und elften Klasse hingegen gehörte ein Großteil aller Beamten an. Diejenigen, die nur über Grundschulbildung verfügten, konnten grundsätzlich nicht weiter vorrücken. Die Gehälter dieser Gruppe blieben auch nach der Reform von 1873 niedrig. Die Regierung gab allerdings zu, daß ein niederer Beamter mit dem Gehalt nur schwerlich auskomme, und schritt deshalb im Jahr 1896 und neuerlich im Jahr 1907 zu einer Erhöhung der Nominallöhne der achten bis elften Klasse.[29] Das Aufgeld bewegte sich zwischen hundert und hundertfünfzig Gulden jährlich.

Die Beamten hatten aber selbst nach dieser Gehaltsänderung kein leichtes Leben. Einen Großteil ihres Budgets

---

29 Vgl. Karl Megner: a. a. O., S. 114–118. Die Höhe des Gehalts und die Aufteilung in Rangklassen regelte das Gesetz Nr. 47 des Reichsgesetzblattes aus dem Jahr 1873. Zu weiteren Gehaltsregulierungen vgl. Všeobecné úřednické listy (Allgemeine Beamtenblätter) 1897, Nr. 1, S. 3.

nahmen allein Ausgaben für das Wohnen in Anspruch. Da die Mieten im gleichen Zeitraum rasch anstiegen, deckte die Gehaltserhöhung in Prag beispielsweise nicht einmal den Differenzbetrag zwischen den Mietkosten im Jahr 1870 und jenen im Jahr 1900. In Prag lagen die Wohnungskosten in den zentralen Bezirken um die Jahrhundertwende etwa bei fünfhundert Gulden, während billigere Wohnungen in den Vorstädten für einen Beamten wiederum mit Bedacht auf sein soziales Prestige und seine künftige berufliche Laufbahn nicht in Frage kamen.[30] In einer geräumigen Wohnung in zentraler Stadtlage zu wohnen, konnten sich im allgemeinen erst Beamte ab etwa der achten Rangklasse leisten, die eintausendvierhundert bis eintausendachthundert Gulden jährlich verdienten. Für einen Mittelschulabsolventen mit Matura war diese Klasse jedoch im besten Falle der Höhepunkt seiner Karriere. Hochschulabsolventen, die im allgemeinen in der zehnten und nur in Ausnahmefällen in der neunten Klasse ihre Laufbahn begannen, mußten auf diese Vorrückung ebenfalls meist lange warten.[31]

Die finanzielle Lage von Beamtenfamilien wurde durch einige Zulagen etwas aufgebessert. Es handelte sich um Remunerationen und insbesondere um eine sogenannte Aktivitätszulage, die nach Sitz der Behörde und nach der erreichten Klasse abgestuft war. Sie bewegte sich zwischen zehn und fünfundzwanzig Prozent des Gehalts[32] und soll-

---

30 Angaben über die Höhe von Mieten in Prag sind der Zeitschrift Státní úředník (Der Staatsbeamte) 1904, Nr. 1, S. 3 entnommen.

31 Besonders schwer war die Lage der Steuerpraktikanten, die Ende des 19. Jahrhunderts oft sechs bis sieben Jahre auf eine Beförderung in die unterste Rangklasse warten mußten. In dieser Zeit bekamen sie kein Gehalt, aber ein sogenanntes Adjutum in der Höhe von 600 bis 800 Kronen jährlich. Auch der weitere Aufstieg der Steuerpraktikanten verlief langsam und endete meist in der neunten Klasse. – Vgl. České úřednické listy (Tschechische Beamtenblätter) 1900, Nr. 3, S. 3; Nr. 4, S. 3.

32 Vgl. Karl Megner: a.a.O., S. 108–110. Zur Diskussion um die Aktivitätszulage in den böhmischen Ländern vgl. für die Analyse des Landsmann-Ministers SA. MK/R 1901, Nr. 971.

te die Lebenshaltungskosten ausgleichen. Am höchsten war sie in Wien, dann folgten die Landeshauptstädte und weitere ausgewählte Städte, am niedrigsten war sie an Orten mit landwirtschaftlich genutztem Hinterland.

Die prekäre finanzielle Situation der niederen bzw. am Anfang ihrer Beruflaufbahn stehenden Beamten wirkte sich auf die Alltagsgewohnheiten und die Haushaltsführung aus. Sparsamkeit war Gebot des Tages. Sparen war jedoch nur bei Dingen möglich, die nicht mit den Repräsentationspflichten des Beamtenstandes zusammenhingen. Geschriebene und noch öfter ungeschriebene Regeln bestimmten, wie sich ein Beamter im Amt, aber auch im Privatleben zu benehmen habe. Wichtig war, in welcher Gesellschaft sich der Beamte, seine Frau und seine Kinder zeigten. Es gehörte sich beispielsweise nicht, daß die Frau eines Beamten alle Hausarbeiten selbst verrichtete, geschweige denn einer Erwerbstätigkeit nachging. Erlaubte die finanzielle Lage der Familie kein Dienstmädchen, erledigten Frau und Töchter die notwendigen Hausarbeiten geradezu heimlich. Über die Verhaltensregeln des Beamtenlebens schreiben in diesem Buch Antonín Böhm, František Vaniš und vor allem Luisa Hálová eingehender. Der Gerichtsrat Václav Hála zum Beispiel war ständig darum bemüht, der Vorstellung von einem vorbildlichen Staatsbediensteten gerecht zu werden. Dabei wurden ihm jedoch seine drei Töchter zu einem existentiellen Problem, da er für sie keine angemessene Mitgift auftreiben und ihnen dadurch nicht die Heirat sichern konnte.[33] Eine größere Zahl an Töchtern bedeutete somit für einen mitt-

---

33 Vgl. die Autobiographie von Luisa Hálová: Z pamětí rodiny Vinařických, Hálovy a Neffovy (Aus den Erinnerungen der Familien Vinařický, Hálová und Neff), ANTM, Sbírka rukopisů (Handschriftensammlung) Nr. 638, S. 80. Dieses Problem wurde in der damaligen Presse oft erörtert. Von den tschechischen Kämpferinnen für die Rechte der Frauen auf einen qualifizierten Beruf machte sich insbesondere Eliška Krásnohorská einen Namen. – Vgl. dies.: Výběr z díla II (Eine Auswahl aus dem Werk II), Prag 1956, S. 487 ff.

leren oder niederen Beamten – wie auch für die Töchter selbst – eine nicht unbeträchtliche Last.[34]

Ein Beamtentöchterchen günstig zu verheiraten war ein ähnliches Problem wie die Aufgabe eines jüngeren Beamten, sich die richtige Braut zu wählen. Es war zwar erwünscht, eine Frau desselben Standes zur Gattin zu nehmen, also vorzugsweise die Tochter eines Kollegen; aber Väter, die selbst Beamte waren, konnten zumeist keine große Mitgift anbieten. Der Beamte als Bräutigam war jedoch am Anfang seiner Karriere oft gezwungen, mit einer finanziellen Unterstützung der Brauteltern zu rechnen. Er mußte dann abwägen, was ihm mehr zugute kam, die Gunst eines älteren Amtskollegen oder die Mitgift einer Braut, zum Beispiel aus einer gewerbetreibenden oder bäuerlichen Familie.

Es existierten allerdings noch andere Wege, die finanziellen Probleme von Beamten zu lösen, ob alleinstehend oder bereits verheiratet. Beamte konnten dank ihrer Position relativ leicht zu einem Kredit kommen oder aber auch zu Bestechungsgeldern. Korruption war für die Staatsmacht eine ständige Bedrohung, und viele ihrer Repräsentanten waren sich dessen bewußt. Die böhmische Statthalterei in Prag zum Beispiel begründete ihre Vorschläge für eine Gehaltserhöhung der Beamten genau mit diesem Risiko.[35] Es ging dabei im besonderen um die Erhöhung der sogenannten Aktivitätszulage, die in keiner Weise der außerordentlichen Teuerung in der Stadt entsprach.

Neben der Möglichkeit der Annahme von Bestechungsgeldern rief auch die unverhältnismäßige Verschuldung von Beamten Besorgnis hervor. Ein zahlungsunfähiger Schuldner war sicher eher zu diversen Diensten bereit, die den öffentlichen Interessen zuwiderlaufen

---

34 Zur Frage des Überlebens von Beamtendynastien vgl. Karl Megner: a.a.O., S. 78–80.
35 Vgl. SA. České místodržitelství (Die tschechische Statthalterei) 1901–1910, Sign. 2/1.

konnten. Die Amtsvorsteher hatten deshalb die Aufgabe, im Zuge der geheimen Qualifikation zu untersuchen, ob der zu bewertende Beamte Schulden habe oder nicht.

Ein Neuling im Staatsdienst, der auf keine eigenen Mittel oder auf die Unterstützung seiner Familie zurückgreifen konnte und der ohne Aussicht auf eine reiche Heirat war, hatte eine schwierige Ausgangsposition. Wenn er in der Behörde vorrücken wollte, mußte er nicht nur den Erfordernissen der Arbeit, sondern auch den gesellschaftlichen Anforderungen genügen, also in einer repräsentativen Wohnung leben, sich bei gesellschaftlichen Anlässen zeigen, angemessene Kleidung tragen – die Uniform war nur für besondere Anlässe und Feiertage gestattet. Genügte ihm sein Einkommen dazu nicht, trieb er zwar leicht einen Kredit auf, da die Kreditgeber mit einem höheren Gehalt in der Zukunft rechneten, aber zugleich konnte ein Darlehen seine Bewertung in der geheimen Qualifikation beeinträchtigen und somit sein Vorrücken in eine höhere Einkommensstufe gefährden.[36]

Mit der Eheschließung und der Gründung einer Familie waren die Sorgen des Beamten keineswegs vorbei. Die Führung eines größeren Haushaltes war nicht nur in finanzieller, sondern auch in organisatorischer Hinsicht anspruchsvoll. Große Probleme machte überdies das berufsbedingte häufige Umziehen. An jedem Dienstort war es nötig, erneut eine passende Wohnung zu suchen, das Mobiliar zu transportieren oder zu verkaufen und neues

---

36 Die Verschuldung der österreichischen Beamten stieg von Jahr zu Jahr, und zu Beginn unseres Jahrhunderts erreichte allein der offiziell zugegebene Teil den gewaltigen Betrag von sechshundert Millionen Kronen. Die höchste Verschuldung wurde in Galizien verzeichnet, wo bis zu neunzig Prozent aller Beamtengehälter wegen Schulden einbehalten wurden. Im Umkreis der böhmischen Statthalterei in Prag stieg die Verschuldung in den Jahren 1904–1909 von 113.125 Kronen auf 270.807 Kronen. – Vgl. Všeobecné úřednické listy (Allgemeine Beamtenblätter) 1907, Nr. 3, S. 1; SA. České místodržitelství (Die tschechische Statthalterei) 1901–1910, Sign. 2/1.

zu erwerben. Man mußte sich und seine Frau den neuen Kollegen vorstellen, sich von neuem in die entsprechenden gesellschaftlichen Schichten einführen und sich insgesamt mit den neuen Verhältnissen vertraut machen. Die meisten der Autoren dieses Buches machten etliche solcher Umstellungen durch, und oft war ihnen gar nicht danach, umzuziehen.[37]

Die Laufbahn von Magistratsbeamten war im Gegensatz dazu mit einem einzigen Ort verbunden[38], und auch Privatangestellte zogen nur selten um. Eine dieser Ausnahmen war Eduard Bazika, der vom Staatsdienst zu einer privaten Eisenbahngesellschaft wechselte und in seinem Beitrag darüber berichtet, wie ihn der Bau von Eisenbahneinrichtungen in verschiedene Städte und Orte führte.[39]

Über den häufigen Wechsel des Wohnortes beschwerten sich Frauen und Töchter oft mehr als die Familienerhalter selbst. Ihr Leben war gemäß der traditionellen Muster des familiären Zusammenlebens stärker an einen Haushalt gebunden, und in einer neuen Umgebung mußten sie immer wieder ein Umfeld aufbauen, das für eine funktionierende Haushaltsführung notwendig war. Darüber hinaus war ein Umzug immer auch eine finanzielle Belastung, auch wenn sich das Ärar an den Kosten beteiligte.

---

37 Vgl. Luisa Hálová: a. a. O., S. 53–54; Františka Marková-Jeřábková: Vzpomínky na rodinu (Erinnerungen an die Familie), ANTM, Sbírka rukopisů (Handschriftensammlung) Nr. 1706, S. 9 ff.

38 Typisch war die Laufbahn Jindřich Matiegkas, der sich nach Prag sehnte und wußte, daß der Weg über den Magistrat führte. – Vgl. Jindřich Matiegka und Ludmila Matiegková: Vzpomínky (Erinnerungen), Archiv Národního muzea v Praze (Archiv des Nationalmuseums in Prag), im weiteren zitiert als ANM, Pozůstalost rodiny (Nachlaß der Familie), Sign. 14/85, S. 228–230.

39 Eduard Bazika arbeitete längere Zeit in Wien, Olmütz (Olomouc), Bodenbach (Podmokly), Rostok (Roztoky) bei Prag und Kralup an der Moldau (Kralupy nad Vltavou). Im Jahr 1871 ließ er sich in Prag nieder, wo seine Familie auch blieb, als er an anderen Orten arbeitete. – Vgl. Eduard Bazika: a. a. O., S. 83 f.

Nach den hier vorgelegten autobiographischen Zeugnissen verlief das Familienleben von Beamten mehrheitlich recht harmonisch. In der Regel akzeptierten beide Partner ganz selbstverständlich die geschlechtsspezifische Rollenverteilung. Zum Musterbild einer Beamtenfamilie gehörten geordnete Familienverhältnisse. Jeder Zweifel daran konnte sich nicht nur auf die gesellschaftliche Stellung, sondern auch auf den beruflichen Aufstieg negativ auswirken. Eine Auflehnung gegen eingebürgerte Normen kam nur ausnahmsweise vor, eher von seiten der Kinder als der Gattin und häufiger erst in der jüngeren Zeit, gegen Ende des Jahrhunderts.

Einige Anzeichen deuten darauf hin, daß Beamtenfamilien eine gewisse Vorreiterrolle in Sachen Familienplanung einnahmen.[40] Was die Kindererziehung selbst anbelangt, folgten sie ebenso der Tradition wie die Mehrheit der städtischen Mittelschichten. Beamtenfamilien hatten in dieser Hinsicht aber gelegentlich mit spezifischen Problemen zu kämpfen, zu deren Bewältigung traditionelle Normen allein nicht dienlich waren, sondern die eine gewisse Flexibilität verlangten. Ein solches Problem etwa entstand dadurch, daß ein Beamter meist relativ spät die erste Ehe einging. Der große Altersunterschied zwischen

---

40 Laut Waltraud Heindl kam es zu einer Familienregelung bereits in der ersten Hälfte des 19. Jahrhunderts. – Vgl. Waltraud Heindl: a.a.O., S. 271–273. Für die zweite Jahrhunderthälfte und den Anfang des 20. Jahrhunderts ist sie statistisch belegt. – Vgl. Pavla Horská: K otázce sociálně-diferenciační historické demografie (Zur Frage einer sozial differenzierten historischen Demographie). In: Československý časopis historický (Tschechoslowakische historische Zeitschrift) (im weiteren zitiert als ČSČH), Jg. 19, 1971, S. 263 f.; dies.: Pokus o využití rakouských statistik pro studium společenského rozvrstvení českých zemí ve druhé polovině 19. století (Versuch zur Verwendung der österreichischen Statistik für das Studium der Sozialversicherung in den tschechischen Ländern in der zweiten Hälfte des 19. Jahrhunderts). In: ČSČH, Jg. 20, 1972, S. 648–676; Ludmila Kárníková: Vývoj obyvatelstva v českých zemích 1754–1914 (Die Entwicklung der Bevölkerung in den tschechischen Ländern 1754–1914), Prag 1975, S. 205–210.

den Eheleuten konnte zur Folge haben, daß der Familienerhalter zu einem Zeitpunkt pensioniert wurde, als seine
Kinder noch keineswegs erwachsen waren, oder daß er
sogar eine Witwe mit unmündigen Kindern hinterließ. So
kam es in manchen Fällen dazu, daß gerade zur Zeit der
höchsten Familienausgaben das Einkommen sank. Besonders schwierig war die finanzielle Lage einer Witwe mit
kleinen Kindern. Der Anspruch auf die Pension des Gat-
ten hing von der Anzahl der absolvierten Dienstjahre ab.
Es war keine Ausnahme, daß durch den plötzlichen Tod
des Ernährers nach einer zu kurzen Dienstzeit die Exi-
stenzgrundlage einer Familie verlorenging. Die Witwe
konnte nur versuchen, auf dem Wege der Gnade einen
gewissen Beitrag für Kinder und Haushalt zu bekommen.

Eine solche Situation schildert etwa der bekannte tschechische Historiker Karel Kazbunda in seiner Biographie.[41]
Kazbundas Mutter verlor sehr bald nach ihrer ersten
Heirat ihren Mann, lange bevor dieser Anspruch auf eine
Pension gehabt hätte. Die junge Witwe mit einer Tochter
bekam zwar nach einiger Zeit eine außerordentliche Unterstützung von dreihundertfünfzig Gulden jährlich, für
einen selbständigen Haushalt war dies aber recht wenig.
Einige Jahre lebte sie bei ihrem Bruder, einem Gewerbetreibenden. Nachdem aber dieser aus wirtschaftlichen
Gründen sein Geschäft verlor, konnte nur eine weitere
Heirat einen Ausweg aus den Existenzproblemen bieten.
Die Tatsache, daß ihr zweiter Mann, der Landesschulinspektor Tomáš Kazbunda, um mehr als vierzig Jahre älter
war[42], konnte für die Frau in einer solchen Notlage ver-
ständlicherweise keinen Hinderungsgrund für die Eheschließung darstellen.

Ein weiteres großes Problem von Beamtenfamilien war
die Berufswahl und damit die Zukunft der Kinder. Es

---

41 Vgl. Karel Kazbunda: Paměti (Erinnerungen), ANM, pozůsta-
    lost K. Kazbundy (Nachlaß des Karel Kazunda), Kr. 30, S. 410 ff.
42 Vgl. ebd., S. 415.

gehörte zum guten Ton, den Söhnen eine höhere Bildung zu gewähren und die Töchter vorteilhaft zu verheiraten. Ein Studium, insbesondere ein Hochschulstudium, bedeutete jedoch beträchtliche Ausgaben. Nur in Ausnahmefällen konnte ein Beamtensohn sein ganzes Studium an seinem Wohnort absolvieren. Viel öfter mußte er in größere Städte gehen, wo auch die Lebenskosten höher waren. Wenn gleichzeitig mehrere Brüder studierten, verschlechterte sich die finanzielle Situation der Familie spürbar.[43] Trotz der mit einem Studium verbundenen Opfer konnten fast alle in diesem Buch vertretenen Autoren als Eltern ihren Söhnen diese Möglichkeit bieten.

Komplizierter war die Entscheidung im Falle der Töchter. Für Töchter, die angemessen verheiratet werden sollten, mußte eine Mitgift sichergestellt werden. Gelang dies nicht, so bestand wenig Chance, eine günstige Heirat zu schließen. Das war ganz offensichtlich der Grund, warum gerade Beamtentöchter – im Widerspruch zu allen damaligen Sitten und Konventionen der sogenannten Mittelschichten – oft den Zugang zu höherer Bildung und damit auch zu einem qualifizierten Beruf forderten.[44] Nicht zufällig stammten von den ersten einundfünfzig Studentinnen des ältesten Mädchengymnasiums in Österreich-Ungarn, des Prager Gymnasiums des Vereins „Minerva", im Jahre 1890 dreißig Mädchen aus Beamtenfamilien.[45]

Die angespannten Beziehungen und Konflikte, die in schlechter situierten Beamtenfamilien rund um das Problem heranwachsender Töchter entstehen konnten, beschreibt in diesem Buch am eindringlichsten Luisa Hálová, und zwar für den Zeitraum der sechziger und siebziger Jahre des vorigen Jahrhunderts. In ihrer Autobiogra-

---

43 Über diese Probleme schreibt zum Beispiel Luisa Hálová: a.a.O., S. 58f.
44 Vgl. Eliška Krásnohorská: Ženská otázka česká (Die tschechische Frauenfrage), 2. Aufl., Prag 1881, S. 17f.
45 Vgl. I. výroční zpráva soukromé střední školy dívčí spolku Minerva (1. Jahresbericht des privaten Mädchengymnasiums des Vereins Minerva), Prag 1891, S. 3–5.

phie zeigt sie, wie unerfreulich die Aussichten für Mädchen ihres Standes waren, denen die Eltern keine Mitgift geben konnten. Nach dem Tod der Eltern erwartete sie ein Leben in den Familien der Brüder. Eine unverheiratete Schwester ohne eigenes Einkommen muß dort allerdings erst recht eine Belastung gewesen sein.[46] Die einzige denkbare Lösung, nämlich daß eine unverheiratete Frau selbständig einen Beruf ergriff, widersprach den damaligen Gepflogenheiten und war ohne entsprechende Qualifikation nur schwer zu erreichen. Die Schwestern Hálová entschlossen sich dennoch, die Hindernisse zu überwinden; sie erwarben die nötigen Kenntnisse in Buchhaltung und anderen administrativen Tätigkeiten und fanden eine Anstellung.[47]

In den sechziger und siebziger Jahren des vorigen Jahrhunderts war ein derartiges Vorgehen sicher die Ausnahme. Zehn oder zwanzig Jahre später waren für Frauen die Schwierigkeiten des Zugangs zu einer angemessenen beruflichen Ausbildung schon geringer. Dennoch blieben Stellen, die eine höhere Qualifikation verlangten, sofern es sich nicht um Tätigkeiten in der Produktion handelte, in vielen Bereichen für Frauen verschlossen. So konnten Frauen anfangs zum Beispiel fast nur in der Administration von privaten Unternehmen Anstellung finden, so wie die Schwestern Hálová. Innerhalb der Universitäten sträubten sich signifikanterweise gerade die Juridischen Fakultäten am längsten gegen die Zulassung von Frauen.[48]

---

46 Vgl. Luisa Hálová: a. a. O., S. 80.
47 Vgl. ebd.
48 In den böhmischen Ländern waren die juridischen Fakultäten – an tschechischen wie an deutschen Universitäten – für Frauen erst nach dem Ersten Weltkrieg zugänglich. Die Absolventinnen waren freilich noch relativ lange auf den Advokaten- und Notarberuf verwiesen. Zum Staatsdienst, insbesondere in der Funktion einer Konzeptbeamtin, wurden sie noch lange nicht zugelassen. – Vgl. Andula Kozáková und Libuše Pajerová (Hg.): Čeho jsme dosáhly. Dvacet let práce Svazu výsokoškolsky vzdélaných žen (Was wir erreicht haben. Zwanzig Jahre Tä-

Eine größere Anzahl der Frauen im Staatsdienst war vor der Jahrhundertwende eigentlich nur auf den Postämtern vertreten. Die Postämter hatten in der Habsburgermonarchie allerdings eine andere Geschichte als die übrigen staatlichen Behörden. Viele von ihnen übernahm der Staat erst nach und nach; daraus lassen sich die besseren Chancen für Frauen im Postdienst erklären.[49]

Den Alltagsrhythmus eines Beamtenhaushalts bestimmten die dienstlichen Verpflichtungen des Familienerhalters in wesentlichem Ausmaß mit. Ein durchschnittlicher Beamter verbrachte zwar nicht allzuviel Zeit in der Kanzlei, oft waren es nur sechs bis acht Stunden täglich. Eine kurze Arbeitszeit hatten vor allem höhere Beamte in Zentralbehörden, und meistens galt die Regel: je niedriger das Amt und je untergeordneter die Dienststufe, desto länger die Arbeitszeit.

Viele Behörden führten jedoch die Trennung der täglichen Dienstzeit in eine Vormittags- und eine Nachmittagsarbeitszeit ein, was zur Folge hatte, daß – eine mehrstündige Mittagspause und der Weg in die Kanzlei bzw. zurück eingerechnet – ein Beamter den größten Teil des Tages außer Haus verbrachte. Das Zuhause gehörte in dieser Zeit den übrigen Familienmitgliedern, insbesondere der Ehefrau. Die Autorinnen berichten übereinstimmend, daß in dieser Zeit weniger strenge Verhaltensregeln herrschten als in Anwesenheit des Vaters. Es waren zwar alle nötigen Hausarbeiten zu verrichten; in der verbleibenden Zeit galt jedoch keine vorgeschriebene Ordnung. Diese Zeit der relativen Ungezwungenheit wurde regelmäßig durch das gemeinsame Mittagessen unterbrochen. Das Mittagessen

---

tigkeit des Verbandes hochschulgebildeter Frauen), Prag 1932, S. 96.
49 Vgl. Miloslav Martínek: a. a. O., S. 35–46. Aus den statistischen Angaben geht hervor, daß in Böhmen vor dem Ersten Weltkrieg, nämlich im Jahr 1912, auf den Postämtern und in den Stellungen Adjunkt und Offiziant mehr Frauen als Männer beschäftigt waren.

gehörte zu den wichtigen Familienritualen. Eine fixe Sitz-
ordnung, der jede Woche sich wiederholende Speiseplan,
das immer gleiche Auftragen der Speisen, die Pflichten der
einzelnen Familienmitglieder bei Tisch – das alles blieb
jahrelang unverändert. Ebenso hatte das Abendessen seine
festen Regeln. Für das Familienleben hatten die gemeinsamen Mahlzeiten eine große Bedeutung. Es wurde ohne
Hast gegessen, das Mittagessen konnte sich von zwölf bis
zwei Uhr erstrecken.

In größter Feierlichkeit wurde in Beamtenfamilien das
Sonntagsessen bereitet. In der Behörde war der arbeitsfreie
Sonntag viel früher üblich als in den Werkstätten, Fabriken
oder Geschäften;[50] deshalb unterschied sich der Sonntag
eines Beamten von jenem eines Kaufmanns, Handwerkers
und Arbeiters in vielem. Der überwiegende Teil der Bevölkerung besuchte sonntags die Kirche. Ein Beamter aber
konnte darüber hinaus auf einen Spaziergang, einen Ausflug, auf Besuch zu Verwandten oder Freunden gehen.
Am häufigsten besuchten sich Beamtenfamilien gegenseitig, wobei jedoch sehr auf die Trennung von Familienleben
und beruflichen Belangen geachtet wurde.

Beamte bewegten sich, wie aus den hier vorgestellten
Biographien recht deutlich hervorgeht, vorwiegend zwischen zwei Welten – zwischen dem Zuhause und der
Kanzlei. Zwischen diesen zwei Sphären bestanden zwar,
wie bereits oben ausgeführt, durchaus einige Wechselbe-
ziehungen, in vieler Hinsicht wurden die zwei Bereiche
aber auch streng voneinander abgeschottet, etwa was den

---

50 Der arbeitsfreie Sonntag setzte sich in Österreich-Ungarn nur
    allmählich und schrittweise durch. Die längste Arbeitszeit galt
    in Geschäften und kleinen Werkstätten. Die erste Einschrän-
    kung der Sonntagsarbeit gab es nach dem Jahr 1870, sie war
    aber ohne Folgen und betraf nur einige Gewerbe. Das Handels-
    gremium empfahl im Jahr 1886 die Sonntags- und Feiertagsru-
    he ab vier Uhr nachmittag. Das Gesetz über die Sonntagsruhe
    kam im Jahr 1895. – Vgl. Vzpomínky Guido Šimek (Erinnerun-
    gen von Guido Šimek). In: Hrdinové všedních dnů I (Helden
    des Alltags I), Prag 1953, S. 127.

Umgang mit Problemen anbelangte, die eindeutig nur eine der beiden Welten betrafen. So verstieß es laut den damaligen Handbüchern für gesellschaftliches Benehmen gegen den guten Ton, unbeteiligte Personen wie die Gattin oder die Kinder mit Problemen zu belasten, die sie vermeintlich nicht verstehen konnten.[51] Damit war vor allem das politische Geschehen, aber auch das Arbeitsleben gemeint. Kamen derlei Angelegenheiten außerhalb der Kanzlei zur Sprache, so jedenfalls in der Regel nicht im Familienkreis. Zwar waren die Eigenheiten von Kollegen und Vorgesetzten, die Organisation der Behörde und andere Themen des beruflichen Alltag bestimmt häufig Gegenstand von Gesprächen außerhalb der Arbeitszeit. Solche Diskussionen führte man jedoch nur unter sich – in Beamtentischgesellschaften oder hinter den verschlossenen Türen des Herrenzimmers.

So wie Gespräche über berufliche Fragen nicht nach Hause gehörten, paßte es auch nicht in die Kanzlei, über familiäre Schwierigkeiten zu reden. Daß über diese Dinge nicht gesprochen wurde, bedeutete jedoch nicht, daß man unter Kollegen davon nicht wußte. Je stärker die Beamtenkommunität von den übrigen Bevölkerungsgruppen isoliert war, desto detaillierter waren die wechselseitigen Kenntnisse voneinander. Als Beispiel kann das Zusammenleben der österreichisch-ungarischen Beamtenschaft in Bosnien und der Herzegowina dienen, wie es in diesem Buch im Beitrag von Jan Baše vorgestellt wird. Dieser Autor beleuchtet in seinen Erinnerungen treffend die Gesellschaft im „Herrenklub" von Sarajevo, die dortige Atmosphäre und den Tratsch, der die gesellschaftliche Konversation dominierte.[52]

---

51 Die angeführten Anweisungen, was sich in der Konversation mit Frauen schickt und was nicht, enthält z. B. das seinerzeit beliebte Handbuch für gesellschaftliches Benehmen von A. Beneš: Pražský Galanthomme (Prager Galanthomme), Prag o. J., S. 20.

52 Vgl. Jan Baše: a. a. O., 1. Teil, S. 111.

Die jüngeren Beamtengenerationen, die gegen Ende des 19. Jahrhunderts oder noch später in den Staatsdienst traten, kamen mit diesen Verhältnissen immer schwerer zurecht und begannen zum Teil, sich dagegen aufzulehnen. Zudem waren auch Ehefrauen, die in späteren Jahren bereits öfter Mittelschul- und in Ausnahmefällen sogar Hochschulbildung erworben hatten, weit mehr an der Arbeit ihrer Männer interessiert. Die geheiligte Grenze zwischen Zuhause und Kanzlei wurde so von beiden Seiten her überschritten.

Um die Jahrhundertwende kam es im Leben der Beamten zu einer Reihe von Veränderungen. Eine immer größere Anzahl junger, qualifizierter, von familiären und gesellschaftlichen Traditionen weniger belasteter Fachkräfte strömte in den Staatsdienst, aber auch zum Magistrat und in die Privatunternehmen. Diese lehnten nicht selten die eingebürgerten Verhaltensmuster der Beamten ab. Qualifikation und Fachkenntnisse ermutigten sie, ihre eigenen Meinungen auch gegenüber dienstälteren Kollegen und Vorgesetzten zu verteidigen. Die jüngere Generation wollte meistens auch ihr persönliches Leben nicht den festgelegten Gepflogenheiten und Einschränkungen unterordnen. Die kritische Stimmung unter den angehenden Beamten entsprach der allgemeinen gesellschaftlichen Atmosphäre. Noch vor kurzem hatten sie sich als Studenten an verschiedenen Revolten[53] beteiligt, und nun konnten sie sich nur schwer in die Rolle von Bürokraten finden. Ernüchterung, Unzufriedenheit, Kritik am verknöcherten Amtsschimmel kamen immer häufiger nicht nur in den privat geschriebenen Biographien, sondern auch öffent-

---

53 Von den Autoren dieses Buches erlebte z. B. František Procházka die Bewegung der sogenannten „Omladina", einer reformerischen Strömung Jugendlicher vor allem im Prag der 1890er Jahre. Er kam gerade im Jahre 1894 auf die Juridische Fakultät der Tschechischen Universität nach Prag, als ein Hochverratsprozeß stattfand. Genauer vgl. ders.: Paměti, Buch II, ANM, S. 18 ff.

lich auf den Seiten der Tagespresse und Fachperiodika auf. Die publizierten Artikel, die vom vertraulichen Wissen der Umgebung ausgingen, waren oft angriffslustiger und kämpferischer als die eher humoristischen Darstellungen der Beamten durch Literaten.

Zu den unzufriedenen Beamten an der Wende vom 19. zum 20. Jahrhundert gehörte zum Beispiel František Joklík. Seine in der Schrift „Justiční poměry rakouské" (Justizverhältnisse in Österreich) veröffentlichten Meinungen sind in vielerlei Hinsicht bezeichnend. „Die Streber" – schreibt Joklík – „versitzen ganze Tage über ihren sogenannten Statusbüchern mit einem Bleistift in der Hand und rechnen und rechnen, wann sie wohl an die Reihe kämen; und wenn sie das ausgerechnet haben, läßt sie wieder das Sinnieren über die Mittel, wie sie einen ihrer Kollegen bei dieser bevorstehenden Beförderung zuvorkommen oder ihm zumindest die bessere Dienststelle wegschnappen könnten, nicht schlafen. Und in einer solchen Gemütsverfassung, die eigentlich die gesamte Zeit ihres Dienstes andauert, kennen sie kein größeres Glück, als den Vorgesetzten zu dienen, zu dienen und zu dienen. Immer ihnen recht zu geben ... und was diese auch wünschen, sofort zu erfüllen; um sie herumzuscharwenzeln und, sofern vorhanden, auch um die Hand der Tochter anzuhalten ..., hauptsächlich aber im Amt auf jede Meinung der Vorgesetzten zu schwören."[54]

Der Beamte, den František Joklík der Öffentlichkeit vorstellte, hatte ausschließlich negative Charakterzüge und war, von beruflicher Seite betrachtet, eigentlich überflüssig. Die Wirklichkeit jedoch entsprach nur zum Teil dieser Karikatur. Die legendäre Schwerfälligkeit der österreichischen Bürokratie war nicht nur das Werk der ausführenden Beamten. Sie resultierte in erster Linie aus der Funktion des Staatsapparates als solchem. Die Aufga-

---

54 Vgl. František Joklík: Justiční poměry rakouské (Die Rechtslage in Österreich), Prag 1899, S. 75.

be, die veraltete Organisation der Behörden zu ändern, war bestimmt nicht allein von den dort Beschäftigten zu bewältigen. Unter den Autoren dieses Bandes sind sowohl Unzufriedene der jüngeren Generation vertreten (Jan Baše, Karel Fasse, František Procházka, Jaroslav Matiegka) als auch vorbildliche, stets loyale Repräsentanten ihres Standes (František Vaniš, Antonín Böhm, Eduard Bazika). Alle sahen jedoch ohne Unterschied die Mängel ihrer Arbeit und bemühten sich, die Situation zumindest teilweise zu verbessern.

Systemergebenheit oder kritische Distanz war gewiß nicht nur eine Sache der Generationszugehörigkeit. Die persönliche Einstellung eines Beamten zu seinem Beruf wurde durch viele Faktoren beeinflußt. Die Unzufriedenen arbeiteten zum Beispiel sehr oft in den technisch orientierten Sektoren der Staatsverwaltung. Es handelte sich um Absolventen technischer Hochschulen mit dem Titel Ingenieur. Im persönlichen und beruflichen Leben hatten sie vielfach mit Hindernissen zu kämpfen, welche ihnen die großteils von Juristen dominierte Staatsverwaltung in den Weg legte. Außerdem hatten sie relativ gute Aussichten, auch in privaten Unternehmen eine Anstellung zu finden, so daß der Staatsdienst keineswegs ihre einzige Lebenschance bedeutete.

Ein kritisches Verhältnis zur Bürokratie entwickelten auch viele Privatangestellte, für die Administrationsarbeit zum Symbol erdrückender Eintönigkeit wurde. Josef S. Machar,[55] ein tschechischer Literat, der lange Jahre als Bankbeamter in Wien arbeitete, drückte seine Ernüchterung über diese Arbeit so aus: „Wie ein Straßenbahnpferd gehe ich tagtäglich morgens auf mein Amt, und wie ein Straßenbahnpferd kehre ich abends wieder heim. Das

---

55 Josef Svatopluk Machar (1864–1942) war tschechischer Dichter und Journalist. Er engagierte sich auch politisch, vor dem Ersten Weltkrieg war er vor allem von T. G. Masaryk beeinflußt. In den Jahren 1916/17 war er wegen der Unterstützung tschechischer Nationalbestrebungen in Haft.

Amt – immer dasselbe: ein grauer, verstaubter Raum. Die Arbeit – immer dieselbe: heute das, was gestern, vorgestern war und was morgen, übermorgen sein wird. Und die Leute, ach, ich hatte sie schon in der ersten Woche, als ich herkam, satt und muß sie unverändert Tag für Tag ertragen. Ein schreckliches Dasein diese graue Eintönigkeit ..., diese graue unauffällig erdrückende Eintönigkeit der Tage, Monate, Jahre ist die greulichste Pein der Welt."[56]

Machars Klagelied spiegelt zweifellos eine Stimmung unter der Beamtenschaft wider, die hier in diesem Buch zum Beispiel auch Jan Baše und František Procházka anklingen lassen. Ein Berufswechsel konnte eine Lösung für solche Krisen bringen. Wurde dieser aber nicht oder nicht rechtzeitig vollzogen, konnte die berufliche Enttäuschung, wie im Fall Jan Bašes, sogar tragisch, mit Depression und Geisteskrankheit, enden.[57]

Die Mehrheit der Beamten, auch der kritisch eingestellten, lehnte die Behörde nicht als solche ab; sie bezweifelte auch nicht die Notwendigkeit einer gewissen Stereotypie im Arbeitsablauf. Ihr Ziel war es, die Arbeit zu vereinfachen und durchschaubar zu machen. Zu einer Zeit, als alle Bereiche menschlicher Tätigkeit rationalisiert wurden und der technische Fortschritt ihr Erscheinungsbild grundlegend änderte, widersetzte sich das Behördenwesen lange jeglicher Veränderung.[58] Dadurch verlor die Bürokratie in der öffentlichen Meinung merklich an Prestige, was sich natürlich wiederum negativ auf die Berufszufriedenheit der Betroffenen auswirkte. Unpopulär war die Beamtenschaft besonders dort, wo die Bevölkerung sie als Fremdelement empfand. Dies galt für die meisten

---

56 Vgl. Josef Slatopluk Machar: Třicet roků (Dreißig Jahre), 3. Aufl. Prag 1931, S. 190–191.
57 Vgl. Jan Baše: a.a.O., 2. Teil, S. 96–97.
58 Beeindruckend charakterisiert die archaische Arbeitsweise in der Kanzlei im 19. Jahrhundert Franz van der Ven. Er stellt fest, daß die Kanzlei im 19. Jahrhundert noch nicht einmal ins Stadium der Manufaktur getreten war. Vgl. Franz van der Ven: Sozialgeschichte der Arbeit, 3. Teil, München 1972, S. 89.

nicht-deutschsprachigen Teile Österreich-Ungarns. Von allen nicht-deutschsprachigen Gruppen der Monarchie kam nur die Vertretung der Tschechen prozentuell an die Zahl der deutschsprachigen Beamten heran.[59] Aber auch in den tschechischsprachigen Gebieten wurde die Beamtenschaft überwiegend als fremde Gruppe empfunden. Dies lag einerseits an der Amtssprache, die im inneren Dienst trotz aller Kämpfe Deutsch blieb, und andererseits daran, daß tschechische Beamte meist nur in den untergeordneten Rangklassen der Ämterhierarchie angesiedelt waren.[60] Der Anteil der übrigen Nationen an der Staatsverwaltung war noch weit ungünstiger.

Über die Nationalitätenfrage und ihren Einfluß auf die Arbeit der Bürokratie schreiben fast alle Zeitzeugen in diesem Buch. Bei der Erwähnung von Amtskollegen wird stets auch ihre Nationalität angemerkt, insbesondere in Zusammenhang mit allfälligen Beförderungen. Am detailliertesten widmeten sich dieser Problematik Jan Baše und Karel Fasse. Beide wirkten in einer – was die Natio-

---

59 Genau beschäftigt sich mit den Nationalitätenfragen in den einzelnen Ressorts der Staatsverwaltung Miloslav Martínek: a. a. O., S. 181–223. Seine detaillierte Analyse der statistischen Quellen zeigt, daß in den meisten Ämtern die Vertretung der Tschechen und Deutschen vor dem Ersten Weltkrieg mehr oder weniger proportional war, mit dem Zusatz, daß ein Übergewicht an deutschen Beamten in den besser bezahlten Rangklassen bestand. Zur nationalen Zusammensetzung der österreichisch-ungarischen Beamtenschaft vgl. weiters Gerhard Botz: Angestellte zwischen Ständegesellschaft, Revolution und Faschismus (1890–1933). In: Jürgen Kocka (Hg.): Angestellte im europäischen Vergleich, a. a. O., S. 206 ff.
60 Warum die meisten Beamten mit den Aufstiegschancen unzufrieden waren, erkannte schon die damalige Literatur. Vgl. Alois v. Czedik: Zur Geschichte der k. k. österreichischen Ministerien 1861–1893, Wien–Leipzig 1917, S. 527. Weiters vgl. Jan Havránek: Snahy německé buržoazie o rozdělení Čech na sklonku 19. Století (Die Bestrebungen des deutschen Bürgertums zur Teilung Böhmens Ende des 19. Jahrhunderts). In: Zápisy katedry československých djin a archivního studia (Schriften des Lehrstuhls für tschechoslowakische Geschichte und Archivstudien) V, 1961, S. 24.

nalität anbelangt – fremden Umgebung und noch dazu zu einer Zeit, als gerade diese Fragen immer schärfere Konflikte hervorriefen.

Der wachsende Mißmut gegen die Behörden läßt sich jedoch nicht allein durch die Nationalitätenzusammensetzung der Behörden oder durch die Amtssprache erklären. Die Ursachen dafür, daß die österreichische Bürokratie abgelehnt und verspottet wurde, sind nicht allein im gleichzeitig erstarkenden Nationalismus einzelner Volksgruppen zu suchen. In den deutschsprachigen Zeitungen und Zeitschriften tauchten ganz ähnliche Angriffe auf wie in der böhmischen Presse.[61] Der Beamte wurde durch diese Kritik von außen und aus den eigenen Reihen für viele zu einer lächerlichen Figur aus alten Zeiten gestempelt. Es war völlig in Vergessenheit geraten, daß vor gar nicht allzu langer Zeit gerade die Beamten viele Modernisierungen durchgesetzt hatten. In ihrem öffentlichen Image war jedoch vom Bild der „gehorsamen Rebellen" der josefinischen Ära nur die Gehorsamkeit zurückgeblieben.

Dieses Bild enthielt allerdings nicht die ganze Wahrheit. Immerhin waren auch die Autoren, deren Lebenserinnerungen in diesem Buch dokumentiert sind, mit mehr oder weniger Geduld darum bemüht, die Art und Weise der Amtsführung zu verbessern, die Beziehungen innerhalb der Kollegenschaft aufzuhellen, neue, effizientere Arbeitsmethoden durchzusetzen. Ihre Kritik und Unzufriedenheit, die bei vielen Zeitgenossen Zuspruch und Unterstützung fanden, kündigten schon seit dem Ende des 19. Jahrhunderts nicht das Ende der Bürokratie, aber die Notwendigkeit von Veränderungen an. Hundert Jahre früher war die Bürokratisierung eines der Mittel der Modernisierung gewesen. Nun war der Zeitpunkt erreicht, wo es galt, das Erscheinungsbild der Bürokratie zu verändern und die Behörde selbst zu modernisieren.

---

61 Vgl. Bohemia, 21. 9. 1907.

Die Herausgabe dieser Arbeit wurde vom Fonds zur Förderung der wissenschaftlichen Forschung in Österreich unterstützt, bei der Bearbeitung halfen Prof. Dr. Michael Mitterauer, Mag. Günter Müller und Mag. Margarit Schulz von der Wiener Universität und die Archivare des Nationalen Museums und des Nationalen Technischen Museums in Prag. Die Unterlagen für die Karten bearbeitete Dr. Eva Semotánová, CSc. Die Autorin bedankt sich bei ihnen allen dafür.

Übersetzung: Sophia Asperger

Teil I
Gerichte und politische Verwaltung

FRANTIŠEK VANIŠ

wurde im Jahr 1861 geboren und stammte aus Ober-Jeleni (Horní Jelení) in Nordostböhmen. Sein Vater, ein Greißler und Bäkker, der später in der Gemeinde ein Gasthaus erwarb, hatte mehrere Kinder. Eingehender kommt der Autor nur auf einen Bruder sowie eine Schwester zu sprechen, die ihm im Haushalt aushalf, als er verwitwet war. Zuerst sollte František Vaniš Handwerker werden; später erlaubte ihm sein Vater auf Zureden von Verwandten doch zu studieren. Nach dem Gymnasium in Königgrätz (Hradec Králové) absolvierte der Autor die Rechtswissenschaftliche Fakultät an der Tschechischen Universität in Prag.

Bald nach der Promotion trat er in den Staatsdienst ein, in dem er von 1887 bis 1925 blieb. In dieser Zeit wechselte er mehrmals die Dienststelle. Er begann in Prag-Karolinenthal (Karlín); spätere Beförderungen führten ihn nach Mühlhausen (Milevsko), Chotěboř, Königgrätz, Rakonitz (Rakovník) und wieder nach Prag. 1918 wechselte František Vaniš in den Dienst des neuen tschechoslowakischen Staates. Seine Beamtenkarriere beendete er 1925 als Statthaltereirat. Neben seinem Aufstieg als Beamter, den er mit vielen Dokumenten belegt, hielt der Autor in seinen Aufzeichnungen auch sein Familienleben fest. Im Jahre 1892 heiratete er die Bauerntochter Marie Havlovská, mit der er fünf Kinder hatte. 1918 wurde er Witwer, heiratete aber später ein zweites Mal.

Die Autobiographie von František Vaniš umfaßt insgesamt 360 Seiten und bietet einen vielfältigen Einblick in das k. k. Beamtenleben. Das Originalmanuskript ist im Besitz der Familie und wird hier mit Zustimmung der Enkelin des Autors, Frau Zdenka Volfová, auszugsweise veröffentlicht.

Als ich dreizehn Jahre alt war, beabsichtigte man, mich ein Handwerk lernen zu lassen. Man einigte sich darauf, mich zu Onkel František Kaplan, einem Fleischer und Selcher in Borohrádek, vier Jahre in die Lehre zu schicken, weil es für mich in der Gastwirtschaft gut sein würde. Ohne zu überlegen, ging ich mit der Großmutter Barbora Kaplanová schweigend in die Lehre nach Borohrádek.

Erst später wurde mir klar, daß mir das nicht gefiel und daß ich dafür nicht die Natur hatte. In der Nacht weinte ich auf dem Dachboden, und am dritten Tag lief ich, hinten an der alten hölzernen Borohráder Schule vorbei, aus der Lehre davon zur Großmutter, ohne dem Onkel oder der Tante etwas zu sagen. Immer, wenn sie schlachteten, versteckte ich mich auf dem Dachboden. Ich hätte dem Onkel sagen sollen, daß mir das nicht gefällt. Als mir dann kein Handwerk gefiel, ließen mich meine Eltern auf Zureden von Vetter František Tocháček studieren. Der bereitete mich vor, und am 15. September 1874 machte ich die Aufnahmsprüfung für das Gymnasium in Königgrätz. Von einhundertsechs Angemeldeten wurden sechsundsechzig aufgenommen. Wir wurden in A und B aufgeteilt. Ich war in der 1B, wo ich der neunzehnte von dreiunddreißig Schülern im ersten Halbjahr, der elfte von fünfundzwanzig im zweiten Halbjahr war. Im siebten und achten Halbjahr war ich Externist, weil ich vom Klassenlehrer Josef Grim verfolgt wurde. . . .

Nach der Matura sagte mein Vater zu mir: „Studiere, was du willst, aber ich kann dir nichts mehr geben!" Ich entschloß mich, Jura zu studieren. Deshalb brachte mich mein Schwager Leopold Šeda, Oberlehrer in Horní Jelení, nach Prag, zumal er Prag kannte, denn er hatte dort an der Lehrerbildungsanstalt studiert. Der Schwager brachte mich bei einem gewissen Sokol in der Realschule in der Ječná ulice (Gerstengasse) unter. Ich schrieb in Schönschrift ein Ansuchen an eine Kanzlei um Aufnahme für ein halbes Jahr und ging zu Dr. Antonín Pavlíček, der mich aufnahm. So hatte ich gewonnen. Der Schwager zeigte mir auch gleich, wo ich ein Mittagessen um achtzehn Kreuzer bekam, um sage und schreibe achtzehn Kreuzer!

Ich ließ mich an der Rechtswissenschaftlichen Fakultät der gerade gegründeten Tschechischen Universität einschreiben, wo wir Václav Vladivoj Tomek als Rektor hatten, der uns die Geschichte Österreich-Ungarns vortrug. Bei Dr. Pavlíček begegnete ich Petřík, Šimek, Engler, Křenovský, Plicka, Kopecký und Kliment. Nach Ostern traf der Vetter Josef Kaplan in Prag ein, denn er war aus dem zweiten Jahrgang des Seminars in Königgrätz abgesprungen und wollte Jura studieren. Dann reichte ich beim Magistrat ein Gesuch ein und wurde nach einer Woche aufgenommen. An meiner Stelle schickte ich Josef Kaplan zu Dr. Pavlíček, und im Prager Magistrat wurde ich in die Schreibstube aufgenommen, wo der Lexikograph Josef Rank, ein kleiner, dicker Herr mit Vollbart, Registrator war. Wir waren dort sechsunddreißig. Dort bekam ich monatlich dreißig Gulden, so daß ich genug Geld für den Lebensunterhalt und die Garderobe hatte. Von zu Hause brauchte ich bereits nichts mehr. Außerdem bekam ich eine Unterstützung vom Akademischen Leseverein, der seinen Sitz in einem Gasthaus auf dem Wenzelsplatz hatte. Mit dem Vetter Josef Kaplan übersiedelte ich dann in die Žitná ulice (Korngasse) zu dem Schneider František Křivohlavý, von dem wir die Garderobe auf Raten bekamen. Im Jahr 1883 suchte ich um Zulassung zur Ersten Staatsprüfung an und trat aus dem Prager Magistrat aus, um mich auf die Staatsprüfung vorbereiten zu können. Und ich machte mich auf zu den Eltern nach Jelení, wo ich mich auf die Erste Staatsprüfung vorbereitete. Die Staatsprüfung mußte in einem Fach auf deutsch abgelegt werden. Auf deutsch machte ich die Prüfung in Kirchenrecht bei Prof. Dr. Vering von der deutschen Rechtswissenschaftlichen Fakultät. Es hätten hundertvierundsiebzig die Erste Staatsprüfung ablegen sollen, hundertzehn traten wegen Deutsch nicht an, sechsunddreißig fielen durch, und wir übrigen schafften es.

Nach der Ersten Staatsprüfung ging ich zurück in die Kanzlei von Dr. Pavlíček. Die Erste Staatsprüfung, bei der die Prüfungskommissare Prof. Dr. Vering, Hanel und Heyrovský waren, legte ich am 21. Oktober 1884 mit gutem Erfolg ab. Am 4. August 1886 bekam ich das Absolutorium, und auf Grundlage des Absolutoriums konnte ich um Zulassung zur Zweiten Staatsprüfung ansuchen. Um mich auf die Zweite Staatsprüfung vorbereiten zu können, machte ich mich auf zu meinen Eltern nach Jelení. Nachdem ich mich auf die Zweite Staatsprüfung vorbereitet hatte, legte ich sie am 23. Oktober 1886 ab. Die Prüfungskommissare waren Prof. Dr. Ott, Dr. Randa, Dr. Wlozsek und Dr. Gundling. Bei dem machte ich die Zweite Staatsprüfung im Strafrecht auf deutsch.

Nach der Zweiten Staatsprüfung trat ich halbtags wieder in die Kanzlei von Dr. Pavlíček ein, wo ich bis zur Dritten Staatsprüfung blieb, die ich am 18. April 1887 ablegte. Bei dieser waren die Prüfungskommissare Prof. Dr. Hanel, Dr. Pražák und Dr. Bernat. Die Prüfung auf deutsch machte ich bei Dr. Bernat in Statistik Österreich-Ungarns. Alle Zeugnisse von diesen drei Staatsprüfungen an der tschechischen Rechtswissenschaftlichen Fakultät waren in deutscher Sprache ausgefertigt.

Da sich mein Vater wünschte, daß ich einmal Bezirkshauptmann werde, suchte ich bei der k.k. Statthalterei um Zulassung zur Konzipientenpraxis in einer der Bezirkshauptmannschaften bei Prag an. Ich war deshalb mit meinem Gesuch auf dem Präsidium der Statthalterei beim Chef des Präsidiums, Jenik Zasadský Ritter von Gamsendorf, der mir sagte, daß ich gleich nach der Zweiten Staatsprüfung hätte ansuchen können. Ich sagte, daß ich davon nicht gewußt hätte. Er erzählte mir, daß er Jelení gut kenne, daß er oft von Zámrsk nach Jelení ging, da seine Familie die Gutsherrschaft Zámrsk hatte. Vierzehn Tage später wurde ich per Dekret vom 8. Mai 1887 Nr. 2999 aufgenommen und der k.k. Bezirkshauptmannschaft in Karlín zugeteilt. . . .

Seinerzeit herrschten in allen Bereichen des Konzi-
pientendienstes traurige Zustände, denn die Kollegen in
anderen Abteilungen waren bis zu vier Jahre ohne Gehalt. Das erste Gehalt in der Höhe von fünfhundert Gulden erhielt ich per Dekret vom 11. Mai 1889, Nr. 3064,
und dann sechshundert Gulden per Dekret vom 28. Juli
1890, Nr. 8074. Als ich die praktische politische Prüfung
gut abgelegt hatte, bekam ich diese sechshundert Gulden
definitiv per Dekret vom 15. August 1890, Nr. 7639. Per
Dekret vom 27. Jänner 1892 wurde ich zum Konzipisten
der k.k. Statthalterei ernannt. Den Diensteid leistete ich
am 2. Februar 1892 in Gegenwart des k.k. Statthaltereirats Karel Herrmann, der im Jahr 1890 das Amt von
František Karásek übernommen hatte. Per Dekret vom
19. Juni 1892, Nr. 6775, wurde ich definitiv bestellt.

Da ich über zwei Jahre ohne Gehalt auszukommen
gezwungen war, mußten meine Eltern für mich etwas
ausleihen, was ich ihnen nach der Heirat zurückzahlte. So
wohnten wir, nachdem ich am 26. April 1890 Marie, geb.
Havlovská, geheiratet hatte, in der Pobřežní ulice (Ufer-
straße) in Karlín gleich neben der k.k. Bezirkshauptmannschaft, also hatte ich es nahe zum Amt. Später, wahrscheinlich im Jahr 1892, übersiedelten wir in die Krá-
lovská třída (Königliche Straße) in Karlín. Von dort aus
fuhren wir über Veltrusy nach Hostín auf unser Gut, und
am 12. September 1892 waren wir am Namenstag meiner
Frau auf dem Říp, wo wir uns ins Erinnerungsbuch
eintrugen.

Per Dekret des Präsidiums der Statthalterei vom 7. Oktober 1892 wurde ich in die k.k. Bezirkshauptmannschaft
nach Milevsko bei Tábor versetzt. Die Übersiedlung von
Karlín nach Milevsko war zwar unangenehm, doch der
Chef und seine Frau waren so angenehme und liebe
Leute, daß ich mich mit meiner Frau dort binnen einer
Woche eingewöhnte und wir vollkommen zufrieden waren. Der k.k. Bezirkshauptmann Karel Krejčí war ein
netter und lieber Chef. Neben ihm war ich so etwas wie

ein Konzipist der Statthalterei, danach so etwas wie ein Bezirkskommissar. ...

Am Samstag vor den Pfingstfeiertagen, d. h. am 20. Mai 1893, machten wir einen Ausflug nach Zvíkov, wo ich mir um dreißig Kreuzer einen Führer durch Zvíkov kaufte. Am 23. Juli 1893 hatten wir eine Kommissionierung hinsichtlich der Genehmigung von Holzschleifen nach dem Wasserrecht. ... Diese Schleifen setzten sich aus drei Teilen zusammen, einem Teil, wo das Holz gelagert, einem, wo es hinuntergewälzt und einem Teil, wo es zusammengebunden wurde. Die Baumstämme, die man von den hohen Ufern in das Moldauwasser hinunterwälzte, wurden zu Flößen zusammengebunden, und auf diese wälzte man über Rinnen die Holzscheite. ...

Einmal, bei einer Kommissionierung, machte ich mit Dr. Stein, dem dortigen Arzt in Skrejchov halt bei den siamesischen Zwillingen, den Schwestern Blažkek, die uns mit der Geige aufspielten. Alle Wände des Holzhauses waren voller Fotografien.

Am Mittwoch, dem 13. Dezember 1893, wurde uns im Haus von Herrn Vodňanský, unserem lieben Onkel, der erste Sohn geboren, der am Tag des heiligen Stefan, am 26. Dezember 1893, in der Prämonstratenserkirche auf den Namen František Antonín Josef getauft wurde. Seine Taufpaten waren der dortige k. k. Bezirkshauptmann Antonín Mařánek und der dortige Evidenzgeometer Josef Jelínek, der beim Taufmahl den Trinkspruch ausbrachte: „Auf daß dieses Kommissärchen an Jahren und Weisheit so gedeihe, daß es Kommißbrot essen möge!" ...

Per Dekret vom 11. November 1893 wurde ich zum k. k. Bezirkskommissar von Chotěboř ernannt. Da mir aber gestattet worden war, bis zum Ablauf der Frist von sechs Wochen in Milevsko zu bleiben, fuhr ich extra wegen der Vereidigung am 11. Dezember 1893 nach Chotěboř und legte dort in Gegenwart des k. k. Bezirkshauptmannes Jan Gemrich Ritter von Neuberg den Diensteid ab. Nach einwöchigem Abschied übersiedelten wir mit dem drei Monate alten Sohn František bei herrlichem Wetter am 28. Februar 1894 nach Chotěboř. Dort gefiel es uns ebenfalls, und ich lernte Dr. jur. Antonín Čapek, den dortigen Advokaten und ein aufrichtiger Freund, kennen. In Chotěboř hatten wir im Restaurant „Zum Keller", das der dortigen Brauerei gehörte, einen Kegelverein, der das Kegeln in gesunder Luft zum Zweck hatte.

Am 4. August 1895, einem Sonntag, wurde uns der zweite Sohn geboren, der bei der Taufe den Namen Bohumil Antonín erhielt und dessen Paten Dr. Antonín Čapek und Dr. med. Bohumil Marek, der dortige Bezirksarzt, waren. Ein guter Freund war mir der dortige Bezirkssekretär Otto Štampach, mit dem ich nach fünf Uhr nachmittags oft spazierenging. Dort gab es so viel Schnee, daß ich vom 1. Dezember bis Ende April mit dem Schlitten fuhr. Ich hatte dort einen guten Kutscher namens Souček, der niemals umkippte. Nach Přibyslav fuhr ich über Borová, den Geburtsort Havlíčeks. Wenn wir auf Musterung in Přibyslav waren, besuchten wir immer das Denkmal in Schönfeld, wo Žižka am 11. Oktober 1424 gestorben war. Da ich mir in Chotěboř am Hinterkopf Rheuma zuzog, ersuchte ich um Versetzung nach Pardubice, wo das Klima besser war. Doch statt nach Pardubice wurde ich nach Königgrätz versetzt. Diese Versetzung begrüßten wir mit großer Freude, auch aus dem Grund, weil mir das Präsidium der k. k. Statthalterei das bezahlen mußte. In Svobodné dvory traf ich auf den ehemaligen Mitschüler Václav Vojtěch, der dort ein Gasthaus und eine Wirtschaft hatte und der uns mit dem besten Gemüse versorgte. Auch mit wohlschmeckender Leberwurst und ähnlichem deckte er uns ein. In Königgrätz mußten wir mangels anderer Wohnungen eine Wohnung mit drei Zimmern und Nebenräumen in der sogenannten Klapka-Villa mit einem großen Garten mieten. Von dort aus hatte ich zwar fast zwanzig Minuten zur Kanzlei, jedoch viel näher zum Bahnhof. Durch diesen längeren Weg verlor ich den Rheumatismus im Kopf. Damals, im Jahr 1896, wohnte bei uns Leopold Šeda, der die erste Klasse Gymnasium besuchte. In der Villa Klapka wurde uns am 8. Dezember 1896 Zdenka Marie geboren und in der Kirche von Kukleny getauft. Die Paten waren Dr. jur. Antonín Čapek, Advokat in Chotěboř, und seine Gattin, Frau Zdenka Čapková. Am 21. Juli 1897 war ich mit dem Schwager Pavel Žalud aus Terezín in Dresden, wo wir die Internationale Kunstausstellung und den Zoologischen Garten besuchten. Am 22. Juli waren wir in Leipzig, wo wir die Thüringer-Sächsische Industrieausstellung besuchten. Im Jahr 1897 kaufte ich von František Kaplan das Haus Nummer 141 in Borohrádek, das ich im Jahr 1916 verkaufte.

Im Jahr 1897 wurden die Sprachverordnungen, die für uns Tschechen etwas günstiger waren, aufgehoben. Deshalb gab es in Königgrätz Demonstrationen, bei denen der untere Teil des gerade errichteten Grand-Hotels demoliert wurde, weil es dem Juden Fränkel gehörte. Ich war drei Nächte lang mit dem Militär am dortigen Bahnhof, weil das Gerücht umging, die Demonstranten würden das dortige Kohlenlager anzünden.

Im Jahr 1898 übersiedelten wir von der Klapka-Villa nach Königgrätz in das Haus Nr. 292, das einem Kreditinstitut gehörte. Diese Häusergruppe wurde „Na Krétě" (Auf Kreta) genannt, und im Parterre befand sich das Gasthaus von Josef Hladík.

Am 5. Dezember 1898 starb uns im Haus Nr. 292 Na Krétě die zweijährige Zdenka Marie an Fraisen und wurde in Kukleny begraben, wo sie bis heute ruht. In Königgrätz gefiel es uns sehr, aber ich wurde per neuem Dekret nach Prag versetzt und der Abteilung 2 (der Patronatsabteilung) zugeteilt. Etwa im Monat Juni wurde ich der Abteilung 6 (der Eisenbahnabteilung) zugeteilt. In Prag mieteten wir eine Wohnung im Haus Nummer 505 auf der Letenská ulice (Belvedere-Gasse) neben dem Haus der Englischen Jungfrauen. Chef der Patronatsabteilung war der Deutsche Geitler Ritter von Armingen und in der

Eisenbahnabteilung der k.k. Statthaltereirat Jindřich Vojáček, der Schwiegersohn des Statthaltereirats Václav Šeda aus Königgrätz. Von der Eisenbahnabteilung aus fuhr ich zu Eisenbahnkommissionierungen in verschiedene entlegene Gegenden, hinter Liberec, Králíky, Vimperk, und ich besuchte die entferntesten Gegenden Böhmens und Mährens. Das dauerte aber nicht lange. Durch ein weiteres Dekret wurde ich vom Statthalter Karel Maria Graf von Coudenhove nach Rakovník versetzt. Das Dekret war tschechisch. Mir gefiel es im übrigen auf dem Land besser als in der Statthalterei. In Rakovník mieteten wir im Haus Nummer 233 im ersten Stock eine Zweizimmerwohnung mit Nebenräumen, wo uns am 17. Oktober 1900 ein Junge geboren wurde, dem wir den Namen Antonín Zdeněk gaben. Seine Paten waren Dr. jur. Antonín Čapek, Advokat in Chotěboř, und dessen Gattin, Zdenka Čapková.

Per Dekret vom 23. Juli 1901 wurde ich zum k.k. Bezirksoberkommissar ernannt. Am 2. November 1905 wurde uns das Kind Zdenka Eliška geboren. Am 28. November 1905 brannte unser Haus mit der Nummer 157 in Horní Jelení nieder, als Demonstrationen für das allgemeine Wahlrecht stattfanden. Am 9. April 1906 starb in Rakovník unsere Schwägerin Eliška Pokorná. Per Dekret vom 10. Juni 1908 wiederum wurde ich zum k.k. Bezirkshauptmann ernannt und zum Dienst in der Bezirkshauptmannschaft in Smíchov zugeteilt.

In Smíchov mieteten wir uns eine Wohnung im neuen Haus von Josef Malec mit der Nummer 1152 in der Farní ulice (Pfarrgasse, später: Třebízký ulice – Třebízkýs-Straße). Es war eine herrliche Wohnung mit Balkon und Aussicht auf die Moldau und das Emmauskloster. Von Smíchov gingen wir oft ins „Národní dům" (Nationalhaus), das in der Nähe lag, und ins „Obecní dům" (Prager Gemeindehaus) in den Smetana-Saal zu Konzerten der Tschechischen Philharmonie. Im „Národní dům" in Smíchov kamen bis zu dreißig Personen zusammen.

Per Dekret vom 8. Mai 1912 betraute mich der Statthalter Fürst Thun-Hohenstein mit der Verwaltung der k. k. Bezirkshauptmannschaft in Rakovník, wodurch ich zum selbständigen Bezirkshauptmann in Rakovník wurde.

Am Sonntag, dem 26. Juni 1914, am Tag der heiligen Anna, brach dann der Erste Weltkrieg aus, der mir viel Kummer und Wut verursachte, der uns aber eine derartige Unabhängigkeit brachte, von der wir nicht einmal geträumt hatten. In diesem Krieg erwarb sich der jetzige Bürgermeister Čeněk Vaněček als damaliger Direktor der Sparkasse von Rakovník unvergängliche Verdienste um die Versorgung der Bevölkerung mit Mehl und ähnlichem, während sich Emil Sommerschuh mit dem Roten Kreuz durch die Versorgung zweier Krankenhäuser für verwundete Soldaten verdient machte.

Wir versorgten einige Bezirke mit Mehl und Fleisch, insbesondere das Gebiet um Kladno, wo man öffentlich bekanntgab, daß das Gebiet von Kladno vor Hunger ausgestorben wäre, hätte es nicht Bezirkshauptmann Vaniš gegeben. Das vergalt mir der letzte Bezirkshauptmann Graf Max Coudenhove besonders „nett". Anstatt mich für eine Beförderung zum Statthalereirat vorzuschlagen, versetzte er mich per Dekret zurück in die Statthalterei. Da meine erste Frau schwer krank war – sie erlitt im Jahr 1916 einen Schlaganfall –, gab ich vor, an Neuralgie erkrankt zu sein. Ich ersuchte um dreimonatigen Urlaub, den ich bis zum 6. Mai 1918 hinauszögerte, so daß ich am 6. Mai 1918 den Dienst in der Statthalterei antrat, und zwar in der Abteilung 20 bei Hofrat Dr. jur. Josef Bláha, der für die Versicherung der Privatangestellten zuständig war.

Am Montag, dem 28. Oktober, kam es zum Umsturz, und der Nationalausschuß verkündete, daß er die Verwaltung des tschechoslowakischen Staates übernehmen werde. So entstand die Tschechoslowakische Republik. Das war ein Jauchzen und Singen von Volksliedern. Ich bemühte mich dann beim Nationalausschuß, wieder nach

Rakovník zu kommen. Deshalb wurde ich auf mein Gesuch hin, wie früher, mit der Verwaltung der k. k. Bezirkshauptmannschaft in Rakovník betraut, die ich am 4. Dezember 1918 übernahm.

Am Montag früh, den 12. November 1918, starb, bald nach dem zweiten Schlaganfall, meine erste Frau Marie, geb. Havlovská, im Alter von zweiundfünfzig Jahren. Um so eher war es für mich wichtig, wieder nach Rakovník zu kommen, da ich dort vier verwaiste Kinder hatte und niemand die Übersiedlung hätte besorgen können. Zum Glück kam meine Schwester Marie Šedová, die Witwe des Oberlehrers Leopold Šeda, um mir den Haushalt führen.

Am 25. Februar 1920 wurde ich zum Titular- und am 30. Dezember schließlich zum wirklichen Statthaltereirat sechster Klasse ernannt. Am 12. Oktober 1922 erhielt ich ein Belobigungsdekret infolge der glücklichen Rückkehr des Präsidenten von einer Kur auf der Insel Capri 1922. Am 15. November 1918 kaufte ich von der Gemeinde Rakovník das Haus Nummer 410 „Na Bělidle" (Auf der Bleiche), da große Wohnungsnot herrschte. Am 17. Juli 1920 heiratete ich zum zweiten Mal in Hlinsko Eliška Knöllová, die Tochter des Oberförsters, damals ledig, geboren in Nové Hrady bei Vysoké Mýto. Per Dekret vom 26. Dezember 1924 wurde ich nach vierzig Jahren, zwei Monaten und dreiundzwanzig Tagen in den dauernden Ruhestand versetzt und blieb in Rakovník.

Gleich nach dem Eintritt in den dauernden Ruhestand trat ich in die politische Partei der Tschechischen Nationalen Sozialisten ein, und warum? Weil ich mich während des Krieges davon überzeugt habe, daß diese Partei national und außerdem human ist, daß sie dem schwächeren Nächsten nach Kräften hilft: Denn im Krieg zeigte sich, wer wirklich human war und wer am meisten Hilfe benötigte. Ich hatte daher immer Brot- und Zuckerkarten auf Vorrat, um Müttern aushelfen zu können, die sich um mehrere Kinder zu kümmern hatten, die hauptsächlich Kaffee zu essen bekamen und nicht genügend Zucker hatten. Am schlimmsten war es in den Jahren 1916 und 1917, als man Brot schon aus Maismehl backen mußte. Ich habe selbst so ein Brot gesehen, das wie aus Lehm gemacht aussah und leicht zerfiel. Mir wurde es bang ums Herz, wenn ich daran dachte, daß diese Kinder nichts anderes zu essen hatten als so ein mißlungenes Brot. Wir halfen uns in Rakovník beträchtlich mit Selchwaren, die der damalige Direktor der Sparkasse, Čeněk Vaněček, besorgte, der sich auf alle erdenkliche Weise darum kümmerte, daß es hier keinerlei Not gab. Daher war Rakovník einer der bestversorgten Bezirke.

In der Nationalversammlung müssen auch zumindest vier Parteien vertreten sein, so viele wie ein Tisch Beine hat. Eine Partei hat die andere zu kontrollieren, und dabei haben sie sich nach dem Grundsatz „Concordia parvae res crescunt, discordia etiam maxima dilabuntur" zu richten. So lange wir einmütig waren, waren wir unbesiegbar. Die Folgen der Uneinigkeit waren in der Schlacht bei Lipany zu sehen.... Um Kriege abzuschaffen oder einzuschränken wurde der Völkerbund gegründet, der jedoch mit einer ausreichenden Vollzugsgewalt, mit zwingender Macht ausgestattet hätte sein müssen, damit jeglicher seiner Beschlüsse ordentlich hätte durchgeführt werden können.

Der Weltkrieg, der von 1914 bis 1918 in Europa wütete, vernichtete Millionen von Menschenleben, verwüstete wunderbare und fruchtbare Gegenden, zerstörte prachtvolle Städte, zerrüttete große Staaten und führte zur Entstehung neuer, brachte gewaltige Verwirrung in das Wirtschaftsleben, führte zum Umsturz der Besitzverhältnisse, indem sich viele Gesellschaftsschichten durch grenzenlosen Wucher bereicherten und andere völlig verarmten, er griff zerstörerisch in das Sittenleben ein, verursachte die Demoralisierung des Menschen, die Erhöhung der Kriminalität, die Demoralisierung der Jugend usw. Wie eine riesige Wolke lag er über Europa, ganze vier Jahre lang, die erfüllt waren von fürchterlichem, sinnlosem Morden, vom Donnern der Geschütze, dem Schreien der Verletzten oder Sterbenden, den Klagen der verlassenen Familien, den Flüchen der Verkrüppelten. Die Welt war eingetaucht in Wogen des Schmerzes und der Verzweiflung. Und nirgendwo gab es einen Ausweg. Es wurde gemordet, geraubt, gestohlen, gewuchert. Gut erging es nur den Gaunern, und gute Menschen litten. Gewalt und Zorn regierten die Welt. Diese fürchterlichen Erscheinungen verdüsterten völlig die Seele des europäischen Menschen. Das Leben schien ein Alptraum zu sein. Warum leben, wenn das Leben rohes Morden an den Fronten bedeutet, die Verstümmelung gesunder Körper, Hungerqual an der Front und im Hinterland, tierische Unterdrückung. Hat das Leben überhaupt Sinn, wenn die begabtesten Leute wie Rinder in Schützengräben aufgestellt und in einem fort ermordet werden. Hat die Welt Sinn, die dieses grauenvolle Unheil erträgt? So ist Krieg. Daher ist es die heilige Pflicht der Menschheit, Kriege zu beseitigen oder wenigstens einzugrenzen. Dazu ist in erster Linie der Völkerbund berufen.

Da ich als politischer Beamter der römisch-katholischen Kirche angehören mußte, gab ich erst nach dem Umsturz, im Jahr 1925, als ich auch schon in Pension war, meinen Austritt aus der römisch-katholischen Kirche und meinen Beitritt zur Tschechoslowakischen Kirche bekannt. . . .

Übersetzung: Andreas Leben

FRANTIŠEK PROCHÁZKA

wurde 1877 in der mittelböhmischen Kleinstadt Schlan (Slaný) geboren. In seiner Familie hatte es vor ihm keine Beamten gegeben. Der Vater war Schneider, die Mutter, eine Wirtstochter, stammte aus einer relativ vermögenden Schlaner Familie. Die Kindheit in Schlan verbrachte František Procházka glücklich und zufrieden, obwohl es die Eltern, die für neun Kinder sorgen mußten, sicher nicht leicht hatten. Weder Vater noch Mutter beeinflußten den Sohn bei seiner Berufswahl. Nach Abschluß des Gymnasiums in Schlan entschied er sich auf Anraten seines Cousins und einiger Bekannter für das Studium der Rechtswissenschaften und für den Staatsdienst. Dies galt für einen mittellosen Studenten als der sicherste Weg zu einer Karriere. Der Autor erwähnt, daß er seine Entscheidung nachher oft bereute, da die Aufgaben und Pflichten eines Beamten sich für ihn als unbefriedigend herausstellten.

Seine berufliche Laufbahn begann er zu Beginn des 20. Jahrhunderts als Gerichtsadjunkt in Welwaren (Velvary). Später wurde er nach Kralup an der Moldau (Kralupy nad Vltavou) versetzt, wo er den Ersten Weltkrieg und das Ende der Monarchie erlebte. Zur Zeit der Republik arbeitete er als Richter in Prag. Er leitete auch einige bedeutende Prozesse mit politischem Hintergrund, was bei ihm das Interesse an der Geschichte der Kriminalistik und an den politischen Prozessen der Vergangenheit weckte.

František Procházka hatte auch literarische Ambitionen. Er bemühte sich, einige seiner Anekdoten aus dem Gerichtssaal zu veröffentlichen. Seine Autobiographie ist außergewöhnlich umfangreich; ihre acht Teile umfassen einschließlich Beilagen und Anmerkungen mehr als dreitausend Seiten. Das Gesamtwerk ist in seinem Nachlaß im Archiv des Nationalmuseums in Prag aufbewahrt. Die hier publizierten Auszüge stammen aus dem ersten und zweiten Teil.

Ich wurde am 3. Juni 1877 im Haus Nr. 100 in der breiten Lounská ulice (Laungasse) geboren, im Haus, das dem Bürgermeister Josef Prügl, einem strengen und sparsamen Alttschechen, gehörte. Die Eltern wohnten dort im Hof, im hinteren Flügel, denn der Vater hatte im selben Haus zur Straße hin, rechts vom Eingang, einen Schneiderladen. Bewußt erlebt habe ich aber erst das Haus Nr. 62 in der Soukenická ulice (Tuchmachergasse), das der Vater im Jahre 1882 kaufte.

Die erste Erinnerung, die mir klar im Spiegel der Erinnerung erscheint, ist das folgende Bild, wie ich im Kinderwagen fahre, einem größeren Korbwagen, in dem ich mit dem Rücken zum Dienstmädchen sitze. Zwischen meinen Beinen liegt, noch als ganz winziger Säugling, mein Bruder Karel, und das Dienstmädchen führt uns durch die Třebízký ulice (Třebízký-Gasse) in Richtung Skalka. Da mein Bruder am 8. Januar 1879 geboren wurde, war ich damals wahrscheinlich ungefähr zwei Jahre alt oder ein wenig mehr.

Das Haus Nr. 62 war etwa zweihundert Jahre alt, hatte im Erdgeschoß einen hellen Laden, aber dahinter lag eine dunkle Küche, denn über ihr ragte eine niedrige, gewölbte nach Norden und Westen hin angelegte Pawlatsche aus Stein in den Hof hinein. Sie war im rechten Winkel geknickt, denn im langen Hausflur befand sich ein Gewölbe, ein kleiner Keller, in dem der Vorgänger des Vaters, irgendein Fleischhauer, die Selchkammer hatte. Im Stock, in den man aus der Mitte des Hausflurs nach links über eine Holztreppe hinaufstieg, befanden sich hinten die Küche und vorne ein größeres, angenehmes Zimmer mit zwei Fenstern und ein kleineres mit einem Fenster und Ausblick auf die Straße. In diesem Zimmer habe ich für das Gymnasium gelernt und schöne Augenblicke der Arbeit und der Träumerei erlebt. Ein heller Gang führte durch eine Glastür auf die erwähnte Pawlatsche, von der ich auf den langgezogenen kleinen Hof mit kleinen Ställen und einem Schuppen sehen konnte, und auf die benachbarten Höfe, besonders auf jenen des Fräulein Prüglová, der beim Lounská-Tor an die damalige Schanzmauer angrenzte. In diesem kleinen Haus habe ich meine ganze Jugend bis zum Jahr 1902 verbracht, als ich Slaný verließ, um ins praktische Leben einzutreten.

Mein Vater, Josef Procházka, ein Schneider, wurde 1846 in Prag im fünften Bezirk „Na Řásnovce" (Řasnowka) Nr. 1 als Sohn des Schmiedearbeiters Jan geboren. Mein Urgroßvater war Josef, ebenfalls Mieter, und zwar im Hof des Kreuzherrengutes in Starý Knín (Alt-Knin). Der Vater erzählte, daß sie während seiner Kindheit einmal von einem riesigen Hochwasser aus der Wohnung im Kellergeschoß des Hauses Na Řásnovce hinausschwemmt wurden. Der Vater war ein liebenswürdiger, guter, ehrlicher und überaus fleißiger Mann. Leider war er von schwächlicher Statur und offensichtlich geplagt von lästigen Vorstellungen, zum Beispiel von der Sorge um die Schneiderkunst, um die Familie, der er sich zur Gänze und bis zur Erschöpfung widmete, so daß er keine Ruhe kannte und es oft nicht einmal schaffte, sich kurz zu erholen. Einer seiner grundlegenden Charakterzüge war eine ständige, tiefe Traurigkeit. Er war wortkarg, täglich kam er zum Mittagessen mit finsterer Stirn und mit einem Blick, in dem Trauer und Sorge lagen. Seine Beklommenheit beeinflußte natürlich auch die Stimmung der Mutter und der Kinder. Wir waren gleichsam eingeschüchtert, und einer nach dem anderen entfernten wir uns nach dem Mittagessen schnell vom Tisch. Und nach der Arbeit, als er den Laden zusperrte und sich mit lebendigen Dingen hätte beschäftigen können, war er dazu natürlich nicht mehr fähig. Er warf einen Blick in die Zeitung, sprach ein Wort, einen Satz – und ging erschöpft schlafen. Und dann konnte er lange, lange nicht einschlafen. Er tat mir immer sehr leid, wenn ich hörte, wie er in die Nacht hinausstöhnte: „Ach, mein Gott, was habe ich bloß für ein Schicksal!"

Als ich ihn als Erwachsener nach dem Grund seiner Betrübnis fragte, seufzte er nur: „Was weißt denn du?!

Wenn man dich nur so an den Ladentisch stellen würde, dann würdest auch du zahm werden." Es ist kein Wunder, daß er nach Jahren infolge der ständigen Ermüdung und vor allem durch die Überanstrengung der Muskel an der Handwurzel der rechten Hand beim Zuschneiden besonders der schweren Winterstoffe an einer eitrigen Entzündung der Muskel der Handwurzel und an Tuberkulose erkrankte, was natürlich eine ziemliche Katastrophe und ein Vorbote seines Endes war.

Die Mutter war eine hübsche, liebe Frau und – als die Zahl der Kinder anstieg – natürlich auch sehr beschäftigt. Sie zog uns Kinder gut an, wir waren immer wie aus Zucker. Und sie ernährte uns ausgezeichnet, was verständlich ist, denn der Vater verdiente durch seinen Fleiß für die damaligen Verhältnisse eine schöne Summe Geld. Im übrigen stand sie aber unter dem Einfluß der Person des Vaters. Selbst war sie von schwacher, nervöser Konstitution, erschöpft von immer neuen Geburten – wir waren neun Kinder – und oft gereizt, ja auch leicht aufbrausend, was sich auf der anderen Seite wieder auf die Stimmung im Haushalt auswirkte und einen unglücklichen Einfluß auf das Wesen der Kinder hatte. Sie war die Tochter von František Peters, Stadtbürger und Wirt des stattlichen Gasthauses „Pod horou" (Unterm Berg) beim Bad in Slaný, und von Aloisie Konvalinková, Tochter eines Altmüllers aus Královice. Die alten Eheleute hatten insgesamt achtzehn Kinder, von denen fünf Söhne und vier Töchter am Leben blieben. Die Töchter Anna und Marie heirateten vermögende, aber greise Witwer, und zwar unter dem Druck der energischen und herrischen Großmutter, die in der Familie mit eiserner Hand regierte und gegen deren Befehl man nicht einmal beim Großvater etwas erreichen konnte.

Die Großmutter hatte im Alter von sechzehn Jahren geheiratet. Dies und die Menge an Kindern, der große Haushalt und dazu das Gasthausgewerbe machten aus der Armen ein reizbares, cholerisches und irrsinnig jähzorniges

Geschöpf. Die Mutter erzählte, daß sie auch imstande war, mit dem Messer nach den Kindern zu werfen, wobei dieses aber sein Ziel zum Glück immer verfehlte.

Wir waren neun Kinder, heute leben aber nur mehr vier Brüder und eine Schwester. Die Schwester Marie, ein schönes und liebes Mädchen, erkrankte sehr jung schwer an einem seelischen Leiden und starb in Bohnice. Eine jammervolle Erinnerung.

Im Jahr 1883 begann ich mit der Volksschule. In den ersten Jahren befanden sich unsere Klassen im Gymnasialgebäude auf dem Hauptplatz, im Erdgeschoß und mit den Fenstern auf den Platz hinaus, später in einigen Räumen an der Rückseite, mit Ausblick auf den „Slanská hora" (Schlaner Berg). In einer Klasse gab es damals oft mehr als hundert Schüler. Wir waren in den Bänken so zusammengedrängt, daß wir uns fast nicht mehr bewegen konnten. Was mußte das für eine fürchterliche, übermenschliche Anstrengung für die damaligen Lehrer gewesen sein! Ich halte es für das Glück meines Lebens, daß mein erster Lehrer niemand geringerer als der spätere berühmte Schriftsteller, Theaterdirektor und -organisator Václav Štech war. Unser Herr Lehrer war damals ein strammer, junger Mann von vierundzwanzig Jahren. Bei uns Buben war der Lehrer das vergötterte Vorbild, wir stellten ihn immer unmittelbar neben Vater und Mutter und tun dies, der unvergeßlichen Erinnerungen wegen, auch heute im Alter noch.

Das hatte natürlich auch einen Grund. Aber nicht etwa, daß der Lehrer unsere Gassenjungenstreiche, Nachlässigkeit oder Faulenzerei geduldet oder darüber hinweggesehen hätte. Ganz im Gegenteil. Ich erinnere mich, wie streng er mit uns kleinen Plagegeistern sein konnte. Damals nahm man es dem Lehrer noch nicht übel, wenn er einen dieser Widerspenstigen mit Schlägen mit dem zusammengedrehten Handtuch, mit Knien auf dem Fußboden vor der ganzen Klasse oder mit einem nachdrücklichen Verweis bestrafte. Damals waren die Eltern noch so weise, daß sie den

Lehrer direkt um die Bestrafung ihrer Plagegeister ersuchten und ihm dafür auch dankbar waren. Im übrigen konnte unser Lehrer mit so schöner pädagogischer Kunst streng sein, daß die Gerechtigkeit der Strafe nicht nur die ganze Klasse einsah, sondern auch der zurechtgewiesene Knabe selbst. Aber wie schön war es, wenn sich nach einem solchen Donnerwetter das Gesicht des Lehrers aufhellte, er seine Geige nahm und mit uns Volkslieder sang oder unsere neugierigen Gemüter auf andere Weise bezauberte, etwa mit dem Märchen der Ritter vom Blaník, mit einer erbaulichen Volkssage oder mit Erläuterungen zu den Denkmälern des tschechischen Volkes, über die Arbeit der nationalen Größen und mit enthusiastischer Schwärmerei von der Liebe zur Heimat und zum Volk.

Damals flammte in uns zum ersten Mal die feurige Liebe zum Heimatland auf, die dann nie mehr aufhörte, unser Herz zu erwärmen. Aber unser Lehrer Štech zeigte uns auch durch sein außerschulisches Leben, wie sich die Liebe zur Heimat praktisch bekundet. Ich erinnere mich sehr gut, wie ich gemeinsam mit dem jetzigen Universitätsprofessor Rudolf Urbánek, unserem heute berühmten Historiker, am 30. November 1883, als das Stadttheater von Slaný eröffnet wurde und das historische Drama „Primator" von Josef Jiří Kolár aufgeführt wurde, von der „vollgestopften" Galerie aus unseren Lehrer beobachtete, der, in eine historische Tracht gekleidet, den Ratsherrn Zika Vaníčkovic spielte.

Aber Václav Štech spielte nicht nur Theater. Wir wußten, daß unser Lehrer auch ein berühmter Schriftsteller, stellvertretender Obmann des Sokol (bekannter tschechischer Turnverein), Gründer und Leiter des Museums, Bibliothekar, Geschäftsführer der örtlichen Sektion des Zentralen Schulvereins „Matice" und Regisseur des Laientheatervereins war – und das alles, dieser Ruf und Ruhm des Lehrers erfüllte uns mit Stolz und Hochmut und stachelte uns an: Auch wir wollten einmal dem Volk nützlich sein, wie unser Lehrer. Prof. Dr. Rudolf Urbánek, ein Schüler von Štech, der beste von den besten, schrieb darüber später folgendes: „Welche Schätze eröffneten sich mir durch das Wirken von Štech, wie viele Anregungen erhielt ich dadurch, wie viele Bücher habe ich mir vom Lehrer ausgeborgt, um sie zu Hause mit der fieberhaften Leidenschaft eines besessenen Lesers zu verschlingen. Wenn ich später Historiker wurde, so lag hier der Boden, auf dem dafür die ersten Anregungen keimten."

Wirklich, ich glaube mein Glück war es, daß dieser Mann mein erster und bester Erzieher war. Ich lernte auch die Mutter des Lehrers kennen, als ich im Jahr 1885 regelmäßig zu Privatstunden in seinen Haushalt kam. Sie war eine liebenswürdige, stets lächelnde, freundliche und sehr geistreiche alte Dame. Und ich lernte auch die erste Gemahlin des Lehrers kennen, noch bevor sie ihn heiratete. Im Sommer lief ich einmal mit Rudolf Urbánek bis nach Lidice, und wir sprangen dort – das war im Frühjahr 1885 – um den Fischteich herum. Wir bemerkten ein kleines Boot, das auf den Wellen schaukelte. Und als wir uns umschauten und über den Weg hinter den Zaun eines kleinen Gartens sahen, erblickten wir in diesem das liebliche blutjunge Fräulein Mrzílková, eine anmutige Blondine im blauen Kleidchen. Wir hatten den Einfall – und auch den Mut – das Fräulein zu bitten, uns das Boot zu borgen, damit wir mit ihm ein bißchen spazierenfahren könnten. Aber das Fräulein war vernünftig. Freundlich und mit einem Lächeln lehnte sie die Bitte mit der Begründung ab, das Boot könnte mit uns umkippen.

Zwei Jahre später war die junge Gemahlin des Lehrers tot. Sie hinterließ ein kleines Kind, einen kleinen Buben, den wir dann in den Privatstunden streicheln konnten, wenn ihn uns Štechs Mutter oder Großmutter zeigte. Das war der kleine V. V. Štech, heute ein berühmter Professor an der Kunstakademie.

In der fünften Klasse Volksschule erhielt ich ein Zeugnis, auf dem lauter Einser strahlten. Ich bewahre es bis heute als liebe Erinnerung auf. Dieses Zeugnis und die Fürsprache des Lehrers brachten meinen Vater schließlich dazu, mich ins Gymnasium zu schicken. . . .

Ich wurde also auf Anraten des Lehrers Václav Štech ins Gymnasium geschickt, mehr nach dem Willen der Mutter als des Vaters. Zur Einschreibung brachte mich der Onkel Klacák, der Mann von Marie, der Schwester meiner Mutter. Es nahm mich der Direktor Koblížek auf, der einen prächtigen Vollbart hatte, in der Mitte gescheitelt und sorgfältig gekämmt. Der Onkel versprach ihm eine schöne Blume, wozu der Direktor lächelnd nickte. Bei der Aufnahmeprüfung beantwortete ich irgendwie mühsam die Frage des Professors Paul, wie man „Dezimalzahl" schreibt. Aber ich wurde aufgenommen, und mein Schicksal wurde wahrscheinlich durch den Einfluß des Frequentationszeugnisses aus der fünften Klasse Volksschule entschieden, in dem ich lauter Einser hatte, schönschriftlich vom lieben Lehrer Štech eingetragen. In der ersten Klasse Gymnasium waren wir zu Unterrichtsbeginn am 15. September 1888 insgesamt neunundvierzig, damals eine ungewöhnlich große Zahl. Von diesen neunundvierzig Buben schafften es neunzehn bis zur Matura, die vom 15. bis 19. Juni 1896 stattfand.

Direktor des Gymnasiums von Slaný war während meiner Studienzeit bis zum Jahr 1892 Karel Koblížek, ein Mähre, geboren 1838, einst Redakteur des „Komenský", nach der Verstaatlichung unseres Gymnasiums im Jahr 1891 vorübergehend dessen Leiter und dann Professor am Gymnasium in der Křemencová ulice (Krémenec-Gasse) in Prag. Er war literarisch tätig, beschrieb griechische und römische Altertümer und verfaßte weitere Fachliteratur von geringerer Bedeutung. Ihm folgte im Jahr 1892 Jan Říha nach, der das Gymnasium bis zu seiner Pensionierung im Jahr 1904 leitete. Ein eleganter Mann, der das Institut gut repräsentierte.

Am Vormittag hatten wir dreimal in der Woche von acht bis elf Uhr und dreimal bis zwölf Uhr Unterricht, am

Montag, Dienstag, Donnerstag und Freitag auch nachmittags von zwei bis vier Uhr, wenn wir uns nicht für ein Freifach gemeldet hatten, das dann den Unterricht noch um eine Stunde in der Woche, gewöhnlich am Nachmittag, verlängerte. In der Schule hatten wir auch eine dürftige Schülerbibliothek; ich kann mich aber nicht erinnern, daß mich einer der Herren Professoren gebeten hätte, mir etwas auszuborgen. Auch in das physikalische, historische und die anderen Kabinette kam ich nie. Die Herren Professoren luden dorthin nur ihre Lieblinge ein, gewöhnlich zum Saubermachen und Schlichten. Man unterrichtete uns in Religion, Latein, Griechisch, Tschechisch, Mathematik, Physik, Mineralogie, Botanik, Geschichte, Geographie, Zoologie und philosophischer Propädeutik (Logik und Psychologie). Und natürlich in Deutsch, das wir – nolens volens – lernen mußten, wenn auch ungern. . . .

Zur Staatsbürgerkunde, zu konstitutionellen, rechtlichen und gesellschaftlichen Fragen, zum Parlament, zu den Wahlen, zu finanziellen, administrativen, gerichtlichen und militärischen Rechten, Pflichten und Institutionen sagte man uns freilich nichts – wahrscheinlich hinderte die Schulordnung die Lehrer daran. Physik, die Lehre von der Wärme, Akustik, Optik, vom Magnetismus und von der Elektrizität – das waren nur so Anlässe, damit sich der Professor selbst ein wenig mit irgendwelchen Spielereien und physikalischen Apparaten unterhalten konnte. Mineralogie, Botanik und Zoologie eröffneten sich uns ebenfalls nur andeutungsweise. So konnten wir am Ende gerade Quarz von Basalt unterscheiden, und die häufigsten Blumen konnten wir nicht einmal benennen. Es ging doch niemals einer der Herrn Professoren mit uns auf Spaziergänge in die Natur, höchstens auf Prozessionen.

Ein Bezirkssekretär beklagte sich einmal bei mir, daß er als Kranker auf die Frage des Arztes nicht einmal wußte, wo er seine Leber hat: Ja, von diesen Wissenschaften, von Anatomie, Pathologie, Hygiene und deren primitivsten Grundprinzipien, von außergewöhnlichen Naturerscheinungen und biologischen Entdeckungen erzählte uns niemand. Und erst das philosophische Propädeutikum: In der Septima, Oktava, als wir schon an der Schwelle zur Universität standen und wo uns wenigstens in Grundzügen das Universitätsstudium hätte angedeutet werden sollen, das System der Wissenschaften, deren Klassifikation, deren gegenseitige Abhängigkeit, Arbeitsmethoden, die Art des Studiums, Aussichten und Möglichkeiten der einzelnen wissenschaftlichen Zweige und Berufe – nein, zu solchen Lapalien war keine dieser Kapazitäten fähig. Wir jungen Leute, die wir vor den Wissenschaften standen, von denen es eine so riesige Zahl gab, wie konnten wir, so dürftig angeregt und erbärmlich geleitet, wissen, was wichtig und was nebensächlich war? ...

Wie schaute unser eigenes, privates Studentenleben aus? Es war vor allem durch den Stundenplan in der Schule bestimmt. Dieser sah zum Beispiel im Jahr 1893/94 in der Septima folgendermaßen aus:

Montag: acht bis neun Latein, neun bis zehn Tschechisch, zehn bis elf Geschichte, elf bis zwölf Religion; Nachmittag: zwei bis drei Griechisch, drei bis vier Physik, vier bis fünf Bibliothek; Dienstag: Mathematik, Latein, Griechisch; Nachmittag: Deutsch, Logik; Mittwoch: Tschechisch, Geschichte, Latein; Nachmittag frei; Donnerstag: Mathematik, Griechisch, Deutsch, Religion, Physik; Freitag: Geschichte, Deutsch, Tschechisch, Gesang; Nachmittag: Latein, Logik; Samstag: Mathematik, Latein, Griechisch, Physik; Nachmittag frei; Sonntag: um acht Uhr Predigt und heilige Messe.

Ich stand gewöhnlich um sieben Uhr auf. Nach dem Mittagessen bereitete ich mich von ein bis dreiviertel zwei Uhr auf den Unterricht am Nachmittag vor. Nach der vierten Stunde verließ ich mit den Mitschülern die Stadt, in der Unterstufe spielten wir Kinderspiele wie „špaček" (Holzstöcke werfen). In der Oberstufe machten wir Spaziergänge in den Park beim Spital, in die Haine oder auf den Slánská hora (Schlaner Berg). Am Abend bereitete ich mich oft bis spät in die Nacht hinein für den nächsten Tag vor. Ich war ein fleißiger Student, gewissenhaft und strebsam, das Studium erledigte ich nicht flüchtig. Am besten lernte ich in der Quinta, und ich erinnere mich gut, daß ich damals zu Hause und auswärts in bedeutender seelischer Ruhe und Behaglichkeit lebte. Im Sommersemester 1894/95 erkrankte unser Vater schwer, zu Hause herrschte eine traurige Stimmung, die auch meinen Studienverlauf beeinflußte.

Viermal im Jahr, immer vor den großen Feiertagen, gingen wir zur Beichte und zur Kommunion, denen vor Ostern Exerzitien vorangingen. Ich war ein aufrichtig gläubiger Bub, und so nahm ich diese Zeremonien sehr ernst, ernster als eine ganze Reihe anderer Buben.

Am Mittwochnachmittag sowie am Samstag und Sonntag gönnten wir uns mehr Ruhe und unternahmen auch längere Spaziergänge in die Umgebung, im Winter gingen wir auf der Vavřinecká-Straße eislaufen, oder wir gingen zur Wiese bei der Roten Mühle, wo wir gerne eine Schlange machten, in den letzten Jahren auch mit den jungen Fräulein. Auf unseren Spaziergängen diskutierten wir natürlich über die Ereignisse in der Schule, wie und wer geprüft wurde, welche Note er bekam, und wir machten unserem Ärger über die Herren Kantoren Luft.

Aber unser Gespräch drehte sich auch um öffentliche Ereignisse, an denen wir eifrig teilnahmen, so zum Beispiel Konzerte, Theater, Feste, Umzüge, kurz: alles, was die Stadt damals zu bieten hatte und wovon ich vorher schon geschrieben habe. Die Hauptdiskussionsführer waren Josef Peters, ein Jahr älter als ich, und Rudolf Urbánek, ein Vierteljahr jünger als ich. . . .

Die Matura legten wir in den Tagen vom 16. bis zum 20. Juni 1896 ab. Vorsitzender war der Gymnasialdirektor Matěj Trapl aus Prag, ein hochbetagter, freundlicher und netter Herr, der sich über unseren Erfolg freute. Von neunzehn Schülern bestanden außer zweien, die auf die Nachferienzeit verwiesen wurden und dann auch bestanden, zehn mit Auszeichnung, so auch ich.

Die Ausgabe der Zeitung „Svobodný občan" (Der freie Bürger) vom 26. Juni desselben Jahres stellte fest, daß das keine alltäglichen Ergebnisse waren, die sowohl dem Professorenkollegium wie auch den Schülern zur Ehre gereichten. Ich würde sagen, mehr den Schülern, als den Professoren. Nach der Matura schwebten wir im siebten Himmel. Ich erinnere mich, daß eine Reihe von uns auf dem Pfad von Střelnice zum Kloster gingen und laut lachten. Wir trafen den Buchhändler Josef Čížek mit seiner Frau, der, als er unsere Freude sah, bemerkte: „Sieh da, die glücklichsten Menschen auf der Welt." Das stimmte zwar, aber wir wußten nicht, wieviel Ironie darin lag. Und daher vergnügten wir uns in den folgenden Tagen ordentlich.

Und dann veranstalteten wir zum Abschied ein Maturakränzchen beim „Bílý beránek" (Weißes Lamm). Rudolf Urbánek war Kassier der Veranstaltung und ging mit jedem Kreuzer unverschämt sparsam um. Aber beim Kränzchen führte er ein Mädchen unermüdlich zum Tanz und prahlte dann damit, daß er vier Krägen durchgeschwitzt hätte. Wir tanzten bis zum frühen Morgen und schliefen dann lange, selig über den Erfolg der Matura und des Kränzchens. Aber wir ahnten nicht, daß uns der Kampf noch bevorstand.

Meine lustigen Erinnerungen aus dem Gerichtssaal und dessen Umgebung

„Ó Velvary, ó Velvary!" – Wer von uns Tschechen hat nicht zumindest einmal im Leben mit Vergnügen dieses wunderschöne Volkslied angestimmt? Und wie könnte ich denn nicht zu „Velvary" seufzen, ich, der ich dort vor dreißig Jahren die jungen Jahre eines Gerichtsadjunkts durchlebte, heiratete und zahlreiche liebenswerte Freunde hatte! Täglich ging ich dort ins Amt, und ich freute mich immer wieder auf diesen reizenden Winkel im Gebiet um den Berg Říp. Was für einen netten, kleinen und regelmäßigen Platz Velvary hat, was für liebliche, alttschechische Häuschen! Wie erhaben sich der anmutige Turm der Dekankirche der heiligen Katharina zum Himmel streckt und wie sich an diesen ehrerbietig das altertümliche, reizende Rathaus anschmiegt, dieses einstöckige Gebäude, das auf vier mächtigen Pfeilern ruht, verbunden durch ein halbrundes Gewölbe, das einen schattigen Laubengang bildet. Wie hübsch war dieser verträumte kleine Platz im Frühling im Schein der funkelnden Sonne, wie lustig klapperten auf ihm die Hufe der Pferde der Bauern! Wie kurzweilig war es, aus dem ersten Stock des Rathauses, in dem unser k. k. Bezirksgericht untergebracht war, die gutherzigen Leute aus Velvary zu beobachten, die zahlreich den Platz überquerten, die Hündchen verschiedenster Größe und Rasse und dabei der Trommel des Gemeindepolizisten oder den kreischenden Lauten eines kaputten Spinnrades zu lauschen.

Ja, und dann dieser Leierkasten! Und schon lächle ich bei der Erinnerung an die lustigen Streiche des Gerichtsrats Dr. Hlaváč, eines guten Juristen, aber noch besseren Freundes schäumender Gläschen und der „zweiunddreißig Räuber" – der Mariagekarten, mit denen er so meisterhaft umgehen konnte. Das waren damals aber bei Gericht auch so Zeiten! Vor kurzem fand ich in meinem Archiv das Amtstagebuch aus dem Jahr 1909. Mein Gott, das waren Zeiten! Um zehn Uhr vormittags waren wir mit der Arbeit meist schon fertig. Wir – das waren bei so einem kleinen Gericht drei Richter und eine ganze Schar von Kanzleipersonal, das sich bald gegenseitig im Wege stand und sich die Arbeit aus den Händen nahm.

Wie hätte denn Herr Dr. Hlaváč nicht ganze Tage mit den ansässigen Handwerkern, Bauern und überhaupt mit anderen Bürgern in Wirtshäusern herumsitzen sollen, um sich in einem uralten Spiel zu ergehen. Tagelang hielt das der Gerichtsrat aus, und sollte es einmal vorkommen, daß er niemanden für eine Partie fand, war er mürrisch, verstimmt, und es war nicht mit ihm auszuhalten. Einmal, an einem solchen schönen Frühlingsnachmittag, lief

Hlaváč in dieser mürrischen Stimmung von einem Büro ins andere, quälte das Personal, schlug Türen zu und suchte, sehnte sich nach einem Mitspieler.

Zu dieser Zeit saß im ersten Stock des Gerichts von Velvary, im Büro, das sich direkt über dem Eingang in das Gebäude befand, der Adjunkt Dr. Brunclík, ein kleinerer Herr von untersetzter Gestalt mit einem gutmütigen Gesicht und einer kleinen, verzierten goldenen Brille und arbeitete fleißig an einem größeren Urteil. Das Büro war geräumig und – weil das Fenster geöffnet war – erfüllt von frischer, duftender Frühlingsluft. Von draußen drang nur der weinerliche Klang des Leierkastens herein, auf dem am anderen Ende des Platzes ein trauriges Lied gespielt wurde. Schön, sehr schön war es hier für den Adjunkt zu arbeiten. Aber plötzlich öffnete sich stürmisch die Tür, und in den Raum stürzte der finster dreinschauende, mürrische Hlaváč. Nur kurz und nachlässig grüßte er und fing schon an: „Laß das, Brunclík, und komm mit mir Karten spielen!"

„Was fällt dir ein, Menschenskind", lehnte der Überfallene ab, ohne den Kopf nur ein bißchen zu heben. „Ich habe viel Arbeit, ich weiß nicht, wo mir der Kopf steht, und da werde ich mit dir Karten spielen gehen!"

„Aber erzähl mir doch nichts", bedrängte ihn Hlaváč hartnäckig. „Morgen ist Samstag, da kommt kein Hund hierher, aber du willst das fertigmachen! Advokat Dr. Libich ist da, wir brauchen einen dritten für eine Partie."

„Wenn ich dir sage, daß ich nicht gehen werde, so gib Ruhe!" tönte es vom Tisch her, „aber ihr werdet schon noch jemanden finden."

„Also du gehst nicht mit?" donnerte Hlaváč, schon wutentbrannt. „Nun gut. Jetzt gehst du nicht. Aber in einer halben Stunde wirst du bei uns sein, das prophezeie ich dir." – „Aber auch nicht in einer Stunde", lachte der Adjunkt und schüttelte nur verneinend den Kopf, womit er zu verstehen gab, daß er zu Ende gesprochen hatte. Hlaváč verzog nur das Gesicht, und seine Augen blitzten schelmisch. „Und du wirst trotzdem kommen!" schrie er und schlug mit der Hand auf den Tisch.

Kurze Zeit später überquerte er schon gemeinsam mit dem Advokaten Dr. Libich den reizenden leeren Platz von Velvary und strebte über das holprige Pflaster, an der schönen Marienstatue vorbei, dem gegenüberliegenden Hotel zu. Und sieh da! Vor dem Hotel spielte ein alter Mann auf dem Leierkasten ein ergreifendes Lied darüber, wie sich der Fürst Fridolín an den Grenzen einer deutschen Stadt aufhielt. Der Leierkasten war unvorstellbar verstimmt, einige Noten ließ er überhaupt aus, und er klang so schrill, daß aus den Läden die Handwerker und aus den Häusern die Dienstmädchen herausliefen, dem alten Mann Kreuzer hinwarfen und ihn sehr freundlich aufforderten, doch aufzuhören und ein Haus weiter zu spielen.

Hlaváč kam eine Idee. Er trat zum Werkelmann und sagte zu ihm: „Na, Alter, das spielt aber schön." Der Alte hob die Augen und bemerkte dankbar: „Gnä' Herr wissen ja. Die Musik muß der Mensch verstehen, und nicht den Musiker wegjagen."

„Sie wissen, lieber Mann, die Menschen sind schlecht, nichts verstehen sie. Aber . . ." – Hlaváč munterte ihn auf – „. . . ich werde Euch etwas erzählen. Hier habt Ihr eine Krone!" – und schon steckte er sie dem Alten in die Hand. „Nehmt Euren Leierkasten und geht dort hinüber auf die andere Seite des Platzes, dort zum Gericht, stellt Euren Leierkasten unter dem offenen Fenster über dem Tor auf, und dort spielt in Ruhe, solange Ihr wollt. Gebt nichts auf das dumme Gerede der Menschen. Spielt immer dieses Lied über diesen Fridolín, das ist denkwürdig und sehr schön. Und wenn Ihr das eine ganze Stunde lang aushaltet, dann kommt hier ins Hotel und Ihr bekommt von mir noch eine Krone."

Der Alte hörte nicht auf zu danken, und während Dr. Hlaváč und sein Mitspieler ins Gasthaus einkehrten, schlurfte der Alte mit seinem Instrument quer über den Platz direkt zum Gericht, stellte dort seinen Leierkasten auf und fing an, das ergreifende Lied vom Fürsten Fridolín zu spielen. Der Leierkasten kreischte und stotterte und pfiff und ächzte in die Ferne und Weite, aber auch in die Höhe, bis zum geöffneten Fenster des Büros von Brunclík und drang durch das Fenster bis zu den Ohren des arbeitenden Adjunkts. Dieser reagierte zunächst überhaupt nicht. Bis er auf einmal den Kopf zum Fenster drehte, mit der Feder zum Schlag ausholte, als ob ihn eine Fliege gestochen hätte, und brummte: Verdammter Leierkasten! Aber er schrieb weiter.

Der Alte spielte das Lied vom Fridolín zum vierten Mal, zum fünften Mal, kaum hatte er es beendet, begann er wieder von neuem. Dr. Brunclík schlug auf einmal mit der Feder auf den Tisch, beugte sich aus dem Fenster auf den Platz hinaus und schrie hinunter zum Leierkastenspieler: „Ich bitte Sie, Menschenskind, hören Sie auf und gehen Sie weiter! Wer soll sich denn das anhören?!" Der Alte hob die Augen, faßte sich an die Mütze, rückte sie zurecht, murmelte: „Küß die Hand, gnädiger Herr!" – und spielte ruhig dasselbe Liedchen weiter, wohl schon zum zehnten Mal.

Brunclík fuhr erneut in die Höhe, diesmal eilte er zur Tür ins benachbarte Büro, weil er daran dachte, irgendeinen Schreiber hinunterzuschicken, um den Alten wegzujagen. Aber an der Schwelle erstarrte er. Das Büro war leer.

„Nun ja, das versteht sich, der Kater ist bei den Karten, die Mäuse feiern Kirtag." Er knallte die Türe zu und nahm sich vor, daß er sich vom Leierkasten nicht stören lassen würde, ergriff die Feder und schrieb frisch drauflos. Aber als von unten falsch und weinerlich das herzzerreißende Liedchen ertönte, stand der Adjunkt plötzlich auf, nahm die Geldbörse, fischte ein Zehnkreuzerstück heraus, trat ans Fenster, warf das Geld dem Leierkastenspieler zu und rief, jetzt nicht mehr drohend, sondern flehend: „Da haben Sie einen Sechser, Alter, geben Sie endlich Ruhe, ich kann nicht arbeiten!"

Der Alte ließ die Kurbel seines bewundernswerten Instrumentes los, nahm die Mütze herunter, lächelte, schlurfte zum Sechser, der auf dem Pflaster lag. Dann, indem er nach oben seine unterwürfigen Danksagungen schickte, begab er sich erneut zum Leierkasten und setzte beharrlich, sich an den Auftrag von Havláč erinnernd, sein mörderisches Tun fort. „Da hört sich doch alles auf!" stöhnte oben der verzweifelte Adjunkt und, indem er nach allen Seiten des anmutigen Platzes blickte, anklagend: „Und kein Polizist ist zu sehen. Nur diese verfluchten Hunde jagen da herum, aber der Teufel soll sie holen, wenn sie doch den Alten beißen würden! Ein verdammtes Nest ist dieses Velvary."

Er unternahm noch einen Versuch, indem er dem Leierkastenspieler zurief: „Mein Gott, gibt es denn in ganz Velvary nur das Gericht? Warum geht Ihr nicht um die Ecke zum Dekanat? Dort würde die Köchin auch gerne ein so schönes Liedchen hören." Aber der Alte blieb hart wie Stein. Er winkte nur mit der Hand und spielte und spielte. Brunclík fühlte, daß er überwältigt, bezwungen und besiegt war. Rasch entschloß er sich. Er legte den Bürokittel ab, zog sich den Mantel an, legte den angefangenen Akt in den Schreibtisch, nahm den Hut und verließ das Büro. Er ging am Leierkastenspieler vorbei, der vor dem Gericht gewissenhaft den Auftrag von Hlaváč befolgte weiterzuspielen, sollte auch jemand auf dem menschenleeren Platz mit dem Besen nach ihm schlagen, und ging über den Platz in Richtung Hotel. Als er in die Wirtshausstube eintrat, begrüßte ihn Hlaváč froh und völlig unschuldig: „Zeit, daß du endlich kommst. Wir konnten es kaum noch erwarten."

Brunclík, der in die Karten blickte, die ihm Dr. Libich ausgeteilt hatte, bemerkte nur: „Diese Leierkästen sollten polizeilich zertrümmert werden. Irgendein Alter spielte unter meinem Fenster, als ob er verrückt geworden wäre." Hlaváč zuckte nicht mit der Wimper, nur Dr. Libich biß sich auf die Lippen.

Plötzlich öffnete sich die Tür und in ihr erschien der alte Leierkastenspieler. Er ging geradewegs auf Dr. Hlaváč zu und sagte, daß er wegen der Krone käme. Brunclík schaute auf den Alten, dann auf Hlaváč, und dann ging ihm ein Licht auf. Er legte die Karten nieder und sagte zu Hlaváč: „Du bist mir vielleicht ein Komödiant." – „Komödiant hin, Komödiant her . . .", antwortete Hlaváč ruhig. „Aber siehst du! Du bist doch gekommen!" Und das ganze Wirtshaus, das darüber gut Bescheid wußte, fing an zu lachen. Und auch Brunclík lachte. . . .

Der Bürokrat

Seitdem der Gerichtsrat Cicvárek zum Vorstand des Gerichtes ernannt worden war, war er wie ausgewechselt. Früher ein ganz kluger, sanfter und anständiger Herr, ein kollegialer Freund der jüngeren Richter und immer rücksichtsvoll und aufmerksam dem untergeordneten Personal gegenüber, wurde er jetzt auf einmal streng, hölzern und starr.

In das Büro trat er unbändig ein, trat mit dem Fuß gegen die Türe, anstatt sie ordentlich zu öffnen, grüßte nicht, wenn er in den Raum eintrat, wartete aber gebieterisch auf die Begrüßung und nahm sie geringschätzig oder nur mit einem Wink mit den Augen entgegen, und in der Einforderung seiner Befehle wurde er unbarmherzig. Wie sollte er auch nicht so werden! Er war von nun an für den Zustand des Gerichtes verantwortlich, er mußte den Schlendrian bekämpfen, die Gunst des Präsidiums, dessen Aufmerksamkeit jetzt größer war, mußte er sich erhalten, ja sie erhöhen. Heute ist soviel Protektion notwendig, und er war Vater zweier heranwachsender Töchter.

Gerade heute stieß er auf so einen furchtbaren Schlendrian. Irgendein Prozeß war gerade beendet, aber die Ausgabenentschädigung für die Zeugen war noch nicht ausbezahlt. Ein Maurer beschwerte sich heftig bei ihm, daß er, obwohl er vor genau einem halben Jahr als Zeuge in diesem Prozeß gehört und ihm eine Entschädigung in der Höhe von zwanzig Kronen berechnet und zuerkannt worden war, bis heute noch keinen Heller bekommen hätte: „Das sind mir feine Zustände, das gebe ich in die Zeitung, ich gehe zum Minister, verflucht …"

So etwas konnte der Herr Vorstand nicht gebrauchen. „Lieber Herr", klopfte er dem Maurer auf die Schulter, „Sie können ganz beruhigt schlafen, der Gerechtigkeit wird Genüge getan werden." Und um seinen Worten Nachdruck zu verleihen, rief er den Kanzleibeamten zu sich und kanzelte ihn vor dem Maurer böse ab.

Der Assistent entschuldigte sich: „Das sind zwanzig Kronen, beide Streitparteien nahmen sich diesen Maurer" – Herrn sagte er – „als Zeugen; die Hälfte, also zehn Kronen, muß der Kläger bezahlen, der Hausbesitzer. Aber es wurden zwanzig Mieter geklagt, die keine einheitliche Partei waren, jeder kommt daher selbst für den Rest der Entschädigung auf, aber bis jetzt hat keiner von ihnen einen Heller bezahlt." – „Das Geld muß sofort eingefordert werden!" schrie der Herr Vorstand, setzte sich und schrieb einen Befehl, daß sofort an jene zwanzig beklagten Mieter Zahlscheine über je fünfzig Heller ausgesandt werden. Und das sofort, sofort.

Der Assistent übermittelte den Befehl sogleich dem Schreiber, damit er ihn ausführe. „Der Vorstand speit Flammen und Blitze, seien Sie vorsichtig!" bemerkte er noch. Der Schreiber war ein junger Mann, Absolvent der Realschule, der vor kurzem geheiratet und eine gute Partie gemacht hatte. An Arbeit gab es damals bei Gericht keinen Mangel, und tapfer bewältigte er dieses Übermaß. Trotzdem wuchsen ihm die nicht bearbeiteten Akte oft über den Kopf, bis er müde in sich zusammensank.

Der Befehl des Herrn Vorstandes empörte ihn: „Von jenen Beklagten zwanzigmal fünfzig Heller einzufordern, bedeutet zwanzig Zahlscheine zu schreiben, für diese zwanzig Zahlscheine zwanzig Umschläge mit der genauen Adresse zu schreiben: zwanzig Eintragungen in das Buch der Postsendungen, zwanzig Eintragungen in das Ausgabenbuch. Zwanzig Briefträger werden an zwanzig Orte in zwanzig Wohnungen gehen, zwanzig Beklagte werden den Briefträgern für die Zustellung je sechzig Heller zahlen, zwanzig dieser Leutchen werden, wenn sie freilich wollen, je fünzig Heller auf das Postamt tragen. Sie werden die ihnen durch das Gericht zugesandten Zahlscheine ausfüllen, werden dafür auf der Post je fünzig Heller zahlen – das heißt, sie werden statt der geschuldeten fünfzig Heller je eine Krone und sechzig Heller zahlen. Die Post wird die Quittungen dem Scheckamt schicken, dort werden sie zwanzigmal bearbeitet, und zwanzigmal werden fünzig Heller an das Gericht geschickt, dort wird der Beamte des Ausgabenbuches nach langer Handhabung zwanzigmal fünfzig Heller an jenen Maurer schicken, der für die Zustellung dem Briefträger zwanzigmal fünfzig Heller zahlen wird, und es wird ihm also kein Heller bleiben. Falls er nicht einen Raubmord begehen wird . . ."

Der Schreiber war in Gedanken versunken, bis er einen roten Kopf bekam. In den Sessel gekauert, seufzte er tief. War das alles nicht eine Dummheit? Lieber hätte er die zehn Kronen aus eigener Tasche bezahlt und Ruhe gehabt. Das sagte sich leicht, aber woher nehmen? Er war verheiratet, hatte monatlich ein paar Hunderter Gehalt. Aber er hatte einen Einfall. Er war ein fleißiger Zeitungleser, und es war ihm nicht entgangen, daß der Ministerpräsident vor kurzem erklärt hatte, daß es notwendig sei zu sparen, also ökonomisch, kostensparend und schnell zu arbeiten.

Sollte die Klugheit des Vorstandes doch der Teufel holen! Er würde das auf seine Art und einfach lösen. Einer der Beklagten war ein reicher Privatmann, dem es sicher nicht weh tat, wenn er die ganzen zehn Kronen bezahlte. Und der Schreiber stellte statt zwanzig Zahlscheinen über je fünzig Heller einen einzigen über zehn Kronen aus, schickte ihn an diesen Reichen und atmete auf.

O weh! Da hatte er sich etwas eingebrockt! Nach einer Woche stürmte der Vorstand wie ein Orkan ins Büro, knallte die Tür zu und geriet in schlimme Wut über den Assistenten: „Wie konnten Sie es wagen, gegen meinen

Befehl zu handeln! Sie haben nur einen Zahlschein an einen Mann geschickt, und der kam jetzt zu mir gelaufen und beschwerte sich, daß er nach Beratung mit seinem Anwalt festgestellt hatte, daß er nicht verpflichtet sei, die ganzen zehn Kronen zu bezahlen, sondern nur fünfzig Heller, und drohte mit einer Klage. Und ich soll das jetzt für Sie ausbaden? Das wird Sie teuer zu stehen kommen!" Der Assistent verwies nur auf den Schreiber, er hätte damit nichts zu tun, er sei doch Musikant. „So? Und das machen Sie gleich zu Beginn der Beamtenkarriere, junger Mann?" rollte der Vorstand die Augen.

„Bitte, Herr Vorstand, ich dachte . . .", stotterte der Schreiber. „Sie sollen überhaupt nicht denken, mein Lieber, Sie sollen nur die Befehle ihrer Vorgesetzten ausführen! Damit Sie es wissen, das werde ich Ihnen in Ihre Qualifikation schreiben! Mit Ihnen ist es aus! Sie sind eine verlorene Existenz! Und jetzt vernichten sie sofort jenen Zahlschein über zehn Kronen und senden sie jene zwanzig ab, wie ich es Ihnen angeordnet hatte!"

Der Schreiber hatte Tränen in den Augen. Am liebsten hätte er die Akte dem Vorstand vor die Füße geschmissen und wäre fortgerannt. Aber das wäre schlecht gewesen, denn würde er es nicht tun, so würden es gerne hundert andere Arbeitslose machen. Und er nahm die Feder in die Hand und schrieb zwanzig Zahlscheine und zwanzig Briefumschläge.

In der Nacht hatte er einen Fiebertraum. Er träumte, wie zwanzig Briefträger im Regen und Schlamm zu zwanzig Orten eilen, wie darüber zwanzig Leutchen fluchen, die statt fünfzig Heller eine Krone und sechzig Heller bezahlen, und wie der Maurer, der zwanzigmal fünfzig Heller bekam, dem Briefträger dafür aber zwanzigmal fünfzig Heller für die Zustellung zahlen mußte, die Maurerkelle nahm und dem armen Briefträger den Kopf abschlug . . .

Übersetzung: Anne Leitner

ANTONÍN BÖHM

*wurde 1865 in Chrudim, einer kleinen Stadt auf der Böh-
misch-Mährischen Höhe (Česko-moravská vrchovina) geboren.
Er wählte den klassischen Weg zu einer künftigen Beamten-
laufbahn, er studierte Rechtswissenschaften. Nach Abschluß
des Universitätsstudiums trat er seinen ersten Arbeitsplatz bei
der Bezirkshauptmannschaft in seiner Geburtsstadt Chrudim
an. Mit der Zeit wechselte er, wie es bei Staatsbeamten
der politischen Verwaltung üblich war, häufig seine Arbeits-
stätte.*

*Als Bezirkskommissär wirkte er in den Jahren 1898 bis 1904
in Pilsen (Plzeň), in den Jahren 1904 bis 1908 arbeitete er in
der böhmischen Statthalterei in Prag, danach wechselte er als
Oberbezirkskommissär nach Pisek (Písek). Eine weitere Beförderung zum Bezirkshauptmann führte ihn nach Semil (Semily),
und im Jahr 1918 war Pilgram (Pelhřimov) sein letzter Dienstort vor der Pensionierung. Nach 1918 lebte er als Statthaltereirat in Ruhe in Moldauthein (Týn nad Vltavou). Die Autobiographie Antonín Böhms umfaßt in der überlieferten Form nur
einen Zeitabschnitt, nämlich Leben und Arbeit des Autors
während der Jahre 1898 bis 1904 in Pilsen. Es ist nicht
bekannt, ob die 35 Seiten Text, die im Archiv des Technischen
Nationalmuseums in der Handschriftensammlung Nr. 102 aufbewahrt werden, das vollständige ursprüngliche Manuskript
darstellen.*

*Der damals noch relativ junge, eben erst verheiratete Be-
zirkskommissär verfolgte Leben und Pflichten der Beamten mit
Distanz und Ironie. Sehr treffend erfaßte er auch die gesellschaftlichen Beziehungen und die Vergnügungen der Beamten
seiner Zeit. Antonín Böhm wollte weder einen chronologischen
noch einen vollständigen Überblick über seine Lebenserfahrun-
gen und Erlebnisse geben. In seiner Biographie schildert er*

vielmehr einzelne charakteristische Episoden, die das Leben der Beamten, vor allem der mittleren Rangklasse, sehr anschaulich vor Augen führen.

Wie ich den Schah von Persien begrüßte

Es war um das Jahr 1901 im Monat August in Pilsen. Der Herr Hofrat Leo Ritter Hansgirg fuhr an den Gardasee nach Tirol auf Urlaub, und bei unserer Verabschiedung sagte er mir, ich solle mich nicht erdreisten, ihn im Urlaub mit irgendwelchen Amtsangelegenheiten zu stören. Um den 8. oder 9. August kam ein wichtiges Schreiben aus der Kabinettskanzlei aus Wien zur Pilsener Bezirkshauptmannschaft mit der Meldung, daß der Schah von Persien, Nasr Eddin, der sich zu der Zeit in Karlsbad aufhielt, in einigen Tagen durch Pilsen fahren und auf dem Bahnhof ungefähr fünfzehn Minuten haltmachen werde. Zugleich wurde mir sehr nachdrücklich aufgetragen, mich darum zu kümmern, daß auf der Reise des Schahs und während der Zeit des Aufenthalts am Bahnhof in Pilsen nichts passiere. Ich mußte die strenge Absperrung des Bahnsteigs in Pilsen in die Wege leiten, und schlußendlich sollten die Vorsteher der staatlichen Behörden den Schah auf dem Bahnhof begrüßen.

Auf den Schah war nämlich kurze Zeit zuvor in Paris ein Attentat verübt worden, und deshalb wurde von der Kabinettskanzlei des Innenministeriums in Wien und vom Präsidium der Statthalterei in Prag befohlen, große Sicherheitsvorkehrungen zum Schutz des Schahs zu veranlassen. Damals rasselte das Telefon den ganzen Tag. Ungefähr ein oder zwei Tage vor der Ankunft des Schahs kam ein Herr zu mir, der sich als Sekretär der persischen Gesandtschaft vorstellte und legitimierte – ich glaube, daß er Klinger Khan hieß –, und forderte mich auf, alle Maßnahmen zum Schutz des Schahs zu treffen, da man befürchtete, daß in Böhmen ein Attentat auf den Schah verübt würde.

In Anbetracht dessen habe ich große Sicherheitsmaß-
nahmen getroffen: So rief ich vor allem die gesamte
Gendarmerie des Bezirks zur Bahn und verteilte sie so,
daß die ganze Eisenbahnstrecke mit Gendarmen besetzt
war. Alle meine Anordnungen zur Wahrung der Sicherheit auf der Strecke und am Bahnhof in Pilsen habe ich
diesem Khan unterbreitet, der mit ihnen vollkommen
zufrieden war, und als er sah, was solch ein Besuch für
Arbeit und Sorgen macht, da sagte er mir, daß er bei
Nervinan Khan, dem persischen Botschafter am Wiener
Hof, über mich referieren werde und daß ein persischer
Orden, und zwar der Orden des Löwen und der Sonne
dritter Klasse, nicht an mir vorbeigehen werde.

Das Militär bereitete die Ehrenkompanie am Bahnhof
vor, und als das die Pilsener Scharfschützen erfuhren,
kamen sie zu mir und verlangten, ebenfalls eine Ehrenkompanie an der Bahn aufstellen zu dürfen. Ich über-
brachte das dem Khan, der damit große Freude hatte, daß
dem Schah von Persien seitens der Zivilbevölkerung in
Böhmen solche Aufmerksamkeit entgegengebracht wurde. Er genehmigte es den Schützen, die sogleich veranlaßten, daß ihre Kapelle die persische Hymne einübte. Klinger Khan sagte mir mit Freude, daß die Dienste der
Schützen seiner Majestät gegenüber nicht ohne Beloh-
nung bleiben könnten und daß er sich darum bemühe,
daß dem Kommandeur der Schützen und einigen Offizieren des Korps eine persische Auszeichnung zuteil werde.
Klinger Khan notierte sich alles.

Am Tag, und zwar am Nachmittag, vor der Ankunft
des Schahs eilte der damalige Oberkommissär von der
Direktion der Staatsbahnen, Brejcha, zu mir und teilte mir
mit, daß ihm gemeldet wurde, daß beim Wärterhaus
hinter Škvrňany irgendwelche Leute waren und daß sie
sich eingehend danach erkundigten, wann der Schah von
Persien kommen werde. Sowie er mir das sagte, fuhr ich
mit dem Kommandeur der Gendarmerie zum Wärter-
häuschen, um zu erheben, was das für Leute waren. Der

Bahnwärter sagte mir auf meine Frage, wie sie sprachen, daß sie korrekt tschechisch redeten und daß er den Leuten nicht die Zeit gesagt habe, wann der Schah kommt.

Am Morgen war ich schon früh an der Bahn, der Direktor der Staatsbahnen ließ einen Teppich auf dem Bahnsteig ausrollen, und wir, ich und alle Würdenträger von Pilsen, warteten auf die Ankunft des Hofzugs. Vor der Ankunft baten mich die Damen von Pilsen mit Frau Šiklová, der Gemahlin des Advokaten in Pilsen, an der Spitze um Erlaubnis, dieses Fest vom Wartesaal aus anschauen zu können. Ich fragte die Damen, ob sie sich von ihren Herren Gemahlen verabschiedet hätten, denn wenn irgendeine dem Schah gefiele, daß sie mit ihm nach Persien gehen müsse. Dann gestattete ich ihnen den Verbleib. Einige Minuten vor der Ankunft kam ein Herr in schwarz-weiß gestreifter Uniform mit Degen und Dreispitz auf den Bahnsteig. Ich ging zu ihm und forderte ihn auf, den Bahnsteig zu verlassen, da es eine strenge Sperre des Bahnsteig gebe, worauf er sich mir als Kommodore A., Apotheker aus P., vorstellte und mir versicherte, daß er mit der Suite des Schahs von Persien bekannt sei und daß er dem Schah auch gerne durch seine Anwesenheit die Ehre erweisen würde. Für eine Legitimation dieses Herrn war keine Zeit, und deshalb duldete ich ihn auf dem Bahnsteig und empfahl diesen Herrn der speziellen Obhut des Bezirksgendarmeriekommandeurs, welcher nicht von ihm wich.

Der Schah von Persien, begleitet von unseren Generälen in vollem Putz, kam mit dem Hofzug auf dem Bahnhof an. Ich kündigte ihn auf deutsch an, und Nerivan Khan übersetzte ihm das ins Persische. Dann begrüßte ihn der Bürgermeister Dr. jur. Peták auf tschechisch, ich übersetzte Petáks Meldung ins Deutsche, und Nerivan Khan teilte dem Schah den Inhalt mit. Dann gingen wir an der Ehrenkompanie des Militärs, die der damalige Hauptmann vom 35. Regiment, Hahnenkam, kommandierte, vorbei und kamen zur Ehrenkompanie der Scharfschützen. Dem Schah von Persien gefiel die Begrüßung in Pilsen sehr. Beim Rückweg, vorbei an den Kompanien, ging der Schah an den Pilsener Damen vorbei, die ihm wohl sehr gefielen, denn er blieb eine Weile vor ihnen stehen und besah sie sich.

Dann stellte ich die einzelnen Würdenträger vor. Nachdem die Lokomotive ausgetauscht war, ging der Schah von Persien zum Zug, und nach einigen Minuten fuhr der Zug ab. Ich folgte damals dem Zug, und als mir gemeldet wurde, daß er unseren Bezirk passiert habe und sich Nepomuk nähere, atmete ich sehr auf, denn er hatte mir große Sorge bereitet. Deshalb telefonierte ich sogleich nach Prag und nach Wien, daß der Schah soeben ohne jegliches Hindernis durch den Bezirk gefahren sei. Nach der Abfahrt des Schahs verhörte ich jenen Kommodore A., und da stellte ich fest ich, daß er eine Uniform des päpstlichen Ordens des heiligen Gregor anhatte und daß er überall, wo der Schah von Persien war, ihm aus Sehnsucht nach einem persischen Orden Honneurs erwies.

Ungefähr vierzehn Tage nach dieser Begrüßung kam der Hauptmann Hahnenkam zu mir und zeigte mir den persischen Orden, den er erhalten hatte. Als der Herr Hofrat kam, meldete ich ihm, daß der Schah von Persien durchgefahren sei, und schilderte ihm die Begrüßung und sagte ihm, daß ich einen persischen Orden erwarten würde. Der Herr Hofrat antwortete mir, daß ich ihm das hätte melden sollen, daß er nach Hause gefahren wäre und die Begrüßung selbst besorgt hätte. Die Herren, die die Orden erwarteten, waren sehr ungeduldig und kamen deshalb zu mir – einer fast täglich – und erkundigten sich immer wieder, ob die Orden schon hier seien, worauf ich immer sagen mußte, daß sie noch nicht da wären.

Etwa sechs Wochen danach hatte ein Herr einen Weg nach Wien. Er ging auf die persische Botschaft und sprach mit Nerivan Khan hinsichtlich der Orden. Dieser sagte ihm, daß es Seiner Majestät in Pilsen sehr gefallen habe und daß in Anbetracht der Dienste, die Seiner Majestät erwiesen worden waren, die vorgeschlagenen Personen einen Orden bekämen. Aber er forderte, daß jeder, der einen Orden erhielt, einen Beitrag für die Armen in Teheran leisten solle. Der Herr aus Pilsen fragte, was das in etwa für ein Beitrag sein solle, und darauf sagte ihm der Khan, zirka viertausend Kronen pro Orden. Das erschien dem Herrn aus Pilsen dumm, und deshalb sagte er ihm, daß er sich das noch überlegen und sich mit den Herrschaften beraten würde.

Als der betreffende Herr aus Wien zurückkam, meldete er das den Herren, die einen Orden hätten erhalten sollen, und da beschlossen sie, daß sie, wenn sie sich den Orden kaufen müßten, nicht auf die Verleihung reflektieren würden. Ich erwartete den persischen Orden ganz bestimmt, aber als für mich nichts herausschaute, erkannte ich in diesem Fall, daß, wenn dem Menschen ein Malheur passiert, niemals Not an Spöttern ist. So kam es, daß ich eine Sendung aus Wien erhielt, in der ein großer Kotillonsorden mit einer großen Sonne war, mit der Bemerkung, daß ich den „Löwen" fangen solle, der mir in der Kanzlei tagelang umherstreicht, nämlich den Herrn Leo von Hansgirg, meinen Vorgesetzten. Das hat mir die Jugend aus der Hauptmannschaft beschert.

Über die Aufhebung der Sprachverordnung in Pilsen

Einige Tage vor der Aufhebung der Badenischen Sprachverordnung im Jahre 1898 haben wir mit dem Herrn Hofrat alle Maßnahmen getroffen, damit in Pilsen und im Bezirk die Ruhe und Ordnung nach Aufhebung dieser Verordnung nicht gestört werde. Wir luden uns auch den Kommandeur der Polizeiwache in Pilsen, Herrn Švenda, ein, um mit ihm die Mitwirkung der Polizeiwache bei der Aufrechterhaltung von Ordnung und Frieden in Pilsen zu erörtern. Die Repräsentanten der Gemeinde luden wir nicht ein, denn wir wußten, daß wir sie durch unsere Bitte um Unterstützung unserer Wache bei so bedeutenden und die Böhmen demütigenden Unterfangen nur in Verlegenheit bringen würden. Herr Kommandeur Švenda hatte auch nicht viel Lust, uns das Mitwirken der Polizeiwache zu garantieren, und er versprach erst dann, uns zu unterstützen, als ich ihm die Bestimmungen der Gemeindeordnung zeigte, ich glaube Paragraph 58, gemäß dem die Gemeinde für alle durch eine Ansammlung verursachten Schäden bürge. Um das Mitwirken der Stadtwache vor den Leuten ein bißchen zu rechtfertigen und dem Volk zu zeigen, daß die Gemeinde gehorchen mußte, verabredeten wir, daß ich immer mit kräftiger Stimme Befehle geben, daß wir mit dem Herrn Kommandeur gehen und er uns zu unserer Sicherheit von einigen Detektiven umstellen lassen würde. Diese Vereinbarung übertrug der Kommandeur der Wache dem Herrn Bürgermeister, Dr. Peták, der sie billigte.

Nachdem die Sprachverordnung aufgehoben worden war, begannen sich am selben Nachmittag die Leute zu versammeln, größtenteils Anhänger der national-demokratischen Partei, und als es dämmerte, waren auf dem Platz einige tausend Leute, die hauptsächlich „Hej Slované!" sangen und verschiedene Parolen gegen Österreich und die damaligen Minister laut werden ließen. Wir gingen mit Herrn Švenda über die Bürgersteige zum Platz, und als um halb sieben den Veranstaltern der Demonstration durch die Rekruten Klein und Votruba die Losung ausgegeben wurde, zur Sokol-Turnhalle zu gehen, da befanden wir uns an der Spitze des Zuges. Noch auf dem Platz schrie irgendein Bürschchen etwas sehr Landesverräterisches, worauf ich dem Herrn Kommandeur Švenda mit lauter Stimme den Befehl gab, den Jungen zu verhaften. Švenda, ein sehr kräftiger Mann, packte das Bürschchen beim Kragen und brachte es zu mir. Der Bub zappelte mit den Beinen in der Luft, er flehte, daß er das nicht mehr tun werde, worauf ich anordnete, daß der Knabe nach Feststellung der Identität freigelassen werde.

Danach gingen wir zur Sokol-Turnhalle, wo der Herr Redakteur von „Naše snahy" (Unser Streben), der spätere Herr Abgeordnete Votruba, eine Rede hielt, und zwar sprach er so, daß unter anderen Umständen die Art dieser Rede nicht geduldet worden wäre. Die Leute sangen und riefen verschiedene Parolen aus, und bis zirka neun Uhr abends gingen wir dann durch die Pilsener Straßen, ich mit dem Herrn Kommandeur an der Spitze des Zuges. Nach zehn Uhr sagte ich den Veranstaltern, daß sie es schon gut sein lassen könnten, da das schon zwei bis zweieinhalb Stunden dauerte, worauf sie die Leute aufforderten, sich zu zerstreuen und sich am nächsten Tag um etwa zehn Uhr vormittags auf dem Platz einzufinden.

Ich wartete noch eine Weile bei der Hauptmannschaft, und als alles ruhig war, ging ich nach Hause. Als ich zum neuen Theater kam, sah ich, wie die Soldaten mit aufgepflanzten Bajonetten junge Buben vor sich her trieben. Die Jungen liefen zur Straße neben der evangelischen Kirche, und mir blieb nichts anderes übrig, als mit ihnen zu laufen, weil mir bekannt war, daß eine Begegnung mit dem Militär, das vier bis fünf Tage Bereitschaft hatte, nichts Angenehmes sein würde. Die Buben stoben in die Straßen auseinander, worauf die Soldaten in die Kasernen zurückgingen. Am nächsten Tag untersuchte ich diesen Vorfall. Es wurde mir gesagt, daß die Jungen aus Škvrňany, als sie an der Kaserne vorbeigingen, verschiedene Parolen riefen, was der Kommandeur der Wache, irgendein junger Leutnant, ein Deutscher, nicht dulden konnte. Deshalb hatte er befohlen, daß die Wache gegen die Buben ausrückte.

Am Sonntag, dem zweiten Tag nach der Aufhebung der Sprachverordnung, versammelten sich wieder mehrere tausend Leute auf dem Platz. Sie sangen und verbreiteten verschiedene Aufrufe zum Landesverrat. Um halb elf ging der Zug zur Sokol-Turnhalle, wir mit dem Herrn Kommandeur wieder an der Spitze, wo der Herr Redakteur Votruba neuerlich eine flammende Rede gegen Österreich und die damalige Regierung hielt. Als wir bei der Sokol-Turnhalle waren, da sah ich auf dem Balkon bei den Jiráneks den Herrn Professor Klostermann in Paradeuniform und bemerkte, wie er durch verschiedene Grimassen seinen Unmut zum Ausdruck brachte. Der Herr Professor Klostermann war nämlich zum Professor an der deutschen Gewerbeschule in der achten Rangklasse ernannt worden und bereitete sich nun darauf vor, an diesem Tag seinen Diensteid abzulegen.

Nach der Rede des Herrn Redakteurs gingen wir wieder durch die Stadt, und als es etwa zwölf Uhr war, sagte ich den Veranstaltern dieser Demonstration, daß wir es gut sein lassen könnten. Sie waren einverstanden und forderten das Volk auf, sich zu zerstreuen. Am Nachmittag dieses Tages war es in Pilsen schon völlig ruhig. Etwa am zweiten oder dritten Tag nach den Demonstrationen fragte mich der Herr Hofrat, ob ich bei der Demonstration vor der Sokol-Turnhalle den Herrn Professor Klostermann gesehen hätte und auch, wie er sich aufgeführt hatte. Darauf antwortete ich ihm, daß ich den Herrn Professor nicht gesehen hätte und mich auch nicht umsehen konnte, weil ich eine Menge von mehreren tausend Leuten vor mir hatte. Dies machte auf mich den Eindruck, daß wahrscheinlich irgendwer, mit dem ich sehr gut bekannt war, den Herrn Professor angezeigt hatte.

Über die Schule in Doudlevec

Die Gemeinde Doudlevec bei Pilsen wurde in den Jahren um 1900 beinahe mit Pilsen verbunden, und die Schüler wurden lange Zeit dorthin geschickt. In dieser Gemeinde gab es einige reiche Bauern, aus deren Reihen regelmäßig der Bürgermeister gewählt wurde. Als ich in den Jahren

1898–1903 in Pilsen war, war Pokorný, der dort ein großes Gut hatte, schon über zwanzig Jahre in dieser Gemeinde Bürgermeister. Dieser geriet etwa im Jahre 1895
mit der Stadt Pilsen in Streit, und die Folge davon war,
daß er gegen jedes Budget des örtlichen Schulrates, sowohl des tschechischen als auch des deutschen, Berufung
einlegte. Diese durchlief dann alle Instanzen, und der
Verwaltungsgerichtshof in Wien mußte darüber entscheiden. So erinnere ich mich, daß gegen das Budget des
örtlichen deutschen Schulrates wegen neunzig Heller
oder einer Krone Jahresbeitrag bis zum Verwaltungsgerichtshof Berufung eingelegt wurde. Die Folge war, daß
die Gemeinde Pilsen in der Entwicklung des Schulwesens
gehörig beeinträchtigt wurde und daß der Verwaltungsgerichtshof dem Advokaten aus Pilsen wegen Behelli-
gung der Behörden Geldstrafen zu hundert, zweihundert
und fünfhundert Kronen auferlegte. Der Herr Bürgermeister bezahlte diese Strafen, und dem Advokaten zahlte er
fette Palmare und freute sich, daß er die Herren von
Pilsen verärgert hatte.

Damit die Gemeinde von Pilsen nicht in der Entwicklung des Schulwesens gehemmt wurde, etablierte sich die
Praxis, daß die Stadt Pilsen ohne Rücksicht auf den örtlichen und den Bezirksschulrat prächtige Paläste erbauen
ließ und diese dem örtlichen Schulrat zur Unterbringung
der Schulen übergab. Als die Beschwerden nicht aufhör-
ten, forderte die Gemeinde Pilsen die Ausgliederung der
Gemeinde Doudlevec aus der Schulgemeinde Pilsen. Diesen Forderungen kamen alle Instanzen, auch der Verwaltungsgerichtshof, entgegen, und Doudlevec wurde der
Schulgemeinde Radobice eingegliedert, die fast eine Dreiviertelstunde von Doudlevec entfernt lag.

Die Entscheidung des Verwaltungsgerichtshofes überraschte mich sehr, da durch die Eingliederung der Gemeinde Doudlevec in die Schulgemeinde Radobice der
Schulbesuch erschwert wurde, was, soweit ich mich erinnere, nicht mit dem Gesetz zu vereinbaren war; dem

Gesetz nach war eine Neuzuteilung der Schulgemeinde nur zum Zwecke der Erleichterung des Schulbesuchs möglich.

Als die Entscheidung des Verwaltungsgerichtshofes kam, mietete Herr Bürgermeister Pokorný von der jüdischen Gemeinde in Pilsen zwei Räumlichkeiten, in denen früher die jüdische und die deutsche Schule untergebracht waren, um durchzusetzen, daß die Kinder aus Doudlevec weiterhin in Pilsen zur Schule gingen. Die Kinder aus Doudlevec gingen weiter zur Schule in Pilsen, was der Bezirksschulrat als Provisorium für zwei Jahre billigte, und ich wurde damit beauftragt, mich darum zu kümmern, den örtlichen Schulrat in Radobice dazu zu bewegen, zwei oder drei Klassen aus Doudlevec ordnungsgemäß in Doudlevec oder Radobice unterzubringen. Das fiel mir sehr schwer, da die Gemeinde Radobice von einer Neuzuteilung der Gemeinde Doudlevec nichts hören wollte und der Bürgermeister Pokorný ein sehr unnachgiebiger Mensch war. Wenn wir ihm einen eingeschriebenen Brief sandten, ließ er ihn einige Wochen auf der Post liegen, ohne ihn abzuholen, und die Post schickte ihn an uns zurück. Und wenn wir den Brief über den Bezirksboten Vild schickten, konnte derselbe ihn nie überbringen, weil der Herr Bürgermeister nicht zu Hause war und die Frau Bürgermeister den Brief nicht annehmen wollte. Kurz, dieser Herr Bürgermeister hielt uns zum Narren.

Ich habe des öfteren mit seinem Sohn, Matěj Pokorný, dem Besitzer der Buchdruckerei in Pilsen und späteren Präsidenten der Gewerbekammer, betreffs der Unnachgiebigkeit seines Papas gesprochen. Er bat mich dauernd, es nicht bis zum äußersten zu treiben, und er versprach mir, dem Papa ins Gewissen zu reden. Das dauerte etwa ein Jahr lang, ich disponierte über keine Räumlichkeiten, und die jüdische Gemeinde drängte darauf, daß die Schule aus Doudlevec am Ende des nächsten Jahres umziehen solle. Um endlich Schluß mit dem Benehmen des

Bürgermeisters zu machen, der die ihm zugeteilte Agenda in letzter Zeit vollkommen vernachlässigt hatte, drohte ich ihm im Fall einer Nichtbeschaffung von Räumlichkeiten für die Schule, die Schulagenda wie auch weitere Kompetenzen im Rahmen seiner übrigen Amtsgeschäfte wegzunehmen und einem anderen Organ anzuvertrauen, so wie es Artikel 104 der Gemeindeordnung vorschreibt. Als meine Verfügung in der genehmigten Frist nichts half, schickte ich den Mitgliedern des Gemeindeausschusses ein Schreiben, in dem ich dem Herrn Bürgermeister die Ausübung der von der Gemeinde übertragenen Kompetenzen und vor allem der Schulagenda entzog.

Das hatte zur Folge, daß der Herr Bürgermeister auf seine Funktion als Bürgermeister verzichtete und daß die Amtsführung der erste Ratsherr übernahm. Dieser ließ auf meine Anregung hin sogleich Pläne für eine fünfklassige Schule in Doudlevec ausarbeiten und gab ein Gesuch ein, die Gemeinde Doudlevec aus dem Schulsprengel Radobice auszugliedern und einen eigenständigen Schulsprengel in Doudlevec zu schaffen; seinem Gesuch wurde sogleich stattgegeben. Infolge der Eingemeindung der Gemeinde Doudlevec zu Pilsen bildete die Gemeinde Doulevec nun wieder einen Teil des Schulsprengels Pilsen. Der Bürgermeister Pokorný wurde aus Gram darüber krank und verstarb bald.

Der größte Aufwiegler des Bürgermeisters Pokorný gegen die Gemeinde Pilsen schien mir ein gewisser Lehrer i. R. zu sein, der ein sehr scharfsinniger, kluger, kurz, ein mit allen Wassern gewaschener Mensch war. Ich sehe noch seine Gestalt vor mir – er war mittelgroß, hatte einen langen, weißen Bart, wachsame Augen und hohe Stiefel an seinen Beinen. Der Herr Lehrer intervenierte sehr oft im Interesse der Schule von Doudlevec und verwendete sich bei mir für den Bürgermeister Pokorný. Akten, die die Angelegenheiten in Doudlevec betreffen sind sehr interessant, und ich empfehle sie unseren Juristen zum Studium, weil sie ihnen einen großen Überblick über die Gesetzgebung und die Praxis der Schulbehörden bieten.

Über den Schützenausflug Pilsen im Jahre 1903

Im Jahre 1902 starb in Pilsen der Oberoffizial des Landesgerichts, Herr Kříž, der Hauptmann beim Pilsener Scharfschützenkorps gewesen war. Dieser Herr hatte ein neu erbautes, brauberechtigtes Haus in der belebtesten Straße von Pilsen in der Nähe des Hauptplatzes. Da er Witwer war und keine näheren Verwandten hatte, fiel es ihm ein, das brauberechtigte Haus dem Korps der Pilsener Scharfschützen zu vermachen. Im Testament verfügte er, was mit den Erträgen des Hauses geschehen sollte. So hatte er unter anderem die Unterstützung der bedürftigen Mitglieder im Auge, und außerdem verfügte er, daß an Stelle der alten Schießstätte, die ihrem Zweck nicht entsprach, eine neue für dieses Korps gebaut werden sollte.

Außerdem setzte er fest, daß jedes Jahr ein Ausflug veranstaltet werden sollte, bei dem die Scharfschützen ordentlich mit Essen und Trinken bewirtet werden sollten. Im Jahre 1903, als die Verlassenschaft verhandelt worden war, beschloß das Pilsener Scharfschützenkorps, den ersten Ausflug auf die Weiden bei der Gemeinde Kyšice, etwa zwei Stunden von Pilsen entfernt, zu organisieren. Um diesem Ausflug besonderen Glanz zu verleihen, wurden die Scharfschützen aus Rokycany und aus Radnice eingeladen, und es wurde beschlossen, daß dieser Ausflug an einem Sonntag im Monat August stattfinden solle.

Vor dem Ausflug wurde ein eigener Schlachtplan erstellt. Die größte Schwierigkeit verursachte dem Herrn Major Doubek eine ältere, scheckige Stute, die in seinem Haus mit großer Fürsorge gepflegt wurde und die außer einem täglichen kleinen Spaziergang nur die Aufgabe hatte, den Herrn Major zur Auferstehung, zu Fronleichnam und zum Geburtstag des Kaisers im Sattel über den Pilsener Platz zu tragen, wo der Herr Major die ganze Feier hindurch das Korps energisch auf dem Pferd befehligte. Man war allgemein der Meinung, daß der Weg nach Kyšice und zurück für die gute Stute sehr weit sei. Da aber der Herr Major für den Ausflug kein anderes Pferd verwenden wollte, war es notwendig, die alte Stute zu trainieren. Nach mehrtägigen Übungen erreichte man schließlich, daß die Stute bis nach Kyšice kam und daß der Herr Major somit auf ihr an der Spitze des Korps bis nach Kyšice reiten konnte.

Am Sonntag, als der Ausflug abgehalten wurde, kam das Korps vor sieben Uhr morgens mit einer Fahne auf den Platz, wo um sieben Uhr der Herr Major die Antrittsmeldungen der Gruppenkommandeure entgegennahm. Er inspizierte das Korps, ob alles in Ordnung sei, und als er dies konstatierte, gab er den Marschbefehl, woraufhin das Korps mit Musik und dem Herrn Major an der Spitze, begleitet von seinem Adjutanten, Herrn Pytlík, und dem ältesten Scharfschützenhauptmann – allesamt zu Pferde –, loszog. Über die ärarische Landstraße ritten sie nach Kyšice.

Als sie zum Pilsener Friedhof kamen, auf dem ihr Wohltäter Kříž ruhte, wurde ein kurzer Halt angeordnet und ihm die Waffenehre erwiesen. Dann ging es weiter. Um etwa zehn Uhr kam man auf die Weiden von Kyšice, wo nach dem „Schußwechsel" der ersten Wachen des Pilsener Korps und des feindlichen Korps aus Rokycany und Radnice einige Salven abgegeben wurden. Bald darauf kamen die Korps einander näher, und es setzte eine allgemeine Verbrüderung unter den Mitgliedern der besagten Korps ein. Um elf Uhr Vormittag las der Feldkaplan des Korps, Herr Dechant Herold, eine Feldmesse, bei der die Musikkapellen spielten. Nach der Messe gab es vor den Kommandeuren der Korps und den eingeladenen Würdenträgern ein kleines Defilee, und dann setzte man sich an die improvisierten Tische zum Mittagessen. Als besondere Leckerbissen gab es gepökelte Schweinszüngerl, die von Herrn Korpshauptmann Rohrer, der in Pilsen eine große Fleischhauerei hatte, geliefert wurden.

Nach dem Mittagessen entspann sich auf dem Ausflugsort eine sehr angeregte Unterhaltung, denn drei Musikkapellen spielten emsig, und verschiedene Attraktionen wurden geboten. An diesem Tag wurden in Pilsen einige Vergnügungszüge Richtung Ausflugsort abgefertigt, die einige tausend Leute dorthin brachten.

Um etwa halb sechs begannen die Schützen sich zu formieren, und nach Ehrengrüßen zum Abschied traten die einzelnen Korps ihren Heimweg an.

Die Pilsener Scharfschützen, deren Zahl sich wesentlich verringert hatte, weil einige es vorzogen, bequem mit dem Zug nach Pilsen zu fahren, statt zwei Stunden zu Fuß zu stapfen, kamen erst spät nach Einbruch der Dunkelheit nach Hause. Einige Klatschbrüder und Witzbolde erzählten, daß, als die Schützen zum Pilsener Friedhof kamen, viele „Ruhm unserem Wohltäter!" zu schreien begannen, womit aber wiederum viele Schützen angeblich nicht einverstanden waren und sagten, daß Ruhm dem Verstorbenen nichts bringen würde, und deshalb riefen sie, daß der Herrgott ihrem Wohltäter ewige Ruhe geben möge. Ob das der Wahrheit entspricht, habe ich nicht untersucht. Wir sind um sieben Uhr mit dem Herrn Major Doubek in der Kutsche abgefahren und kamen so etwa um acht Uhr nach Hause. Der Verlauf des ganzen Ausflugs, an dem einige tausend Leute teilgenommen hatten, war sehr würdevoll, und deshalb habe ich dem Herrn Major gegenüber den Ausflug sehr gelobt und ihm damit eine große Freude bereitet. Außerdem erlaube ich mir hinzuzufügen, daß das Pilsener Scharfschützenkorps eines der ältesten und auch das reichste in Böhmen ist, denn der Wert des brauberechtigten Hauses in Pilsen beträgt einige Millionen tschechische Kronen.

Über die Hausdurchsuchungen in den Pilsener Zeitungsredaktionen –
Bei den Sozialdemokraten im „Peklo"

Als ich in den Jahren 1898 bis 1904 der Bezirkshauptmannschaft in Pilsen zugeteilt war, war die Stunde zwischen fünf und sechs Uhr nachmittags der Zensur der Pilsener Zeitungen gewidmet, die fast alle am Nachmittag herauskamen. Wenn es zu einer Konfiszierung kam, ging einer von den jüngeren Konzeptbeamten mit dem vorschriftsmäßigen Gefolge zur Zeitungsredaktion und fahndete nach den konfiszierten Zeitungsexemplaren. Diese Durchsuchung endete regelmäßig damit, daß der Beamte drei oder vier Nummern fand, die übrigen waren gut versteckt, weil das Ausrücken der betreffenden Kommission aus der Hauptmannschaft der Zeitungsredaktion immer avisiert wurde.

Einmal, um viertel sieben, entsann sich Herr Staatsanwalt Částek, daß die sozialdemokratische Zeitung „Nová doba" (Neue Zeit) konfisziert werden sollte. Weil in der Kanzlei niemand mehr anwesend war, ging ich allein mit der entsprechenden Suite ins „Peklo" (Hölle), ein Gasthaus, das der Sitz der Sozialdemokraten in Pilsen war und wo sich die Redaktion der oben angeführten Zeitung befand.

Als ich dorthin kam, empfing mich der Genosse Habermann – ich glaube, es waren auch Pick, Halík und Remeš dabei – mit der Bemerkung, daß sie uns schon früher erwartet hätten und warum wir so spät kämen. Da unser Verhältnis zu diesen Herrn ziemlich gut war, antwortete ich darauf, daß wir uns eben ein wenig verspätet hätten.

Der Amtsdiener fand drei oder vier Ausgaben auf dem Tisch, die übrigen waren irgendwo gut versteckt. Ich schrieb darüber ein Protokoll, und als wir nach Hause gehen wollten, da stieg ein Gendarm auf eine breite Holzstufe, die in den Nebenraum führte. Als sich die

Stufe unter ihm bewegte, ging er dem Grund dafür nach. Er hob die Stufe leicht an und entdeckte darunter die ganze Auflage der konfiszierten Zeitung. Die Genossen erstarrten, und nun machte ich mir mit ihnen einen Spaß und fragte sie, wohin sie künftig die beschlagnahmten Nummern legen würden. Daraufhin trugen wir unter allgemeinem Gelächter die ganze Auflage der „Nová doba" zur Hauptmannschaft.

Bei den Anarchisten

Etwa im Jahre 1900 zog der Anarchist Opletal nach Pilsen und begann dort die Zeitschrift „Matice dělnická" (Arbeiterhilfe) herauszugeben, die dreimal monatlich erschien. Die „Matice dělnická" wurde in Brünn gedruckt, und die obligatorischen Exemplare kamen mit dem Zug expreß um vier Uhr morgens auf die Hauptmannschaft, zur Staatsanwaltschaft nach Pilsen. Demzufolge mußten wir schon um vier Uhr morgens mit dem Herrn Staatsanwalt in der Kanzlei sein und auf die Zeitschrift warten. Nach Durchführung der Zensur, bei der jede Nummer konfisziert wurde, ging ich immer mit der vorschriftsmäßigen Suite auf Hausdurchsuchung zur Redaktion der Zeitschrift. Es war etwa fünf Uhr in der Früh, als wir, etwa sechs Personen mit Gendarmen, in die Redaktion kamen, was zur Folge hatte, daß das ganze Haus in Aufruhr war. Bei diesen Durchsuchungen fand man nie etwas. Der Herr Redakteur gab die Zeitschrift erst heraus, nachdem er die Artikel weggelassen hatte, die konfisziert worden waren. Später wurde ich mit dem Redakteur bekannt, und da bat er mich immer, daß ich allein kommen und diese Parade zu Hause zu lassen solle. Ich konnte mir aber nicht helfen, weil ich den gegebenen Befehl ausführen mußte. Der Herr Redakteur Opletal ließ sich dann irgend etwas zu Schulden kommen und wurde infolgedessen – zu unserer großen Freude – aus Pilsen ausgewiesen.

Bei den unabhängigen Blättern

Ich muß noch auf einen dritten Besuch, und zwar in der Redaktion der „Nezávislé plzeňské listy" (Unabhängige Pilsener Blätter) zu sprechen kommen, dem Oppositionsorgan gegen die Stadtverwaltung. Diese Zeitschrift sollte zwar alle vierzehn Tage erscheinen, kam aber sehr unregelmäßig heraus, da der Herr Redakteur kein Geld hatte und nur dann eine Nummer herausgeben konnte, wenn ihn irgendein Oppositioneller finanziell unterstützte. Einmal sitze ich am Sonntagvormittag in der Kanzlei und zensuriere die „Nezávislé plzeňské listy", und weil sie sehr „scharf" war, vereinbarten wir mit dem Herrn Staatsanwalt, daß wir die Nummer einziehen und die Konfiszierung einleiten müßten. Er zeigte mir die Stelle an, wegen der die Nummer konfisziert werden sollte, und da niemand anderer in der Kanzlei war, ging ich zur Redaktion, um wieder nach den konfiszierten Exemplaren zu fahnden. Als ich in die Redaktion kam, begann der Amtsdiener sofort zu suchen. Weil die Redaktion und die Wohnung des Herrn Redakteurs im selben Raum waren, sah ich einen reizenden kleinen Buben, höchstens ein halbes Jahr alt, wie er in einer Wiege lag und an der großen Zehe lutschte. Ich gehe zu dem kleinen Kind und sehe, daß er auf einigen älteren Ausgaben der Zeitschrift liegt, die von seinem Vater herausgegeben wurde, und daß er keine Windeln unter sich hat. Während ich mich gut mit dem Buben unterhalte, sehe ich auf einmal, daß der Bub anfängt, die Stirn zu runzeln und rot zu werden. Die Ursache dessen war mir als erfahrenem Vater sofort klar. Also rufe ich die Schwiegermutter des Redakteurs und mache sie darauf aufmerksam, daß vielleicht gleich etwas geschehen wird. Es geschah auch wirklich etwas, was die Frau Schwiegermutter aber keineswegs in Verlegenheit brachte. Nach verrichteter Tätigkeit riß sie einige Blätter der Zeitschrift ab, und der Bub lag wieder völlig im Sauberen.

Die Frau Schwiegermutter erzählte mir, daß sie so schon einige Kinder großgezogen hätte, und deshalb hoffe ich, daß ich unsere Mütter für mich gewinne, wenn ich ihnen diese Art der Kindererziehung zur Nachahmung empfehle.

Über die Sozialdemokratie zu Beginn des 20. Jahrhunderts

Im Jahre 1898, im Monat Oktober oder November, kam ich nach Pilsen, wo ich die böhmische sozialdemokratische Partei in ihrer größten Blüte vorfand. Damals war ihr Hauptredner Herr Alois Krejčí, und seine Mitarbeiter waren die Herren Remeš, Viktor Pik, Halík und noch ein Genosse, an dessen Namen ich mich nicht mehr erinnere. Diese Herren gaben die sozialdemokratische Zeitschrift „Nová doba" heraus, die zweimal wöchentlich erschien und verhältnismäßig oft konfisziert wurde.

Herr Alois Krejčí besuchte mich häufig, intervenierte des öfteren, und ich trachtete immer danach, ihm entgegenzukommen. Und wenn wir irgend etwas von der Partei brauchten, da versuchte Herr Krejčí, auch uns entgegenzukommen. So erinnere ich mich, daß einmal in ganz Böhmen Versammlungen der Sozialdemokraten angekündigt wurden, auf denen eine ziemlich scharfe Resolution verlesen hätte werden sollen. Wir erhielten diese Resolution vor der Versammlung vom Präsidium. Darin waren anstößige Worte angezeichnet, weshalb die Resolution in der Versammlung nicht angenommen werden durfte. Ich ließ mir Herrn Krejčí kommen und fragte, ob er irgendeine Resolution für die angekündigte Versammlung hätte, worauf er die Resolution vorlegte, deren Inhalt uns vorher vom Präsidium mitgeteilt worden war.

Ich las sie durch und sagte: „Herr Alois, diese Worte und Abschnitte da müssen sie weglassen . . .!" – worauf er mir antwortete, daß das nicht gehe, das sei das Kernstück der ganzen Resolution, und nach einem weiteren

Gespräch versicherte er mir, er werde schon wissen, was zu machen sei. Ich erklärte ihm, daß ich die Resolution in dieser Fassung nicht zulassen könne und daß ich die Versammlung auflösen müsse. Bei der Versammlung, deren Verlauf ruhig war, verlas Herr Alois die Resolution, und einige anstößige Worte ließ er wirklich weg. Die Resolution wurde angenommen.

Am nächsten Tag ruft mich der Herr Bezirkshauptmann Klatovský zum Telefon und fragt mich, wie das kommt, daß bei uns die vom Präsidium übermittelte Resolution zugelassen wurde, während sie in Klatovy untersagt und die Versammlung aufgelöst wurde. Der Redner hatte erklärt, daß die Resolution gestern in Pilsen ohne Hindernisse angenommen worden war, worauf ich dem Herrn Bezirkshauptmann erklärte, daß der Redner in Pilsen die bedenklichen Worte auf meine Veranlassung hin ausgelassen hatte.

Mit Herrn Alois Krejčí haben wir den Streik der Bergarbeiter, der in den Wintermonaten stattfand und ganze zwei Monate dauerte, überstanden. Krejčí war der Hauptredner bei etwa dreißig Versammlungen, bei denen ich auch intervenierte. Krejčí kam sehr oft zu mir, und ich habe ihm immer ans Herz gelegt, daß er die Versammlungen nicht in die Länge ziehen solle, was er mir versprach und auch einhielt. Die Versammlungen fanden in den Gemeinden Litice, Nová Hospoda, Vejprnice und Tlučná regelmäßig abends statt, so daß es nach den Versammlungen bereits dunkel war. Krejčí verabschiedete sich immer von den Genossen und machte sich dann zu Fuß auf den Weg nach Pilsen. Er ging aber nicht weit, denn ich habe ihn bald eingeholt und auf meinen Wagen verfrachtet.

Krejčí erkrankte an Tuberkulose, verschwand aus Pilsen und verstarb bald. An seiner Statt kam aus Wien Herr Gustav Habermann, mit dem ich schon aus Lanškroun bekannt war, weil ich schon im Gebiet von Česká Třebová bei einigen seiner Versammlungen interveniert hatte.

Mein Verhältnis zu Herrn Habermann war auch sehr freundschaftlich, und ich hatte das Vergnügen, Habermann und Pik, die gleichzeitig Hochzeit feierten, standesamtlich zu trauen.

Über dem „Peklo", wo die sozialdemokratische Partei ihren Sitz hatte, hing ständig eine kleinere schwarze Fahne. Sooft der Herr Hofrat am „Peklo" vorbeikam, sah er diese Fahne, und immer wieder forderte er mich auf, mich darum zu kümmern, daß die Fahne abgenommen werde. Ich bat dann irgendeinen der führenden Parteimänner, daß er die Fahne herunternehme, was auch geschah, aber am zweiten oder dritten Tag hing die Fahne wieder aus. Etwa nach einem Jahr ging der Herr Hofrat wieder einmal am „Peklo" vorbei und bat mich erneut um die Beseitigung der Fahne. Ich habe dann nichts gesagt, und die Fahne hing die ganze Zeit, die ich in Pilsen war, ohne weitere Beanstandung.

Bei dieser Gelegenheit muß ich auf die Genossin Š. zu sprechen kommen, die zu jeder beliebigen Stunde auf die Hauptmannschaft kam, den Herrn Hofrat mit dem Titel „Bürger Hofrat" und mich mit „Bürger Oberkommissär" ansprach, woraufhin wir sie wieder mit „Bürgerin Š." anredeten.

Einmal wurde im Parlament die Aufstockung des Rekrutenkontingents verhandelt, womit die Sozialdemokraten nicht einverstanden waren, und deshalb wurden große Treffen und Volksversammlungen gegen die Aufstokkung des Kontingents veranstaltet. In Pilsen wurde die Volksversammlung auf dem Platz „Na Petrohradě" (Zur Petersburg) angesagt, und schätzungsweise an die zwanzigtausend Menschen nahmen an ihr teil. Die Versammlung wäre glücklich ausgegangen, da meldete sich gegen Ende auch die Genossin Š. zu Wort. Sie sprach längere Zeit und erklärte schließlich, daß die Frauen Österreich am besten bestrafen und eine Aufstockung des Kontingents vereiteln könnten, wenn sie keine Kinder zur Welt bringen würden. Am Ende ihrer Rede rief sie die Frauen auf, keine Kinder zu bekommen, woraufhin die versammelten Frauen sehr laut zustimmten und riefen, daß sie keine Kinder gebären würden. Diese Deklaration der Frauen störte aber irgendein schelmischer Genosse mit dem Ausruf, daß man sich aber weiterhin lieben müsse, wobei er für das Wort lieben einen ziemlich vulgären Ausdruck verwendete. Der Ausruf hatte ein großes Gelächter und Heiterkeit bei allen Versammelten zur Folge und wirkte auch auf den intervenierenden Komissär so, daß er, als er von der Versammlung heimkam, sich noch vor Lachen bog. Der Rapport über diese Versammlung wurde dem Präsidium und in Wien vorgelegt, wo er angeblich auch große Heiterkeit hervorrief.

Über die Betriebe des Ritters Emil Škoda gegen Ende des 19. und Anfang des 20. Jahrhunderts in Pilsen

Als ich im Jahre 1898 nach Pilsen kam, standen die Betriebe des Ritters Emil Škoda in voller Blüte und waren im Umschwung begriffen; sie beschäftigten damals vier- bis fünftausend Arbeiter. Die einzelnen Produktionszweige übersiedelten von den alten, in der Stadt befindlichen Räumlichkeiten in neue, die auf einem riesigen, von einer hohen Mauer umfriedeten Komplex der Ländereien des Ritters Škoda errichtet wurden, und zwar unmittelbar am Rande der Stadt Pilsen.

In Anbetracht dessen gingen wir sehr oft in die Škodawerke zu den Sitzungen der Gewerberechtskommissionen, die, obwohl es sich um riesige Betriebsanlagen handelte, immer sehr glatt gingen, weil es nie Einwände gab. Zu dieser Zeit gingen wir auch sehr oft in die Škodawerke, um die Leistungen verschiedener patentierter Erfindungen ausländischer Gesellschaften, vor allem der Firma Maxim aus London, welche hauptsächlich bei Geschützsperren Anwendung fanden, zu überprüfen. Die Kommissionen waren sehr angenehm, da wir nach Feststellung der Patentleistung das von mir vorbereitete Protokoll unterschrieben und nach Hause gingen.

Ritter Škoda erzeugte verschiedene Eisen- und Stahlfabrikate, die in die ganze Welt geliefert wurden, hauptsächlich Ruder für riesige Schiffe. An Waffen erzeugte Škoda damals Maschinengewehre, deren Geratter bei verschiedenen Tests den ganzen Tag über in Pilsen zu hören war. Weiters erzeugte er Geschütze kleineren Kalibers, die er hauptsächlich auf einem eigenen kleinen Schießplatz, der in seiner Ziegelfabrik in Doudlevec an der Stadtgrenze von Pilsen eingerichtet war, daraufhin testete, ob beim Scharfschuß nicht die Geschützrohre zerrissen. Bei dieser Ziegelei wurde später das Spital der Stadt Pilsen erbaut, und die Patienten im Krankenhaus beklagten sich sehr über das Schießen. Weiters wollte der Ritter Škoda großkalibrige Geschütze erzeugen, und deshalb entschloß er sich, einen neuen, großen Schießplatz in der Pilsen nächstgelegenen Gemeinde zu bauen.

Einmal kam er zu mir – hinter ihm ein Diener, der sehr viele Bücher trug – und verkündete mir, daß er beabsichtige, einen Schießplatz zum Testen der großkalibrigen Geschütze bei seinem Meierhof in Vorlík (Worlik), Katastralgemeinde Třemošná, zu errichten, und forderte mich auf, die ganze Literatur über die Schießstätte durchzustudieren. Ich habe ihm darauf geantwortet, daß ich keine Bücher studieren würde, und empfahl ihm, das Studium dieser Bücher irgendeinem Techniker anzuvertrauen, der ihm ordentliche Pläne und Beschreibungen für diese Schießstätte anfertigen möge. Dann solle er sie mir vorlegen, und ich würde über dieses Projekt ein Ediktverfahren gemäß der Gewerbeordnung durchführen. Ich zeigte ihm die betreffenden Bestimmungen der Gewerbeordnung. Nach etwa zwei Monaten kam Ritter Škoda mit dem Architekten Loos aus Wien, der unlängst verstorben ist, zu mir, und sie brachten mir Pläne für den Schießplatz in Orlík und forderten mich auf, gleich ein kommissionelles Verfahren auszuschreiben, was ich herzlich gerne tat.

Zur Kommission fuhr ich mit Ritter Škoda, der sehr gespannt auf deren Verlauf war und verschiedene Einwände befürchtete. Ich tröstete ihn, daß es wahrscheinlich wenig Einwände geben werde, weil trotz häufiger Kundmachung der betreffenden kommissionellen Verhandlung und Verständigung aller bekannten Interessenten niemand gekommen war, um die Pläne anzuschauen. Die Verhandlung bei der Kommission war fröhlich, und meine Prophezeiung, daß es gegen das Projekt keine Einwände geben werde, erfüllte sich vollkommen. Nur die Firma Johann David Starck, Besitzerin der Glashütte in Třemošná, brachte uns einen zivilrechtlichen Einwand vor, dem der Ritter Škoda voll entgegenkam.

Mit dem Ergebnis der Kommission hatte Škoda große Freude, aber bald trübten wir sie ihm mit unserem technischen Sachverständigen, als wir ihm erklärten, daß der vorgeschlagene Ort unserer Ansicht nach sich für einen Schießplatz mit den vorgeschlagenen Ausmaßen nicht eignete, und zwar deshalb, weil ein solcher Schießplatz nicht in unmittelbarer Nähe der Gemeinde Třemošná liegen könne, und weiters, weil der beantragte Platz für so zahlreiche und große Objekte, von denen in einigen Schießpulver und Sprengstoffe gelagert werden sollten, zu klein sei. Ritter Škoda überlegte, und nach kurzer Zeit teilte er uns mit, daß er vollkommen mit uns übereinstimme und einen anderen Ort suchen werde. Er bat mich, nur den Genehmigungsbefund für den Schießplatz bei Orlík auszuarbeiten, was auch geschah.

Im Jahre 1916 oder 1917 flog ein großer Teil des Schießplatzes in Bolevec in die Luft. Bei dieser Katastrophe kamen etwa zweihundertfünfzig Menschen um, und viele Pilsener starben fast vor Angst, daß sie auch in die Luft fliegen könnten. Da habe ich daran gedacht, wie die Katastrophe ausgegangen wäre, wenn der Schießplatz in der Nähe der Gemeinde Třemošná errichtet worden wäre.

Etwa zwei Monate nach dieser Komission meldete mir Ritter Škoda, daß er einen anderen Platz für die Schießstätte hätte, und zwar in den Wäldern der Stadt Pilsen, in der Katastralgemeinde Bolevec, an der Bahnstrecke Pilsen–Žatec. Die Stadt sei mit der Errichtung der Schießstätte vollkommen einverstanden, der Platz etwa eine Dreiviertelstunde oder eine Stunde von der nächstgelegenen Gemeinde entfernt, und wiederum sollte der Architekt Loos das Projekt ausarbeiten.

Etwa am 13. oder 14. Dezember brachte mir Ritter Škoda das Projekt für den Schießplatz in den Wäldern von Bolevec und forderte mich auf, die kommissionelle Verhandlung so rasch durchzuführen, daß er am 31. Dezember den Genehmigungsbescheid in der Hand hätte. Er begründete dies mit irgendeiner Lieferungsbedingung für Geschütze.

Ich studierte das Projekt mit Ing. Loos durch, schrieb sofort das Edikt für die kommissionelle Verhandlung in der Katastralgemeinde Bolevec für den 30. Dezember aus und richtete es so ein, daß das Edikt vom Kanzleipersonal auch gleich vervielfältigt und noch an diesem Tag der Gemeinde und allen Interessenten zugestellt sowie am nächsten Tag im Amtsblatt der Prager Zeitung veröffentlicht wurde.

Niemand kam, das Projekt einzusehen. Am 30. Dezember fuhr ich zur Kommission, an der weit über hundert Leute teilnahmen, weil eine Kommission bei den Škodawerken ein Festtag für die ganze Gegend war. Bei der Verhandlung legte die Firma Johann David Starck wieder ihren zivilrechtlichen Einspruch ein, und die Bürger aus Bolevec und der benachbarten Gemeinden teilten sich in zwei Lager. Die einen wandten ein, daß sie keine Gänse halten werden können, denn wenn auf dem Schießplatz geschossen würde, würden die brütenden Gänse von den Eiern aufspringen, und die Eier würden kalt. Das zweite Lager wandte ein, daß durch die Schießerei ein gewaltiger Luftstoß entstünde, folglich werde ihr Getreide nicht tragen, weil es nicht ordentlich abblühen könne. Ich erklärte ihnen, daß das nicht wahr sei, daß vielmehr eine Brise und andere Luftstöße für die Bestäubung des Getreides notwendig und förderlich seien. Ich dachte zuerst, daß sich die Bürger mit uns nur einen Scherz erlaubten, aber als sie verkündeten, daß sie auf den Einwänden bestehen würden, diktierte ich ihre Einwände, und dabei zogen wir die Bürger eifrig auf, so daß es eine sehr lustige Kommission wurde. Um die Verhandlung voranzutreiben, richtete ich es so ein, daß jeder Sachverständige gleichzeitig seine Erklärung mit Anmerkungen aufsetzte, und als alle Sachverständigen fertig waren, verlas ich alles, und um etwa fünf Uhr fuhren wir nach Hause.

Da uns von hoher Stelle die strenge Order erreichte, daß von Staatsseite der Genehmigungsbescheid ganz bestimmt bis 31. Dezember dem Ritter Škoda zugestellt werden solle, ging ich gleich in die Kanzlei und arbeitete den Genehmigungsbescheid aus, den das Kanzleipersonal im Laufe der Nacht entsprechend vervielfältigte.

Als ich am Morgen in die Kanzlei kam, unterschrieb ich einige Exemplare und schickte sie dem Ritter Škoda; das Kanzleipersonal begab sich gleich zu den betroffenen Gemeinden, und im Laufe des Vormittags stellte es alle Beschlüsse zu.

Es wurde kein Rekurs eingebracht, und weil man angeblich den Schießplatz nicht mehr benutzt, denke ich, daß ich kein Geheimnis verrate, wenn ich angebe, daß der eigentliche Schießplatz hundert Meter lang war und daß am Ende des Schießplatzes ein etwa zwanzig Meter langer Tunnel voll mit Sand war, auf den man schoß. Beim Schießplatz waren Werkstätten für die Reparatur der Geschütze eingerichtet, weiters für die Produktion von Geschossen, und schließlich ein großes Depot für Schießpulver. Auf diesem Schießplatz sollten die Geschütze getestet werden, ob vor allem beim Scharfschuß die Geschützrohre nicht zerreißen. Nach etwa einem halben Jahr war der Schießplatz fertig. Es gab eine feierliche Kollaudierung, und man begann zu diesem Anlaß fleißig zu schießen. Zu diesem Schießen kamen hohe Herren, wie Erzherzöge und hohe Generäle, aus Wien. Einmal war alles zum Schuß des neuen Fünfzehnzentimetergeschützes vorbereitet, da geschah es, daß jemand im letzten Augenblick das Geschütz bewegte, was zur Folge hatte, daß das Geschoß über den Schießplatz hinausflog. Es flog sieben bis acht Kilometer weit und bohrte sich dann in die Erde. Unglück geschah keines. Lediglich als das Geschoß an einem Bauern vorbeiflog, der sein Feld pflügte, veranlaßte das Gepfeife des Geschosses den Bauern dazu, daß er sich samt seiner Frau unter dem Wagen verkroch. Dieser unglückliche Schuß hatte, außer der Bestrafung des Werkmeisters mit einer empfindlichen Geldbuße, zur Folge, daß die Schutzdämme beim Schießplatz erhöht werden mußten. Danach schoß man auf dem Schießplatz sehr fleißig, und die Schießerei hatte insgesamt für die Umgebung keinerlei Folgen. Nur in der Gemeinde Senec, die direkt in Schußrichtung lag, wurde beobachtet, daß die Scheunengiebel zu bersten und einzustürzen drohten. Ritter Škoda ließ kurzerhand neue Giebel erbauen, was zur Folge hatte, daß immer wieder Leute aus anderen Gemeinden kamen, die rissige Giebel hatten, und behaupteten, daß das die Folge der Schießerei sei. Der Herr Baumeister Groh ging dorthin, um es sich anzuschauen, und wenn er ein paar Jahre alte Spinnweben in den Ritzen bemerkte, lehnte er die Forderungen ab.

Ich muß noch erwähnen, wie Ritter Škoda seine Betriebe in eine Aktiengesellschaft umwandelte. Er kam einmal zu mir, verkündete, daß er gedenke, seine Betriebe in eine Aktiengesellschaft umzuwandeln, und bat mich, ihn in diesem Bestreben zu unterstützen. Ich antwortete ihm darauf, daß das ziemlich schwer gehen werde, weil das alte Gesetz für Aktiengesellschaften nicht mehr gültig sei und für das neue Gesetz bis jetzt keine Durchführungsverordnung erlassen worden sei. Daraufhin entgegnete er mir, daß es doch bereits eine Durchführungsverordnung gebe, und legte mir das betreffende Gesetzesblatt vom vorigen Tag vor. Ritter Škoda unterbreitete mir das betreffende Ansuchen, das wir genau nach dieser Verordnung instruierten und beim Handelsministerium vorlegten, das die Errichtung einer Gesellschaft in kürzester Zeit bewilligte. Ich wurde zum Regierungskommissär für die neue Gesellschaft bestimmt. Ritter Škoda berief daraufhin eine konstituierende Vollversammlung ein, an der etwa zehn Herren teilnahmen, unter ihnen waren Baron Wittgenstein und Kestranek. Die Gesellschaft konstituierte sich, Ritter Škoda wurde zum Vorsitzenden der Gesellschaft gewählt und die übrigen Vorstandsmitglieder bestimmt. Kommissär der Gesellschaft war ich nur kurze Zeit, weil mich bald ein Hofrat aus Wien ablöste, da ich das wohl nicht geschafft hätte.

Letztendlich muß ich noch erwähnen, daß es, als ich in Pilsen war, einen Krieg zwischen den Vereinigten Staaten Nordamerikas und Spanien um die Insel Kuba gab. Österreich verkündete zwar die Neutralität, aber wegen der engen verwandtschaftlichen Bünde zwischen den Dynastien wurden „schadhafte" Geschütze (geheime Waffenlieferungen) aus Pilsen nach Triest exportiert. Einige Waggons wurden auf dem Bahnhof zur Abfahrt vorbereitet, was erst geschehen konnte, nachdem die Ausfuhrgenehmigung und verschiedene Zertifikate auf der Hauptmannschaft eingelangt waren. Mir wurde das damals anvertraut, und so mußte ich mit verschiedenen Instanzen telefonieren, telegraphieren und verschiedene Erlässe schreiben, die diesen Transport betrafen. Als der Krieg beendet war, hat mich der Herr Hofrat vertröstet, daß ich angeblich für irgendeinen spanischen Orden vorgeschlagen sei, ich glaube für den der Isabella. Ich freute mich darüber, aber diese Freude wurde getrübt, als es lediglich Orden für die Wiener und die Eisenbahnbeamten hagelte und ich, wie gewöhnlich, leer ausging. Nun ja, für Orden bin ich halt auf einem unglücklichen Planeten geboren.

Die Škodawerke entwickelten sich in sehr raschem Tempo, so daß sie zu Kriegszeiten bis zu fünfzigtausend Arbeiter beschäftigten.

Über die Bierbrauerei zu Beginn des
20. Jahrhunderts

Es ist unnötig, sich über die Städtische Brauerei, über ihre Größe und Wichtigkeit für Pilsen und den ganzen Staat auszubreiten, weil allgemein bekannt ist, daß die Städtische Brauerei ein Objekt ist, dem auf der Welt kein zweites gleicht. Ich konstatiere, daß bei den Gemeindewahlen in Pilsen, die um das Jahr 1900 durchgeführt wurden, die Städtische Brauerei über ein Drittel aller direkten Steuern bezahlte, die in der Stadt Pilsen vorgeschrieben waren, und in Anbetracht der damals geltenden Wahlordnung für Gemeindewahlen war die Städtische Brauerei die einzige in der ersten Wählergruppe der Steuerpflichtigen; die übrigen Wähler der ersten Gruppe waren Staatsbeamte mit goldenen Krägen und verschiedene andere Honoratioren.

Während der fünf Jahre, in denen ich bei der Bezirkshauptmannschaft in Pilsen war, waren wir jedes Jahr einige Male in der Städtischen Brauerei, und zwar bei verschiedenen gewerblichen und wasserrechtlichen Kommissionen und bei Kollaudierungen. Man verhandelte hauptsächlich über die Erweiterung der Keller, Umbauten der Sudhäuser, die Produktion von Kunsteis, die Enteisenung des in der Brauerei benützten Wassers und noch andere Einrichtungen, zu deren Durchführung eine gewerbe- oder wasserrechtliche Genehmigung notwendig war. Das größte Projekt, das ich für die Städtische Brauerei genehmigte, war ein Brauwasserwerk, für das die Brauerei beabsichtigte, Wasser aus den Flüssen Radbúza oder Mže zu nehmen, und zwar bis zu zwölftausend Kubikmeter Wasser täglich, das zur Reinigung der Keller und zum Waschen der Braubehälter verwendet werden sollte. Die kommissionelle Verhandlung darüber kündigte ich im Amtsblatt der „Pražské noviny" (Prager Zeitung) an, veranlaßte die entsprechenden Kundmachungen in Pilsen und in den Gemeinden, die unterhalb der Brauerei gelegen waren, und außerdem lud ich alle bekannten betroffenen Parteien zu dieser Verhandlung ein. Eine Folge davon war, daß sehr viele Interessenten aus Pilsen und den unterhalb gelegenen Gemeinden zur Kommission kamen und fast alle Müller und Besitzer von Wasserwerken am Fluß Berounka bis nach Beroun selbst.

Die Interessenten wurden bei der kommissionellen Verhandlung von etwa achtzehn Advokaten vertreten. Nach der mündlichen und schriftlichen Behandlung des Projektes, nachdem die Bedingungen für die Genehmigung des Werks verlautbart und die Einwände mündlich vorgebracht worden waren, traf ich mit den einzelnen Rechtsanwälten zeitliche Vereinbarungen, wann sie zu mir kommen und ihre Erklärungen ins Protokoll diktieren wollten. Mehr als eine ganze Woche lang kamen Rechtsanwälte zu mir in die Kanzlei und diktierten mir so viel, daß das Protokoll sicher an die zwei Finger dick war, und anstatt das Protokoll mit Stempelmarken zu versehen, wie das in Pilsen bei großen Kommissionen gebräuchlich war, traten wir das Protokoll dem Gebührenbemessungsamt ab, welches die Gebühren festsetzte.

Nach Abschluß der Verhandlung genehmigte ich die Errichtung des Wasserwerkes, weil gemäß der Erklärung der amtlichen Sachverständigen und der Vertreter der Brauerei das ins Wasserwerk geleitete Wasser nach Gebrauch fast zur Gänze wieder in den Fluß zurückfließen und die Wasserqualität keine Beeinträchtigung erleiden sollte. Die Bewilligung stand auf einigen Bögen, und ich wurde genötigt, die ganze Bewilligung ins Deutsche zu übersetzen, weil an der Verhandlung einige Interessenten aus Deutschland teilgenommen hatten, die darauf bestanden, daß sie die deutsche Ausführung der Einsprüche bekamen. Es wurde keine Berufung eingelegt.

Das zweite größere Wasserwerk in der Brauerei war die Errichtung der Brunnen auf der „Roudná". Etwa im Jahre 1901 oder 1902 kam der Chefingenieur der Brauerei zu mir und beriet sich mit mir über das Vorhaben der Brauerei, jenseits des Flusses Mže, auf der sogenannten „Roudná", einen Brunnen für die Brauerei zu errichten. Sämtliche Grundstücke weit und breit im Umkreis des vorgesehenen Brunnens gehörten der Städtischen Brauerei. Als mir der Chefingenieur sagte, daß der Brunnen einige Meter breit sein solle, empfahl ich ihm, für die wasserrechtliche Genehmigung dieses Brunnens ein Gesuch einzureichen, über welches ich die wasserrechtliche Verhandlung führen würde.

Als ich den Antrag erhielt, setzte am Ort des Projekts die kommissionelle Verhandlung fest, zu der aber niemand von den Betroffenen kam, obwohl ich alle bekannten Parteien zu der Verhandlung eingeladen hatte. Danach bewilligte ich den Brunnen ohne jegliches Hindernis. Als sie dann den Brunnen aushoben, hatte dieser große Auswirkungen auf das Grundwasser auf der ganzen „Roudná"; nach seiner Errichtung versiegten fast alle Brunnen, da ihre Quellen in den neuen Brunnen flossen. Die Besitzer der vertrockneten Brunnen belagerten mich daraufhin und gingen mich an, wie sie das bewerkstelligen sollten, daß sie Wasser in ihre Brunnen bekommen. Ich berief mich darauf, daß niemand von den Betroffenen zur Kommission gekommen war, obwohl sie ordnungsgemäß eingeladen worden waren, und daß sich vom wasserrechtlichen Standpunkt in dieser Angelegenheit nichts mehr ändern ließe; weiters sagte ich zu, in der Städtischen Brauerei ein Wort dafür einzulegen, damit diese Angelegenheit wieder ausgebügelt würde, was ich auch gemacht habe. Ich denke, daß die Brauerei, als ich im Jahre 1904 aus Pilsen wegging, eine Wasserleitung hinter der „Roudná" gelegt hat, die später auf Kosten der Städtischen Brauerei auf ganz Pilsen erweitert wurde und durch die nun Trinkwasser in die ganze Stadt Pilsen zugeleitet wird.

Mein Verhältnis zur Städtischen Brauerei in Pilsen war immer sehr freundschaftlich. Die Kommission schrieb ich regelmäßig um drei Uhr am Nachmittag aus; sie dauerte gewöhnlich bis sieben Uhr abends, und es nahmen außer uns Beamten der ganze Verwaltungsrat der Städtischen Brauerei mit den damaligen Vorsitzenden, Herrn Richard Svátek und Herrn Bezděka, an der Spitze teil. Nach der Kommission setzten wir uns, die Mitglieder der Kommission und der ganze Verwaltungrat der Brauerei, in einen kleinen gemütlichen Salon zum Abendessen zusammen, das in der ausgezeichneten Küche von Frau Ditrichová, der Gemahlin des Brauereidirektors, zubereitet wurde. Wir hatten gewöhnlich immer etwas Neues der Saison, und der letzte Gang dieses Abendessens war regelmäßig ein brillant zubereiteter Wurstsalat oder Hummer.

Wir tranken Bier, von dem wir immer wieder sagten, daß nicht einmal die Engel im Himmel ein besseres haben, weil der Herr Oberbraumeister Bayer eigens für die Kommission Bier vorbereiten und mitten aus einem Fünfzighektoliterfaß nehmen ließ. Um zehn oder elf herum begannen die älteren Herren zu verschwinden, bis nur wir Junge übrigblieben, und da kam erst Stimmung auf, wie es sich gehört. Nach ein Uhr in der Nacht brachten uns regelmäßig die Brauereikutschen nach Hause. Uns, die wir in der Gegend der Škrétova ulice (Škréta-Gasse) wohnten, führte gewöhnlich ein Kutscher in Livree, ein großer und starker Mann, den wir Herr Josef nannten. Ich war gewöhnlich ziemlich lustig, ging zu Hause nach der obligatorischen Gardinenpredigt schlafen und schlief so, daß man mich am Morgen wecken mußte, als es Zeit war, in die Kanzlei zu gehen.

Die erste Hälfte des Vormittags in der Kanzlei war nach so einer Begebenheit sehr lang, denn um etwa zehn Uhr bekam ich gewöhnlich großen Hunger, und deshalb trachtete ich, entweder zu Kotěšovec auf ein Gabelfrühstück zu verschwinden oder zu Herrn Rohrer, dem Fleischhauer neben der Hauptmannschaft, auf seine sagenhafte Spezialität – eingelegtes Züngerl. Am dritten

Tag nach solch einem Extempore erschien regelmäßig am Knöchel der großen Zehe die Gicht, im Volksmund die sogenannte „Saufgicht", die so schmerzhaft war, daß ich am ersten Tag nicht einmal ein Leintuch auf den Füßen ertragen konnte. Der Herr Doktor verbat mir vor allem, Bier zu trinken, was mich sehr unangenehm berührte, weil das bedeutete, unser geliebtes Restaurant „U Franků" (Bei Frank) und die fröhliche Tagesgesellschaft zu verlassen. Am nächsten Tag verließ mich die „Saufgicht", und ich konnte wieder in die Kanzlei gehen, allerdings in Patschen, die ich mir vom Herrn Fabrikanten Düftschütze gekauft hatte. Diese Patschen waren sehr schön, und es war ihnen auch nicht anzusehen, zu welchem Zweck dieses Schuhwerk dienen sollte. Da nach jedem solchen Auftritt ähnliche Schmerzen auftauchten, rief ich später nie mehr den Arzt und heilte mich selbst, wobei ich zu der Erkenntnis kam, daß, wenn ich weitertrank, die „Saufgicht" drei bis vier Tage dauerte, während sie, wenn ich kein Bier mehr zu mir nahm, nach zwei Tagen verschwand; und in Anbetracht dessen entschied ich mich dafür, mich von der „Saufgicht" lieber vier Tage plagen zu lassen. An diese Zeit erinnere ich mich sehr gern, und es ärgert mich, daß mir außer diesen schönen Erinnerungen nur die oben erwähnten Patschen geblieben sind, die ich jetzt wegen der „Saufgicht" nicht mehr brauche, aber die mir, als „älterem Herrn", bisher sehr wertvolle Dienste leisten.

Während meines Aufenthalts in Pilsen gingen wir gewöhnlich mehrmals in der Woche ins oben erwähnte Restaurant Frank, wo man das Bier aus der Städtischen Brauerei so zapfte, daß sich auf dem Schaum des Krügels das damalige silberne Kronenstück hielt. Die Wirtsstube dieses Restaurants hatte ein Ausmaß von etwa fünfundzwanzig Quadratmetern; gewöhnlich waren wir darin bis zu dreißig Gäste, alle rauchten, und es gab keine Entlüftung. Wenn man durch den Rauch schon nicht mehr sehen konnte, dann kümmerte sich Herr Professor Kupka von der Pädagogik um die Entlüftung, indem er die Türe, die auf den Gang führte, einige Zeit lang öffnete. Da man bei Frank ganz hervorragendes Pilsener bekam, gab es in diesem Restaurant vor allem in den Abendstunden auch einen großen Bierausschank über die Gasse. . . .

Bevor ich aus Pilsen wegging, stellte Herr Kleisl, der Besitzer des Optikerbetriebs in Pilsen, einen Antrag auf Genehmigung zur Errichtung einer Brauerei oberhalb von Lobzí und Božkov. Diese Brauerei verhandelte ich noch, die Beteiligung an der Kommission war groß, denn wenn man in Pilsen über eine Brauerei verhandelte, da war immer ganz Pilsen in Aufruhr. Diese Brauerei genehmigte ich noch, dann verließ ich Pilsen.

Übersetzung: Michaela Burgstaller / Thomas Holzmann

Teil II

Eisenbahn und technische Verwaltung

EDUARD BAZIKA

wurde 1830 in Woleschna (Olešna) bei Rakonitz (Rakovník) geboren. Sein Vater war fürstlicher Gärtner, und die materielle Lage der Familie war verhältnismäßig gut. Der Bruder des Autors ergriff den Beruf seines Vaters. Eduard jedoch nützte die Möglichkeit zu studieren. Er machte die Realschule in Rakonitz fertig und besuchte dann in Prag die Technische Hochschule. In Prag erlebte er die Ereignisse des Jahres 1848 und beschrieb diese auch in seiner Autobiographie. Ein Jahr darauf beendete er seine Studien und begann eine Anstellung zu suchen. Seine Eltern strebten für ihn einen Platz im Staatsdienst an. Deshalb ging er nach Wien, wo er Anfang der fünfziger Jahre des 19. Jahrhunderts die Stelle eines Ingenieurassistenten bei der Generaldirektion der Staatsbahnen erlangte, die dem Handelsministerium unterstellt war. Nach zweijährigem Aufenthalt in Wien wurde er nach Pardubitz (Pardubice) versetzt. Dort lernte Eduard Bazika seine spätere Frau, Anna Matiasková, kennen. Im Jahr 1855 wurde der Autor durch die Privatisierung der Nordbahn vom Staatsbeamten zum Angestellten einer privaten Gesellschaft. Auf sein Alltagsleben hatte diese Veränderung kaum Auswirkungen. Er wurde weiterhin von Zeit zu Zeit befördert und wechselte dadurch seine Aufenthaltsorte. Er lernte Bodenbach (Podmokly), Olmütz (Olomouc), Kralup an der Moldau (Kralupy nad Vltavou), Prag und vorübergehend auch andere Orte in Böhmen kennen.

Im Jahr 1892 ging Bazika mit dem Titel eines Hofrates in Pension. Seine Autobiographie erfaßt auch noch den Zeitraum nach seiner Pensionierung bis zum Jahr 1910. Das Originalmanuskript besteht aus zwei Bänden mit insgesamt mehr als 600 Seiten. Die publizierten Teile stammen aus dem ersten Band. Die Lebensbeschreibung wird im Archiv des Technischen

Nationalmuseums in Prag aufbewahrt (Handschriftensammlung, Nr. 1540).

Die Ferien im Jahre 1849 verbrachte ich in Petrohrad, Krušovice und kurze Zeit in Nová Huť bei der Familie Novák. Der Vater stand mit dem Baumeister Šebek in Wien zum Zwecke meiner Anstellung in Briefkontakt, und František Šebek versprach ihm, daß ich, sowie ich absolviert haben würde, als Zeichner zu ihm kommen könne. Die Eltern zeigten sich nicht sehr glücklich über diesen Lebensweg und wünschten sich eine sicherere Versorgung, weshalb sich die Sache in die Länge zog. Ich schaute beim Katasteramt vorbei und zum Rat des fürstlichen Oberwaldmeisters Ginbl in Křivoklát. Ich bewarb mich auch um Aufnahme in den ersten telegraphischen Kurs in Wien, denn der Bruder von Herrn Ginbl war Direktor des Telegraphenamtes im Handelsministerium. Andere Aussichten für einen Techniker gab es damals, außer der Tabakregie, keine. Um zur Bahn zu kommen, waren Protektion sowie die Anwesenheit in Wien vonnöten. Während ich auf Erledigung meiner Ansuchen wartete, arbeitete ich zeitweise beim Straßenmeister von Krušovice, Herrn Karl Švarc, aus Freude an den Adaptierungsarbeiten am Gefängnisgebäude in Rakovník, manchmal auch beim Baumeister Müller junior.

Ich übte mich in der Malerei von Blumen und studierte fleißig Elektrotechnik, weil dies Gegenstand bei der Aufnahmsprüfung in den Fernmeldekurs war. Außerdem las ich deutsche Klassiker aus der Bibliothek des Herrn Bergwerkmeisters Mayer. Ich wiederholte Mechanik und Tiefbau. Im Sommer 1850 wurde ich auf Intervention meiner Cousine Fanny gebeten, der Entlastungskommission beizutreten, der die Selbstverwaltungen Hilfskräfte zur Verfügung stellen mußten. Diese Entlastungskommission war damals gerade in Křivoklát untergebracht. Im Oktober 1850 übersiedelte sie von Křivoklát nach Smečno und ich mit ihr.

Als ich in Smečno angestellt war, rief mich im Oktober 1850 der Vater anläßlich der Musterung nach Krušovice. Wir übersahen die Festsetzung des Auslosungstermins, und so geschah es, daß ich nicht schon aufgrund meines guten Zeugnisses von der k. k. Bezirkshauptmannschaft vom Grundwehrdienst befreit wurde. Da mein Bruder František, der sich auch hätte einfinden sollen, nicht anwesend war, veranlaßte mein Vater mich, obwohl ich noch keine zwanzig Jahre alt war, zur Musterung zu gehen, weil er sich auf das Versprechen des Bezirkshauptmanns von Rakovník verließ, daß mir nichts geschehen könne und daß er schon alles zu meinen Gunsten wenden werde. Die Militärkommission wollte nicht auf die von mir und dem Herrn Hauptmann angeführten Gründe eingehen, und hätte mich nicht ein kleiner brauner Fleck im rechten Auge gerettet, hätten sie mich für acht Jahre aktiven Dienst geschnappt, denn das Heer hatte es damals, nach dem Jahr 1848, auf die Studenten besonders abgesehen.

Mein guter Vater war während dieser längere Zeit dauernden Debatte weiß wie Kreide geworden, denn es hätten ja alle für mein Studium erbrachten Opfer vergeblich gewesen sein können.

Auf mein Ansuchen traf nur aus Galizien die Antwort ein, daß ich zum Katastralassistenten ernannt worden sei, welchen Dienstgrad ich nicht anzunehmen beabsichtigte. Da der erste staatliche Kurs für Telegraphisten ausgeschrieben worden war und der Herr Baumeister František Šebek fragte, warum ich nicht käme, machte ich mich am 2. Jänner 1851 von Smečno auf den Weg nach Wien mit der Absicht, zu Herrn Šebek zu gehen. Dieser war meinem Vater sehr dankbar, weil sein Vater, als er in Krušovice vom Grafen Wallis als Gärtner aus dessen Dienst entlassen worden war, sogar mit der Familie bei meinen Eltern in Plešná Zuflucht gefunden hatte.

Nach Slaný fuhr ich mit der Equipage des Herrn Direktor Simoni, von Slaný nach Prag mit dem Stellwagen, und von Prag nach Wien gelangte ich am Abend des 2. Jänner 1851 mit der Bahn. Ich fuhr in der dritten Klasse, die damals statt Fenstern noch Lederplanen hatte. Doch mir war im gemeinsamen amerikanischen Wagen weder kalt noch traurig zumute.

Meinen Dienst bei Herrn Šebek trat ich in der Kirchengasse der Leopoldstadt an, aber nach drei Wochen übersiedelten wir mit dem Büro in Herrn Šebeks Privathaus. Mit Frühlingsbeginn zeichnete ich an der Baustelle Biberbastei, wo Herr Šebek das Gebäude der jetzigen Post und des Handelsministeriums errichtete. Ich wohnte in der Mayergasse im zweiten Bezirk beim Schneider Siegl. Ich arbeitete von acht bis zwölf und von zwei bis sechs Uhr. Das Gehalt war der vielen Arbeit nicht angemessen. Arbeit gab es einen Haufen, ich zeichnete die Details für das weitläufige Postgebäude und für andere Arbeiten und führte Berechnungen durch.

Herr Šebek erlaubte mir, den Fernmeldekurs für k. k. Telegraphisten zu besuchen. An der Wiener Technik trug Dr. Stuner die Theorie vor, die praktischen Übungen führte mit uns der Fernmeldebeamte Kohl durch. Da Herr Stuner zu einer Ausstellung nach London (1857) fuhr, zog sich der Kurs über sechs Monate hin, so daß ich schon im Staatsdienst tätig war, als die Prüfungen stattfanden.

Sonntags und manchmal auch unter der Woche ging ich ins Café Gerlović, wo ich mich mit ehemaligen Mitschülern traf. Gutsch und Wachermann waren schon im Dienst und ermunterten mich dazu, mich ebenfalls um eine Stelle beim staatlichen Bahnbau zu bewerben. Ich ging also zur Baudirektion der Staatsbahnen, denn man stellte gerade die Bahn über den Semmering fertig und baute auch in Gegenden wie Krakau – von Bochnija nach Dembica – und anderswo. Ende April 1851 erhielt ich endlich das Dekret zum Bau der Bahn von Bochnija nach Dembica als Baueleve mit dreihundert Gulden Gehalt und dreihundert Gulden Bauzulage.

Einige Tage später, am 28. April 1851, wurde ich zum k.k. Ingenieurassistenten der vierten Klasse bei der Generaldirektion für Kommunikation ernannt und zur Südbahn bestimmt (Wien–Triest). Der Verdienst betrug vierhundert Gulden österreichischer Währung. So entschied ich mich für die Stelle, weil man von mancher Seite hörte, daß die k.k. Baudirektion aufgelöst werden sollte, was später auch geschah.

Herr Šebek redete mir gründlich zu, weiterhin bei ihm zu bleiben, damit ich, wenn ich auch später zur Bahn übertreten wolle, ein besseres Gehalt erhielte. Aber in dem Wissen, daß mein Vater selbst sich eine festere Anstellung für mich wünschte, entließ mich Herr Šebek wohlwollend. Als ich mich zu Herrn Inspektor Klemenczevicz vorstellen ging, überraschte mich die Botschaft, daß ich nicht zur Südbahn käme, sondern daß ich in Wien bei der Generaldirektion bleiben müßte, und so geschah es. Am 2. Mai 1851 legte ich den Diensteid ab, und so kam mein Lebensweg, der lange genug nicht gerade mit Rosen übersät gewesen war, in geordnete Bahnen.

Anfang März 1852 begab ich mich mit der Nordbahn nach Prag, um mich bei der Direktion vorzustellen und zu erfahren, für welche Station ich bestimmt sei. Dort bestimmten sie mich damals als Ingenieurassistent zur Abteilung in Pardubice, wo mein Vorgänger der Ingenieur František Marek (später Chef des Verkehrswesens in Budapest und Prag) war.

Als mein geschätzter Freund Karabáček auf den Semmering versetzt wurde, ernannte man mich zum „Platzassistenten", und ich bekam eine große Naturalwohnung bei der wichtigen Station Pardubice, wo ich den Verkehr leitete und mir die Instandhaltung der ca. dreißig Kilometer langen Strecke zwischen Moravany und Přelouč anvertraut war (1854). Damals bestand die Bahn von Pardubice nach Liberec noch nicht, und der Verkehr in der vorher genannten Station war sehr rege, außerdem wechselte man dort die Maschinen, und es wurden Kohle und Wasser geladen. Dafür war ich verantwortlich und hatte den Eleven V. Maška – er hatte dreihundert Gulden – zur Hilfe, welcher seinen Verkehrsdienst tagsüber und jede zweite Nacht ausübte.

Solange ich nicht Platzassistent war, nahm ich Anteil am Bau des Gleises zwischen Český Brod, Pečky und Kolín, oder ich mußte Gestein und Schotter beschaffen und mit den Zügen zustellen, größtenteils aus Týnec nad Labem. Damals mußte jeder Güterzug von einem technischen Beamten begleitet werden. Die Maschinen waren schon ziemlich schwer, die Schnellzüge fuhren durch, und deshalb war die ordentliche Instandhaltung der Bahnen sehr beschwerlich und teuer – und die Fahrt nicht sonderlich sicher; besonders bei Frost brachen lange Gleise (fünfzehn bis achtzehn Fuß lang) oft genug. Ein Unglück ist uns jedoch nicht geschehen, denn die Fahrt war nicht so schnell wie heute.

Als Platzassistent mußte ich oft den Bahnhof dekorieren, und zwar als die Erzherzogin Henrietta als Gemahlin des belgischen Königs im Jahre 1853 auf der Reise nach Brüssel durch Pardubice fuhr, und besonders ausgiebig damals, als Kaiser Franz Joseph mit seiner jungen Gemahlin, Kaiserin Elisabeth, erstmals im Jahre 1854 nach Prag fuhr. Nach der Erkrankung des Ingenieurs Kopera lasteten der gesamte Eisenbahndienst und die Dekoration auf mir, und ich bin vor der Ankunft des Hofzuges vier Tage lang nicht einmal ins Bett gekommen. Über den Umfang der Dekoration, die man vorwiegend auf Kosten des Bezirks und teilweise der Bahnen ausführte, sei angeführt, daß ich für die Bedeckung der Laubenwände und für die Blumengewinde fünfhundert Fuhren Reisig und rund zwei Zentner Bindfaden verbrauchte. Es gab eine riesige Menge von Fahnen, nämlich an jedem Telegraphenmasten von Brünn bis nach Prag waren zwei Fahnen befestigt. Für die Stadt Pardubice baute ich ein Tor, und für den Bezirkshauptmann

Čermák führte ich verschiedene Dekorationen innerhalb der Lauben aus. Jedoch bedankte sich von keiner Seite irgend jemand, und so nahm ich mir als Dank die eigene Zufriedenheit.

Während meiner Anstellung beim Bau des zweiten Gleises und der Materialbeschaffung verweilte ich oft in Labská Týnice und verkehrte dort mit meinem Freund Vincenc Karabáček. Mit ihm fuhr ich sonntags nach Kolín, wo sein Vater Bürgermeister war, und lernte dort seine Schwester Anna, seine Schwägerin Rosa Harrarová, seine spätere zweite Frau (er lebt jetzt noch in Kolín), Fräulein Haničková, und Marie Janovská von der Mühle in Labská Týnice kennen. Wir unterhielten uns gut, auch beim Tanz. Vincenc Karabáček verstarb im Jahre 1866 und ist in Zálabí bei Kolín neben der Kirche begraben. In Labská Týnice und Kolín bewegte ich mich in den Jahren 1853 und 1854. . . .

Damals, als wir gemeinsam einen Ball veranstalteten, hatte ich bereits Interesse an Fräulein Anna Matiasková, die ich auf dem von den Offizieren veranstalteten Maskenball im alten Bahnhofsrestaurant kennengelernt hatte. Sie war damals sechzehn Jahre alt und reizend. Ich begleitete sie sodann weiterhin auf Spaziergängen und Ausflügen in die Weinberge, den Kunětická hora (Kunetitzer Berg) usw., und so entstand eine Zuneigung meinerseits und, ich glaube, auch ihrerseits. Ihre rechtschaffene Mutter, Frau Matiasková, die in der Kostelní ulice (Kirchengasse) Nr. 99 wohnte, hatte es mir durch ihr liebes Wesen auch angetan, und so entstand ein immer innigeres Verhältnis, und am 19. September 1855, an unserem gemeinsamen Geburtstag – ich war fünfundzwanzig, Anna achtzehn Jahre alt –, feierten wir unsere Verlobung. Wenn ich das jetzt – am 19. September 1903 – schreibe, ist das achtundvierzig Jahre her. Die Geschichte unserer Liebe habe ich in den Memoiren der damaligen Liebesjahre aufgeschrieben, und deshalb werde ich mich hier nicht weiter über unser Verhältnis ausbreiten.

Pardubice halte ich für meine zweite Heimat, ich habe dort während meines Aufenthalts von drei Jahren und acht Monaten eine schöne Zeit meiner Jugend verbracht. ...

Der Verkauf der Staatsbahnen an die k. k. private österreichisch-ungarische Staatseisenbahn-Gesellschaft am 1. Jänner 1855

Uns Beamten stand eine neue, erfreulichere Ära bevor. Die dürftigen Staatsfinanzen während der Zeit Alexander Bachs nötigten die Regierung dazu, einige Bahnen an die österreichisch-französische Gesellschaft zu verkaufen: die Nordbahn, die Südbahn und die Ostbahn (Ungarische Bahn), sowie auch die Bahn von Wien nach Raab. Der Preis betrug siebzig Millionen Gulden. Er wurde allgemein für niedrig erachtet, zieht man jedoch in Betracht, daß der Oberbau vollständig entfernt werden mußte, die Bahnhöfe schon durchwegs zu kurz und die Fahrzeuge unzureichend waren, so daß man bereits in den ersten Jahren riesige Investitionen tätigen mußte, so war der Preis angemessen.

Die Verwaltung der neuen Gesellschaft trat erst im Oktober 1855 in den Dienst, obwohl die Bahnen schon im Jänner verkauft worden waren. An die Spitze der Verwaltung trat der französische Ingenieur Jakob Maniel als Generaldirektor. Es begann eine Neuorganisation. Die Löhne der Beamtenschaft und der Dienstnehmer wurden merklich erhöht. Das niedrigste Gehalt eines Ingenieurassistenten wurde auf neunhundert Gulden festgesetzt, durch die Kleinlichkeit der Herren Mráz und Engerth erhielten jedoch die Assistenten, die vorher vierhundert Gulden verdient hatten, statt neunhundert lediglich siebenhundert Gulden, und zu diesen gehörte auch ich. Am 12. September 1855 bekam ich ein von Maniel unterschriebenes Dekret, und ich wurde der Abteilung für Bau und Instandhaltung der Bahn in Prag zugeteilt, deren Chef der Oberingenieur Vincenc Schmid war.

Die Vorrückung auf siebenhundert Gulden, die ich bei den damaligen Verhältnissen sonst nicht einmal in fünf bis sechs Jahren erreicht hätte, freute mich sehr, und das hauptsächlich aus dem Grunde, daß ich der Verwirklichung meines Wunsches zu heiraten näher war. Obwohl ich neben meinen vierhundert Gulden Gehalt auch noch ein Einkommen aus Tagegeldern bezogen hatte, das ungefähr zweihundert bis zweihundertfünfzig Gulden betrug, war es nicht ratsam gewesen, schon daran zu denken. Jetzt ließ es sich bei unseren bescheidenen Ansprüchen verwirklichen. Im November 1855 übersiedelte ich nach Prag und übernahm die Wohnung von Makásí am Františkánské náměstí (Franziskanerplatz) – das Haus steht nicht mehr –, wo mich Mama Matiasková mit meiner Braut Anna öfter besuchte.

Im Dienst war ich sehr beschäftigt, mir oblag die Liquidation sämtlicher Dokumente und Rechnungen, die ganze Strecke von Podmokly bis Dašice, wöchentlich außerdem die Reklamation der Grundsteuer und der Steuer überhaupt, sodann noch das Personalreferat und viele andere technische Angelegenheiten, weil meine Kollegen sich in diesen Dingen nicht auskannten, denn sie kamen von anderen Abteilungen. . . .

Der Ankauf der Staatsbahnen durch die französische Gesellschaft verursachte eine vollständige Veränderung des Eisenbahnwesens in Österreich, besonders im technischen Bereich. An unseren technischen Universitäten in Prag und Wien unterrichtete man zu dieser Zeit Eisenbahn- und Brückenbau nicht, lediglich die Theorie über Kettenbrücken wurde bescheiden tradiert. Von der Technik brachten wir keinerlei Kenntnis in diesem Bereich mit.

Die Organisation der technischen Berechnung bei der Instandhaltung der Bahn, die Bedingungen bei der Bestellung der Bauten und die Lieferung verschiedener Materialien, von Holz, Schienen, Brücken usw., die noch heute bei vielen Bahnen verwendet werden, stammen von der Gesellschaft der Staatsbahn. Die entscheidende Veränderung bezog sich jedoch auf die gesamte Gesellschaft. Bis zum Jahr 1855 war diese in der Hand von Juristen bzw. Nichttechnikern gewesen. Der Vorsitzende der Prager Direktion war Jurist und hatte vier Sekretäre, ebenfalls Juristen, die technischen Inspektoren spielten nur eine untergeordnete Rolle. Als jedoch Maniel einstieg, gelangte die ganze Gesellschaft in die Hand von Technikern und Fachleuten. Die Juristen waren nur noch in Wien im Rechtsbüro, ein Doktor der Rechte war für den Grundankauf zuständig, und so ist das bei der Gesellschaft der Staatseisenbahn bis jetzt – alles ist in den Händen von Fachleuten. Der technische Stand gewann Ansehen und war bei den Bahnen führend. Aber auch materiell verbesserte sich der Stand der Techniker gegenüber den anderen aufgrund des Einflusses der Gesellschaft der Staatsbahn. Zum Beispiel die Kaiser-Ferdinand-Nordbahn, die zu dieser Zeit (1855) in Geld schwamm, zahlte ihre Beamten genau so schlecht wie die Staatsbahnen, denn ein Ingenieurassistent mit beträchtlicher Verantwortung verdiente im Jahr vierhundert Gulden ohne alle anderen Begünstigungen. Innerhalb kurzer Zeit übernahmen aber fast alle österreichischen Bahnen die Löhne, wie sie bei der Gesellschaft der staatlichen Nord- und Südbahn angeführt waren, und auch auf Techniker in anderen Sparten hatte diese Würdigung der Ingenieure Einfluß, hauptsächlich auf deren materielle Stellung.

In Prag fühlte ich mich vereinsamt, und so nützte ich jede Gelegenheit zum Besuch in Pardubice. Unsere Mama Matiasková und meine Braut Anna kamen nach Prag und kauften Geräte, die wir brauchten, ein. Ich mietete mir eine Wohnung in der U Půjčovny (Leihamtsgasse) Nr. 954 im zweiten Stock, zwei Zimmer auf die Gasse und eine Küche, um hundertvierzig Gulden. Meiner Braut hatte meine bisherige gemütliche, kleine Junggesellenwohnung sehr zugesagt, es fehlte jedoch die Küche.

Wir setzten unsere Trauung für den 13. Mai 1856 fest. Gefeiert wurde in Pardubice, und außer den Eltern der

Braut waren anwesend: mein guter Vater, mein Bruder František und die Schwester Lucie sowie die Schwestern meiner Braut: Paula, Ema, Božena und Marie. Brautjungfern waren Emma Hromádková und Paula, die Schwester der Braut; die Braut führte mein Kollege Karel Lohmann, eine Brautjungfer Makásí. Nach unserer Trauung gab es bei der Familie Matiasek ein Hochzeitsessen, und dann fuhren wir mit der ganzen Gesellschaft auf den Kunětická hora hinaus, wo wir uns vergnügten, am Abend gab es dann, soweit es die Räume erlaubten, ein wenig Tanz. In der Früh verabschiedeten wir uns vom Vater, vom Bruder und von den Gästen und machten ein paar Besuche zum Abschied. Dann begleitete uns die Frau Schwiegermutter, um uns zu helfen, den Haushalt einzurichten, später besuchte uns auf längere Zeit Paula, die Schwägerin.

Wir lebten bescheiden und glücklich, hie und da gingen wir zur Unterhaltung auf einen Ausflug oder ins Theater. Einmal besuchten uns mein Mitschüler und Freund Eduard Kačerovský, der gerade von Ungarn nach Prag versetzt worden war, und Alois Pěch, der sich für Paula interessierte (er wurde im Jahre 1857 verrückt und starb später). Die Pardubitzer Mama, meine Schwiegermutter, versorgte uns reichlich mit guten Lebensmitteln, und mein Weibchen wußte sie sparsam und gut zu kochen. Als wir Hochzeit gefeiert hatten, war Anna achtzehn Jahre und acht Monate und ich fünfundzwanzig Jahre und acht Monate alt gewesen, unsere Nachbarin, Frau Eichlerová, nannte uns die Familie der Kinder, denn Paula war sechzehn Jahre alt, als sie bei uns weilte. Zu unserem Glück wurde uns am 5. März 1857 das Töchterchen Anna geboren. . . .

Im August 1858 wurde ich als Vertretung für den versetzten Chef der Strecke Bořice nach Roztoky eingesetzt, wo ich die halben Diäten bezog. Dies dauerte eindreiviertel Jahre, bis zum 20. März 1860. Es gab dort zwar eine Naturalwohnung, und wir übersiedelten dorthin, zahlten die Wohnung in Prag aber weiter, denn die Vertretung war provisorisch. Ich hatte die Strecke von Bulanč bis nahe von Kralupy, und viele Sorgen bereiteten mir die Felsen, die ständig in Unruhe und für den Verkehr gefährlich waren, obwohl ich die Hänge bei Podmoráň mit Akazienbäumen bepflanzt hatte. Gott sei Dank geschah mir nichts Unangenehmes.

Über eine unglückliche Episode aus dieser Zeit kann ich nicht schweigen. Mein Prager Chef, Vincenc Schmid, war im Sommer 1858 mit seiner Familie in Nelahozeves zwischen Kralupy und Veltrusy. Am Tag vor dem heiligen Wenzel, als sie bereits ihre Sachen gepackt hatten, fuhren sie mit einer Draisine in ein nahes Restaurant beim Veltruser Bahnhof zum Abendessen. Als sie ungefähr um sieben Uhr zurückkehrten, stießen sie in der Nähe des Bahnhofs mit einem Waggon zusammen, den im Tunnel arbeitende Arbeiter benutzten, um schnell nach Hause zu kommen. Sie verletzten sich so, daß der älteren Tochter Marie ein Bein abgenommen werden mußte, Frau Schmid und deren Mutter hatten sich die Beine so verletzt, daß sie hinkten, Herr Schmid kratzte sich nur das Gesicht auf, und der Sohn František und die Tochter Ida überstanden die Affäre glücklich.

Für Herrn Schmid als Inspektor und Chef der Instandhaltung der Bahn war dies auch vom dienstlichen Standpunkt her eine unliebsame Sache, ebenfalls für den Veltruser Streckenchef, Herrn Melichar. Am nächsten Tag fuhr ich nach Veltrusy, um die Angelegenheit zu untersuchen, und dort teilte mir Herr Ponec, ein Eleve des Chefs der Strecke, mit, daß die Arbeiter einen Waggon unbefugt benutzt hatten.

Im Jahre 1859 wohnte diese Familie in Roztoky im Schloß von Herrn Ladva zur Freude unserer kleinen Tochter Aninka, die zum Puppenspielen dorthin ging und einmal mit einer großen Puppe in der Hand heimkam, die angeblich die ihre sei. Gerade als ich am 8. August 1858 in Roztoky unter Vermittlung des Herrn František Rott von Herrn Bořický Strecke und Inventar übernommen hatte, wurde uns in Prag das herzige und reizende Kindchen Boženka geboren, und als sich meine Gemahlin Anna erholt hatte, kam sie mir nach Roztoky nach. Die Roztoker Gesellschaft setzte sich zusammen aus dem Herrn Pfarrer Veverka mit seiner Schwester, dem Direktor der Fabrik Rott, dem Chef der Station Němeček, dem Wirtschaftsverwalter und dem Förster. Am Sonntag kam die Bourgeoisie aus Prag, und es wurde damals in Roztoky viel Fischsport betrieben, wer auch immer Hände hatte, hielt eine Angelrute.

Als man im Jahre 1858 bei der Nationalbank die Barauszahlung mit Silber und eine neue österreichische Währung einführte, verteuerten sich die Zigarren, und nach drei Tagen begannen wir im Gasthaus Pfeife zu rauchen. Die Barzahlung wurde in kürzester Zeit zu einem Fiasko, aber die Zigarren blieben teuer. Im Jahre 1859 setzte ich vor dem Bahnhof eine Baumreihe mit Kastanien an, die jetzt schon sehr beachtlich ist. Es war in Roztoky Brauch, sich bei der Bereitung von Festessen abzuwechseln, und im Jahre 1859 feierten wir einen sehr vergnügten Silvester in der Mühle bei der Familie Loula, denn die Witwe, Frau Loulová, war eine sehr rechtschaffene Frau. Die Tochter heiratete den Großgrundbesitzer an der Sázava, Herrn Schwarc.

Es wurde die Organisation der Strecke in Angriff genommen, die Stelle des Streckenchefs in Roztoky wurde aufgelöst, und am 10. Februar 1860 bekam ich ein von Maniel unterzeichnetes Dekret, daß ich zum Chef der Strecke in Podmokly ernannt worden sei. Damit waren verbunden: eine schöne Naturalwohnung und vierhundert Gulden Funktionszulage. Ich trat den Dienst dort nach meinem Freund Anton Rouland am 20. März 1860 an, und ich hatte die Strecke von Marienberg bei Ústí bis zum großen Bahnhof in Podmokly über. . . .

Im Jahre 1860 fand im Sommer das Zusammentreffen des Kaisers Franz Joseph mit dem preußischen Kronprinzen – dem späteren deutschen Kaiser Wilhelm – in Teplice statt. Beide kamen auch nach Podmokly, um zu verhandeln, fuhren weiter und reisten über Podmokly zurück. Aus diesem Grund mußte das alte, provisorische Gebäude gerichtet, angestrichen und so gut wie möglich dekoriert werden, was keine kleine Aufgabe war und mich eine Menge Sorgen und Anstrengungen kostete, weil man sie schnell durchführen mußte. Die Generaldirektoren Maniel und Engerth waren anwesend, mischten sich aber nicht in die Arbeit ein.

In Podmokly fanden auch öfters Internatskommissionen statt, und zwar wegen des Projektes des Hafens in Podmokly und hinsichtlich des von mir projektierten Zubaus eines neuen gemeinsamen Empfangsgebäudes in Rozbělesí. Auch dabei waren die Generaldirektoren anwesend. Über Nacht mußten wir, Ingenieur Schuhmann – später Direktor der Wiener Allgemeinen Bank – und ich, einen neuen Grundriß des ganzen Gebäudes gemäß den in der Besprechung beschlossenen Änderungen zeichnen. Das dauerte nur vier Tage, und Herr Ruppert schenkte uns nichts. Für unsere und die sächsische Herrscherfamilie dekorierte ich das Gebäude noch oft provisorisch.

Das Eigenleben der Nationalitäten begann sich schon damals zu entwickeln, freilich mehr bei den Tschechen als bei den Deutschen, und das Zusammenleben mit den Deutschen war, verglichen mit der heutigen Zeit, noch erträglich. Die Beamtenschaft bei der Bahn, bei der Post, beim Zollamt und bei der Polizei war vorwiegend tschechisch, und niemand ereiferte sich gegen sie. Ähnlich war es in Děčín. Der Bezirkshauptmann, der Bezirksrichter und noch mehr Beamte waren Tschechen und die gräflichen Beamten ebenfalls fast alle. Im deutschen Kasino in Děčín waren ungefähr zwanzig Tschechen, und weil sich die Mitglieder selbst durch Ballotage wählten, ist das der Beweis dafür, daß es keinen besonderen Widerstand gegen die Tschechen gab.

Die schöne Landschaft von Podmokly, Děčín und Umgebung interessierte uns sehr. Wir machten häufig Ausflüge in die Böhmische und die Sächsische Schweiz sowie nach Dresden; zunächst auf eigene Faust, später begleiteten wir unsere lieben Verwandten und Freunde, die uns besuchten, dorthin. . . . Oft kam es vor, daß wir die kleine Aninka vom Schiff schleppen mußten, wenn sie uns eingeschlafen war, aber mitnehmen mußten wir sie. Wir konnten uns nicht sattsehen an den landschaftlichen Genüssen, die uns ein Ausflug bot.

Besonders im ersten Jahr beglückte uns in Podmokly alles. Die familiären Verhältnisse waren erfreulich, aber auch traurig. Am 30. März 1861 wurde in der Morgendämmerung unser Sohn Zděnek Jan Martin geboren. Unser Zděnek starb schon am 2. Dezember 1866. Am 14. März 1862 führten wir unsere kleine Anička mit Triumph zum ersten Mal in die Schule! Eine nicht geringfügige Sensation gab es in unserem kleinen Haushalt, als wir uns am 20. Februar 1864 bei Müller in Prag ein Klavier um dreihundertzehn Gulden kauften und beide wieder unsere musikalischen Kenntnisse ausprobierten! Im August 1860, als meine Gemahlin Anna mit ihrer Schwägerin Emma in Libverda war, erkrankten uns Aninka und auch die zarte Boženka an Scharlach, meine Gemahlin kam sofort, und die Krankheit nahm einen sehr günstigen Verlauf. Am 6. Juli 1863 erkrankte uns Zděnoušek, und sein kritisches Fieber dauerte drei Wochen, wir schrieben es dem Genuß unreifen Obstes aus unserem schönen Garten zu.

Es besuchten uns in Podmokly die Frau Schwiegermutter, die Schwägerinnen Paula, Emma und Božena und zu unser aller großen Freude auch mein lieber Vater aus Lány. Es war dies sein letzter Besuch bei uns, denn am Samstag, den 9. Juli 1864 nachmittags starb er in Lány.

Wir fuhren zum Begräbnis nach Lány, das am 12. Juli 1864 stattfand. Er wurde begleitet von der lieben Mutter, dem Bruder František, der Schwester Lucinka, von mir und meiner Gemahlin Anna, der Gemahlin des Bruders, seinem jüngsten Bruder František aus Nový Dvůr, von der Tochter seiner Schwester Knejzlíková aus Chrášťany mit ihren zwei Kindern, dem Schwager Josef Konopásek aus Chrášťany und von seinem Schwager Gregor Kovář aus Olešná mit zwei Töchtern, außerdem war eine Menge anderer Freunde und Bekannter da, denn der Vater war allgemein geachtet und beliebt gewesen.

Daß ich ein besseres Leben erreicht habe, verdanke ich nur seiner Aufopferung und seiner Bemühung, aus uns etwas zu machen, mein Bruder František hätte ebenfalls wenigstens die dreijährige Realschule in Rakovník absolvieren können, wenn er auf den Vater gehört und nicht Gärtner hätte werden wollen. Mein Vater hatte durch eigene Bemühung eine ausreichend gute Bildung erlangt, und ich habe ihn während seiner freien Zeiten nie gesehen, ohne daß er nicht ein gelehrtes Buch in der Hand gehabt hätte. In der Erfüllung seiner Pflichten war er unermüdlich und gewissenhaft.

Obwohl wir gerne in Podmokly waren, beeinträchtigte uns die übermäßige Teuerung angesichts des kleinen Gehaltes, das, als ich am 20. Dezember 1860 aufstieg, tausendachthundert Kronen und vierhundert Kronen Dienstzulage betrug. Deshalb waren wir nicht gerade unliebsam überrascht, als am 25. Februar 1865 ein Brief kam, daß ich nach Olmütz als Streckenchef versetzt werde. Überraschend dabei war, daß ich in meinem Gehalt der letzten viereinhalb Jahre bei dieser Versetzung nicht vorrückte. Die Versetzung war dadurch motiviert, daß in Olmütz Neues gebaut und der Bahnhof umgestaltet wurde und sie mich dort brauchten.

In dem Wissen, daß irgendein Versehen passiert sein muß, schrieb ich dem Herrn Direktor für Bau und Instandhaltung, Carl von Ruppert, einen ausdrücklichen Brief, und tatsächlich rückte ich in der folgenden Verwaltungsratssitzung aus der zweiten Klasse von tausendachthundert Kronen auf zweitausendzweihundert Kronen vor. Damals war gerade Inspektor Schmid nach Preßburg versetzt worden, und Jindřich Graber kam an seine Stelle.

Ich wurde vom Ingenieur Julius Eichler eingesetzt, der aus Prag strafweise versetzt worden war. Sein Bruder Wilhelm war Generalinspektor bei unserer Direktion.

Unsere Verabschiedung am 23. März 1865 erfreute uns sehr. In den Räumlichkeiten der Post wurde in allen Zimmern und im Saal mein Abgang gefeiert. Zöglinge aus der wirtschaftlichen Schule Libverda sangen schöne Chöre und führten allerlei Possen auf. Die gesamte österreichische und sächsische Beamtenschaft der Bahn, der Post, des Zolls und der Polizei war anwesend, obwohl der Abschied tschechischen Charakter hatte. In erster Linie waren meine tschechischen Freunde anwesend, und Alois Komínek brachte einen schönen Trinkspruch auf mich und meine Gemahlin aus. Die Veranstaltung war das große Verdienst des Lehrers Fišer und Komíneks. Es waren auch Bürger aus Děčín und Podmokly anwesend.

Am 24. März 1865 unterschrieb ich das Protokoll betreffend die Übergabe meiner Funktion, und am Nachmittag verließen wir unter großer Anteilnahme unserer Freunde und Bekannten schweren Herzens den schönen Ort unseres fünfjährigen Aufenthalts und vieler schöner Erinnerungen. Meine Gemahlin Anna und die Kinder blieben bis zum 10. April in Pardubice bei ihrer Mutter und Großmutter, ich fuhr sodann am 27. März 1865 aus Pardubice ab nach Brünn, um mich meinem neuen Chef, Oberingenieur Winter, vorzustellen, und kam in Olmütz am 28. März an. Die Strecke und den neuen Dienst übernahm ich von Wolf, einem ehemaligen Mitschüler, am 30. März 1865.

In Olmütz

In der letzten Zeit in Podmokly laborierte meine Frau Anna stark an einem Tubenkatarrh und nahm viele Medikamente und Mittel ein, ohne daß es besser geworden wäre. Eine schnelle Abkühlung der Luft in den Sommermonaten war wahrscheinlich die Ursache dieses Leidens gewesen, das besorgniserregend war. In Olmütz jedoch verging die Krankheit aufgrund des Klimawechsels innerhalb kurzer Zeit, was zugleich der erste Vorteil unserer Übersiedlung war. Die sozialen Verhältnisse waren ganz anders. Ich fand auf dem Bahnhof keine Gesellschaft, die mich gefesselt hätte, und verbrachte deshalb die Abende vorwiegend daheim. Später, als wir mit der tschechischen Gesellschaft bekannt geworden waren, besuchten wir öfters den Verein, und dann im Sommer Militärmusikkonzerte auf der „Špice" und im Kloster Hradiště. Vier Jahre lang abonnierten wir im Theater zwei Plätze, ein Platz kostete dreißig, später vierzig Kreuzer.

Ein großer Vorteil lag darin, daß vor dem Krieg 1866 alles sehr billig war. Das Wiener Pfund schönen Kalbfleisches kostete zehn bis zwölf Kreuzer, nach dem Krieg achtzehn Kreuzer. Wir lebten im Gegensatz zum teuren Podmokly sehr billig. Zwischen den Hanaken lebt es sich sehr schön. Auf den gewöhnlichen Olmützer Markt zu schauen, war ein Genuß, alles im Überfluß und alles billig – das Volk schwerfällig, aber gut und aufrichtig. Der Diener Kažar lehrte uns die dortigen speziellen Ausdrücke der Volkssprache. . . .

Am 4. Mai 1866 wurde ich telegraphisch nach Wien zum Direktor Ruppert berufen, wo ich die ersten Instruktionen das neue Bahnhofsgebäude betreffend bekam. Als ich zurückkehrte, begann ich mit den vorläufigen Arbeiten, die bald vom Kriegswirbel unterbrochen wurden. Es zogen sich Wolken am Horizont zusammen, und der Krieg zwischen Österreich und Preußen kündigte sich an. In Bälde wurde ich wieder nach Wien berufen, und es wurde mir aufgetragen, bestimmte Verbreiterungsarbeiten an unserem räumlich beschränkten Bahnhof durchzuführen. Das war nötig, denn das Hauptquartier des Generals Benedek war in Olmütz. Ich befestigte Gleise und errichtete in vier Tagen eine achtzig Meter lange Laderampe für Geschütze mit einer Zufahrt. Die Gleise zu dieser Rampe hatten sehr scharfe Kurven, und als der ganze „Generalstab" mit Benedek und von unserer Seite Engerth und der Oberinspektor Marek auf der Rampe standen und das Verladen der Geschütze betrachteten, klopfte mir das Herz in der Erwartung, daß irgendein Waggon entgleisen würde! Es passierte jedoch nichts.

Um Olmütz, in Štěpánov, in Litovel, in Mohelnice, in Moravská Třebová und anderswo war unser Heer stationiert. Ich glaube, am 21. oder 23. Juni 1866 fuhr der Generalstab bzw. das Hauptquartier, Benedek und andere, aus Olmütz mit einem Sonderzug, den ich bis nach Mohelnice begleitete, nach Česká Třebová, wo sich Benedek selbst vier Tage aufhielt. Dies nahm man ihm übel, weil der preußische Kronprinz, wissend, daß sich unsere Armee nach Böhmen wenden würde, diese vier Tage zum Marsch aus Oberschlesien nach Böhmen nutzte und nur dadurch rechtzeitig nach Chlum kam. Als die Truppe Benedeks aus Třebová abzog, fühlte man die Notwendigkeit, Třebová als Bahnknotenpunkt zu besetzen, und am 29. Juni sollten drei Züge mit fünftausend Mann von Olmütz nach Třebová fahren.

In Olmütz gab es jedoch nur Waggons für einen Zug. Die anderen aus Třebová angeforderten Maschinen und Waggons konnten in Žichlínek wegen einer großen Anzahl von dort angesammelten Proviantwaggons nicht durchfahren, und deshalb konnten die anderen zwei Züge erst am 30. Juni in der Früh abfahren. Der Chef der Olmützer Station, A. Wiedermann, wurde – obwohl unschuldig – aus diesem Grund für einen Verräter gehalten und auf das Drängen des Generalstabs hin suspendiert. Nach ihm kam Wünsch. Dieser, mein guter Freund, wunderte sich darüber, daß ich meine Familie noch hier habe, denn wenn die Preußen die Festung belagerten, war nicht auszuschließen, daß der provisorische Bahnhof abbrennen könnte.

Weil zu befürchten war, daß die Züge schon bald aufhören würden zu fahren, ließ es sich nicht aufschieben: Meine gute Frau Anna packte alles zusammen, und wir luden es auf zwei Eisenbahnwaggons, sogar das

Klavier, und diese fuhren ab nach Ungarn, vorläufig nach Preßburg. Die Familie, also die Gemahlin Anna, die Schwester Luci, die Kinder Anča, Boženka und Zděnek, und das Dienstmädchen Marjánka fuhren am 6. Juli 1866 nach Preßburg. Ich hatte keinerlei Informationen für meine Person, und weil mir der Verkehrschef, ein damals zugeteiltes Mitglied der Transportkommission, Herr Marek, sagte, daß die Gesellschaft wünsche, daß die Beamtenschaft so lange wie möglich an Ort und Stelle bleibe, entsprach ich dieser Weisung.

Am 10. Juli kamen Benedeks Truppe und das Hauptquartier nach Olmütz zurück, und ich ging mir diese jämmerliche Truppe anschauen. Die Disziplin war sehr frei, alles beschimpfte die Generäle, jegliche Kriegslust war vergangen. Vom 10. bis zum 16. Juli wurden auf der Nordbahn täglich zehn Züge mit den Truppen nach Wien abgefertigt. ...

Nach dem Krieg begann eine neue Tätigkeit, und diese war ziemlich umfangreich. Meine Strecke ging bis nach Mohelnice und später bis nach Zábřeh, sechsundvierzig Kilometer, das war damals die weiteste Strecke für einen Streckenvorstand. Die Eisenbahnschienen waren schlecht, nicht einmal sechs Prozent von ihnen waren ohne Mängel, und es war sehr mühsam, die Schienen in Ordnung zu halten. Die Holzbrücken waren verfault, und ich tauschte, häufig ohne Provisorium und ungefähr fünf Minuten vor zwölf, die Konstruktion gegen eine eiserne oder eine neue hölzerne. Dabei gingen mir vier Streckenbetreuer der alten Schule zur Hand, sonst hatte ich keine Hilfe.

Außer meiner Tätigkeit als Streckenchef wurde ich mit dem Umbau des Olmützer Staatsbahnhofes beauftragt, der zu kurz war und nicht einmal den bescheidensten Ansprüchen genügte.

Eine weitere unglückliche Folge des Krieges 1866 war die Erkrankung unseres begabten, guten und anschmiegsamen Söhnchens Zděnek Martin Jan. Während des Krieges stand alles um Olmütz und das Kloster Hradiště unter Wasser. Im August nach dem Krieg wich das Wasser zurück, und das sich allmählich bildende Sumpfland war die Ursache für das Ausbrechen einer Scharlachepidemie. An einem schönen Sonntag im November 1866 gingen wir entlang der Bahn nach Černovír spazieren. Am nächsten Tag war Zděnoušek schon krank, er klagte über Schmerzen im Hals und bekam Diphtherie mit Scharlach, sein kleiner Hals schwoll an, und es bildeten sich Beulen. Eine davon wurde geöffnet, aber die Materie, die austrat, war grau und wies schon auf eine Blutvergiftung hin. Der Arme war zu unserem Leid und Entsetzen etwa zwei Tage in Agonie, und nach dreiwöchiger Krankheit verschied er am 2. Dezember 1866.

Am 4. Dezember wurde er unter zahlreicher Teilnahme auf dem Friedhof in Chválkovice bestattet, er bekam auf der linken Seite an der Mauer eine eiserne Tafel eingemauert, und am Grab eine Einfassung aus Stein mit einem kleinen Eisengeländer. Es dauerte lange, bis wir uns von diesem Schicksalsschlag erholten, denn er war ein Junge, der alle Hoffnung für die Zukunft geweckt hatte. Gott schickte uns einen Ersatz, denn am 11. Februar 1868 wurde unser Söhnchen geboren, das bei der Taufe in Chválkovice den Namen Vladimír Zděnek erhielt.

Der Olmützer Bahnhof gehört zur Gemeinde Bělidla und zur Pfarre Chvalkovice. Das Haus, in dem Vladimír Zděnek geboren wurde, wurde 1870 abgerissen. In Olmütz lernten wir den Vikar Pater Ignatius Wurm kennen, den späteren Reichstagsabgeordneten und Kanonikus, und auch Josef Lošták. Er interessierte sich für meine Schwägerin, Emma Matiasková, ein fesches Mädchen, das er, als sie sich noch nicht lange kannten, nach ungefähr fünf Monaten, am 15. November 1870, in Pardubice heiratete. Jetzt ist Schwager Lošták k.k. Landesschulinspektor in Brünn. Nach der Hochzeit fuhren wir die Mutter besuchen. Die sechs Jahre, die wir in Olmütz unter unseren guten Freunden und Bekannten verbrachten, sind mir

in lebhafter Erinnerung. Schließlich mag noch hinzuge-
fügt werden, daß ich unter denjenigen war, die die Olmützer Vorschußkasse gründeten.

Nach der Zeit meines Dienstes in Olmütz rückte ich am
1. Mai 1868 von zweitausendzweihundert auf zweitausendvierhundert und am 18. Juni 1869 auf zweitausend-
achthundert Kronen Gehalt vor; die Funktionszulage
wurde auf sechshundert Kronen erhöht, und ich kam in
die Kategorie der Ingenieure. Im Jahre 1870, als ich mit
dem Zubau zur Post fertig war – übersiedelte ich in
unsere dort neu eingerichtete Wohnung im Westzubau,
bestehend aus vier Zimmern, zwei Kanzleien, zwei Vor-
räumen mit Nebenräumen, elegant ausgestattet, wo wir
allerdings nicht einmal ein halbes Jahr wohnten, denn
schon am 12. Mai 1871 zog die Familie wieder aus.

Ernennung zum Bauleitungsvorstand in Prag

Der Baudirektor Herr Carl von Ruppert fuhr alljährlich
mit einer Draisine oder mit dem Zug alle Strecken in
Böhmen und in Ungarn, in Mähren und in Niederöster-
reich ab. Bei einer solchen Inspektion kam er am 29. März
1871 mit dem Herrn Generalinspektor auch auf meine
Strecke. Ich fuhr ihm nach Mohelnice entgegen. In Litovel
rief er mich schon in seinen Waggon und sagte, daß er
etwas für mich tun wolle. Davor beabsichtigte er, sich zu
überzeugen, ob meine Bahnstrecke samt den neuen Bauten, die ich ausführte, in Ordnung war. Jetzt konnte er
sehen, daß alles stimmte. Ich wurde für eine Vorrückung
auf tausendsechshundert Gulden – das sind dreitausend-
zweihundert Kronen – vorgeschlagen, aber weil Herr von
Ruppert sich um die Sache nicht gut bemühte, zog sich
diese Angelegenheit hin. Als wir in Olmütz die neuen
Bauten kontrollierten, hatte er nichts auszusetzen und tat
seine Zufriedenheit durch Schweigen kund.

Er hatte sich in den Jahren 1869 und 1870 nämlich
ausschließlich um den Bau der Eisenbahn von Wien nach

Brünn gekümmert und sich für die Bauten in Olmütz wenig interessiert, daher war er jetzt von dieser Leistung überrascht. Wir gingen ins Theater und nach dem Theater zu Laur ins Gasthaus. Als ich den Raum verlassen hatte und wieder zurückkam, hörte ich, wie der Direktor Ruppert zum Herrn Generalinspektor de Serres etwas sagte. Herr von Ruppert begann sich zu erkundigen, wann ich die Bauabrechnung fertig haben würde. Er meinte, daß ich noch im Laufe der Woche nach Prag müsse, sobald ich von der Direktion ein Schreiben erhalte; auf die Entscheidung des Verwaltungsrates, der am Freitag abgehalten würde – am Montag sagten sie mir das –, konnte man angeblich nicht warten. Ich wußte bis dahin nicht, was sie mit mir vorhatten, bis mir am Morgen, als ich die Herren abholte, der Herr de Serres sagte, daß der Herr Direktor mit dem Herrn Oberingenieur und Chef der Bauleitung in Prag nicht zufrieden sei und daß sie beabsichtigten, mich nach Prag zu versetzen.

Tatsächlich kam am Donnerstag, den 4. April 1871 ein Schreiben, in dem die Baudirektion mich unter Vorbehalt der Genehmigung durch den Verwaltungsrat zum Bauleitungschef in Prag ernannte, die sofortige Übersiedlung nach Prag anordnete und mir eine Vorrückung um zwei Klassen von tausendvierhundert auf tausendachthundert Gulden zusagte. Das offizielle Dekret war mit 21. April 1871 datiert. Schon am 8. April trat ich den neuen Dienst an, denn der Herr Oberingenieur Bernhard Baugut, ein ehemaliger Mitschüler, wartete dort schon, um mir bei der Aufnahme der Funktion und dem Empfang des gesamten Inventars behilflich zu sein. So wurde ich Oberbeamter, ich erhielt achthundert Kronen Funktions- oder Bauzulage, sechshundertvierzig Kronen Wohnungszulage und hatte Anspruch auf die erste Klasse bei Fahrten mit der Eisenbahn.

Ein anderer erheblicher Vorteil war, daß ich jetzt Gelegenheit hatte, meine Töchter Anči und Boženka ausbilden zu lassen. In Olmütz ließ ich sie teils zu Hause tschechisch, dann in der Stadt in einer deutschen Schule erziehen. Jetzt hatten sie die Möglichkeit, in Prag in eine höhere Mädchenschule zu gehen und Musik und Gesang zu lernen, was in Olmütz mit Schwierigkeiten und großem Aufwand verbunden war.

Welchen Umständen hatte ich meine Beförderung zu verdanken?

Der Grund für diese, für uns glückliche und wichtige Affaire war folgender: Nach dem Krieg 1866 erfuhr der Güterverkehr auf der Staatsbahn und besonders die Ausfuhr von Getreide einen derartigen Aufschwung, daß der Umkehrbahnhof Prag den Ansprüchen schon nicht mehr genügte. Der Chef der Beförderung, der kaiserliche Rat František Marek, telegraphierte in Prag an die Direktion, daß etwas geschehen müsse. Darauf fuhr in Abwesenheit Bressons der energische von Ruppert nach Prag, und es wurde vereinbart, daß zwischen Žižkov und dem alten Viadukt ein provisorischer Viadukt gebaut werden solle, damit nicht alle sechzig Züge, die damals durch Prag fuhren, diese Station anfahren müßten, sondern zum Teil durchfahren könnten. Als die Transit-Kommission abgehalten wurde, protestierte die Gemeinde Karlín entschieden gegen den Holzviadukt. Weil aber ein definitiver, gemauerter Viadukt nicht in so kurzer Zeit gebaut werden konnte und sich der Direktor Ruppert verpflichtete, zwei Jahre nach Eröffnung des Holzviaduktes einen neuen gemauerten zu errichten, gab die Kommission die Genehmigung zum Bau des Provisoriums.

Die Gemeinde Karlín forderte aber eine Garantie dafür, daß in zwei Jahren das Definitivum stehen würde. Deshalb schlug der Vizedirektorialrat Weber vor, daß sich die Gesellschaft der Staatsbahn zu einem bestimmten Pönale verpflichtete, für den Fall, daß sie die Frist nicht einhielt. Es wurde daher die beträchtliche Summe von hunderttausend Gulden, das sind zweihunderttausend Kronen, festgelegt, die von Ruppert akzeptierte. Als Termin für die Fertigstellung des gemauerten Viaduktes wurde der

11. Oktober 1871 vereinbart. Viel Zeit ging aber durch die Projektierung und die Ablösung verloren, und als der Direktor Ende März 1871 in Prag ankam, erschrak er, daß der Bau noch nicht weit genug fortgeschritten war, denn es wurden erst die Fundamente der Pfeiler gegraben, und einige begann man aufzustellen. Er drohte meinem Vorgänger, Herrn Heger, wenn das nicht schneller ginge, müsse er ihn versetzen. Von Prag fuhr der Direktor nach Olmütz, und dort spielte sich die vorher geschilderte Szene mit meiner Person ab.

Es wäre für den Herrn Direktor von Ruppert sehr unliebsam und unangenehm gewesen, wenn die Frist nicht eingehalten worden wäre. Es war daher kein Wunder daß er eine Vorsorge traf, die für den Herrn Oberingenieur Heger sehr demütigend war; schließlich war es nicht ausgeschlossen, daß auch er es geschafft hätte. Es war eine große Aufgabe, in sechs Monaten den Viadukt von hundertachtzig Klaftern, das sind dreiunddreißig Meter Länge, gewölbt mit zwei eisernen Brücken für die Bahn nach Podmokly zu bauen. Er wurde dem alten Viadukt, der aus Steinquadern bestand und mit schrägen Gewölben ausgestattet war, angegliedert. Außerdem mußten ein riesiger Damm unter Žižkov und neue Schienen für die Franz-Josephs-Bahn gebaut werden.

Mein ehemaliger Mitschüler, der bei der Bauleitung war, begrüßte mich folgendermaßen: „Es ist für dich sehr ehrenhaft, daß du hierher gerufen wurdest, aber du wirst es nicht schaffen." Damit ich nahe bei der Baustelle war, wurde mir im Haus der Gesellschaft in Karlín um hundertzwanzig Gulden eine Wohnung vermietet mit fünf Zimmern, Nebenräumen, und zweihundert Gulden wurden mir für die Instandsetzung genehmigt. Das waren harte Zeiten, als jeder noch so leichte Regen in mir Nervosität weckte, denn ich hatte die Zeit genau berechnet und durfte keinen einzigen Tag verlieren. Der Direktor von Ruppert drängte ständig auf ein Anheben der Zahl der Arbeiter, und wir wußten nicht, wo wir sie hinstellen sollten, wir hatten ohnehin vierhundert Maurer.

Ich beschleunigte die Arbeit derart, daß schon Mitte August mit der Beschotterung und dem Legen des Oberbaues am Viadukt begonnen werden konnte, so daß der Bau tatsächlich so weit fertiggestellt war, daß am 11. Oktober 1871 die technisch polizeiliche Prüfung stattfand und der Viadukt der Abteilung für Beförderung und Instandhaltung übergeben wurde. Am Abend gab es ein Festessen im Gasthof „U černého koně" (Zum schwarzen Pferd) für dreizehn Leute, aber niemand von ihnen starb in diesem Jahr. Ein großer Stein fiel mir vom Herzen.

Es ist sicherlich eine Erinnerung wert, daß ich der erste war, der bei der Abtragung der Prager Basteien Hand anlegte. Für die Erweiterung des Staatsbahnhofes war es notwendig, die Basteien unter dem ehemaligen Kaffeehaus „Bohemia" an der Stadtmauer abzureißen. Weil Kaiser Franz Joseph im Jahre 1866 diese Basteien der Gemeinde Prag zur Disposition gab, begannen wir im Mai 1871 mit Erlaubnis des Stadtrates, Erde für die Böschung von zwei Kilometer Geleisen mit Pferden unter den Berg von Žižkov zu transportieren, einen anderen Teil transportierten wir mit dem Zug nach Bubny für den Damm des neuen Güterbahnhofes sowie für den Bau von Werkstätten und des Heizkraftwerkes, mit dem man gerade begann. Fast zur gleichen Zeit wurde die Stadtmauer auf der Nordseite des Bahnhofes wegen des Baues des Kohlebahnhofes „Na Florenci" abgetragen. Nach dem Abtragen der Stadtmauer unter dem ehemaligen „Bohemia" wurde die verlängerte Hybernská ulice (Hybern-Gasse) ausgebaut bis zur Ecke, wo jetzt das k. k. Administrationsgebäude der Staatsbahnen steht. Die Kommission wegen der Abtragung der Stadtmauer auf der Südseite fand am 11. Mai 1871 statt. Auf der Nordseite wurde die Straße nach Karlín eröffnet. . . .

Meine Gemahlin, Anna, übersiedelte am 15. Mai 1871 nach Prag. Die Töchterchen Anča und Boženka lernten im städtischen Schwimmbad schwimmen und machten ihre Prüfung. Zu Beginn des Schuljahres gab ich sie in die höhere Mädchenschule, und Klavierspielen lernten sie bei Labašický, später Gesang bei Pivoda. Aber bei dieser harten Arbeit hatte ich nicht viel von Prag. Ich mußte oft nach Wien reisen, nach Sachsen wegen der Steinlieferung, nach Dresden, nach Bystřice bei Olmütz usw. Neu war es für uns, die Abende im Konzert zu verbringen, auf der Lofín (Sophieninsel) oder in der „Měšťanská beseda" und öfters ins Theater zu gehen.

Im Mai, nach der Plenarsitzung der Gesellschaft, kam es gewöhnlich zu Vorrückungen, und die Remunerationen wurden verteilt. Da man mir irgendeine Anerkennung zuteil werden lassen wollte, die Vorrückung um dreihundert Gulden so kurze Zeit nach meiner Beförderung (im Oktober 1870) aber nicht gut möglich war, wurde ich zum Inspektor ernannt. Dieser Titel kam laut Pragmatik erst bei einem Gehalt von zweitausendsiebenhundert Gulden, ich hatte nur zweitausendeinhundert Gulden, und daher weckte meine Beförderung durch den Titel (ohne finanzielle Vorteile) unter den Kollegen Verwunderung und Neid. Es wurde mir gesagt, daß sich Herr de Serres sehr dafür eingesetzt hatte. . . .

Am 8. Juli 1873 war ich am Morgen noch im Amt, ich wies meinen Vertreter Hofráter aber schon darauf hin, daß ich am Nachmittag kaum kommen würde, und tatsächlich legte ich mich am Nachmittag ins Bett, das ich drei Wochen nicht mehr verließ. Unbehagen erfaßte mich, es knurrte und kollerte in meinem Bauch, zum nicht geringen Schrecken meiner lieben Familie. Prof. Herrmann (der ein halbes Jahr danach von der Tollwut befallen wurde und verstarb), besuchte mich vom 9. Juli bis zum 2. August 1873, dann kam der Nachfolger Dr. Vraný am 3., 4. und 5. August, und dieser erlaubte mir schon auszufahren. Dr. Herrmann genehmigte meinen Antrag, nach meiner Krankheit nach Königswart zu fahren. Mein erster Ausgang war dienstlich, und zwar inspizierte ich die Fundamente, die für den Eckpavillon für das Restaurant der ersten und zweiten Klasse in Prag gelegt wurden. Ich war sehr schwach, und daher fuhr ich weiterhin einige Male mit der Kutsche des Herrn Hoffmann in den Stromovka-Park, nach Hvězda (Lustschloß Stern), Zbraslav und nach Chuchle.

Schon am 11. August fuhr ich mit Anna und den Mädchen nach Königswart (Kynžwart), Vladimír ließen wir bei den Eltern in Pardubice. Während der Reise zitterte ich noch vor Schwäche, wir bezogen Quartier in der Villa „Bubrle" wo wir zwei Zimmer um fünfzehn Gulden pro Woche mieteten. Schnell erholte ich mich, und schon nach einer Woche unternahm ich Ausflüge. Ich hoffte, daß wir dort allein sein könnten, aber wir fanden dort viele gute Bekannte, so daß wir ein schönes gesellschaftliches Leben führten. Die Mädchen fanden in den Fräulein Bechrová eine gute und unterhaltsame Gesellschaft. Ich kann die Bemerkung nicht unterschlagen, daß sich der berühmte Komponist von Symphonien und Organist Bruckner, der vor kurzem gestorben ist und im Wiener Stadtpark ein schönes Denkmal hat, mit unseren und den Bechrov-Mädchen unterhielt, wobei er sich gewissermaßen unbeholfen anstellte, so daß er bei dieser unreifen Jugend Ziel von Scherzen war.

Außer den bereits Erwähnten weilten in Königswart noch die Familie des Holzhändlers Vincenc Bubeníček, die Sängerin Fräulein Bubeníčková (verheiratete Šrámková), unser Arzt war Dr. Kohn. Von dort besuchten wir Mariánské lázně. Als ich mich ordentlich erholt hatte, machte ich vom 29. August bis zum 2. September einen Ausflug nach München, obwohl dort die Cholera herrschte.

Alles Schöne besichtigte ich dort, am 31. August fuhr ich zum Starnberger See, an dem Possenhofen liegt, der Geburtsort der Kaiserin Elisabeth, und am 1. September fuhr ich nach Regensburg , besichtigte die siebenhundert Jahre alte Brücke und anderes, begab mich dann mit dem Wagen nach Walhalla (bei Regensburg), die ich mir (in Pantoffeln) ansah, und fuhr danach weiter. In Schnaudorf fuhr mir durch ein unglückliches Mißverständnis mein Coupé, in dem ich alles hatte, auch meinen Mantel, in Richtung Nürnberg davon. Zum Glück hatten sie meine Sachen rechtzeitig herausgegeben, und so fuhr ich um neun Uhr abends nach Cheb. Dieses Unglück war schuld daran, daß ich zwölf Stunden später zur Familie nach Königswart kam.

Auf der Rückreise nach Prag fuhren wir am 5. September 1873 nach Cheb und Františkovy lázně und am 7. nach Karlsbad, wo uns ein Verwandter, Herr Kočí, herumführte. Ich traf dort einen Freund, Ingenieur Petrlák, der uns seinen Wagen zur Verfügung stellte, und wir fuhren am 8. September bei schönem Wetter einen reizvollen Weg an der Oharka entlang nach Gießhübl zur Quelle des weltberühmten Sauerbrunnens, an diesen Ausflug erinnert sich meine Gemahlin Anna noch heute oft, obwohl er schon dreißig Jahre zurückliegt. Aninka und Boženka hatten damals eine glückliche Zeit.

Gerade einen Monat nach der Abreise aus Prag kamen wir zurück, und ich trat meinen Dienst am 9. September 1873 gesund und gestärkt an.

Weltausstellung in Wien 1873

Ziemlich spät, aber doch, besuchte ich die Internationale Ausstellung in Wien vom 3. bis 7. Oktober 1873 mit meiner Gemahlin, Anna. Später, und zwar vom 26. bis zum 29. Oktober, fuhr ich mit meinen Töchtern, Anča und Boženka, auf die Ausstellung; sie wohnten bei den Bauguts und ich privat am Tiefen Graben 23. Ausstellungen von diesem Ausmaß waren uns neu, verwundert betrachteten wir die gewaltige Rotunde, bei deren Bau unser Oberinspektor, der spätere Generalinspektor Schmid, mit Erlaubnis der Gesellschaft der Staatsbahnen die Montage ausgeführt hatte. Die Ausstellung war sehr umfangreich, vielfältig und schön.

Der Umstand, daß in Wien die Cholera herrschte – allerdings in unbedeutendem Ausmaß – war teils daran Schuld, daß das finanzielle Resultat dieser Ausstellung ein Millionendefizit war. Fleißig studierte ich zahlreiche Objekte, die in meinen Bereich fielen – die Ausstellung war reich daran. ...

Gerade an meinem Namenstag, dem 18. März 1874, um halb ein Uhr nachts, verschied meine teure Mutter in Lány in den Armen meiner Schwester Lucie, die ihr bis zuletzt beigestanden hatte. Meine liebe Mutter wurde einundachtzig Jahre alt. Sie wurde am 20. März auf dem Friedhof in Lány bestattet, und wir ließen sie neben unserem Vater beisetzen, der im Jahre 1864 begraben worden war, so daß sie nun beisammen ruhen, nachdem sie zweiundvierzig Jahre miteinander gelebt hatten. Unsere liebe Mutter half durch ihren Eifer und Fleiß, durch unentwegte Arbeit und Sparsamkeit, die bei dem bescheidenen Einkommen nötig war, zu einem beträchtlichen Teil bei unserer Erziehung wie auch bei der Aufbringung der Aussteuer meiner Schwester Pepi mit. Die Eltern schränkten sich in ihrer Opferbereitschaft in allem ein – im Interesse von uns Kindern.

Am 31. Mai 1874 rückte ich auf zweitausendvierhundert Gulden Gehalt vor, und ich feierte das mit einem Ausflug nach Závist. Am 5. Juli fuhren wir mit dem Wagen unseres Hausherren nach Záběhlice und Zbraslav. Als wir dort im Garten saßen, kam ein aufdringlicher Heiratsvermittler und wollte für einen anwesenden Jungen, der es nicht wagte, selbst zu kommen, um meine Tochter Anča werben. Am 24. Juli 1874 fuhr ich – mit Dr. Lom – nach Podmokly den Bau inspizieren. Dann gingen wir auf den „Schneeberg" hinauf, wo wir übernachteten, und erst am Morgen kehrten wir nach Podmokly zurück. Das war ein schöner Ausflug. Dr. Lom war wegen eines Ankaufs für uns dort. Den Sommer verbrachte die Familie, das heißt meine Gemahlin Anna, die Töchter Anča und Boženka und Vladimír, in Choceň. Sie fuhren am 27. Juli ab und kehrten am 30. September nach Prag zurück. Sie wohnten dort in dem von Spiegl erworbenen Haus. Die Mädchen amüsierten sich gut, es waren in Choceň viele junge Männer beim Bau, und es gab oft Ausflüge in die Umgebung, besonders am 9. August nach Litomyšl. Am Tag des heiligen Wenzel waren wir in Brandýs nad Orlicí und die Schwägerin Lošťáková war mit uns dort. Im Oktober war bei uns in Prag Fräulein Žofie Baugutová zu Besuch, und am 29. führte ich sie nach Brünn, wo sie Freund Bernhard Baugut erwartete. Im Saal bei Spiegl organisierten die Beamten der Bauabteilung am 25. November 1874 ein Abschiedsfest, das Katharinenkränzchen, das meine Gattin und die Mädchen aus Prag besuchten. Das war eine lustige Unterhaltung, und die Honoratioren von Choceň waren vollständig vertreten. Auch bei Herrn Gustav Szábel unterhielten wir uns am 8. November gut.

Als erfreuliches Ereignis kann ich erwähnen, daß uns am 27. März 1875 ein Söhnchen geboren wurde, das in der Kirche zum heiligen Heinrich in Prag am 4. April auf den Namen Eduard Miloš getauft wurde. Wir wohnten damals in Prag II, U Půjčovny (Leihamtsgasse) Nr. 4. Die Mädchen hatten mit diesem Zuwachs sehr viel Freude, und es tat ihnen nur leid, daß er nicht früher gekommen war. Die Zeit, die mir nach der Arbeit in Choceň verblieb, widmete ich der Familie und den Bauarbeiten.

Verschiedene Familienereignisse und Denkwürdigkeiten: Im Jahr 1876, am 26. Mai, starb František Palacký, der Vater der Nation, wir waren am Begräbnis in Neratovice, das in Prag und auch dort sehr würdig und feierlich begangen wurde. Wer konnte, blieb nicht zu Hause, seit dem Begräbnis von Karel Havlíček hatte ich kein so beeindruckendes Begräbnis erlebt. Ich war mit meiner ganzen Familie dort: mit Anna, Anča, Boženka und Vladimír. Wir machten dort die Bekanntschaft von Prof. Pražák, der später Professor an der Handelsschule wurde.

Die Tage, die wir in Prag verbrachten, nützten wir gewöhnlich für Ausflüge, so am 16. und 17. April um die Osterfeiertage. Am 5. Juni fuhren wir nach Kokořín über Beřkovice und Vysoká, wir besuchten die „Svatojánské proudy" (Stromschnellen des heiligen Johannes) an der Moldau. Am 29. Mai waren wir in Houška, und weil wir uns unter der Führung des Herrn Assistenten Vosyka im Wald verirrt hatten und deshalb nicht rechtzeitig zum Bahnhof der Nordbahn gekommen waren, mußten wir in Brandýs nad Labem übernachten. Am Morgen fuhren wir mit dem Wagen nach Místek, damit die Mädchen noch rechtzeitig zu ihren Stunden kamen. Dieses Abenteuer hat uns sehr erheitert.

Meine Anwesenheit in Prag nutzte ich, um meine Familie für meine häufige Abwesenheit durch mannigfaltige Vergnügungen zu entschädigen. Meine übliche Krankheit, Mandelentzündung, überraschte mich vom 11. bis zum 15. September 1877. Zur Genesung besuchte ich mit der Familie am 28. September Breslau, die Stadt, die uns als ehemalige böhmische Stadt sehr an Mütterchen Prag erinnerte. Auf die rührende Einladung des Fräuleins Marie Jesterová hin brachte ich die Mädchen Aninka und Boženka am 22. Oktober 1877 nach Litomyšl, wo sie bis zum 14. November weilten.

Von Herrn de Serres wurde ich zur Eröffnung unseres neuen, wunderbaren Empfangsgebäudes in Budapest eingeladen, es bestand großteils aus Eisen. Zu diesem Zweck fuhr ich am 27. Oktober nach Wien und weiter nach Budapest. Wir wohnten gratis im Hotel Hungaria, und mit mir waren dort viele Kollegen aus Wien sowie der Wiener Verband der Ingenieure und Architekten. Zuerst schaute ich mir damals gleich Budapest an, das aber noch nicht so schön und weiträumig war wie heute, nach sechsunddreißig Jahren der Autonomie.

Die Bauten, die ich als Chef der Bauabteilung in Prag bis dorthin durchgeführt hatte, gingen dem Ende zu, und auf Drängen des Generaldirektors Brasson sollte sich die

Bauabteilung auflösen. Auch mit mir sollte, nachdem der Oberinspektor Gratov als Chef der Instandhaltung in Prag in den Ruhestand getreten war, anders disponiert werden.

Ich schrieb im Jahre 1876 einen langen Artikel über die normalen und schmalspurigen Lokalbahnen und veröffentlichte ihn in der Zeitung des Verbandes der tschechischen Ingenieure und Architekten in Prag und wies darin den Herrn Vorsitzenden de Serres auf die Wichtigkeit der sekundären Strecken für die Österreichisch-Ungarische Gesellschaft der Staatsbahnen hin. Aufgrund seines bekannten Auffassungsvermögen für gute Gedanken ergriff er die Initiative, was dadurch erleichtert wurde, daß in Paris ein Kapitalüberschuß auftauchte, der auf eine gute Investition wartete. ...

Als ich am 14. März 1878 in einer dienstlichen Angelegenheit in einem Coupé der ersten Klasse mit meinem Freund Eduard Kačerovský nach Meziměstí fuhr, sprang beim Frühzug, dem Schnellzug Nr. II, nicht weit vor Kolín infolge eines Felgenbruches eine Achse bei unserem Waggon aus dem Gleis. Der vorletzte Waggon – unserer – stellte sich schräg, und es bestand die Gefahr, daß er abreißt und vom Damm etwa eineinhalb Meter tief abstürzt oder daß er sich an der Abbiegung zur Kolíner chemischen Fabrik für Düngemittel überschlägt. Wir waren in Lebensgefahr, und Kačerovský seufzte: „Edi, machen wir unser Testament!" Durch unsere Anstrengung gelang es uns, den Kondukteur im nächsten Waggon darauf aufmerksam zu machen, das Signal zum Anhalten zu geben, und so kamen wir glücklich davon. Das war bisher meine einzige ernsthafte Gefahr auf der Eisenbahn, obwohl ich vom Jahre 1851 bis jetzt viele tausend Kilometer mit der Bahn zurückgelegt habe. Am Tag nach diesem Zwischenfall fuhr ich nach Prag nicht mit dem Schnellzug, sondern nur mit dem Personenzug zurück!

Ein wichtiges Ereignis in unserer Familie muß ich niederschreiben. Herr František Havlíček, ein Maschinenbauingenieur, kam aus Kiew nach Prag. Er war damals Vertreter der Firma Breitfeld Daňek & Co in Rußland. Als alter Bekannter aus der Zeit, als wir in Olmütz waren und ich mit ihm am Bau der Zuckerfabrik arbeitete, besuchte er uns in der Wohnung „U vršku" (Auf dem Gipfel) in der Jungmannova ulice (Jungmannstraße) in Vinohrady, und es entstand eine gegenseitige Zuneigung zwischen ihm und unserer Aninka. Das war am 2. Juni 1878. Schon am 10. Juni hielt er um ihre Hand an, und in Hinsicht auf seine uns bekannte Energie in seinem Beruf, seine Unbescholtenheit, seine Bildung und seinen guten Charakter sowie auf seine sichere Stellung stimmten wir dieser Verbindung gerne zu. Vorher hatten wir uns davon überzeugt, daß unsere Aninka einverstanden war und ihr die große Entfernung ihres zukünftigen Wohnortes in Kiew nichts ausmachte.

Am 21. Oktober 1878 feierten wir die Hochzeit in der Heinrichskirche. Das Hochzeitsmahl war bei uns in der Wohnung und wurde von Herrn Beneš, dem Hotelier vom „Arcivévoda Štěpán" (Erzherzog Stephan) organisiert.

Am 27. März 1879 machte ich mich mit Boženka auf, unsere liebe Anička und den guten Schwiegersohn František Havlíček in Kiew zu besuchen. Ich kam am 10. April nach Prag zurück, verbrachte also elf Tage dort; Boženka blieb dort. Ich fühlte mich sehr wohl im Kreise dieser uns so lieben Familie, die damals noch in Miete wohnte. Die Reise durch Galizien und Rußland machte auf mich einen seltsamen, aber angenehmen Eindruck. Kiew ist überhaupt durch seine Lage und seine Bauart eine schöne Stadt, und jetzt, wo alles kanalisiert und gepflastert ist, muß es sich dort gut leben. Damals floß nach dem Regen noch ein Bach die Kreschczatikaja entlang.

Auf dem Kiewer Bahnhof sah ich Umkehranlagen, Maschinen, Lokomotiven und ähnliches, das besser als bei uns war. Das Leben ist dort frei und ungezwungen,

146

und die hiesigen Gerüchte von der russischen Knute usw. sind ein Märchen. Lebensmittel sind dort überaus billig, ebenso Meeresfische; Kleidung und Schuhe sind aber ziemlich teuer. Das schöne Lavrakloster, der Ausblick von der Kirche des heiligen Vladimír auf Podolsk, den Dnjepr und die weitere Landschaft ist hinreißend. Der liebe Schwiegersohn und die Tochter Aninka pflegten mich wie ein kleines Kind, und beide Aufenthalte sind mir in lebendiger Erinnerung. Die Entfernung nach Kiew beträgt ungefähr eintausendvierhundertfünfzig Kilometer, und ich fuhr fast achtundvierzig Stunden.

In Kiew bahnte sich ein besonders wichtiger Moment für unsere Familie an. Meine Gemahlin, Anna, fuhr am 10. Juni dorthin, und ich begleitete sie damals nach Přerov. Nicht lange nach der Ankunft Annas in Kiew wurde den Havlíčeks das Söhnchen Vladimír geboren, am 24. Juni um zwölf Uhr nachts. Jetzt, da ich diese Zeilen schreibe, ist dieser stattliche Junge in Saint Louis in Amerika Ingenieur in der Bautechnischen Kanzlei und verkehrt mit Leuten aus der ganzen Neuen wie auch aus der Alten Welt. ... Obwohl die Tochter Boženka gerne bei ihrer Schwester in Kiew weilte, sehnte sie sich doch wieder nach Hause zurück. Ich fuhr ihr am 20. Oktober 1879 nach Krakau entgegen, wo ich übernachtete und Boženka am Morgen des 21. Oktober erwartete; anschließend fuhren wir gemeinsam zurück nach Prag. Nach ihrem fast siebenmonatigen Aufenthalt in Kiew waren wir nun alle, bis auf Anči, wieder zu Hause.

Schließlich mag noch erwähnt werden, daß im Jahre 1879 die gesamten Regieausgaben der – verkleinerten – Bauleitung 11.238 Gulden betrugen.

Im engen Familienkreis feierten wir am 13. Mai 1881 unsere Silberhochzeit, wobei wir Aninka und ihren Gemahl sehr vermißten, die in Rußland geblieben waren. Bei guter Gesundheit fuhren wir am Morgen alle nach Vršovice zur heiligen Messe – im Stadtteil Vinohrady gab es noch keine Kirche –, dann fuhren wir zum Fotografen, ließen uns ablichten, dann aßen wir zu Mittag im „Urbanově Parkové" (Urbans Gartenrestaurant), und auch den weiteren Tag verbrachten wir in guter Laune. Vladimír war vierzehn und Eda sechs Jahre alt. Von František und Anči Havlíček aus Kiew erhielten wir herzliche und aufrichtige Glückwünsche und ein prächtiges silbernes Teegeschirr. Gebe Gott, daß wir die Goldene Hochzeit noch erleben.

Mit dem Titel eines Oberinspektors wurde ich erst am 19. September 1883 bedacht, nach der Fertigstellung der Strecke Sadská–Nymburk. Ich rückte im Gehalt um fünfhundert Gulden vor, also auf dreitausendfünfhundert Gulden, die Personalzulage wurde mir allerdings genommen. Herr Direktor de Serres sagte, daß mein Titel „Bauleitungschef" schöner wäre als der Titel „Oberinspektor", und er hatte recht.

Der Tag meines vierzigjährigen Jubiläums kam, denn am 2. Mai 1851 hatte ich beim Handelsministerium in Wien den Eid als k. k. Ingenieurassistent abgelegt. Da ich nicht annahm, daß jemand außer meiner Familie von diesem Moment wußte, fuhr ich am 2. Mai 1891 in einer dienstlichen Angelegenheit nach Wien, aber ich entging meinem Schicksal nicht, denn am 4. Mai, als ich meine Kanzlei in der Mariánská ulice (Mariengasse) betrat, fand ich sie schön mit Blumen und Stoff dekoriert, und sämtliche Herren der Bauabteilung, an der Spitze mein Stellvertreter Oberingenieur Viktor Bartl, beglückwünschten mich herzlich und überreichten mir ein prächtiges Album. Darin ist die sehr rührende Widmung mit den Unterschriften und mit Fotografien aller Herren der Bauabteilung enthalten. Es ist mit kunstvollen Verzierungen ausgestattet, und die Deckel kommen vom Buchbinder Durst, der darum bat, daß er dieses Album in seiner Vitrine zur Jubiläumsausstellung plazieren dürfte, wozu ich gerne meine Zustimmung gab. Als kleine Revanche für diese Aufmerksamkeit, die mich sehr freute, lud ich am 6. Mai 1891 alle Herren der Kanzlei der Bauleitung zu mir in die Wohnung zum Abendessen ein. Die Unterhaltung war sehr angeregt und lustig, Trinksprüche wurden viele ausgesprochen, und wir vergnügten uns bis spät in die Nacht. . . .

Nach dem Rücktritt des Herrn de Serres hatten sich die Verhältnisse bei der Gesellschaft geändert. Wegen der im Jahre 1895 möglichen Verstaatlichung unserer Bahn wurde beschlossen, daß keine weiteren Bauten mehr durchgeführt werden sollten. Die Baudirektion löste sich auf, und ein ähnliches Schicksal ereilte auch die Bauabteilungen in Prag und Wien.

Was meine Person betraf, so war mir klar, daß mir im Alter von einundsechzig Jahren und sechs Monaten und nach einundvierzig Dienstjahren keine weitere Zukunft bei der Gesellschaft beschieden war: Nach Wien hätte ich nicht gehen können, auch wenn ich gewollt hätte, da ich meine beiden Söhne in Prag in tschechischen Schulen hatte. Zur Instandhaltung der Strecke wollte ich nicht. Ich ersuchte daher Herrn Direktor Grinsburg um eine entsprechende Dienstrücktrittsremuneration und um die Pensionierung. Anspruch auf die volle Pension hatte ich schon nach fünfunddreißig Dienstjahren, ich diente somit um sechs Jahre länger als notwendig. Chef der Bauleitung in Prag war ich vom 3. April 1871 bis zum 30. Juni 1892, einundzwanzig Jahre also.

Der Kollege Roller schrieb mir am 12. Februar 1892, daß man überlegte, mich mit dem Titel eines Kaiserlichen Rates auszuzeichnen, und bat mich um die Angabe meiner Verdienste. Tatsächlich wurde ich am 18. April aufs Polizeikommissariat gebeten, damit ich bestimmte Daten angab. In der Sitzung des Verwaltungsrates der Österreichisch-Ungarischen Gesellschaft der Staatsbahnen am 11. Februar wurde beschlossen, mir die Kündigung bis zum 30. Juni 1892 zu geben. Am 22. Februar erhielt ich von Herrn Grinsburg ein sehr schmeichelhaftes Schreiben, in dem er mir verkündete, daß der Verwaltungsrat meinen Wunsch erfüllt hätte, meine großen Verdienste

um die Gesellschaft würdigte und mir die Abfertigungs-
remuneration von fünftausend Kronen zugestand.

Der Chef des Finanzdienstes, Herr Rimböck, verstän-
digte mich am 24. März, daß mir vom 1. Juli 1892 an eine
Pension zu siebentausend Kronen überwiesen werde. . . .

Übersetzung: Milena Lukan, Margarete Raab

JAN VOJÁČEK

wurde 1885 in Prag geboren, wo er auch seine Kindheit und Jugend mit seinen Eltern und zwei älteren Schwestern verlebte. Der Vater des Autors, Ladislav Vojáček, stammte aus einer verarmten Landadelsfamilie, deren Familiensitz unweit von Prag in Tetín lag. Da das Familiengut die Existenz einer vielköpfigen Familie nicht sichern konnte, mußte Ladislav Vojáček sich für einen Beruf entscheiden. Er studierte an der Prager Technischen Hochschule und begab sich in den sechziger Jahren des 19. Jahrhunderts ins Ausland auf Wanderschaft. Er arbeitete vor allem in Frankreich und in Süddeutschland für verschiedene Eisenbahngesellschaften. In den siebziger Jahren nahm er eine Stelle in Budapest an und war dort bei der Staatsbahn als technischer Angestellter beschäftigt. Auf einer dienstlichen Reise nach Großbritannien lernte er seine Frau kennen. Nach der Heirat lebte das junge Paar jeweils kürzere Zeit in Ungarn und in Genf, bis es sich schließlich im Jahr 1876 in Prag niederließ. Der Vater des Autors war ein erfolgreicher Erfinder und richtete im Jahr 1876 in Prag eine Patentkanzlei ein, die ständig erweitert wurde, vor allem, nachdem im Jahr 1899 in Österreich das moderne Patentgesetz angenommen worden war. Der Autor, der in vielem seinem Vater folgte, übernahm die Kanzlei im Jahr 1910 und führte sie auch nach 1918 weiter. Er arbeitete auch als Staatsbeamter. Dem Patentrecht widmete er sich auch noch, nachdem er im Jahr 1938 mit seiner Frau nach Großbritannien emigriert war.

Das Manuskript des Autors umfaßt insgesamt 388 Seiten und beschreibt neben der eigenen Lebensgeschichte auch jene der Großeltern und Eltern nach deren Erzählungen. Ein Großteil des Texts befaßt sich mit den Jahren des Zweiten Weltkriegs. Die vollständige Arbeit ist im Archiv des Nationalmuseums in Prag im Nachlaß der Familie aufbewahrt. Außerdem ist von Ladislav Vojáček eine Autobiographie im Umfang von 83 Seiten erhalten. Dieses Manuskript ist im Archiv des Technischen Nationalmuseums, in der Handschriftensammlung, Nr. 1408, aufbewahrt.

Mein Vater lernte meine Mutter in Newport in Südwales irgendwann im Jahr 1871 kennen. Er stand damals als Ingenieur im Dienst der Ungarischen Staatsbahnen und war nach England gesandt worden, um eine Lieferung Schienen zu übernehmen – offenbar ein Erzeugnis jener Eisenhütte, deren Direktor sein zukünftiger Schwiegervater war. Meine Mutter, Vilma, auch Mína genannt, und ihre Eltern waren äußerst sprachkundig und glänzende Musiker oder zumindest Musikliebhaber. Neben ihrer Muttersprache Englisch sprach meine Mutter wunderbar Französisch und Deutsch und lernte Tschechisch nicht nur fließend sprechen, sondern auch richtig schreiben. Mein Vater, der damals unter den Fremdsprachen dem Französischen vor dem Deutschen den Vorzug gab, während er Englisch erst lernte, fühlte sich in der, feinen, kultivierten und der kontinentalen Mentalität kundigen Familie Bodmer glücklich, und zwar umso mehr, als zu ihrem Freundeskreis auch dort ansässige Familien keltischer Abstammung gehörten, deren Temperament dem slawischen ähnlich ist. Mein Vater erzählte oft, mit welchem Interesse tschechische Volkslieder aufgenommen wurden, die die Zuhörer durch eine gewisse tiefere Verwandtschaft mit den keltischen überraschten.

Mein Vater gestand seine Empfindungen – dem romantischen Zeitgeist entsprechend – bei einem Familienausflug, auf den Mauern der mittelalterlichen Burg Chepstown. Wie sich meine Eltern mit einem Lächeln erinnerten, war er in einem unenglischen, geckenhaften Stil gekleidet, mit den obligaten gelben Handschuhen. Die Hochzeit war am Tag des heiligen Wenzel im Jahr 1871 in Newport in einem kongregationalistischen Bethaus: Zuvor mußte mein Vater, damals formal noch ein Mitglied der Katholischen Kirche, seinem Schwiegervater versprechen, die Kinder protestantisch zu erziehen und einem katholischen Priester den Zutritt ins Haus nicht zu gestatten.

Gleich zu Beginn wurde das junge Ehepaar von zwei unliebsamen Ereignissen getroffen: Bei der Abfahrt von der Kirche stiegen sie versehentlich in die Kutsche mit den schwarzen statt mit den weißen Pferden, und die erwartete Abreise nach Ungarn mußte auf eine telegraphische Anordnung hin aus dienstlichen Gründen verschoben werden, so daß das junge Paar, nachdem es sich von der Familie verabschiedet hatte, noch einige Wochen, provisorisch untergebracht, in England verbringen mußte. Nach den Gewohnheiten des englischen Mittelstandes bekam meine Mutter keine Mitgift. Ihre Familie war einst begütert – ihr gehörte ein ausgedehnter Immobilienbesitz in Zürich, dort, wo jetzt die Bahnhofstraße verläuft –, jedoch wurde sie durch eine Reihe von Ereignissen fast ganz darum gebracht. Das alte Familienhaus, „Werdmühle", das in der ganzen Schweiz bekannt war, brannte aus, als meine Mutter ungefähr fünf Jahre alt war: Sie erinnerte sich, wie sie im Nachtgewand aus dem brennenden Haus hinausgetragen wurde und wie der schöne Bernhardinerhund, der Liebling der Familie, obwohl er mehrmals herausgetragen wurde, immer wieder in das brennende Haus zurückkehrte, bis er dort ums Leben kam. Die Mitschülerinnen der älteren Schwester brachten beiden Mädchen, die nur ihr nacktes Leben gerettet hatten, Hemden und Mäntel. Von oben aus dem Haus fielen schwere Gegenstände hinunter: ein Klavier, Ritterrüstungen, in denen – der Überlieferung nach – die Vorfahren von den Kreuzzügen gekommen waren. Um das Unglück zu vervollständigen, brach der Brand gerade nach Ablauf der Versicherung aus, deren Erneuerung bei einer anderen Gesellschaft verzögert worden war.

Die Mutter erzählte über das patriarchalische und demokratische Leben der Familien der drei Brüder in Werdmühle. Die Familien aßen mit allen Bediensteten an einem Tisch. Die gesamte Familie sprach einen Tag französisch, den zweiten englisch, den dritten deutsch oder „züridütsch". Die Bediensteten blieben größtenteils bis zu ihrem Tod in der Familie. Treue wurde mit Treue vergolten. In einer solchen Atmosphäre konnten auch die Heilung der alten Köchin, deren Krankheit von den Ärzten für unheilbar erklärt wurde, gelingen. Der Großmutter wurde in Trance das Rezept einer Salbe eingegeben, die das kranke Knie völlig heilte.

Mein Großvater mütterlicherseits verlor, obwohl er eine sehr gute Position hatte, später den Rest der Immobilien, hauptsächlich dadurch, daß er Erfinder unterstützte, unter denen einige Betrüger waren. So blieb für meine Mutter nichts übrig, nicht einmal nach dem Tod ihrer Eltern, und der Umstand, daß sie ihrem Mann keine Mitgift einbrachte, erschwerte anfangs ihre Stellung als Ausländerin in den Augen ihrer tschechischen, hauptsächlich ländlichen Verwandten, die der englischen Gewohnheiten unkundig waren, sehr. Das Leben meiner Mutter war, soweit sie mir erzählte, bis zu ihrer Hochzeit ziemlich ruhig – im Stil der Zeit der Königin Victoria. Das Pensionat, dann das Leben einer jungen mittelständischen Dame in einer Provinzstadt: Der gesellschaftliche Mittelpunkt war eine Gruppe junger Leute, die dieselbe Kirche besuchten, aber nicht etwa die anglikanische, sondern die kongregationalistische der alten Kirche Oliver Cromwells, die etwa der evangelischen Tschechischen Brüderkirche entspricht, bis auf das, daß die einzelnen Gemeinden auch dogmatisch völlig selbständig sind. Es gab Ausflüge, Musikabende, Gartenfeste, unschuldigen regen Flirt – daneben allerdings auch soziale Arbeit im armen Arbeiterviertel. . . .

Die Kindheit, das Knaben- und das Jünglingsalter meines Vaters fielen in einen Zeitabschnitt, der für die Geschichte unserer Nation sehr interessant ist, in den Vorfrühling der politischen Wiedergeburt und der ersten Strömungen im Untergrund. Die Studentenschaft bereite-

154

te sich nach der idyllischen Zeit der literarischen Wiedergeburt in Geheimbünden, unter dem Einfluß des irischen und italienischen Widerstandes, Repeal und Carbonari, und der Französischen, Polnischen und Belgischen Revolution der Jahre 1830/1831 auf politische Aktivitäten nach westlichem Muster vor. Die älteren Brüder meines Vaters standen mit den Kreisen um die Wiedergeburt und auch mit politischen Emigranten in Verbindung, hauptsächlich mit den Polen, von denen einige auch vorübergehendes Asyl in Tetín fanden. Die beiden Schwager, Dr. Červinka und Dr. Kodym, waren aktiv in der Bewegung der Wiedergeburt tätig, der erste politisch, der zweite hauptsächlich als Autor der ersten tschechischen populärwissenschaftlichen Gesundheitslehre. Kodyms erste Frau, Ludmila, war die Lieblingsschwester meines Vaters, und im Haushalt der Kodyms, damals in Litomyšl, verlebte mein Vater, als er dort als siebenjähriger Knabe auf Besuch weilte, die aufregenden Tage des revolutionären Frühlings des Jahres 1848. Er erinnerte sich an den alten Herrn Lehrer, der eines Tages zu Tränen gerührt in die Klasse kam und den Unterricht mit den Worten eröffnete: „Knaben, bringt die Säbel mit, wir haben eine Konstitution!"

Die Grundschule besuchte mein Vater im Prager Budeč, in der ersten tschechischen Versuchsschule, die nach den fortschrittlichen Grundsätzen Amerlings geführt wurde; anschließend absolvierte er die erste tschechische Realschule in der Ječná ulice (Gerstengasse), deren Direktor Jan Šťastný war, gebürtig aus Želenice, später Lehrer in der Familie Červinka in Ostředek. Wie oben erwähnt, wurde die Familie Vojáček in der katholischen Umgebung von Tetín katholisch, obwohl die Vojáčeks wie auch die Duras und die Červinkas einst heimliche Protestanten waren. Von allen Kindern zeigte einzig mein Vater Ladislav früh rebellische Neigungen, aus einem instinktiven Widerstand gegen seine Umgebung heraus – ein geborener Republikaner und Protestant. Als Schüler auf der Realschule hatte er häufig Schwierigkeiten mit dem Herrn Katecheten. Als dieser einmal den Knaben erzählte, daß Jan Hus als Ketzer in die Hölle kam, da erhob sich der kleine Ladislav und verkündete laut: „Ich wäre lieber mit Hus in der Hölle als mit Ihnen im Himmel."

Prag war damals noch von Stadtmauern umgeben, und das gesellschaftliche Leben, das vom Polizeisystem Bachs sowie vom Spießbürgertum der äußerlich germanisierten Mittelschicht eingeengt war, gefiel dem nach Freiheit verlangenden Jüngling nicht sonderlich. Er lief, sooft er konnte, nach Tetín zur geliebten Mutter, und zwar zu Fuß die kaiserliche Landstraße entlang, über Dušníky und Beroun, denn die Westbahn nach Beroun und Pilsen wurde erst in den sechziger Jahren gebaut. Die Mutter starb aber bald.

Nach Absolvierung der Realschule trat mein Vater ins ständische Polytechnikum in Prag ein, das damals noch deutsch war. Es war nicht nach Fächern unterteilt, sondern die Studenten durchliefen sukzessive alle Zweige der damaligen technischen Ausbildung, Maschinenbau, Bauwesen und die chemische Abteilung. Von den Professoren erinnerte er sich immer mit Liebe hauptsächlich an den Chemiker Šafařík und an den Geologen Krejčí, der mit den Studenten geologische Exkursionen in die Umgebung von Prag unternahm.

Aus den Studentenjahren weiß ich nur von einer typischen Episode. Mein Vater war einer der Rädelsführer der Demonstration am Jahrestag der Schlacht am Weißen Berg. Er wurde dafür vom damaligen Polizeiregime unter Bach von der Technik relegiert und in Tetín interniert, wo er privat das Bierbrauen lernte und den Dorfbewohnern an den Abenden Abschnitte aus der böhmischen Geschichte vorlas. Nach dem Sturz des Bach-Regimes kam die Amnestie: Vater beendete die Studien am Polytechnikum, besuchte mit vielen damals führenden tschechischen Technikern die erste Weltausstellung in London und trat als Volontär in das Werk der Ostbahn in Paris ein, wo er bei der Familie des politischen Emigranten und Revolutionsführers Dr. Josef Václav Frič wohnte.

Das Paris der sechziger Jahre unter dem undemokratischen Regime Napoleons III. hatte den Glanz der drei Revolutionen der Jahre 1789, 1830 und 1848 sowie der nicht-kommerzialisierten Bohème der Ära einer George Sand, eines de Musset, Chopin oder Balzac noch nicht verloren, obwohl das Polizeiregime Napoleon des „Kleinen" unversöhnliche Republikaner vom Typ eines Victor Hugo in Verbannung hielt. Das bewirkte, daß extreme Revolutionäre der Tat, russische Nihilisten und andere, der freieren Atmosphäre Großbritanniens den Vorzug gaben. Das Leben in dieser Stadt war für den jungen tschechischen Techniker, der unter dem Polizeidruck des Habsburgerreiches aufgewachsen war, in dem eben erst das politische Leben erwacht war und die ersten schüchternen Schritte auf dem Gebiet des Parlamentarismus gemacht wurden, voll aufregender Eindrücke.

Napoleon III. hatte, obwohl er zu Hause Republikaner und Sozialisten verfolgte, Verständnis für die Befreiungsbestrebungen im Ausland. Paris war der Mittelpunkt politischer Emigranten aus vielen Nationen, mit denen der junge tschechische Ingenieur täglich verkehrte, und zwar umso mehr, als viele mit der Familie Frič Kontakt hatten. Der Vater wohnte in der westlichen Peripherie von Paris. Er stand sehr zeitig auf, lernte täglich, wenn möglich in der Natur, vor dem Frühstück eine Lektion Französisch und fuhr dann auf dem Dach des Omnibusses, auch „Impériale" genannt, quer durch Paris in das Werk. In der Mittagspause skizzierte er fleißig Maschinen und architektonische Denkmäler und pflegte leidenschaftlich die Mathematik. Er zeigte darin eine derartige Begabung, daß ihm eine Stelle im „Bureau des Longitudes et Latitudes" der Regierung angeboten wurde. Er nahm dieses Angebot deshalb nicht an, weil ihm die klerikale und monarchistische Richtung der regierenden Kreise zu stark gegen seine Gesinnung ging, hielt jedoch

157

bis ins höchste Alter den Kontakt mit den französischen Freunden aufrecht, die sich damals bemüht hatten, ihn zum Verbleib in Paris zu bewegen. . . .

Die Anfänge des gemeinsamen Lebens meiner Eltern waren beschwerlich, und ihr Lebensweg blieb bis zum Ende dornig. Es liegt im Wesen der Dinge, daß „gemischte" Ehen höheren Gefahren ausgesetzt sind. Sie waren ein ungewöhliches Paar. Mein Vater, ein junger Idealist, ein Pionier, ein Erfinder, der in seinen Gedanken seiner Zeit mindestens ein halbes Jahrhundert voraus war, voller großzügiger Pläne – ein Träumer, der Hindernisse auf dem Weg übersah, und immer wurde er von ihnen zurückgeschlagen und verletzt, während er vergeblich versuchte, ein praktischer Realist zu werden. Meine Mutter, ein junges, unerfahrenes Mädchen, fein, sensibel, mit einem Hang zur Nervosität, in der Glashausatmosphäre der Glanzzeit von Königin Victoria aufgewachsen, dabei aber hingebungsvoll und entschlossen, Hindernisse zu überwinden – diese beiden jungen Leute kamen in die halborientalische Atmosphäre des Budapest der siebziger Jahre, in die Stadt, die sich nach dem schicksalhaften österreichischisch-ungarischen Ausgleich des Jahres 1867 auf einmal, über Nacht, mit einem Satz zur Großstadt entwickelte.

Meiner Mutter fiel es äußerst schwer, sich dort ein wenig zu Hause zu fühlen: Aus dem soliden England wurde sie plötzlich versetzt in eine Atmosphäre von wilder Spekulation, mit orientalischer, semitischer Färbung – riesige Zinshäuser, voller Insekten, unsolide gebaut, die wie Pilze nach dem Regen aus dem Boden schossen; eine Atmosphäre der Neureichen und ihrer Börsenspekulationen, jedoch auch voll von Bankrott und Selbstmord. Vor allem nach dem Wiener Börsenkrach des Jahres 1873 kam es unter den ruinierten Budapester Spekulanten so oft zu Selbstmorden, daß in dem großen Zinshaus, in dem damals meine Eltern wohnten, auf polizeiliche Anordnung über den ganzen Hof ein Netz gespannt wurde, damit zumindest die Verletzungen jener, die durch einen Sprung aus dem Fenster mit dem Leben abrechneten, gemildert wurden. . . .

Die glücklichste Zeit im Leben meiner Eltern waren einige wenige Jahre, die sie in Zürich verbrachten. Dort wurde ihnen das zweite Töchterchen geboren, das dann vorzeitig in zartem Alter in Prag starb, ein Kind, das den Schilderungen meines Vaters zufolge engelhaft anmutig und lieb war. In der freien Atmosphäre und dem gesunden Klima der republikanischen Schweiz, wo bis zu dieser Zeit ebenfalls viele Verwandte meiner Mutter wohnten, fühlte sich vor allem mein Vater wohl: Er trat mit der tschechischen Kolonie in Verbindung und wurde zum Vorsitzenden, vielleicht auch zum Gründer des Kulturvereines „Česká beseda" in Zürich. Die Züricher Technik, damals die berühmteste technische Lehranstalt Europas, wurde von zahlreichen tschechischen Studenten besucht: Einer von ihnen war Petr Růžička, der Sohn des Pastors der Prager lutheranischen Salvatorgemeinde. Mit ihm wie auch mit seinem Bruder Paul, dem späteren Magistratsrat in Prag, und mit Josef – auch Apol genannt –, der später zum Oberdirektor der „Živnostenská Banka" (Gewerbebank) wurde, knüpfte mein Vater eine lebenslange Freundschaft. . . .

Meine Eltern ließen sich im Jahr 1876, in der Zeit der industriellen und wirtschaftlichen Depression, in Prag nieder. Der Vater bewarb sich zuerst um eine Professur an der Tschechischen Technischen Hochschule, wo damals gerade ein Lehrstuhl für das Fach Maschinenbau frei wurde. Trotz seiner ausgezeichneten Qualifikation, einschließlich umfangreicher Erfahrungen im Ausland, schaffte er es nicht. Die Professur bekam ein Bewerber von großem Einfluß und guten Verbindungen am Ort.

Im Hintergrund wollte mein Vater nicht arbeiten, und die Unabhängigkeit war ihm dermaßen teuer, daß er den Gedanken, ein Angestellter zu werden, aufgab und versuchte, sich als Erfinder zu betätigen. Er machte wertvolle

Erfindungen vor allem im Bereich der Hilfsapparate für die Eisenbahn, und er war einer der ersten, der bei uns Zentrifugen einführte und die Konstruktion von Ventilatoren wissenschaftlich studierte: Seine Biegemaschinen für Schienen waren eine bahnbrechende Erfindung, bei der erstmals die Entdeckung angewandt wurde, daß Metall unter Druck „fließt". Noch kurz vor dem Ersten Weltkrieg wurden sie aus Übersee, inklusive Südafrika und Australien, bestellt.

Der Lebensweg eines Erfinders ist allerdings immer dornig, und mein Vater wählte sich außerdem von allen möglichen Wegen instinktiv immer den schwierigsten. Seine oft genialen Erfindungen betrafen nicht den Bereich der Massenproduktion und des Massenbedarfs, und die Einnahme aus den Lizenzen war daher insgesamt geringfügig und darüber hinaus unsicher und unregelmäßig. Der Vater hob sich nach und nach etwas ab und verbrauchte so den kleinen Betrag, den er als Erbschaft bei Onkel Jan in Tetín hinterlegt hatte, und schließlich veranlaßten ihn die Umstände dazu, sich im Jahr 1878 eine Kanzlei in Prag einzurichten. Er reichte nämlich häufig selbst für seine eigenen Erfindungen Anmeldungen für die sogenannten „Vorrechte" oder „Privilegien" ein – der Ausdruck „Patent" wurde bei uns amtlich erst im Jahr 1899 eingeführt, als das moderne Patentgesetz in Kraft trat. Mit der Zeit wurde er von Bekannten gebeten, ihre Anmeldungen für sie zu überarbeiten und einzureichen, und so hat er Schritt für Schritt seine Existenz auf diese Tätigkeit aufgebaut.

Die Patentanwaltschaft ist ihm allerdings niemals ans Herz gewachsen, er blieb immer in erster Linie Erfinder. In der Zeit vor dem Ersten Weltkrieg widmete er seine ganze Kraft der Erfindung eines Schiffsschaufelpropellers über eine vertikale Achse, der ein perfektes Manövrieren, die Wendung des Schiffes auf der Stelle sowie einen augenblicklichen Fahrtrichtungswechsel ermöglichte. In den Jahren 1905 bis 1912 hatte er einige Versuchsmotor-

160

boote, zwei auf der Moldau in Prag (wir haben ein Photo des ersten Motorbootes auf der Moldau mit der Familie und Gästen als Passagiere; es ist nun im Technischen Museum), eines in Triest, eines auf der Themse in England, ein Schiff mit seichtem Tiefgang auf der Elbe. Es wurden auch Versuche bei der Kriegsschiffswerft in Petersburg unternommen, wohin er für diesen Zweck seinen Techniker schickte. Diese Versuche verschlangen allerdings den gesamten Ertrag der Kanzlei, vor allem, weil sich mein Vater in den Jahren 1898 bis 1913 seinen alten Traum erfüllte und sich eine eigene Mechanikerwerkstatt in Prag einrichtete, wo er seine Erfindungen prüfte und auch Modelle für seine Mandanten fertigte. Bereits viele Jahre zuvor hatte er in seiner Kanzlei immer auch einen Mechaniker beschäftigt. Einige Jahre lang war dies Očenášek, der spätere Gründer einer elektrotechnischen Fabrik und bekannter Erfinder, dem es während des Ersten Weltkriegs gelang, im Garten seiner Wohnung im Stadtteil Košíře geheime telegraphische Nachrichten der militärischen Hauptquartiere in Berlin und Wien abzufangen.

Noch kurz vor seinem Tod widmete sich mein Vater in den Jahren 1919 bis 1921 dem Problem der Kugellager mit minimaler Reibung, indem er versuchte, dieses Problem rein mathematisch zu lösen. Dabei war mein Vater seinen Zeitgenossen sicher ein halbes Jahrhundert voraus: Viele ausgezeichnete Gedanken, um deren Durchsetzung er sein ganzes Leben lang kämpfte, wurden später durch andere verwirklicht und seine Pionierarbeit vergessen. So widmete er zum Beispiel trotz seiner unsicheren materiellen Situation jahrzehntelang viel Zeit und Arbeit dem ursprünglich zweisprachigen Verband der tschechoslowakischen Ingenieure und Architekten, zu dessen Tschechisierung er den Löwenanteil beitrug und in dem er jahrelang uneigennützig die Vereinsnachrichten redigierte. Beinahe ein Vierteljahrhundert lang bemühte er sich, in Prag ein Erfindermuseum aufzubauen. Einige Jahre später, als sich der von ihm zu diesem Zweck gegründete

Verein dann aufgrund des mangelnden Verständnisses der Öffentlichkeit auflöste, entstand das Technische Museum in Prag.

In den dreißiger Jahren, ich vermute im Jahr 1932, organisierte der Ausschuß des tschechoslowakischen Verbandes der Ingenieure und Architekten in Prag (SIA) eine Abendveranstaltung anläßlich des fünfzigsten Jahrestages der Tschechisierung der ursprünglich zweisprachigen Vereinigung: Auf dem Fest wurde das Protokoll der Vollversammlung vorgelesen, die, nach einer langvorbereiteten Kampagne und Kämpfen, ungeachtet des scharfen Widerstandes der deutschen und der Bedenken konservativer Teile der tschechischen Mitglieder, über diese Umwandlung entschied. Ich hatte die Ehre, neben dem ältesten Teilnehmer dieser Versammlung zu sitzen, neben dem berühmten Erfinder und Industriellen Křižík, damals ein alter, mehr als neunzigjähriger, nichtsdestoweniger immer noch energiegeladener Mann, der mir mit Begeisterung von den Entschlüssen und der Arbeit meines Vaters erzählte, und mehrere Male wiederholte er: „Das war ein Radikaler!" ...

Mein Vater liebte seine Familie. Er sehnte sich nach einem warmen Familienklima, er war gefühlvoll, und das sonnige Gemüt war in seinem Temperament vorherrschend: Dennoch lebte er in seinem Geist in der Zukunft, sein ständiges Ringen mit der unbefriedigenden Gegenwart und die Existenzsorgen erhöhten die angeborene Unruhe meiner Mutter. Sie war nervös, von Rheumatismus, materiellen Sorgen, Unsicherheit und auch von den ungewohnten Verhältnissen des kleinstädtischen und kontinentalen Prag geplagt, in einer kleinlichen Gesellschaft voller Eifersüchteleien, in der sie sich lange als Fremde fühlte, in Verhältnissen, die darüber hinaus noch durch politischen Druck und Nationalitätenkämpfe erschwert wurden.

Obwohl die Eltern einander innig ergeben waren, hatte unser Familienkreis nicht den Charakter eines ruhigen

Haushaltes, sondern eher den eines Biwaks auf einem nomadischen Zeltlagerplatz – man war immer zum Übersiedeln bereit. Meine Eltern wechselten oft die Wohnung, vor allem deshalb, weil es ihnen nie wirklich gelang, die Frage zu entscheiden, ob die Wohnung und die Kanzlei verbunden oder getrennt sein sollten. Sie neigten abwechselnd zu der einen oder zu der anderen Lösung. In den Zeiten der ersten Alternative mußte sich die Familie allerdings eine Zeitlang mit einer sehr bescheidenen Unterkunft zufriedengeben. Zwei Jahre lang schlief ich – damals schon Hörer an der Technik – in einem spartanischen Bett, das jeden Abend auf dem Fußboden von Vaters Arbeitszimmer hergerichtet wurde und das jeden Morgen vollständig weggeräumt sein mußte – es gab kein Ausschlafen für mich, auch nicht nach einer späten Heimkehr von den Studentenbällen.

Später, während der Reisen nach Deutschland, wurde ich immer von neuem von der Geräumigkeit der Familienwohnungen auch der unvermögenden Gesellschaftsklassen überrascht – vor allem in Berlin, wo wohl der karge, sandige und deshalb billige Boden sowie die Flachheit der Landschaft eine freie Ausdehnung der Bautätigkeit erlaubten. Die alte, in einem Kessel und von Stadtmauern eingeschlossene Stadt Prag hingegen, die von landwirtschaftlich wertvollem und deshalb relativ teurem Boden umgeben war, litt immer unter der Beengtheit und den kleinen Wohnungen mit hohem Zins. Während der fünfzig Jahre, die meine Mutter bis zu ihrem Tod im Jahr 1926 in Prag verbrachte – sie überlebte meinen Vater um fünf Jahre –, wechselte sie zumindest vierzehnmal die Wohnung: Davon waren fünf in Smíchov, fünf in Nové Město, zwei in Vinohrady, und jeweils eine auf der Letná und in Staré Město. Ich wuchs in dieser unruhigen Atmosphäre heran, die Augen immer auf die Zukunft gerichtet, mit der Sehnsucht, alles rund um mich ständig zu verbessern.

Mein Vater hatte ein seltenes Verständnis für seine Kinder und fortschrittliche Ansichten, was ihre Erziehung anlangte. Meine Schwestern waren ausgezeichnete Pianistinnen. Ich selbst habe auf Vaters Drängen hin zweimal begonnen, Geige zu spielen, und zweimal Cello, aber schließlich habe ich weitere Versuche unterlassen, da ich nicht genügend Sehnsucht verspürte, ein aktiver Musiker zu werden. Schon im zarten Alter mußten wir Schwimmen lernen: Der Vater schickte mich damals in die Fechtschule von Rieger und zum Sokolverein, wohin auch meine Schwester ging. Wir bekamen auch ein paar Reitlektionen. Als zehnjähriger Knabe bekam ich ein Fahrrad. Meine Schwester und ich waren – so glaube ich – die ersten Kinder in Prag, die Fahrrad fuhren. Der Vater brachte sich im Alter von fünfundfünfzig Jahren selbst das Radfahren bei und nahm bis etwa zum fünfundsechzigsten Lebensjahr selbst an Radausflügen teil. Wir bekamen vom Vater Krocket- und Tennisausrüstungen, und als kurz darauf auf der Střelecký ostrov (Schützeninsel) der erste Tennisklub gegründet wurde, wurde meine ältere Schwester Ludmila Mitglied. Sie war damals für kurze Zeit in Prag. Vater weckte auch unser Interesse an Pflanzen. Im Garten hatten wir zwei Beete.

Er kümmerte sich auch um unsere Sprachausbildung. Englisch hörten wir zu Hause von der Mutter und den Freunden, für Französisch kam bereits in der Kindheit eine „Madame" zu uns, und in den Ferien hatten wir einige Male ein Fräulein, das, obwohl es gebürtige Pragerin war, richtig deutsch sprach. Damit wir auch am Russischen Interesse fanden, gab uns der Vater für jeden Buchstaben des kyrillischen Alphabets, den wir schon gelernt hatten, ein Vierkreuzerstück. Dafür kauften wir uns dann Pflanzensamen. Aber weiter als bis zum Ende des Alphabets sind wir in dieser klingenden Sprache nie gekommen.

Bald nach der Übersiedlung nach Prag starb meine Schwester Milada, die ich nie gekannt hatte, an Pocken. Kurz vor ihrem Tod beklagte sie sich einmal, daß der Vater, der sie in den Armen hielt, nach Zigarrenrauch roch. Der Vater warf die Zigarre hastig aus dem Fenster und hat niemals mehr Tabak angerührt. Früheres ernsthaftes Zureden des Arztes hatten den leidenschaftlichen Raucher dazu nicht bewegen können. Er glaubte, daß er ohne diese Stimulation nicht intensiv arbeiten konnte. Auch die Bitten der Mutter, die um seine Gesundheit besorgt war, halfen nicht. Er litt an einer chronischen, ziemlich schweren Bronchitis. Erst dieses heftige emotionale Moment hatte tiefgreifende Wirkung. Wie hat er dann das Rauchen gehaßt! „Die glauben wohl, daß sie nicht wie Männer aussehen, wenn sie nicht so einen stinkenden Stummel zwischen den Lippen haben", sagte er immer wieder.

Dieser Fall wiederholte sich in der Familie. Die Schwester Helena, im Wesen dem Vater in vielem ähnlich, wollte, als sie die Universität besuchte, vorübergehend die mondäne Dame spielen. Sie kokettierte mit dem Zigarettenrauchen. Als sie nach dem Abendessen beim Fenster mit einer Zigarette spielte, läutete jemand. Sie lief zur Tür, um zu öffnen, und als sie zurückkam, sah sie, wie der Vater ihre Zigarette in einem hohen Bogen aus dem Fenster warf. Sie gingen einander entgegen, wortlos und ohne einander anzusehen. Die Schwester ließ sich niemals mehr im Leben zum Rauchen überreden, und als Stimulation während der Prüfungsvorbereitungen setzte sie Kaffee und – Dalken ein.

Der Vater besuchte jahrelang am Sterbetag treu Miladas Grab in Malvazinky und bewahrte eine Strähne ihres Haars auf. Im Jahr 1882 wurde den Eltern ihre dritte Tochter und im Jahr 1885 der einzige Sohn geboren, der nach dem Tetíner Onkel und dem Züricher Großvater den Namen Jan und nach dem Vater Ladislav und dem Paten, dem Chemieprofessor Šafařík, dem Sohn des berühmten Volksaufklärers und Ethnographen, den Namen Vojtěch bekam. Meine Schwester Ludmila, die um zehn Jahre älter als Helena und um dreizehn Jahre älter als ich war, gehörte irgendwie zur älteren Generation. Mein

165

Großvater mütterlicherseits, Bodmer, wünschte sich, sie in der Zeit, als er vereinsamt als Witwer und Pensionist in Nyon am Genfer See wohnte, an seiner Seite zu haben. Sie kam erst 1898 zurück. 1906 übersiedelte sie in die USA, wo sie im Jahr 1913 heiratete. Sie kehrte erst 1936 mit ihrem Mann, einem Amerikaner schwedischen Ursprungs, nach Prag zurück, wo die beiden starben: Fred 1936 und Ludmila 1938.

So wuchs ich gemeinsam mit meiner um drei Jahre älteren Schwester auf, die einen starken Einfluß auf mich ausübte. Helena studierte und arbeitete größtenteils in Prag. Einige Jahre verbrachte sie zu Studienzwecken in St. Andrews, Edinburgh, Leipzig und etwa sechs Jahre in Berlin, wo sie studierte und unterrichtete. Später hielt sie sich etwa fünf Jahre in England auf. Außerdem verbrachte sie öfter ihre Ferien im Ausland.

Vater besuchte auch Belgien. Wir haben eine Zeichnung von einem Schiff vom Rotterdamer Hafen als Beweis für sein Zeichentalent aufgehoben. Desgleichen war er musikalisch talentiert, und zwar in dem Sinne, daß er als Kritiker genau unterschied zwischen dem, was Musik ist, und dem, was ihm als zeitgemäßes oberflächliches Spielen mit Tönen galt. Obwohl er nie Zeit hatte, ein Musikinstrument zu erlernen, brachte er es immer zuwege, meiner Schwester Ludmila, einer Pianistin aus Berufung, zu raten, ob diese oder jene Komposition nur von modischem oder von wirklichem Wert war. Den inneren Wert der Kunst sowie der Menschen konnte er auch in der Literatur deutlich erkennen. In unserer Familie wurde eher nicht so viel gelesen. Aber Sládeks „Skřivančí písně" (Lerchenlieder) hatten wir in unserer Kindheit zu Hause, ebenso die „Babička" (Großmutter), Erbens „Kytice" (Blumenstrauß), Jiráseks „České pověstí" (Böhmische Sagen), allerdings auch die „Rukopisy Královédvorský a Zelenohorský" (Königinhofer und Grünberger Handschrift), alles, was der Verlag „Matice" und der Kultur- und Bildungsverein „Umělecká beseda" herausgaben, Douchas

Shakespeare-Übersetzungen, jedoch auch im Original, die Chronik Zapps, die ich auswendig konnte, Palackýs „Dějiny" (Geschichte), Denis' „Konec samostatnosti české" (im Original: „Fin de l' indépendance Bohème"), später Jiráseks Romane und die „Česká poesie XIX. věku" (Tschechische Poesie des 19. Jahrhunderts): also ungefähr das bis heute Beste aus unserer damaligen Literatur.

Großvater schickte uns schöne Bücher, wie die Galerie Dorés mit Illustrationen zu Milton, Chateaubriand und der Bibel, ebenso die Evangelien mit Illustrationen von Bída. Großmutter schickte Lidunka ein Buch, das der damalige Lehrer der Schwester mit Mutters Hilfe übersetzte und unter dem Titel „Z dalekých krajin" (Aus fernen Gegenden) herausgab.

Was die Wahl unserer Freunde anlangte, ließ uns der Vater unter den Mitschülern und Mitschülerinnen auch in der späteren Jugend freie Wahl, aber wenn wir ihn danach fragten, war seine Meinung, wie wir erst viel später erkannten, glaube ich, ausnahmslos die richtige. Er kümmerte sich sehr um unsere geistige Entwicklung, und wenn der Religionslehrer nicht gerade der beste war, so bekamen wir einen Hauslehrer. Wir hatten den Prediger Urbánek, einen außerordentlich gediegenen Mann, der aufgrund seiner Überzeugung aus der Kirche, der damaligen Reformkirche, austrat und dann unter schwierigen Bedingungen die Brüderunität gründete. Der Pfarrer Karafiát, der Autor der „Broučci" (Leuchtkäfer) kam öfters zu uns, und in seinen „Pamětech" (Erinnerungen), im fünften Kapitel, nennt der Vater ihn „Unser stiller Genius".

Unsere Eltern waren beide sehr um unsere Gesundheit besorgt. Auch meine Schwester Helena erinnert sich an die wiederholten Worte des Vaters: „Lies nicht im Dunkeln, das sind meine Augen, verdirb sie nicht." Selbst erhielt er sich bis zu seinem Tode gesunde Augen, so daß er nie Gläser tragen mußte. Der Vater hatte eine unerschütterliche Liebe zum Leben. Ein gewisses Licht strahlte von seinem später silbergelockten Haar. In seiner Jugend nannte man ihn „Goldköpfchen" – er hatte auch glänzende blaue Augen. Als jemand in Tetín über ihn sagte „Der hält nicht viel aus, der ist sehr schwach", wandte er ein: „Aber ich bin sehr gerne hier, und ich werde hier bleiben."

Er war voller Verbesserungsvorschläge für die Familie, für seine Umgebung wie auch für die Welt. Geistig wuchs er stetig, und er starb ausgeglichen und beruhigt, so wie er es sich seinem Notizbuch zufolge immer gewünscht hatte. ...

Sein Notizbuch war seiner „allerliebsten Mutter" gewidmet, die 1861 verstorben war: Darin unterhält er sich mit ihr, tröstet sie und freut sich mit ihr. Ihren Geburts- und ihren Sterbetag hat er bis zu seinem Tod nie vergessen. Und er hat ihr jedes Jahr, bis zum Jahr 1896, an diesen Tagen geschrieben. Nach seiner Hochzeit schrieb auch unsere Mutter in dieses Buch. Anfangs englisch, bis zum Jahr 1896, am fünfundzwanzigsten Hochzeitstag, schrieb sie in einwandfreiem Tschechisch, und damit enden leider die Eintragungen. Ein Beweis seiner Warmherzigkeit und seiner poetischen Ausdrucksweise ist die Art, wie er in seinem Notizbuch die Geburt der Schwester Helena begrüßt: „Hübsch, gesund, stark wie eine kleine Frühlingsknospe ... Das kleine Mädchen war wie eine frisch geschälte reife Nuß. Sie hat klare dunkle Augen und Haare, ein rundes Köpfchen." Als sein erstes Kind, die Schwester Ludmila, geboren wurde, malte er in sein Notizbuch eine Skizze des primitiv eingerichteten Zimmerchens in Diós-Győr. Ein Storch über dem Zimmerchen bringt das Baby. Dazu hat er ein Gebet mit dem Segen für den kleinen Engel geschrieben und mit der Feder das Köpfchen eines schlafenden Kindes gezeichnet.

Meine ersten verschwommenen Erinnerungen aus der Kindheit sind mit zwei Wohnungen verbunden: mit der einen am Ferdinandovo nábřeží (Ferdinand-Kai), später Nábřeží Legií (Legionskai), und mit der zweiten in dem alten, später abgerissenen Haus „U Štupartů" (Bei Štupart) in Staré Město, wo offene Pawlatschen den länglichen Innenhof umgaben, die mit einem abgetretenen Ziegelpflaster ausgestattet waren. Ich wurde angeblich als gesunder Säugling geboren; meine Mutter erkrankte allerdings an Lungenentzündung, und ich blieb über Jahre hinweg ein nervöses, schwaches Kind. Meine Mutter durchwachte, meine Hand haltend, unzählige Nächte an meinem Bett, weil ich unruhige Träume hatte; angeblich wurde ich von Schlangen und anderem Gewürm verfolgt. Ich verweigerte das Essen, lernte früh lesen und wurde zu einem Bücherwurm. Ich habe ununterbrochen alles, was mir in die Hände kam, vor allem historische und geographische Bücher und Nachschlagewerke, gelesen.

Früh fand ich am Bauwesen Gefallen und baute nach meinen eigenen Plänen Häuser. Später begann ich Briefmarken zu sammeln, ich liebte auch indianische und andere Kriegsspiele. Die Mutter mußte mich lesen oder bauen lassen, und während meine Aufmerksamkeit von anderem gefesselt war, fütterte sie mich. Sie war sehr besorgt, und deshalb legte sie dank ihrer englischen Erziehung Nachdruck auf frische Luft – das Fenster war immer geöffnet.

Mein Vater versuchte mich abzuhärten. Er unterstützte mein Interesse an der Geschichte, hauptsächlich das an der hussitischen, das er mit mir teilte: Wenn ich nicht einschlafen konnte, trug er mich im Zimmer herum und sang dazu das hussitische Lied „Kdož jsou boží bojovníci ..." (Wer sind die Kämpfer Gottes ...). Er gestattete mir, die Schreibmaschine, die damals eine Neuheit war, zu benützen. Im Alter von zehn Jahren brachte ich mir selbst bei, darauf zu schreiben – und er versuchte, meine Schüchternheit zu bezwingen.

Mit acht Jahren begann ich die Volksschule zu besuchen. Davor hatte ich zwei Jahre einen Hauslehrer, da meine Eltern um meine schwache Gesundheit fürchteten.

Meine zusammenhängenden Erinnerungen reichen in mein sechstes Lebensjahr zurück. Durch meinen allgemeinen schlechten Gesundheitszustand litt auch mein Gebiß, und im Alter von sechs Jahren mußte ich mich einer schmerzhaften Operation unterziehen – der Extraktion eines Zahnes aus dem entzündeten Zahnfleisch, natürlich ohne Betäubungmittel, die damals noch nicht so bekannt waren. Der bloßgelegte Nerv wurde zuerst gezogen und danach der Zahn – eine Erfahrung, die einem heutigen Kind Gott sei Dank erspart bleibt.

Bereits als fünfjähriger Knabe war ich oft in der Kanzlei meines Vaters zu Gast. Die Kanzlei und die Wohnung waren miteinander verbunden. Es blieb mir der damals populäre Gassenhauer „Po řece Vltavě plave krokodýl – co tu asi chce, zvíře zuřivé, proč plave po Labi a ne po Nile" (Auf dem Fluß Moldau schwimmt ein Krokodil – was will es denn hier, das wilde Tier, warum schwimmt es auf der Elbe und nicht auf dem Nil?) im Gedächtnis, mit dem der fröhliche Schreiber seine Kollegen und mich erheiterte, während er seine Jause – Speckstückchen auf Brot – zu sich nahm, von der er mir gegenüber behauptete, daß sie gut für seine Stimme sei. Das Personal der Kanzlei bestand damals nur aus Männern. Die Briefe wurden händisch geschrieben und feucht in der massiven Presse kopiert. Mein Vater wurde kurz darauf zum Pionier der Schreibmaschine bei uns; er propagierte den amerikanischen Typ Yost. Ich vermute, daß es ihn heute bereits nicht mehr gibt. Vorübergehend übernahm er auch die Verkaufsvertretung, um den Bekanntheitsgrad der Schreibmaschinen zu erhöhen. Den stärksten, wenn auch heute schon verblaßten Eindruck hinterließ der Besuch der Jubiläumsausstellung im Jahre 1891.

Das Prag meiner Kindheit war noch teilweise von Stadtmauern eingeschlossen. Zum Nationaltheater führte von Smíchov aus eine alte Kettenbrücke, für deren Überquerung man einen Kreuzer zahlen mußte und die bei heftigem Wind schaukelte. Die Verkehrsmittel waren

Droschken mit einem Pferd, Fiaker mit zwei Pferden und die Pferdestraßenbahn, deren längste Strecke von der Havlíčkova třída (Havlíček-Straße) nach Vinohrady zur „Obora" (Tiergarten) führte. Bergauf brauchte man einen Vorspann. Eine besondere Freude war es für uns Kinder, im Frühling im offenem Wagen zu sitzen. Das Ideal der Buben war damals, Kutscher oder Straßenbahnkondukteur zu werden, und mein Lieblingsspiel bestand darin, mit Tasche und Schere um die Familie herumzulaufen und die Fahrkarten durchzuschneiden.

Das Pflaster war grauenhaft. Trinkwasser nahm man aus dem Brunnen und Nutzwasser aus der Wasserleitung. Es wurde aus der Moldau geschöpft, und da es unzureichend gefiltert war, war es gelblich, zeitweilig braun und voller Schmutz. Typhus war ein ständiger Gast. Es ist heute geradezu bestürzend, wenn man daran denkt, wie hoch der durch Typhus verschuldete Prozentsatz an Todesfällen war.

Es gab damals noch keine Molkereien. Die Milch wurde zeitig am Morgen vom Land in kleinen Milchwägen, die in der Regel von Hunden gezogen wurden, gebracht, ausgiebig mit Wasser verdünnt. Noch heute denke ich mit Ekel an die blasse, bläuliche Flüssigkeit, die sich damals „Milch" nannte. Prag kannte damals noch keine Schaufenster mit Reklamen; die Läden hatten kleine Fensterchen, und die Reklame war noch in den Anfängen. Am Abend zündete der Laternenanzünder die Gaslaternen entlang der Straßen an, die eine kärgliche Beleuchtung ergaben, so daß während einer feuchten Winternacht die Straßen einen düsteren Charakter hatten.

Meine Eltern hatten in Prag einen interessanten Bekannten- und Freundeskreis, obwohl mein Vater – abgesehen von Fachvereinen in jüngeren Jahren – nie auf Gesellschaften ging. Er besuchte niemals Kaffeehäuser, Restaurants oder Klubs, und die Abende verbrachte er im Kreise der Familie. Der Bekanntenkreis erweiterte sich später – dank meiner Schwestern.

Meine Schwester Helena und ich sind nach dem Abendessen oft auf Vaters Knien gesessen, und er hat uns geschaukelt. Als wir beide schon über fünfzig waren, fragten wir einander: „Erinnerst du dich noch daran, wie Vater dabei zu uns sagte: ‚Meine lieben Kinder, einmal wird das letzte Mal sein'?" Das war ein starker Eindruck, den wir nie vergessen haben.

Vater hatte niemals Urlaub, er arbeitete intensiv von acht Uhr morgens bis sieben Uhr abends mit einer Pause von zwölf bis zwei, außer sonntags. In der Kindheit und frühen Jugend unternahm er mit uns sonntags lange und schöne Ausflüge.

Eine Engländerin, die mit einem Tschechen verheiratet war und eifrig Tschechisch lernte, war im Prag der siebziger Jahre – und noch lange danach – eine seltene Erscheinung. Sie wurde willkommen geheißen, allerdings als eine Art Kuriosum. Für sie war es hingegen nicht leicht, sich in eine Atmosphäre einzugewöhnen, die sich so von all dem unterschied, wie sie aufgewachsen war; die Mutter weinte oft.

Obwohl in den siebziger Jahren der Zwiespalt zwischen den Alt- und Jungtschechen sich schon scharf abzeichnete und mein Vater wegen des verwandtschaftlichen Verhältnisses zur Familie Rieger von Beginn an Jungtscheche war und es auch blieb, war die gebildete patriotische Prager Gesellschaft noch nicht so breit und zahlreich, daß es möglich gewesen wäre, mit bestimmten Gruppen keine Kontakte zu unterhalten. . . .

Als Patentanwalt kam mein Vater selbstverständlich auch mit zahlreichen tschechischen Erfindern und Industriellen in Verbindung. Aus meiner Knabenzeit erinnere ich mich hauptsächlich noch an den Erfinder Krnka, der viele Jahre Büchsenmacher in Rußland war, von wo er auch seine Ehefrau mitbrachte. Im Alter ließ er sich im Stadtteil Krč nieder. Ende der achtziger Jahre, als man noch das schwer zu bedienende Hochrad benützte, konstruierte er ein Dreirad mit einer Kettenübersetzung, die durch eine Handkurbel anstatt durch Pedale angetrieben wurde. Mein Vater widmete dem viel Zeit und Arbeit, er bemühte sich, Krnka bei der Durchsetzung der Erfindung, die allerdings keine Aussicht auf Erfolg hatte, zu helfen. Soweit ich mich erinnere, waren Krnkas Dreiräder mit Handantrieb bei der Jubiläumsausstellung in Prag im Jahr 1891 in Gebrauch. . . .

Als im Jahr 1882 T. G. Masaryk auf die selbständig gewordene Tschechische Universität berufen wurde und seine junge amerikanische Gemahlin sowie die beiden Kinder, Alice und Herbert, die in Wien geboren worden waren, mitbrachte, war es natürlich, daß Frau Masaryk sich bald mit meiner Mutter traf; der gemeinsame anglo-amerikanische Hintergrund war der erste Impuls dazu. Mit der Familie Masarayk verband uns bald eine Freundschaft, die sämtliche Erschütterungen und Veränderungen überdauerte.

Mein Vater, der in der romantischen und vielfach unkritischen Atmosphäre der Wiedergeburt aufgewachsen war, hatte Masaryks kritischen und realistischen Idealismus niemals völlig verstanden. Als der Streit um die „Rukopisy Královédvorský a Zelenohorský" (Königinhofer und Grünberger Handschriften) entflammte, die für meinen Vater – wie für die Mehrzahl seiner Zeitgenossen – ein weihevolles und unantastbares Evangelium der böhmischen Vergangenheit waren, brachte diese meinen Vater so sehr gegen Masaryk und seine Bilderstürmerei auf, daß er sich nie mehr durch eine öffentliche Geste völlig mit ihm versöhnt hat.

Am Beginn der neunziger Jahre wurde in Vinohrady, wo wir damals wohnten, eine zweite Reformgemeinde gegründet. Um die Stelle des Seelsorgers bewarben sich die zwei damaligen Führer der tschechischen Protestanten: Čeněk Dušek, Pfarrer in Kolín, und L. B. Kašpar, Pfarrer in Hradiště bei Chrudim. Mein Vater war ein Bewunderer Dušeks, der bei uns nach englischem und amerikanischem Muster sogenannte Sonntagsschulen für

Kinder einführte. Er war auch der Führer der Bewegung für die Unabhängigkeit der tschechischen protestantischen Kirche von Wien, wozu es dann erst nach dem Ersten Weltkrieg kam. Die Stelle bekam jedoch der Pfarrer Kašpar, ein Mann von starkem und tiefem Charakter, der Autor des beliebten Liederbuchs „Písně cestou života" (Lieder auf dem Lebensweg) und vieler anderer Publikationen. Mein Vater hängte sein Herz an ihn und arbeitete eifrig mit ihm zusammen. Obwohl er bereits ein älterer Mann war, unterrichtete er einige Jahre sogar in der Sonntagsschule. So lernte ich die Familie Kašpar kennen, die die biblische Zahl von sieben Kindern umfaßte.

Die vier älteren der Kašpar-„Kinder" waren schon fast erwachsen, als wir sie kennenlernten, und bildeten gewissermaßen die Basis der familiären Atmosphäre. Der an einer langwierigen Krankheit leidende Jurist Ludvík, der später in den Dienst der Prager Gemeinde eintrat, die zarte und oft kränkelnde Marta – sie starb als Missionarin –, die energische und hervorragende Lydie, die nach vielen Jahren der Missionarstätigkeit in China starb, und der Theologe Timotheus, der als Pfarrer der Tschechischen Brüdergemeinde in Semonice bei Königgrätz am Ende des Zweiten Weltkrieges seine Tage beschloß – ein Mann von edlen Charaktereigenschaften und einer unauffälligen modernen Frömmigkeit. Gabriela und Emanuel entsprachen im Alter meiner Schwester Helena und mir und wurden auch zu unseren intimen Freunden. Die Eltern waren beide nicht bei besonderer Gesundheit, und wir haben sie nur selten gesehen. Ihre sieben Kinder, von ganz unterschiedlichem Temperament, bildeten jedoch einen glücklichen Familienkreis, der meine Schwester Helena und mich unwiderstehlich anzog.

Die Familien Masaryk und Kašpar, die sich voneinander stark unterschieden, waren über viele Jahre hinweg unser Zufluchtsort. Dazu trug auch der Umstand bei, daß beide unter angelsächsischem Einfluß standen – bei den

Masaryks wegen des amerikanischen Ursprungs der Mutter, bei den Kašpars hauptsächlich deshalb, weil die tschechischen Reformtheologen damals einen Teil ihrer Studienjahre in Schottland verbrachten. Bewußt zogen sie von der angelsächsischen Kultur ihren Nutzen, was einen gesunden Ausgleich für die unkritische Bewunderung und Nachahmung schlimmerer Teile der französischen Zivilisation bedeutete, die bei oberflächlich liberalen Schichten unserer Intelligenz und Halbintelligenz in Mode war. . . .

Die glücklichste Erinnerung aus meinen Kinderjahren blieben die Ferien des Jahres 1895, in der Zeit der unvergeßlichen ethnographischen Ausstellung, als die Hälfte der Kašparfamilie mit uns in Nový Jáchymov bei Křivoklát verbrachte. Gemeinsame Spiele und abendliche Spaziergänge auf der Straße in die Wälder, zu Waldlichtungen, wo wir in der nächtlichen Stille auf Hochwild lauerten, das zum Weiden kam. Gabriela und Emanuel hielten sich später mit uns ebenfalls im Erzgebirge auf, ich besuchte sie damals in Damirov bei Časlav, wo sie eine Hütte für einige Zeit als sommerliche Bleibe hergerichtet hatten und von wo aus wir eine Wanderung durch das Gebiet um Chrudim unternahmen. Emanuel studierte später Theologie, mit seiner Gesundheit war es allerdings nicht zum Besten bestellt, und er starb während des Ersten Weltkrieges im Sanatorium.

Eine der interessantesten Figuren meiner Kindheit war der Autor der „Broučci", Jan Karafiát. Er war früher Reformpfarrer in Lhotta in der Walachei gewesen und hatte sich irgendwann um das Jahr 1898 in Prag niedergelassen. Er gab hier die „Reformierten Blätter" heraus, die er alle selbst verfaßte, und arbeitete weiter an den kritischen Studien zur Kralitzer Bibel, deren hervorragender Kenner er war. In seiner Wohnung in der Smetánka in Vinohrady hielt er über Jahre hindurch einen privaten Sonntagsgottesdienst ab, den ich mit dem Vater und der Schwester besuchte. Der strengen puritanischen Tradition zufolge hatte er keine Musikbegleitung und führte den Gesang allein mit seiner hohen Stimme – hauptsächlich „metrische Psalmen", die im sechzehnten Jahrhundert von der ursprünglichen Tschechischen Brüderkirche gedichtet worden waren. ...

Jan Karafiát sagte immer, daß die „Broučci" zur rechten Zeit zu ihrer Würdigung kommen würden, wenn der Herrgott es gestatte. Ganze dreißig Jahre nach der Publikation blieben die „Broučci" beinahe unbemerkt, doch nach weiteren dreißig Jahren erlebten sie ihre achtundsiebzigste Auflage und sind nun neben der „Babička" von Božena Němcová verdientermaßen das beliebteste tschechische klassische Werk.

Von den Mitgliedern der Gemeinde in Vinohrady ist der Baumeister Antonín Dvořák ebenfalls eine Erinnerung wert, der sich aus bescheidenen Anfängen zu Wohlstand und zum Besitz einiger Zinshäuser in Vinohrady hocharbeitete. Der Arbeit für die Entwicklung der Reformgemeinde, deren Interessen er auch materiell mit einer großen Opferbereitschaft unterstützte, widmete er sich mit anhaltendem Enthusiasmus. Er war ein Mensch von geistiger Tiefe, ein Gentleman von Natur aus. Seine drei Töchter heirateten drei Ärzte, Dr. Šimek, Dr. Svoboda und Dr. Lukl, von denen hauptsächlich der zuletzt genannte eine hervorragende Stellung in der Reformgemeinde einnahm. Dvořák hatte interessante Ansichten über die Wichtigkeit des familiären Zusammenhalts. Er baute für seine weitere Familie in der schönen Waldgegend von Senohraby ein Haus für den Sommeraufenthalt aus, das für die wachsenden Familien aller drei Töchter und ihrer Enkel und Enkelinnen geräumig genug war, jedoch nur mit einem einzigen großen Speisezimmer. Er bestand darauf, daß alle Familien immer gemeinsam bei Tisch saßen, und durch diese ungewöhnliche und gewissermaßen auch riskante Art erreichte er tatsächlich einen beachtenswerten Zusammenhalt seiner großen Familie.

Im Herbst 1896 bin ich nach der Aufnahmeprüfung ins tschechische Gymnasium in der Hálkova třída (Hálek-Straße) im damaligen Královské Vinohrady eingetreten, wo ich acht Jahre verbrachte. Die ersten Gymnasialjahre kommen mir in meinen Erinnerungen völlig farblos vor. Ich war ein hervorragender Schüler bis zur Tertia, wo ich befand, daß ein guter Erfolg in der Schule irgend etwas Unmännliches und beinahe Beschämendes wäre. Von da an habe ich im Studium absichtlich nachgelassen.

Im Jahr 1904 maturierte ich gemeinsam mit Edvard Beneš. Nach einigem Zögern entschloß ich mich, in die Technische Hochschule einzutreten. Obwohl Geschichte mein Steckenpferd war, sah ich die Notwendigkeit, meinem alternden Vater möglichst bald in der Führung der Kanzlei zu helfen, von der die familiäre Existenz abhängig war. Den Sommer nach der Matura widmete ich dem Studium der Darstellenden Geometrie. In diesem Fach mußte ich ebenso wie in Zeichnen als Absolvent des Gymnasiums an der Technik eine Aufnahmeprüfung ablegen. Ich verbrachte den Sommer im schwülen Prag, allein mit dem Vater: Meine Schwester Helena fuhr für einen Teil der Ferien nach Savoyen. Ich begleitete sie bis nach München und unternahm somit meine erste Auslandsreise. . . .

Die ersten zwei Jahre an der Technik waren schwer für den Studenten, der an saftigere humanistische Geistesnahrung gewöhnt war. Nach dem damaligen unklugen Studienplan waren diese beiden Jahre auch im Maschinenbau ausschließlich der reinen und angewandten Mathematik gewidmet, inklusive Mechanik, Hydraulik, Elastizitäts- und Festigkeitslehre sowie ein wenig Physik. Zum eigentlichen Maschinenbau sind wir erst im dritten Jahr gekommen.

Im Herbst des Jahres 1906 fuhr ich als Einjährigfreiwilliger über Wien und Triest nach Pola. Nach der Rückkehr aus Pola erwartete mich die harte Arbeit an der Technik – zwölf weitere Kolloquien, umfangreiche Übungen im Zei-

177

chensaal, die Voraussetzung für die strenge zweite, schriftliche und mündliche Staatsprüfung war. Das Studium an der Technik und an der Medizinischen Fakultät halte ich für ermüdender als Jura, Geschichte, Philosophie oder Philologie: Neben den Vorlesungen und Seminaren oder Übungen gibt es auch die Arbeit im Zeichensaal oder in den Laboratorien, die allein einige Stunden täglich erfordert.

Im Juli 1910 legte ich schließlich meine Zweite Staatsprüfung an der Technischen Hochschule ab, und am selben Tag trat ich in die väterliche Kanzlei als Kandidat der Patentanwaltschaft ein. ... Das war meine Vorbereitung auf meine lebenslange Beamtenpraxis im Bereich des Patentrechtes.

Übersetzung: Dominique M. Kalteis

JAN BAŠE

wurde 1882 in Opočno am Fuße des Adlergebirges (Orlické hory) in Ostböhmen geboren. Über seine Eltern und Geschwister ist aus seiner Autobiographie relativ wenig zu erfahren. Bis zu seinem sechsten Lebensjahr lebte er bei seinem Großvater, einem Müller, auf dem Land, dann mit den Eltern in der Prager Vorstadt Karolinenthal (Karlín).

Der Vater wählte für seinen Sohn ein technisches Studienfach; nach der Realschule absolvierte er die Tschechische Technische Hochschule. Ein Grund dafür war seine Religionszugehörigkeit, denn als Protestant waren für ihn de facto einige Ämter der Staatsverwaltung gesperrt; z.B. die Tätigkeit als Lehrer oder Mittelschulprofessor. Das gleiche Fach wählte auch der jüngere Bruder des Autors, der später bei den Vermessungsarbeiten in Bosnien umkam. Die Kartographie wählte Jan Baše deshalb, weil das k.u.k. Finanzministerium den Absolventen dieses Studiums einen raschen beruflichen Aufstieg in Aussicht stellte.

Im Jahr 1901, als Jan Baše das Studium beendete, zeigte sich aber, daß es aussichtslos war, auf den versprochenen Aufstieg in Böhmen zu warten. Er ging deshalb für die nächsten achtzehn Jahre nach Bosnien und Herzegowina. Die Jahre 1902 bis 1920 waren für ihn sehr bewegt, und das nicht nur wegen der politischen und militärischen Ereignisse, sondern auch aufgrund seiner persönlichen Erlebnisse und Erkenntnisse. Nach dem Zerfall Österreich-Ungarns bekam der Autor ein Angebot aus Belgrad; er entschied sich jedoch, in die Tschechoslowakei zurückzukehren. Er trat seine Arbeit in Preßburg an, wo er das slowakische Hauptkatasteramt aufbaute und leitete. Im Jahr 1935 suchte er aus gesundheitlichen Gründen um Pensionierung an. Mitte des Jahres 1936 trat er als Regierungsrat definitiv in den Ruhestand.

*Seine Lebenserinnerungen schrieb er in den Jahren 1941
bis 1957 nieder. Die Autobiographie ist im Archiv des Technischen Nationalmuseums aufbewahrt (Handschriftensammlung,
Nr. 1199 und Nr. 1254). Es handelt sich um ein umfangreiches
Manuskript in zwei Teilen. Der erste Teil, aus dem die publizierten Textproben stammen, umfaßt 187 Seiten, der zweite
Teil 124 Seiten.*

Geboren am 9. Oktober 1882 in Opočno am Fuße des
Orlické hory (Adlergebirges), wuchs ich bis zum sechsten
Lebensjahr in der Einöde der Mühle des Großvaters unterhalb von Hrádek bei Ústí nad Orlicí auf. Dort hatte ich
tagelang lauter Transmissionen, Treibriemen, sich dre-
hende Treib- und Zahnräder vor Augen. Was Wunder,
daß ich jedes erreichbare Papier nur mit Rädchen und
Transmissionen anmalte. Der Vater kam zu dem Urteil,
ich sei ein geborener Ingenieur und ließ mich deswegen
nach der Volksschule in die Realschule in Karlín einschreiben. Aber schon in der Quarta wollte ich in die
Lehrerbildungsanstalt überwechseln, wovon man allerdings abkam, da ich als Protestant nie zum Unterrichten
an den öffentlichen Schulen zugelassen worden wäre. Ab
der Quinta fühlte ich in mir immer mehr die Neigung zu
den humanistischen Gegenständen, aber zum Umsatteln
gab es weder Zeit noch Mittel, und so maturierte ich an
der Realschule. Noch vor der Matura bot mir Pfarrer
Karafiát, der Autor der „Broučci" (Leuchtkäfer), Gelegenheit, in Edinborough mit einem englischen Stipendium
evangelische Theologie zu studieren. Der Gesundheitszustand meiner Mutter, für deren Heilung ich aufkommen
wollte, veranlaßte mich jedoch, mich nach einem einträg-
licheren Beruf umzusehen, daher ging ich an die Technische Hochschule.
    Da mir Sprachen und überhaupt die humanistischen
Gegenstände in der Realschule viel leichter fielen, war ich
immer der Meinung, für Mathematik nicht genug begabt
zu sein. Daher inskribierte ich nach den Ferien des Jahres

1899 dasjenige Fach, in dem am wenigsten Mathematik war – das war Chemie. Aber als ich schon mit abgezähltem Geld das Stiegenhaus zum Rektorat emporsteige, merke ich in der Kurve, daß sich unten im Vestibül ein großer Auflauf von Studenten beim schwarzen Brett drängt. Es fällt mir ein, ob nicht vielleicht etwas an der Einschreibgebühr geändert worden sei, und da das Gedränge vor dem Rektorat noch größer ist, kehre ich zu der schwarzen Tafel zurück und finde dort einen Aufruf des Finanzministeriums aus Wien an die Maturanten, sich für die Ausbildung des Landvermessers einzuschreiben, denn nach rechtzeitigem und erfolgreichem Studienabschluß würden sie gleich in den Staatsdienst beim Katasteramt aufgenommen, nach drei Monaten eines zufriedenstellenden Dienstes zum definitiven Beamten und nach einem Jahr in die zehnte Rangklasse befördert. Das k.u.k. Landesfinanzministerium für Böhmen verschickte einen Erlaß des Finanzministeriums, der besagte, daß schon im Jahr 1894 die Vergrößerung des Personals und der höheren Rangklassen durchgeführt wurde und daß die Gleichstellung zu den anderen Bereichen des technischen Staatsdienstes erfolgen werde.

Evidenzeleven mit technischer Ausbildung steigen bei Ernennung als Geometer erster Klasse gleich in die zehnte Rangklasse auf, wobei sie die elfte Klasse überspringen. Man kann davon ausgehen, daß die Techniker im Durchschnitt in ungefähr zwölf Jahren die achte Rangklasse als Obergeometer erster Klasse erreichen. Den Technikern wird bei ihrem Dienstantritt das Evidenz-Adjutum von fünfhundert Gulden zugestanden, das auf sechshundert Gulden erhöht werden kann. Das Personal für die neue Vermessung wird aus den Technikern ausgewählt.

Nach kurzem Überlegen ließ ich mich am nächsten Tag für die Landvermessung einschreiben. Noch im ersten Jahr brachte mich Prof. Pánek von meiner fixen Idee ab, nur ein mittelmäßiger Mathematiker zu sein, und von da an studierte ich schon lustig durchwegs mit hervorragen-

181

dem Erfolg bis zum Ende. Die Staatsprüfung legte ich noch vor den Ferien mit Auszeichnung ab und entsprach so gänzlich den Wiener Erfordernissen. Ich schaffte es sogar noch, mich mit meinen geliebten Studien im Fach Philosophie zu beschäftigen, die mich bis heute nicht losgelassen haben.

Im Juli 1901 wurde ich als Evidenzeleve für den Vermessungsbezirk Smíchov aufgenommen, und nach drei Monaten wurde ich wirklich definitiv. Aber als das Ende des ersten Jahres meiner Praxis nahte, konnte mir der Evidenzinspektor Vrba nicht einmal den Eintritt in die elfte Rangklasse versprechen, von der zehnten ganz zu schweigen. Die freien Plätze besetzte man angeblich mit Kulturingenieuren, die deshalb ohne Beschäftigung waren, weil wegen der deutschen Obstruktion im tschechischen Parlament damals kein Gesetz zur Regulierung der Moldau und Elbe verabschiedet worden war, das ihnen eine sichere Stellung verliehen hätte. Ich kam mir unendlich hintergangen und erniedrigt vor und nahm mir vor, diese zehnte Klasse respektive deren Einkommensäquivalent unbedingt zu erreichen, auch um den Preis, daß ich vom Katasteramt wegginge.

Und wirklich: Im Februar 1902 zirkulierte an unserer Evidenzstelle der Aufruf der bosnisch-herzegowinischen Regierung zum Eintritt in ihre Katastraldienste. Nach einer einjährigen Praxis versprach sie die zehnte Rangklasse. Ich wartete also noch zu bis zum September, und da ich mehr als ein Jahr Fachpraxis hatte, suchte ich um eine neue Stelle bei der neuen Vermessung in Sarajevo an. Ende November erhielt ich das Dekret, und am 27. Dezember 1902 meldete ich mich schon zum Dienst bei der Evidenz des Katasteramts in Sarajevo als Geometer der zehnten Rangklasse. Nach Sarajevo kam ich gerade zur Glanzzeit des bosnisch-herzegowinischen Katasters, denn die Landvermessung durch die Armee war lange fertig, in einer großen Anzahl von Bezirken waren schon Grundbücher angelegt, und die Evidenzbeamten konnten sich, da damals der Katastralapparat nicht zu Steuerzwecken benutzt wurde, der sorgfältigen Untersuchung der Veränderungen widmen, deren Durchführung das Grundbuch erforderte. Andere Veränderungen wurden nicht untersucht.

Auf diese Weise war es möglich, zahlreiche Fehler, die durch die Eile sowohl bei der Vermessung durch die Armee als auch beim Anlegen der Grundbücher entstanden waren, Schritt für Schritt zu beseitigen.

Dort allerdings, wo ganze ausgedehnte Partien fehlerhaft waren oder wo die Ansprüche auf Genauigkeit, die durch die neuzeitliche, insbesondere die industrielle Entwicklung einiger Städte und Bezirke, gestellt waren und die Möglichkeiten des kleinen Maßstabes 1 : 6250 überstiegen, war es notwendig, erneut die Vermessung aufzunehmen. Dafür reichten jedoch, besonders von der theoretischen Seite her, die bisherigen Katastralkräfte nicht aus, und das war der Grund, warum die bosnisch-herzegowinische Regierung das Rundschreiben herausgab, das auch mich bewog, mich um einen Platz beim dortigen Katasteramt zu bewerben. Diese neuen Kräfte mit einer vollständigen und abgeschlossenen Fachausbildung sollten hauptsächlich zu diesen umfassenderen und genaueren geodätischen Arbeiten eingesetzt werden. Aber bevor ich diese Anwerbung neuer Kräfte und den Anteil tschechischer Geometer an dem Vorhaben schildern möchte, wird es notwendig sein, wenigstens einen flüchtigen Blick auf die personellen Verhältnisse der jüngsten Vergangenheit zu werfen.

Die Militärvermessung führten die Offiziere des ehemaligen k. u. k. Geographischen Heeresinstitutes in Wien durch, unterstützt durch die sogenannten zivilen Geometer. Bis auf einige wenige Ausnahmen waren unter diesen zivilen Geometern Studienabbrecher der verschiedensten technischen Fächer, Akademiker der Forstwirtschaft, entlassene Schüler aus den Kadettenschulen, Lehrer und andere, kurzum Leute, die wenigstens die Grundlehre der

Planimetrie kannten. Die praktische Anwendung dieser Lehre beim Erstellen von Landkarten lehrten sie erst die Militärgeometer. Die Namen all dieser Arbeitskräfte sind bis heute auf den Kartenblättern angeführt, die im Kartenarchiv von Sarajevo aufliegen, aber ihre Nationalität lediglich nach ihrem Namen ausfindig zu machen, das wäre wirklich keine leichte Aufgabe und ihr Ergebnis sicherlich auch sehr zweifelhaft. Deshalb läßt sich der tschechische Anteil an diesen Arbeiten nur nach der Zahl der Personen schätzen, die später von der Militärvermessung in die Zivilverwaltung übergetreten sind.

Die Möglichkeit der Aufnahme dieser zivilen Geometer in weitere Fachdienste ergab sich beim Anlegen der Grundbücher. In der Zwischenzeit, von der Militärvermessung bis zum Anlegen der Grundbücher, schlugen sich diese Arbeitskräfte durch, so gut sie konnten, meistens faßten sie bei anderen staatlichen Verwaltungen Fuß, allerdings nur als Aushilfskräfte. Aus ihnen wurden dann schrittweise bereits definitive Staatsbeamte zur Besetzung der Evidenzen des Grundstückskatasters ausgewählt, die nach der allmählichen Öffnung der neu angelegten Grundbücher entstanden waren. Viele von ihnen erwogen, ob sie nicht lieber beim Anlegen der Grundbücher bleiben sollten, wo man vom Beginn des Frühlings bis in den späten Herbst ständig im Feld arbeitete und wo daher die Einnahmen viel größer als bei der Evidenz waren, deren Beamte auch im Sommer viele Tage mit Büroarbeiten verbrachten.

Aber im selben Ausmaß, wie die Angehörigen des alten Stammes des Militärkatasters durch ihren Abgang zur Evidenz zahlenmäßig ständig abnahmen, wuchs auch deren Mangel bei der Einlagekomission. Damals half sich die bosnisch-herzegowinische Landesregierung ähnlich wie die Wiener Regierung. In Österreich wurden an den technischen Hochschulen Lehrgänge eingerichtet, um Landvermesser auszubilden, und in Bosnien, wo immer alles beschränkter war, technische Mittelschulen mit jeweils einer Abteilung für Landvermessung. Die Absolventen dieser Schulen wurden dann als adjutierte Eleven zum Anlegen der Grundbücher aufgenommen. Es waren im großen und ganzen sehr tüchtige Arbeiter, falls sie nur zu detaillierten Vermessungsarbeiten eingesetzt wurden und zu technischen Verwaltungsarbeiten. Ihre Elite arbeitete sich bis zu geschickten graphischen Triangulatoren hinauf. Für numerische Methoden waren sie nicht geeignet, weil ihnen die notwendigen mathematischen Vorkenntnisse fehlten.

So waren also die Zustände, als ich Ende des Jahres 1902 in Sarajevo zum Dienst antrat. Sarajevo hatte zwei Evidenzen: eine Stadt- und eine Landevidenz. Der Vorstand der städtischen Evidenz, und damit auch meiner, war der Obergeometer Julius Grauner (ein Italiener), der ursprünglich in irgendeiner Küstenstadt Schiffbau studiert hatte. Weiters war dort der Geometer der zehnten Rangklasse Johann Kremser (ein Deutscher aus Graz), dessen Fachausbildung ich nie ausforschen konnte. Er hatte ein sehr abenteuerliches Leben, zweimal verließ er Bosnien, um sich zunächst an der Vermessung von Schleswig-Holstein und zum anderen Mal an der polygonalen Vermessung von Straßburg zu beteiligen. Dann war da endlich der Mittelschul-Geometer Stanko Poljačević (ein Serbe), der jedoch bald nach meinem Dienstantritt wegging. Die Büroarbeit besorgte ebenfalls ein Mittelschul-Geometer, Mojsija Glück (ein Jude aus dem Banat), der offensichtlich wegen seiner Religion niemals Geometer werden durfte, und er war ewig unzufrieden und im Rahmen des Erlaubten den Vorgesetzten gegenüber bissig.

Die Evidenzen des Katasteramts bildeten in Bosnien und Herzegowina einen Teil der Bezirksämter (denen bis zum Ende des Jahres 1905 auch die Gerichte unterstanden). Bezirksvorsteher in Sarajevo war damals der Regierungsrat (sechste Rangklasse) Karel Ritter Stefanowski (ein Pole). Die fachliche Aufsicht über die Evidenzen oblag der Katastralleitung in Sarajevo, die damals Bestandteil der Finanzsektion der Landesregierung war, die wiederum dem gemeinsamen Finanzministerium in Wien untergeordnet war. Der gemeinsame Finanzminister war damals der berühmte Minister Kallay, und an der Spitze der Landesregierung stand der kommandierende General Appel, ihm zugeteilt war für die Zivilverwaltung der zivile Adlatus Baron Kutschone. Der Vorstand der Finanzsektion war der Sektionschef, an dessen Namen ich mich nicht mehr erinnere. Er war Deutscher und kam bei einem Zugsunglück irgendwo auf der Strecke Kamenny Most–Wien ums Leben.

An der Spitze des Katasteramts stand der Katastralleiter (sechste Rangklasse) Enrico Spazzapan (ein Italiener), dem als Aufsichtsbeamte zugeteilt waren: der Oberinspektor (siebte Rangklasse) Otto d'Elvert (ein mährischer Deutscher) und die Inspektoren Valentin Czaslavský und Jan Blažek (beide waren Tschechen), von denen letzterer gerade auch Inspektor für die städtische Evidenz in Sarajevo war. Alle diese Herren stammten aus dem Militärkataster.

Der Rest des Personals in den Bezirken, das heißt die Obergeometer (damals gab es nur neun Rangklassen, denn die Obergeometer erster Klasse in der achten Rangklasse waren erst eine spätere Errungenschaft, irgendwann um das Jahr 1906) und die Geometer (der zehnten Rangklasse), stammten großteils auch aus dem Militärkataster, und ihr Alter bewegte sich damals zwischen dem vierzigsten und fünfzigsten Lebensjahr. . . .

Hinter Čeněk Záruba rangierte dann, nach einigen Beamten anderer Nationalität, ich. Vor mir suchte mein Kollege František Wiesner beim bosnisch-herzegowinischen Katasteramt an, aber weil er sich um diesen Platz vorzeitig bewarb, das heißt vor Abschluß der einjährigen Praxis, wurde er zum Eleven ernannt (elfte Rangklasse) und reihte sich daher unter mir ein.

An die Eleven in der elften Rangklasse reihten sich dann die adjutierten Eleven (ohne Rangklasse), deren Status zu Beginn aus einer Reihe von Absolventen der technischen Mittelschulen von Sarajevo ergänzt wurde. Da die Hochschüler damals immer entweder in die zehnte oder elfte Rangklasse eingereiht wurden, wurde den Mittelschülern ständig jemand vorgezogen, aber darauf komme ich später wieder an geeigneterer Stelle zurück.

Beim Dienstantritt in Sarajevo war ich erst zwanzig Jahre alt. Meine ganze Umgebung – nicht nur bei der Evidenz, sondern auch beim Bezirksamt und dem Gericht, wo ich die Pflicht hatte, mich vorzustellen – erwartete angesichts der zehnten Rangklasse einen bereits angegrauten und besorgten Herren mit einer zumindest fünfköpfigen Familie zu sehen. Beinah, daß sie nicht alle erstarrten, als sie in der Beamtenuniform mit nicht anzuzweifelnden Rangzeichen so einen jungen Kerl sahen.

Auch bei der Evidenz schüttelten sie darüber bedenklich den Kopf, und es fiel ihnen schwer einzusehen, daß ich in Anbetracht meiner Jugend mein Fach wirklich beherrschen könnte. Und sie waren deshalb sehr vorsichtig. Die erste Arbeit, die ich bekam, war, die neu vermessenen Partien zu kopieren, den Plan zu den Auszügen aus dem Amtsbuch (unsere Anmeldezettel) fertigzustellen und die bücherlich vorgenommenen Änderungen in die alten Landkarten einzuzeichnen.

Das hat mich sehr gekränkt, und ich war durch eine solche Unterschätzung, die, auch wenn sie von niemandem ausgesprochen wurde, doch aus den Augen aller starrte, ganz unglücklich. Ich hätte ihnen allen mit Lust bewiesen, daß ich die Arbeit, die ich auf dem Tisch aller anderen ausgebreitet sah, auch spielerisch hätte bewältigen können, aber meine Zunge war wie gelähmt. Dank der schulmeisterlichen Methoden, die damals an den Volks- und Mittelschulen beim Lehren von Sprachen, von Deutsch im besonderen, angewandt wurden, konnte ich nicht einmal einen einfachen Gedanken in Worte fassen. Mein Vorgesetzter, der meinen rasenden Kampf mit Ausdrücken und Formen sah, fragte mich schließlich, ob

187

Tschechisch einigermaßen leicht zu erlernen wäre, damit wir uns verständigen könnten. Da kam mir der rettende Gedanke: Ich nahm mir einen Serbokroatischlehrer (einen Tschechen, der aber das Gymnasium in Sarajevo absolviert hatte), und schon vierzehn Tage nach dieser Begebenheit konnte ich den Parteien in Abwesenheit des Büroarbeiters Glück fließend Informationen geben. Ich erinnere mich, als beim ersten Mal beide alten Herren völlig erstaunt an der Schwelle des Büros für Parteienverkehr auftauchten, um sich zu überzeugen, ob das wirklich meine Stimme war. Ich bot dann meinem Vorgesetzten triumphierend an, daß ich mich ab jetzt mit ihm serbokroatisch verständigen würde, damit er nicht Tschechisch lernen mußte, aber das lehnte er mit einem Hinweis auf das Amtsdeutsch glattweg ab. Beide waren schon seit der Okkupation in Bosnien, aber außer bei einfachen Gesprächen mit Figuranten und Parteien, die sie mit schlechter Aussprache und fehlerhaften Endungen führten, waren sie im Deutschen nicht sattelfest.

Serbokroatisch lernte ich einerseits als Schriftsprache und andererseits als Dialekt (mit allen seinen Turzismen und Arabismen), aber selbstverständlich nicht auf dieselbe Weise wie in der Schule (auch habe ich den Lehrer bald aufgegeben), sondern ich bildete mir einen bestimmten Schlüssel zur Umformung der tschechischen auf die serbokroatischen Stämme. So eignete ich mir die Bedeutungen spielerisch gleich in ganzen Zusammenhängen an, schon mit dem Stamm und allen Ableitungen auf einmal, nicht Wort für Wort. Und weil ich (als einziger in der Klasse) in der Quinta beinahe übereifrig die altgriechische Grammatik gelernt hatte, hatte ich mit dem Serbokroatischen leichtes Spiel, weil z. B. das Zeitwort im Grunde dem altgriechischen Zeitwort entspricht, die Ableitung der Hauptwörter viel einfacher ist usw. Belehrt durch diesen Erfolg im Serbokroatischen, stürzte ich mich in ähnlicher Weise aufs Deutsche, das mir dann genauso wenig Schwierigkeiten bereitete.

Inzwischen stieg auch meine Vertrauenswürdigkeit, denn unser Vorstand betraute mich mit dem Berechnen der Flächen auf den fertigen Kartenblättern. Schon nach einer Woche kam dann der alte Herr Kremser zu mir und appellierte an die Kollegialität: Ich solle nicht soviele Parzellen pro Tag berechnen, die Hälfte genüge, sonst würde ihn der Vorsitzende zur Erhöhung seiner eigenen Leistung nötigen. Und als ich, ich weiß schon nicht mehr wie viele, Blätter berechnet hatte, vertraute mir der Vorstand sogar das Angleichen der Flächen in Sektionen aus zwei Berechnungen an, von denen die zweite jemand anderer berechnet hatte.

Gegen Ende meiner ersten Winterzeit in Bosnien betraute mich der Vorstand zum ersten Mal mit der Berechnung einer kurzen polygonalen Reihe, aber er gab mir nur das Berechnungsprotokoll mit einer Skizze des Netzes. Erst als ich von ihm verlangte, er solle mir auch noch die anderen Hilfsmittel geben, und ich sie ihm aufzählte, hörte er auf, daran zu zweifeln, daß ich es zusammenbringen würde. Aber er war wieder sehr verwundert, als ich mit der fertigen Arbeit nach einer halben Stunde wieder bei ihm war.

Letztendlich erledigte ich dann alle rechnerische Arbeit für das ganze Büro überhaupt allein. Einmal nahm mich bei dieser Arbeit der technische Helfer Glück aufs Korn und fragte boshaft: „Was denn? Sie arbeiten nicht mit der offenen roten (polygonalen) Instruktion?"– „Wie meinen Sie das?" fragte ich. Er stellte sich unwissend und antwortete: „Nun, wenn unser ‚Alter' etwas berechnet, schlägt er die Instruktion auf, schaut nach, von wo die Angabe in diese oder jene Rubrik übertragen wurde, und dann überträgt er sie im selben Sinn auch aus seinem Notizbuch ins Formular. Dann schaut er, was man zu dem dazuzählt oder davon abzieht. Erkennt er einen Logarithmus und wohin man ihn einträgt, genauso, als ob man vor einem Spiegel fechten würde, macht er dasselbe in seinem Formular, bis er ruhmreich ans Ende gelangt. Aber oft kommt ihm angeblich Inspektor Blažek darauf, daß er nicht richtig auf die Quadranten geachtet und die Vorzeichen verwechselt hat, und dann ist es schlimm: Alles ist über den Haufen, und der Inspektor gibt ihm eine Hausaufgabe zur Wiederholung." Damals habe ich darin nichts Ungewöhnliches gesehen, weil auch ich vom Vorstand geodäsisch-mathematische Aufgaben nach Hause aufbekommen habe. Erst nach Jahren, als ich den Vorstand bei einer Gelegenheit substituierte und so die Schlüssel zu seinem Tisch hatte, kam ich darauf, daß die Aufgaben, die ich aufbekam, eigentlich die Aufgaben waren, die der Vorstand vom Inspektor bekam. Also, Herr Brauner brauchte meinetwegen keine Sorgen zu haben, aber den Inspektor Blažek haßte er aufrichtig aus ganzer Seele und außer ihm (mit Ausnahme von mir natürlich) wahrscheinlich auch alle anderen Tschechen. Mit Vorliebe erzählte er mir über seine Erfahrungen mit dem Inspektor Trefný, der sein Vorgesetzter bei der Reambulanz in Dalmatien gewesen war. Trefný war angeblich ein besonderer Henker: Er traf noch vor acht Uhr in seinem Büro ein, zog sich schnell die Patschen statt der Schuhe an, und schon schlich er von einer Tür zur anderen. Wehe, wenn er jemanden bei einem kurzweiligen Gespräch ertappte! Aber es fiel mir ein, daß Trefný wahrscheinlich das Leben sehr gut kannte und die Unruhe des italienischen Nationalcharakters. ...

Und zum Lachen noch etwas, was mir Kollege Wizner mitteilte: Als sich der Oberinspektor d'Elvert und die Beamten der Evidenz, die d'Elvert damals überprüfte, unter ihnen Wizner aus Banja Luka, sich einmal nach vollbrachter Arbeit in dem Hotel des Ortes zu der regelmäßig stattfindenden geselligen Unterhaltung zusammensetzten, sprach man natürlich auch über die neuen Kräfte von der Hochschule. D'Elvert erzählte über alle Wunder der Mathematik, die in der Geodäsie verwendet werden, und unter Berufung auf meine Arbeit meinte er: „Das ist ein ganzer Mathematik-Akrobat!"

Vielleicht habe ich mich ein bißchen viel mit Kleinigkeiten aufgehalten, aber ich wollte zeigen, in welche
Atmosphäre wir hineingeraten waren und wie wir uns da
durchschlugen. Mein Fall hätte sich ja, abgesehen von
einigen durch die Verschiedenheit der Beamtenarbeit be-
dingten Abweichungen, an jedem anderen Ort wiederho-
len können.

Zu Beginn natürlich gab es, außer uns beiden, Kollegen
Wizner und mir, keine jüngeren Geometer beim Katasteramt. Erst als ich im Jahre 1903 zu Weihnachten in Prag
auf Kurzurlaub war, forderte mich Prof. Petřík auf, die
Absolventen jenes Zuges zu informieren, in dem die
Landvermesser, die nach Bosnien gelangen wollten, aus-
gebildet wurden. Es dauerte jedoch ziemlich lang, bis ein
regelmäßiger Zustrom von tschechischen Geometern einsetzte. Mit den älteren Kollegen aus Böhmen kam ich
nicht in Berührung. Einerseits waren sie verstreut über
ganz Bosnien und Herzegowina, und andererseits bestand zwischen uns ein zu großer Altersunterschied, um
sich besonders nacheinander zu sehen. Und, was das
wichtigste war: Es existierte wahrscheinlich überall unter
den älteren Herren ein wenig Eifersucht gegenüber dem
schnellen Aufstieg von solchen Grünschnäbeln. . . .

Und so vergingen die Jahre 1903 bis 1905. Der Dienst
verlief immer im selben Rhythmus, und nur, wenn ein-
oder zweimal im Jahr irgendeine normative Vorschrift
einging, unterbrachen wir in den späteren Nachmittags-
stunden die alltägliche Arbeit. Der Vorstand las dann die
Anweisung vor, Satz für Satz, langsam, bedächtig und
mit gebührender Betonung. Nach jedem Absatz gab es
eine Pause, und über dessen Inhalt begann gleich eine
Diskussion: Man analysierte, verglich, erklärte, bis der
Inhalt völlig verdaut war, und so fuhr man bis zum Ende
fort. Dann zog man die Pläne und Schriften heraus und
ging das Ganze noch einmal praktisch durch. In Anbetracht des heutigen Arbeitstempos erscheint ein solches
Verfahren anachronistisch, aber es gibt auch wenige, die

heutzutage die Vorschriften so genau und sicher kennen wie wir damals. Die übergeordneten Ämter gaben normative Anweisungen auch nur im Fall der äußersten Notwendigkeit heraus, wenn sich die Verhältnisse in eine unvorhergesehene Richtung entwickelten. Es gab keine eitlen Ambitionen unter den in der Zentralstelle sitzenden Beamten, etwa dahingehend, daß einer den anderen im Weitergeben von immer komplizierterer Weisheit an die untergeordneten Ämter zu übertreffen suchte. Letzteren vertraute man damals weit mehr als jetzt. Die Arbeitsmoral war offenbar auf beiden Seiten weit höher.

Das Verhältnis der Inspektoren zum ausführenden Personal war immer korrekt, und sie genossen auf dem eigenen Fachgebiet große Autorität. Wenn sie jedoch dieses Gebiet verließen, kam es oft zu Vorfällen, die man dann in gelöster Laune gerne zum besten gaben. So z. B. führte einmal der Leiter Spazzapan eine japanische Studienkomission in die Stadtevidenz in Sarajevo und ließ sich von Krunser ein Blatt graphischer Messung und ein Blatt polygonaler Messung vorlegen und erklärte – wie Krunser, der damals mit Glück alleine im Büro war, erzählte – die polygonale Methode am graphischen Blatt und umgekehrt.

Der größte Schrecken, besonders unseres Vorstandes, war Inspektor Blažek. Er war ein alter Junggeselle, ein Neurastheniker mit fortgeschrittener Sklerose, der seine ganze Zeit nur mit dem Lösen von geodätischen und katastralen Problemen verbrachte. Bei den Revisionen verfolgte er einen gefundenen Fehler hartnäckig bis zu seinen entferntesten Ausläufern und forschte gleich weiter nach seinen Analogien, wozu er klarerweise ganze Halden von Plänen brauchte, die er aus Ungeduld auch nicht wieder wegräumen ließ. Nach seinem Abgang sah es ganz wie nach einer verlorenen Schlacht aus, und das Personal war so abgehetzt, daß es mindestens zwei Stunden regungslos mit starren Augen sitzen blieb, bevor es wieder zu sich kam. Dann kam er auch sehr pädagogisch,

Abb. 1: Eine beliebte Unterhaltung der Beamten am Ende des 19. Jahrhunderts war das Kegelspiel. Hier die Kegelgesellschaft der Beamten der Firma Waldek und Wagner in Prag im Jahr 1880.

Abb. 2: Die Beamten der Firma Waldek und Wagner bei einem Ausflug.

Abb. 3: Privatbeamte der Kaffeebrennerei von Ferdinand Vondráček in Triest im Jahr 1890.

Abb. 4: Chef der Firma Ferdinand Vondráček in seinem Büro.

Abb. 5: Eisenbahnbeamter in Dienstuniform um 1880.

Abb. 6: Das Familienleben hatte für Beamte einen hohen Stellenwert.
Hier ein Beamter des Prager Magistrats mit seiner Frau um 1890.

Abb. 7: Ein Beamter des Prager Magistrats mit Frau und Kindern um 1900.

Abb. 8: Der Vermessungsbeamte Dipl.-Ing. Jan Baše vor seiner Abreise nach Sarajevo im Jahr 1903.

wenn nicht gar schulmeisterlich. Als Hintergrund eines jeden Fehlers fand er irgendeine theoretische Unkenntnis, und schon regnete es Aufgaben, die der Betroffene bis zur nächsten Revision lösen mußte.

Auch wenn er mein Landsmann war, verkehrten wir niemals anders miteinander als streng amtlich. Erst gegen Ende seines aktiven Dienstes, als sein verkalktes Gehirn schon schwer arbeitete und der Leiter Spazzapan – offensichtlich als Vergeltung für seinen Landsmann – ihn mit dem Durchrechnen von allen möglichen Tabellen plagte, rief er mich nach den Amtsstunden zu sich, damit ich ihm die Tabellen durchrechnete. Und so wurde er ein einziges Mal privat mit der Frage: „Was machen Sie denn, junger Mann, mit soviel Geld?" Ich sagte: „Ich unterstütze die Eltern und Geschwister." Das ärgerte ihn jedoch, und er riet mir davon sehr ab: „Sie werden sehen, wenn Sie einmal heiraten wollen, gleich werden sie es Ihnen vermiesen, damit sie nicht um Ihr Geld kommen." So konnte ich einen Blick hinter die Kulissen seines alten Junggesellentums werfen, mit all der Verbitterung, die aus seinem Gesicht starrte und in seiner Stimme durchdrang. Gleich nach dem Erhalt des Dekretes über seine Versetzung aus Bosnien in den dauernden Ruhestand reiste er ab, und nach kurzer Zeit in Böhmen – ich weiß nicht einmal, wo – starb er.

Bei voller Gesundheit jedoch ging unser Oberinspektor d'Elvert in Pension. Er war immer, wie sich das für einen Adeligen gehört, ein Kavalier. Und da auch in diesen billigen Lebensverhältnissen das Kavaliertum teuer war, mußte er sich Geld ausleihen, was an und für sich nichts ausmachen würde, aber er lieh es sich von den Untergebenen aus, was man damals „schmutzige Schulden" nannte. Lange wußte man davon nichts, aber dann kam man auch dahinter, daß er die Schulden mit den zugehörigen hohen Zinsen in Form von Remunerationen zurückzahlte. Das war allerdings ein starkes Stück. Deshalb verschwand er auf einmal wie der Dunst in der Morgensonne.

Damit konnte die bosnische Verwaltung vortrefflich umgehen. Bosnien und Herzegowina waren nämlich okkupiertes Land mit einer Ausnahmerechtsbefugnis der politischen Ämter, und deshalb wurden skandalöse Dinge nicht überflüssigerweise durch Untersuchungen und Strafen breitgetreten. Der Schuldige bekam einfach einen Ausweisungsbefehl und, falls er das Geld für die Reise nicht hatte, auch noch die Fahrkarte (je nach Rang erster oder zweiter Klasse) für die Bahn bis zu seiner Heimatgemeinde. Und er fuhr gewöhnlich mit dem Abendzug ohne den sonst üblichen Abschiedsabend. Diejenigen, die ein Recht darauf hatten, erhielten die Pension, die anderen eine Abfertigung. So schnell er verschwand, so schnell hörte man auch auf, über ihn zu reden, und die breitere Öffentlichkeit erfuhr überhaupt nichts davon. . . .

In vielerlei Hinsicht unterschied sich meine Lebensart von der meiner Kollegen in den Landbezirken. Da mein Arbeitsbereich auf die Hauptstadt beschränkt war, konnte ich täglich auch während der Feldarbeit auf meine gewohnte zivilisierte Art wohnen und mich ernähren, und an Sonn- und Feiertagen gab es sogar die Gelegenheit zu einer ordentlichen Unterhaltung in einem Kreis, den ich mir nach meinem Geschmack zusammenstellen, sozusagen aussuchen konnte.

Ein Geometer auf dem Land mußte für seinen Dienst vor allem bedeutende physische Anstrengungen auf sich nehmen. Der Mangel an Eisenbahn- und Straßenverbindungen nötigte ihn, dreißig bis fünfzig Kilometer Weges, zumeist zu Pferd auf kleinen bosnischen Pferden in einem unbequemen Sattel mit kurzen Steigbügeln, zurückzulegen – in der Herzegowina oft auf abschüssigen Wegen, wo ein Fehltritt oder Schwindelgefühl öfter zum Verhängnis wurden. Ich erinnere mich gut, wie ich, später, als auch an mich die Reihe kam, die Freuden des Landdienstes zu erleben, nach zwei- bis dreistündigem Ritt vom Pferd kroch und lange Zeit wie ein Krüppel ging.

Bei solchen Entfernungen konnte der Vermessungsbeamte nicht zum Sitz seines Amtes – der schließlich und endlich auch nur ein größeres Dorf war – zurückkehren, wann er wollte. So zog er gewöhnlich nach dem Ersten des Monats mit zwei Pferden ins Feld, um wieder vor dem Ersten des darauffolgenden Monats zurückzukehren. Auf einem Pferd saß er selbst, auf dem zweiten Pferd hatte er die Meßgeräte, Karten, Operate und seine Feldküche samt Proviant verstaut.

Bei den Neuen waren es zuerst immer Konserven, aber der bald verdorbene Magen lehrte jeden in Kürze, wenigstens soviel Kochen zu lernen, um sich so schnell und so einfach wie möglich ein Essen zuzubereiten.

Besonders mühselig war immer das Übernachten. Soweit es nicht kühl oder regnerisch war, konnte man unter freiem Himmel schlafen oder in irgendeiner „kukuruzana", einer langgezogenen, engen Scheune für Mais mit Wänden aus Flechtwerk. Aber das Übernachten in einer solchen Hütte – gemauerte Häuser gab es auf dem Land selten – ähnelte wegen der Menge an Ungeziefer oft einer Art von Buße.

Besonders in der Herzegowina wimmelte es von Skorpionen und ekelhaften Tausendfüßlern, ganze Divisionen von Wanzen gar nicht dazugerechnet. In Sumpfgebieten kamen noch die sogenannten „papatáči" dazu, irgendwelche unsichtbaren Gelsen, die mit ihren unermüdlichen und wie Feuer brennenden Stichen, ausschließlich während der Nachtzeit, den Menschen an den Rand des Wahnsinns treiben konnten.

Oft nicht ausgeschlafen, eher hungrig als satt, begab sich der Landvermesser jeden Morgen zur Arbeit in ein Terrain, von dem wir in unseren Ländern nichts Vergleichbares haben. Das Arbeitsprogramm war reichhaltig und setzte sich meistens aus drei Teilen zusammen: die Untersuchung der Besitzveränderungen für die bücherlichen Eintragungen, was mehr oder weniger die vorrangigste Pflicht war; dann die Erhebung der Änderungen in den bäuerlichen Verhältnissen und die Verfertigung der Unterlagen, auf Grund derer das Gemeindeamt die Sache weiterbehandeln konnte, und schließlich bestimmte Fälle von Agraroperationen, unter die besonders die Überprüfung der privaten Ansprüche auf Wälder und Weiden fiel, die irrtümlich oder in Unkenntnis des Gewohnheitsrechts beim Anlegen der Grundbücher als staatlich eingetragen worden waren.

Hierher gehörte auch die Erledigung der Ansuchen um Kauf oder Pacht von staatlichem Grund zu landwirtschaftlichen Zwecken. Obwohl man bei dem ganzen Überprüfen nicht um endloses Feilschen herumkam, das besonders im – sehr nahen – Orient typisch war, glich die Erledigung der Dinge für die Agraroperation einer diplomatischen Angelegenheit. Da gab es Ansprüche über Ansprüche und Einwände über Einwände: Einmal war die Gemeinde mit irgend etwas nicht einverstanden, dann war wieder ein Aga, also ein Großgrundbesitzer, dagegen, woanders wieder fielen Nachbarn übereinander her, und wer nicht viel Erfindungsgeist, genug Energie und die Fähigkeit, mit den Leuten zu verhandeln, hatte, verwickelte sich hoffnungslos in alles, so daß er aus der Gemeinde nicht mehr herauskam.

Gewöhnlich mußte man allen etwas geben, und die Ansprüche wechselseitig so kompensieren, daß dann einer den anderen, ob er wollte oder nicht, unterstützen mußte. Wer das schaffte, war mit der Arbeit nicht nur bald fertig, sondern es verfehlte ihn auch nicht die ehrbare Anerkennung der Leute durch schlichte Bewunderung: Das ist ein Kopf! Was man allerdings im gegenteiligen Fall sagte, eignet sich nicht fürs Papier. . . .

Vom Standpunkt des internationalen Rechts waren Bosnien und Herzegowina bis zum Anschluß im Jahre 1908 immer noch Teil des Osmanischen Reiches. Österreich-Ungarn hatte in den okkupierten Ländern eigentlich nur die Aufgabe der Pazifikation. Und so mußte man, als das türkische „ancien régime" sich im letzten

Moment vor den Jungtürken retten wollte und sich für verschiedene Reformen entschied, die auch die Einhebung der Grundsteuer in Form eines Zehntels der Ernte betrafen, als Verwalter der okkupierten und als Rechtsteil zur Türkei gehörenden Länder auch im Finanzministerium in Wien darüber nachdenken, wodurch man den Zehent ersetzen könnte. Solche durchdringenden Änderungen pflegen immer und überall über lange Zeit hinweg ein tiefes Amtsgeheimnis zu sein, und so gab es in den Ämtern viel leeres Gerede darüber, was sich anbahnte.

So geschah es, als ich eines Sonntagvormittags im Büro ganz alleine saß, daß jemand an die Tür klopfte und, ohne die Aufforderung zum Eintreten abzuwarten, die Tür öffnete und nach dem Vorstand verlangte. Ich erklärte ihm, daß der Vorstand heute überhaupt nicht mehr kommen werde, und gleichzeitig bot ich ihm meine Dienste an, falls es nicht um eine ausgesprochen private Sache ginge. Daraufhin stellte er sich vor: Oberfinanzrat Abheiter. (Ich hätte dies ohnehin aus seinem feingeschnittenen, bürokratischen Gesicht mit kleinen, durchdringenden Augen erraten können.) Er wünschte, sich über die praktische Seite der geleisteten Dienste beim österreichischen Katasteramt zu informieren, und zwar sowohl im Verlauf seiner Entstehung als auch jetzt während seiner Evidenz. Ich teilte ihm mit, daß sich, meines Wissens, mein Vorgesetzter seit langer Zeit nicht mit dem österreichischen Kataster beschäftigte und daß ich, falls er meinen Dienst nicht geringschätze, ihm die gewünschten Information selber geben könne, zumal ich über den österreichischen Kataster die schriftliche und mündliche Staatsprüfung abgelegt und außerdem über ein Jahr bei seiner Evidenz gedient hatte. Er strahlte und überhäufte mich mit einer Menge Fragen. Er hatte nicht einmal Lust, sich zu setzen, und so nahmen wir im Stehen sicher mindestens zwei Stunden lang die Geschichte und Praxis des Vermessens, Einschätzens, Klassifizierens und Besteuerns durch. Aber

wegen seiner eigenen Ungeduld kam ihm im Kopf wahrscheinlich alles wieder durcheinander, und deshalb forderte er mich auf, ihm die Fragen, die er mir diktierte,
schriftlich zu beantworten – allerdings außerhalb der
Dienstzeiten. Ich hatte also einige Tage hintereinander
vor dem Schlafengehen die Gelegenheit zur deutschen
Stilübung.

Aber kaum hatte ich diese Antworten abgegeben, erwartete er mich schon wieder vor dem Amt und steckte
mir ein Blatt mit neuen Fragen zu. Er lobte, wie instruktiv
die Erörterungen waren, er hätte zwar all die Gesetzestex-
te, Anordnungen, Instruktionen und dergleichen, könne
aber erst nach deren praktischer Auslegung, die er aus
meinen Abhandlungen schöpfe, zu ihrem Sinn und
Zweck vordringen. Und so regnete es einen Fragebogen
nach dem anderen. Zwar hatte ich im deutschen Stil
bereits ausreichend Übung, und doch belastete mich die
Arbeit derart, daß ich einige Kilogramm abgenommen
habe.

Inzwischen munkelte man, daß beim Sektionschef eine
Konferenz von Fachleuten der direkten Steuern der anderen folgte, und von der Katastraldirektion sickerte durch,
daß auch der Katastraldirektor Spazzapan dazu eingeladen wurde. Aber nach einiger Zeit wurde seine Anwesenheit immer seltener, bis er auf einmal nicht mehr erschien,
und niemand konnte sich erklären, warum, bis es auf
einmal krachte – über mir.

Die Anforderungen des Oberfinanzrats Abheiter stei-
gerten sich nämlich derart, daß ich für die neuen Verhandlungen bis tief in die Nacht hinein arbeiten mußte,
und als ich mich schon derartig geschwächt fühlte, daß
ich bei meiner eigenen Arbeit im Büro einschlief, lehnte
ich weitere Arbeiten für Abheiter ab. Eine weitere Aufgabe gab er mir also nicht mehr, aber er versprach mir, den
Sektionschef um Erlaubnis zu bitten, mich für eine bestimmte Zeit in sein Büro zu versetzen, um so nur während der Amtstunden für ihn zu arbeiten. Anstandshalber

mußte allerdings der Sektionschef bei Direktor Spazzapan um meine Befreiung vom Katastraldienst ansuchen, und als Spazzapan erfuhr, zu welchem Zweck, erklärte er mich vor dem Sektionschef als Beamten überhaupt und für den Kataster im besonderen voll und ganz unentbehrlich. Von meiner Zuteilung zu Abheiter ging man daraufhin völlig ab.

Kaum jedoch war der Leiter in sein Büro zurückgekehrt, war schon der Kanzlist Lím bei mir mit der Mitteilung, ich solle unverzüglich in die Direktion kommen. Spazzapan, sonst so wohlgesinnt und liebenswürdig, nahm mich mit einem unendlich strengen Gesicht in Empfang, und gleich fuhr er mich an, ob und was ich für den Oberfinanzrat Abheiter gearbeitet hätte. Ich beichtete ihm alles von A bis Z und führte den gesamten Stoff an, den ich für Abheiter bearbeitet hatte. Er war darüber außer sich und machte mir den schweren Vorwurf, daß ich ihm das nicht gemeldet hatte. Ich wehrte mich, indem ich sagte, daß Oberfinanzrat Abheiter im Namen des Sektionschefs gekommen war, also meines im Finanzdienst höchsten Vorgesetzten, und daß ich daher voraussetzen konnte, daß die Handlungen des Sektionschefs jeder seiner untergebenen Instanzen, also auch dem Katastralchef, bekannt sein mußten. Das genügte, aber weitere Arbeiten für Abheiter verbat er mir und ordnete an, daß ich jetzt privat für ihn arbeiten mußte.

Sobald die Grundsätze des neuen Grundsteuersystems beschlossen waren, begann man gleich mit Versuchsarbeiten. Mein Vorgesetzter Grauner und der alte Herr Krunser waren mit den Hauptgrundsätzen im Frühjahr des Jahres 1905 nach Posovina geschickt worden, um als die zuverlässigsten Forschungsbeamten in der deutschen Kolonie „Franz-Josephs-Felder" die Anwendbarkeit jener Grundsätze auszuprobieren. Über ihre Erfahrungen mußten sie umfassend Mitteilung machen, und nach der neuerlichen Behandlung des Stoffes wurde eine provisorische, lithographierte Instruktion herausgegeben, nach der in jedem Bezirk versuchsweise eine möglichst kleine Gemeinde erfaßt werden mußte.

Die alten Herren von der Militärvermessung, unter ihnen auch viele Tschechen, für die die Neuerungen eine bekannte Sache waren, hatten damit allerdings unendliche Sorgen, weil das für die Katastraldienste geradezu unerhörte Neuheiten waren. Heute würdigt kaum jemand mehr die Dienste, die damals die jungen Männer mit ihrem sofortigen Verständnis und ihrem Einfluß auf die verwirrte, alte Generation geleistet haben. Ihr Einfluß kam vor allem im Jahre 1906 zur Geltung, als angeordnet wurde, daß nach der definitiven Instruktion bereits ein Zehntel erfaßt werden sollte, immer nach dem kleinsten Bezirk aus jedem der insgesamt fünf Kreise (Banja Luka, Dolnja Tuzla, Mostar, Sarajevo und Travnik).

Das war auch ein Grund für die Aufnahme von neuen Kräften, und zwar nicht nur von Einheimischen mit Mittelschulbildung, sondern auch von Absolventen des Ausbildungszuges für Landvermesser an einigen der österreichischen technischen Hochschulen. Außer den üblichen Erfordernissen war Bedingung, daß der Bewerber irgendeine slawische Sprache beherrschte. Es meldeten sich also vorwiegend Tschechen, Polen, hier und da ein Slowene und von den Deutschen diejenigen, die aus gemischten böhmischen und slowenischen Gegenden abstammten. Auch einige polnische Juden fehlten nicht.

Da sich wegen der Bevorzugung der Hochschüler unter den Mittelschulgeometern eine lautstarke Unzufriedenheit breitmachte, die in einem schriftlichen Protest an das gemeinsame k. u. k. Finanzministerium in Wien gipfelte, wurden die Hochschüler später nicht mehr gleich als (wirkliche) Evidenzeleven in die elfte Rangklasse, sondern als provisorische Evidenzeleven mit einem Adjutum aufgenommen.

Der gemeinsame Finanzminister war damals Burian. Mit ihm eröffnete die österreichisch-ungarische Verwaltung bereits die Zugeständnisse an das südslawische

Selbstbewußtsein, das mit lebendiger Kraft gleich nach Ende des Balkankrieges zu wachsen begann. Minister Burian prägte auch das Schlagwort von den „importierten Beamten", in dem sich die Vorrangigkeit einheimischer Kräfte gegenüber fremden ausdrücken sollte. Die Umsetzung dieser Parole manifestierte sich im Katasteramt gerade in der Aufhebung der elften Rangklasse für die Neulinge, die aus der Monarchie herbeikamen.

Von den Tschechen wurde im Jahre 1904 mein Bruder Antonín in das Katasteramt aufgenommen. Er arbeitete hauptsächlich beim Anlegen der Grundbücher. Nach einem unglücklichen Sturz mitsamt dem Pferd in eine Schlucht in der Gegend von Bilica in der Herzegowina war er jedoch bereits ab dem Jahre 1908 für immer dienstunfähig und starb schließlich im Jahre 1920 an den Folgen des Unfalles.

Dieser Zuzug von tschechischen Geometern nach Bosnien und in die Herzegowina war eine Folge der völligen Überfüllung der Stellen beim Katasteramt in ganz Österreich überhaupt und in den böhmischen Ländern im besonderen. Schon im Jahre 1901 besetzte unsere Gruppe von Absolventen, die wir damals die Staatsprüfung noch vor den Ferien abgelegt hatten, die Elevenstellen mit einem Adjutum bis auf den letzten Platz.

Die Kollegen, die die Staatsprüfung erst nach den Ferien abgelegt hatten, mußten schon eine bestimmte Zeit als Volonteure ganz ohne Bezahlung ihren Dienst tun, und je weiter die Zeit voranschritt, umso länger wurde dieser Volonteursdienst. Deshalb waren die besitzlosen Kollegen genötigt, sich woanders hinzuwenden. Während meines ersten Weihnachtsurlaubs, in dem ich von Bosnien nach Prag kam, besuchte ich auch Prof. Petřík, der nach allen Dienst- und Lebensbedingungen in Bosnien und der Herzegowina genau fragte. Er war bemüht, eine größtmögliche Anzahl von Absolventen der Landvermessung unterzubringen, und verwies alle Abgänger von der Prager Technischen Hochschule an mich. Allen, die sich an mich wandten, beantwortete ich dann die Fragen, die sie sich vor ihrem unbekannten Lebensweg stellten. Ob ich ihr Schicksal auf dem Gewissen habe oder ich es mir als Verdienst anrechnen soll, daß ich viele vielleicht dorthin gelockt habe, wird vom Urteil eines jeden Betroffenen abhängen. . . .

Bereits im Februar 1907 traf sich bei den einzelnen Evidenzstellen eine sehr bunte Gesellschaft von Leuten, die einerseits aufrichtig und gewissenhaft waren, andererseits auch verschiedene Individuen, die während ihrer Studien unglücklich Schiffbruch erlitten hatten und für die der angebotene Dienst nichts anderes als ein interessantes Abenteuer sein konnte. Auch wurde, besonders am Beginn, eine ganze Reihe von ihnen wieder entlassen und die Lücken mit weiteren Bewerbern besetzt, deren Anträge die Landesregierung in Reserve hatte.

Aber statt allgemeiner Erwägungen, die bei weitem nicht so plastisch sein können, stürze ich mich lieber in die Schilderung, wie ich selbst diese Zeit, inmitten dieser Gesellschaft und hier in diesem besonderen bosnisch-herzegowinischen Beamtenmilieu, erlebte. . . .

So gelangte ich an einem Tag im Frühling des Jahres 1907 mit meiner Frau mit dem Mitternachtszug von Sarajevo nach Maglaj. Ich hatte die Absicht, mich gleich ins bestellte Hotelzimmer zu Bett zu begeben, um mich am nächsten Morgen frisch beim Bezirksvorsteher Loewy, einem getauften Juden, und beim Vorstand der Evidenz, dem Obergeometer erster Klasse Alois Knorr, einem Tschechen, melden zu können. Aber als ich mich schon auszuziehen begann, kam zu mir eine Abordnung, angeführt vom Bezirksfeldwebel Křikava, dem Verwalter der Heeresevidenz, und lud mich ein, mich wenigstens ein Weilchen mit meinen Berufskollegen zusammenzusetzen. Ich ging also mit meiner Frau ins Lokal, und dort saß tatsächlich das ganze neue Evidenzpersonal, hauptsächlich die Honorargeometer, in bereits stark angeheitertem Zustand. Was Wunder: Aufgrund ihrer beengten, an Entsagungen reichen Lebensverhältnissen, lebten sie mit dem bequemen Monatseinkommen von dreihundert Kronen ihren jugendlichen Übermut aus. Ich tauschte schnell einige Grußworte aus und verlor mich mit meiner Frau schnell wieder, indem ich mich auf die Müdigkeit nach der Reise ausredete. Auf meiner Stirn entstanden die ersten Falten.

Am nächsten Tag machte ich mich mit dem Bezirksvorsteher – wie gewöhnlich von geschliffenem Benehmen – bekannt sowie mit den anderen Beamten des Bezirksamtes und des Gerichts und in erster Linie selbstverständlich mit meinem unmittelbaren Vorgesetzten, dem Obergeometer erster Rangordnung, Knorr. Er war schon ein alter Herr, verhutzelt und gebeugt, aber geistig immer noch rege. Falls das Gespräch nicht noch jemand anderen betraf, sprach er mit mir tschechisch. Die Evidenz leitete er noch bis zum Beginn der Sommerarbeiten, woraufhin er in den benachbarten Bezirk Žepče verlegt wurde, wo damals der dortige Obergeometer erster Rangordnung Kopřiva, ein Tscheche, gestorben war. Die Leitung der Evidenz vertraute die Landesregierung dann mir an.

Der Obergeometer Knorr erwies uns allen unschätzbare Dienste, indem er uns die gesamte Ausrüstung empfahl, die zum Reisen über das bosnische Land und für eine anständige Existenz in den bosnischen Dörfern notwendig war. Er führte nicht nur genau und einzeln alle notwendigen Gegenstände an, er gab auch Firmen an, wo man am günstigsten einkaufte, und bei einem Großeinkauf handelte er sogar einen Preisnachlaß heraus. Seine Umsicht und Zweckorientierung war bei einem so alten Herrn wirklich schon bewundernswert. Im Amt hinterließ er mir jedoch in einer Richtung – und zwar gerade in der unwillkommensten – ein Erbe, das mir langes Kopfzerbrechen bereitete, bis ich es unter Ausschluß der Öffentlichkeit liquidieren konnte – aber das an seinem Platz.

Die Verantwortung des Vorstands war sehr beachtlich, und bei einem so jungen Menschen, der ich damals war –

ich war fünfundzwanzig Jahre alt –, hätte ein Ausrutscher das Ende der gerade erst begonnenen Karriere bedeutet. Ich war nicht nur für meine eigene Arbeit verantwortlich, sondern auch für die Arbeit meiner Untergebenen. Es ging also darum, diese auf die Arbeit so vorzubereiten, daß ich bei ihrem eigenen eventuellen Fehlschlag nachweisen konnte, daß ich alles Menschenmögliche getan hatte. Auf der technischen Seite schulte noch der alte Herr Knorr als erfahrener Praktiker die Neulinge ein – es waren ein Eleve und vier Honorargeometer, bis auf einen Sudetendeutschen durchwegs Polen –, obwohl er, wahrscheinlich gerade wegen seiner Routine, keine besondere Instruktionsgabe hatte. Für die hastige und oben bereits geschilderte Art der Arbeit – monatlich wurde das vollständige Bearbeiten von zweitausend Parzellen nach dem neuesten Stand verlangt – reichte seine technische Anleitung jedoch vollkommen aus.

Schlimmer war es mit dem Lernen des Serbokroatischen. Alle stimmten darin überein, daß man die Sprache vom Zuhören lerne würde, und niemand wollte ernsthaft in seiner Freizeit lernen. Erst als ich mich mit ihnen in den ersten Bezirk aufmachte und sie hörten, wie ich pausenlos ganze zwei Stunden auf die Leute einredete, um ihnen den Sinn und Zweck der Arbeit zu erklären, und mir damit ihre Unterstützung zu einem glatten Arbeitsablauf sicherte, bekamen sie vor alledem Gänsehaut. Und erst bei der Ermittlung des Grundbesitzes, wenn die Parteien begannen, von Adam und Eva an über ihre alten Wehwehchen zu erzählen, und es notwendig wurde, die Verhandlung umgänglich, aber bestimmt auf ein sachlicheres Gleis zu lenken! Dann zeigte sich bei ihnen mit einem Schlag großes Interesse am Erlernen der Sprache, aber für etwas Systematisches war es bereits zu spät, da anschließend jeder gleich seinen Rayon übernehmen und selbständig arbeiten mußte.

Mir blieb nichts anderes übrig, als alles folgendermaßen zu lösen: Ich schrieb eine Art Konversationsbuch zusammen, in dem, selbstverständlich mit der deutschen Übersetzung, kurze Sätze angegeben waren in der Reihenfolge vom Willkommen bis zum Abschied in einer Gemeinde. Es umfaßte Sätze wie: „Wo wohnt der Gemeindevorstand? Führen Sie mich zu ihm! Guten Tag, Bürgermeister! Ich bin der und der, und ich bin gekommen, um diese oder jene Arbeit zu machen. Teilen Sie mir einen Raum zum Wohnen zu! Wieviel wird er kosten? Wo bekomme ich dieses und jenes?" Und so weiter, bis ich alles erschöpfend behandelt hatte, was ein Beamter zur Arbeit und zum körperlichen und seelischen Wohlbefinden brauchte. Am Schluß schrieb ich einleitende Worte, mit denen die Geometer ihre Arbeit eröffnen sollten, und als die jungen Herren alles sauber abgeschrieben hatten, lehrte ich sie, diese Sätzchen und die Eröffnungsrede nach Möglichkeit richtig auszusprechen. Und tatsächlich, diese Vorgangsweise rettete uns alle aus vielen Verlegenheiten, obwohl ich mich beim ersten Lesen der Eröffnungsrede mit ihrer serbokroatischen Aussprache vor Lachen zerkugeln konnte. Erstaunlicherweise machten die besten Fortschritte nicht die Polen – sie verließen sich immer noch auf die sprachliche Ähnlichkeit mit ihrer Muttersprache – sondern der Sudetendeutsche, der Kulturingenieur Patka. Der kaufte sich Mahrers in deutscher Sprache verfaßte Grammatik des Serbokroatischen, und ständig, auch auf dem Gang zur Gemeinde, buchstabierte er darin. Er sprach von allen als erster fließend.

Zu der obigen Zahl der vier Honorargeometer habe ich den Brünner Deutschen Schembera nicht gerechnet, der wegen ständiger Trunkenheit und nächtlichem Grölen noch vor der Eröffnung der Feldarbeit entlassen wurde. Zur Entlassung verhalf ihm vor allem die Urgenz der Auszahlung seiner Reiseausgaben von Brünn nach Maglaj, die er privat an die Landesregierung auf ein Brieflein schrieb, von einem Format, das üblich ist, wenn die Köchin ihrem Soldaten schreibt. Sein Schreiben war übersät von Ausdrücken, die nicht einmal ein Privatmann im Fall des größten Unrechts gebrauchen dürfte. Und so ähnliche Fälle gab es in Bosnien und der Hezegowina zur Genüge.

Mit Beginn der Feldarbeiten hörten wegen der Aufteilung des Personals auf die Gemeinden das allabendliche Beisammensitzen im örtlichen Hotel und die oftmals darauf folgenden nächtlichen Exzesse auf. Die jungen Herren hatten sich ausgetobt, und die Sorgen und das Ungemach der Arbeit und des Lebens auf dem Land brachten sie auf andere Gedanken. Im großen und ganzen verlief die Arbeit zufriedenstellend, und was am wichtigsten war: Die Leistungen zeigten, daß die Erfüllung des Programms sichergestellt war. Auch die Bevölkerung war mit den Arbeiten der jungen Herren zufrieden, und ich könnte gleich zu den Winterarbeiten übergehen, wäre da nicht eine Begebenheit, die ich, weil sie typisch war, nicht schweigend übergehen darf. Sie läßt durchblicken, wie das Verhältnis der Evidenz des Katasteramtes zum Bezirksvorsteher war, dem sie dienstmäßig unmittelbar unterstellt war, da sie eigentlich nur als Bestandteil der Bezirksämter galt.

In der Kanzlei von Maglaj hatte ich den hervorragenden Kanzleihelfer Neumann, auf den ich mich voll verlassen konnte und der auch bei den jüngeren Kanzleikräften darauf achtete, daß die neuen Operate sowohl von den Zahlen her als auch hinsichtlich der Recht- und Schönschreibung einwandfrei waren. Durch seine Gewissenhaftigkeit war ich enorm entlastet, und ich konnte mich dadurch mehr der Organisation des ganzen Vorgehens widmen, damit die Arbeit ohne Pausen und ohne Störungen von einer Hand in die andere ging, daß sich nichts wiederholte, nichts ausgebessert und umgearbeitet werden mußte und dergleichen. Um diesen Kanzleiarbeiter Neumann bemühte sich der Bezirksvorstand Loewe ständig, aber mir gelang es immer, ihm meinen Mitarbeiter auf irgendeine Weise auszureden. Das Recht war

allerdings auf seiner Seite, weil er gemäß der Dienstordnung für die Bezirksvorsteher sämtliche Kräfte, welchen
Abteilungen des Bezirksamtes auch immer sie zugeteilt
sein mochten, nach eigenem, freien Ermessen benutzen
konnte. So wartete ich voller Bedenken auf den Moment,
wo er mir anordnen würde, Neumann den einen oder
anderen Tag vom Dienst zu entbinden und ihn anzuwei-
sen, sich dort und dort zu melden.

Aber das Glück war mir gewogen. Eines Tages wurde
mir zu verstehen gegeben, daß ich mich auf den Amtsbe-
such des Sektionschefs Feichtinger und des Hofrats Sertic
vorbereiten solle. Beide Herren kamen tatsächlich, nahmen mit mir das ganze Programm durch, und als sie
gewahr wurden, daß ich nach dem erreichten Arbeits-
durchschnitt sowohl in der Kanzlei als auch im Feld noch
eine Art Reserve für alle möglichen Fälle hatte, waren sie
mit allem sehr zufrieden. Der anwesende Bezirksvorsteher Loewe strahlte nur so vor Zufriedenheit, da ein Ab-
glanz des lautstarken Lobes sicherlich auch auf ihn fiel.

Aber seine Freude währte nicht lange. Gerade vor dem
Weggehen fragte mich der Sektionschef, ob ich nicht noch
etwas oder jemanden bräuchte, damit die zeitgerechte
Beendigung der Arbeit über alle Bedenken sichergestellt
sei. Ich dankte ihm und versicherte ihm, daß ich, würde
mir der heutige Personalstand erhalten bleiben, für die
rechtzeitige Beendigung der Arbeit sogar persönlich haf-
ten könne. Daraufhin beeilte sich der Sektionschef zu
fragen: „Was denn, will man Ihnen Kräfte wegneh-
men?" – woraufhin ich ohne Umschweife auf den Bezirksvorsteher zeigte und sagte: „Der Herr Bezirksvorstand will angeblich unbedingt den Kanzleihelfer Neumann beanspruchen . . ." Dieser ließ mich gar nicht aus-
reden und versicherte, während er sich in Liebenswür-
digkeiten mir gegenüber erging: „Aber selbstverständlich
lasse ich ihn Ihnen. Wenn Sie mir nur mit einem Wört-
chen angedeutet hätten, daß er für Sie eine so wertvolle
Kraft ist . . ." Da unterbrach ihn wieder der Sektionschef

mit schallender Stimme: „Hervorragend, so ist das jetzt für alle Seiten in Ordnung!" Alle grüßten einander, und nachdem ich mich abgemeldet hatte, gingen sie.

Neumann hatte ich mir so gerettet, aber mit dem Herrn Bezirksvorstand hatte ich es mir verdorben. Dienstlich konnte er mir allerdings nichts anhaben, und so hängte er mir zumindest die Agenda, die die Änderungen im Verhältnis zwischen den Agas und den Kleinbauern betreffen, an. Diese Sache verhandelten immer die politischen Adjunkte, aber ich zuckte nicht einmal mit der Wimper. Ich fertigte die notwendigen lithographierten Formulare an, und in zwei Monaten hatte ich nicht nur die üblichen Sachen in Zusammenhang mit der Bestimmung des Zehents erledigt, sondern auch die alten „Reste" des Herrn politischen Adjunkt. Von dieser Seite ist der Angriff also nicht gelungen.

Diese Begebenheiten liefen zur selben Zeit wie der Balkankrieg ab, als man nicht wußte, ob nicht auch Österreich-Ungarn mit den Siegerstaaten des Balkans in den Krieg eintreten würde. Weil die einheimische Bevölkerung in der Begeisterung über die Erfolge ihrer Stammesbrüder schwelgte, sah die Landesregierung darin einen Stachel gegen sich selbst und ordnete daher unter anderem an, die Staatsbeamten sollten sich zu streng ausgeglichenen und disziplinierten Reihen zusammenschließen und dadurch gegen die Bevölkerung einen festen und nach außen hin imposanten Damm bilden. Je enger das Verhältnis zwischen den Beamten würde, umso größerer Abstand sollte wiederum zwischen den Beamten und Nicht-Beamten gepflegt werden, und ein solcher Nicht-Beamter war z. B. auch der Feldwebel Křikava, mit dem ich immer als Landsmann freundschaftlich in Kontakt war.

Also ließ mich der Bezirksvorsteher eines Tages zu sich in die Kanzlei rufen und erteilte mir einen Verweis für meine gesellschaftlichen Beziehungen zu Křikava. Den Verweis lehnte ich natürlich ab, und ich forderte den

Bezirksvorsteher auf, mir wegen dieser Ablehnung eine höhere Strafe zu geben, nämlich eine Verwarnung in Gegenwart des ältesten Beamten im Bezirk, dies war der Obersteuereinnehmer. Als er nach dem Grund fragte, sagte ich ihm direkt, daß ich dann einen Zeugen hätte und ich mich wegen seiner Behandlung bei der Landesregierung beschweren würde. Das ärgerte ihn ungeheuer. Das höhere Strafausmaß erlegte er mir nicht auf, folglich nahm ich beim Abgang zwischen Tür und Angel nicht einmal die einfache Strafe an.

Dann hatten wir überhaupt keinen Kontakt mehr bis zu den Wahlen ins lokale Beamtenkasino, bei denen nach feststehender Tradition die Bezirksvorsteher lebenslänglich und erblich Vorsitzende waren.

Unsere ganze Kanzlei und viele andere Unzufriedene arrangierten eine oppositionelle Kanditur, an deren Spitze der Apotheker des Ortes stand. Für die Kandidatur hatten wir eine sichere Mehrheit, aber als der Wahlgang vorüber war, bekam die Mehrheit der Ausschuß mit dem Bezirksvorstand. Der Wahlprüfer war der Bezirksstraßenmeister, also eine Person, die vom Bezirksvorstand besonders stark abhängig war. Das Ergebnis nahm die Opposition mit gehörig lautstarken Bemerkungen an, die sich der Bezirksvorsteher sicherlich nicht an den Hut steckte. Schließlich aber unterwarf man sich, denn die Urne versiegeln zu lassen und mit Rekurs auf die Landesregierung wegzuschicken, hätte damals zu keinem Ziel geführt. Die Landesregierung hätte wegen irgendeiner Wahl in einem örtlichen Kasino nicht den Bezirksvorstand dem öffentlichen Gelächter, wenn nicht sogar der Verachtung, ausgesetzt, besonders in so bewegten Zeiten wie damals.

Zum Beamtenleben in den Bezirken komme ich noch einmal zurück in einem eigenen Kapitel, aber hier habe ich wenigstens ein kleines Bild von der Position des Bezirksvorstehers gegeben und wie er diese gleich einem Pascha ausnutzen konnte.

Vor Beendigung der Feldarbeiten mußte ich noch eine Sache erledigen, die für mich jedoch weit unangenehmer war, weil sie einen Landsmann, den Obergeometer Knorr, betraf.

Eines Tages kam in meiner Kanzlei ein Bauer mit der Anzeige vorbei, daß der Geometer, der in seinem Bezirk arbeitete, nicht anerkennen wolle, daß seine Wirtschaft bereits unter ihm und seinen Geschwistern aufgeteilt worden war. Für die Vermessung der Anteile hatte er sich angeblich den Bezirksgeometer bestellt und diesem dafür eine beträchtliche Summe bezahlt. Sicherheitshalber fragte ich noch einmal, welcher Bezirksgeometer denn das war, und da sagte mir der Bauer direkt: „Das war doch dein Vater!" Der einfache Mann dachte nämlich, daß die Ämter in einem gewissen Sinn erblich wären, besonders dann, wenn sie feststellten, daß der Nachfolger derselben Nationalität wie der Vorgänger war. Ich führte ihn aus diesem Irrtum heraus, aber die Sache war mir umso unangenehmer, als ich von diesem Menschen – und sicherlich noch von vielen anderen – in einen Sack mit „meinem Vater" geworfen wurde. Dieser Fall blieb nicht der einzige. Die Parteien kamen nicht nur zu mir mit ähnlichen Fällen in die Kanzlei, sondern am nächsten Ersten, als alle Geometer zum Sitz des Bezirksamtes zurückkehrten, um sich ihr Gehalt abzuholen, wurden ganze Listen von solchen Betroffenen überbracht.

Das Vermessen der Änderungen gegen Vergütung der Spesen kannte das bosnisch-herzegowinische Katasteramt damals überhaupt nicht, und alle Feldarbeiten wurden den Parteien nach ordentlicher Verlautbarung von Amts wegen völlig unbezahlt ausgeführt. Das war also eine Verletzung der Vorschriften in einem bis dahin nie dagewesenen Ausmaß, und es gab keine einzige Gemeinde, die dieser illegalen „Arbeit" nicht eine reichliche Weide gewährt hätte. Aber das Schlimmste dabei war, daß diese Änderungen, für deren Ausführungen sich der Obergeometer Knorr schwer bezahlen ließ, überhaupt nie durchgeführt worden waren. Hier und dort habe ich irgendeinen flüchtig und nur im Urzustand ausgefüllten Meldezettel – damals eigentlich ein Auszug aus dem Amtsbuch – gefunden, anderswo auf Kopierpapier wieder irgendeine Skizze. Alles war nur nachlässig angezeichnet und gewährte demjenigen, der im nachhinein die Dinge in Ordnung bringen wollte – worum ich mich einige Male vergeblich bemühte –, keine brauchbare Stütze.

Und was jetzt? Eine Disziplinaranzeige machen? Wäre es um einen jungen Menschen gegangen, der noch genügend Zeit und Kraft gehabt hätte, sich anderswo zu versorgen, hätte ich das ohne zu zögern gemacht. Aber was mit einem alten Tunichtgut anfangen? Es ging mir auch um die zugeteilten Kollegen, die mit fragenden Blicken neugierig abwarteten, was ich unternehmen würde.

Und ich machte es so: Den Entschluß habe ich nicht mir vorbehalten, sondern ich rief alle diese zugeteilten Kollegen zu einer streng amtlichen und vertraulichen Beratung zusammen. Darin wies ich auf die Unumgänglichkeit einer Maßnahme hin, durch die den beteiligten Parteien eine vollständige, besonders materielle Genugtuung zuteil würde, allerdings solcherart, daß die ganze Affäre nicht an die Öffentlichkeit gelangte, und besonders nicht zur Kenntnis der vorgesetzten Behörden, die dann notwendigerweise disziplinäre Maßnahmen hätten ergreifen müssen. Vor denen hätte ich jeden so gealterten Mitarbeiter gerne bewahrt, auch wenn er nicht mein Landsmann gewesen wäre. Ich ließ die Kollegen eine Weile über diesem nicht einfachen Problem sich den Kopf zerbrechen – in den beiden wichtigsten Punkten waren sie mit mir einer Meinung –, und als niemandem mehr etwas Geeignetes einfiel, schlug ich folgende Methode vor:

Jede der betroffenen Parteien sollte eine schriftliche Bestätigung erhalten, daß die Änderung, für deren Vermessung die Partei bezahlt hatte, in den Katastralplänen nicht durchgeführt worden war. Gleichzeitig instruierte der betreffende Geometer – in der Amtskanzlei dann ich – die Partei mündlich, sich nach Žepče zu begeben, dort die Bestätigung dem Obergeometer Knorr vorzulegen und die Rückerstattung des Geldes zu verlangen. Žepče war als benachbarte Kreisstadt von Maglaj auf dem direkten Weg über die Berge etwa zwei Stunden Fußmarsch entfernt, und die Parteien wanderten daher haufenweise nach Žepče. Zuerst zahlte der Obergeometer Knorr das eingehobene Geld wirklich aus. Als aber ganze Prozessionen nach Žepče strömten, überstiegen die Auszahlungen seine finanziellen Kräfte, und so lud er eines Tages sein gesamtes Eigentum in einen Waggon und floh nach Gruž in Dalmatien, von wo er dann um Versetzung in den dauernden Ruhestand ansuchte. Dort starb er dann auch nach ein paar Jahren.

Damit wuschen wir uns vor der Bevölkerung rein und zeigten öffentlich, daß wir uns mit den Machenschaften Knorrs nicht identifizierten, und Knorr entfernten wir, ohne daß die strafende Hand auf ihn herabfiel. Erst nachträglich, als schon alles hinter uns lag, erzählten mir die Kollegen, die – zum Unterschied von mir – in ständigem Kontakt mit den Parteien waren, wie gerissen sich Knorr ein ganzes erpresserisches System eingerichtet hatte, damit beim einfachen Volk alles so selbstverständlich und logisch aussah, daß sich niemand über seine Befugnis auch nur informierte, geschweige denn sich darüber beschwerte.

Da des Kaisers Geburtstag auf den 18. August fiel, war der August, so erklärte Knorr, „gebührenfreier Monat", womit seine Majestät dem Volk einen besonderen Vorzug für die Treue zur Dynastie gewährte – in den dortigen Verhältnissen eine sehr wirkungsvolle und verständliche „Draperie". Denn wer keine Eile hatte und mit der Durchführung seiner Veränderungen – meistens ging es um Teilung des gemeinschaftlichen Besitzes – bis August warten konnte, dem wurde alles gebührenfrei vermessen und erledigt. Die übrigen allerdings mußten in den anderen Monaten den vollen Preis bezahlen. Knorr arbeitete je nach der Entfernung einer Gemeinde von Maglaj und nach dem Ausmaß des Anwesens einen genauen Tarif aus, so daß jeder wußte, wieviel ihn diese Arbeit kosten werde, und weil auch diese Einrichtung einen Eindruck von ungeheurer Objektivität machte, nahm man sie als gänzlich amtlich, und dem Volk fiel es nicht einmal ein zu handeln.

So floß Herrn Knorr das Geld nur so in Strömen zu, aber wie es eben so ist, legte er sich davon nichts zurück. Durch weiteres Spurensuchen entdeckte ich den ganzen Hintergrund, der alles, was ich bis zu dieser Zeit an Ekelhaftem erlebt hatte, übertraf.

Der Vorgänger des Bezirksvorstehers Loewe war der Vorsteher Yull – oder wahrscheinlich von Yull –, angeblich englischer oder irischer Herkunft. Vor nicht allzulanger Zeit hatte dieser in Maglaj durch Selbstmord, zu dem seine Frau Anlaß gegeben hatte, sein Ende gefunden. Frau Yull lebte während meines dortigen Wirkens mit ihren, ich glaube, zwei erwachsenen Töchtern noch immer in Maglaj. Man erzählte sich, daß sie von irgendeinem geschlechtlichen Wahn befallen war. Indem sie sich jedem hingab, etwa auch einem vorübergehenden Landstreicher, der ihre Aufmerksamkeit erregte, machte sie ihrem armen Ehemann das Heim vollends zu einem Bordell.

Nur mit Widerwillen betrat er sein Haus, und wann er nur konnte, hielt er sich außerhalb des Hauses auf, viele lange Abende bis tief in die Nacht vor allem im örtlichen Beamtenkasino, wo er die ganze Zeit Karten spielte. Seine Spielgenossen waren unser bekannter Knorr, dann der Forstverwalter Müller, ein Deutscher, und der Grundbuchführer Barišić, ein Kroate. Diese Herren ließen Yull täglich gewinnen, und zwar solche Summen, daß sie zur Deckung auch der verrücktesten Gelüste von Frau Yull genügten. Es wurde nur um Goldzehner und Zwanzigkronenstücke gespielt, und wieviel Geld man dort täglich umsetzte, war daraus zu ersehen, daß um die freigewordene Stelle des Dieners im Kasino eine richtige Rauferei war, denn der Diener hatte beim Kehren des Lokals täglich einige unter den Teppich gerollte Goldmünzen gefunden. Diese Diener rekrutierten sich gewöhnlich aus der örtlichen moslemischen Bevölkerung, und, wenn wir uns die erstaunlich bescheidenen Lebensregien so eines Menschen vorstellen, verstehen wir, daß ihn seine Stammesgenossen schon nach kurzer Zeit für einen Nabob hielten.

Aber Gefälligkeit gegen Gefälligkeit, und so ließ Herr Yull wiederum alle Herren frei in seinem Bezirk wirtschaften, und damit erklärt sich auch, daß sie seinen Finanzförderplan zu einem völlig durchdachten System ausarbeiten konnten. Herr Knorr vermaß die Teilungen und Ansprüche der Parteien an den Waldflächen, Herr Müller verkaufte dazu seine fachlichen Forstgutachten, Herr Barišić trug dann alles nach glücklicher Erledigung in die Grundbücher ein, und jeder von ihnen bezog während seiner erfolgreichen Arbeit eine kapitale Rente, aus der ein redlich abgemessener Zehent dann in die Taschen Herrn Yulls floß, damit er aus den so gewonnenen Mitteln durch die Pracht seines Hauses dessen innere Zerrüttung verhüllen konnte. Aber er war ein Mensch, dem es doch nicht gelang, sein Gewissen zur Ruhe zu bringen, und um aus all der moralischen Not zu entkommen, machte er durch einen Schuß aus dem Revolver seinem Leben ein Ende.

Frau Yull hingegen legte weiterhin ihre Netze aus, und darin blieb auch ein Honorar-Geometer von uns, er war polnischer Nationalität, hängen. Er war mir im folgenden Jahr im Bezirk Trebinje zugeteilt, aber weil er ständig von der Arbeit nach Maglaj weglief, mußte ich seine Entlassung beantragen.

Während solcher und ähnlicher Aufregungen und bei fleißiger Arbeit verflog die Zeit geradezu. Das Sommerprogramm war fast auf die Stunde genau beendet, und weil ich mir für die Kanzlei auch den Kanzleigehilfen Neumann gesichert hatte, kam die Winterarbeit völlig zufrie-

denstellend voran. Aber deren Beendigung habe ich nicht
mehr in Maglaj erlebt, denn schon im Februar 1908 wurde
ich per Dekret der Landesregierung zum Leiter der technischen Arbeiten bei der Anlage der Grundbücher und der
Bestimmung des Zehents in den Bezirken Trebinje und
Ljubinje in der südlichen Herzegowina bestimmt.

Im Dekret waren alle Kräfte ausgeschrieben, die mir
zugeteilt waren – z. B. nur im Bezirk Trebinje achtundzwanzig technische und zirka vierzig Kanzleikräfte –,
und die Einnahmen berechnet, die mir im Hinblick auf
die Pflicht, die zwei Bezirke zu bereisen, zuerkannt wurden – ich bezog damals monatlich rund siebenhundert-
zwanzig Kronen. Und es ist kein Wunder, daß alle Neugierigen im Ort, noch bevor mir das Dekret überbracht
wurde, dessen Inhalt im Präsidium des Bezirksamtes aufmerksam und bis ins einzelne nicht nur durchlasen, sondern es auch auswendig lernten. Als sie nicht herausbe-
kamen, welcher Protektion ich mich denn erfreute – anders konnten sie sich so eine Stelle nicht erklären –, entließ mich Frau Lončarević, die Gattin des Steuerkontrol-
lors und vermutlich als Sprachrohr aller dienend, bei der
üblichen Verabschiedung mit den Worten: „Tatsächlich,
Sie haben offenbar mehr Glück als Verstand!"

So geriet ich Mitte Februar 1908 mit der Familie in
Trebinje mitten in ein für die damalige Zeit gewaltiges
Personal, das an etwa drei bis vier Plätzen in der Stadt
untergebracht war. Die Bearbeitung der rechtlichen
Grundbucheinlagen führte der Obergerichtsrat Pacher als
Einlagenkommissar, und ihm waren noch zwei Richter
zugeteilt. Mit ihm teilte ich gleich das ganze Gebiet in
Arbeitsrayons auf, überreichte den zugeteilten Vermessungsbeamten die Vermessungsinstrumente und die aus-
gearbeiteten Pläne und schickte sie, Partie für Partie, weg
ins Feld. Einerseits, damit ich rund um mich Ruhe hatte,
die für konzentrierte Arbeit nötig war, und außerdem,
damit auch in der Stadt Ruhe war, denn solche Mengen
junger und gut bezahlter Leute konnten so ein kleines

215

und geruhsames Städtchen auf den Kopf stellen. Es taten mir auch die ortsansässigen Töchter leid, die Armen hatten fast über die ganze Anfangszeit Hausarrest. Mit dem Obergerichtsrat Pacher bin ich sehr gut ausgekommen. Er war ein älterer, auf seinem Gebiet sehr routinierter Herr, wenn auch ein bißchen enerviert durch die ungewohnte Menge Personal. . . .

Im selben Jahr wäre ich beinahe um meine linke Hand gekommen, und das durch einen Skorpionstich. Nur durch das rechtzeitige und zweckmäßige Eingreifen meiner Frau wurde die Auswirkung der Vergiftung in Grenzen gehalten. Dafür bezahlte mein Bruder die Kampagne im Nachbarbezirk Bileča, wie schon erzählt, mit dauernder Invalidität.

Und noch ein junges Leben wurde diesen Sommer unmittelbar im Bezirk Trebinje zerstört. Am 9. Juni 1908 erschoß sich in der Gemeinde Pravica der Geometer Offe, ein galizischer Jude. Er war Maschineningenieur und erhielt seine Schwester, die studierte. Da seine Anstellung im Vermessungsdienst zu Ende zu gehen schien und er wegen Mangels an Sinn und Begabung für die Vermessung nicht die geringste Hoffnung hatte, in dauernden Evidenzdienst übernommen zu werden, bewarb er sich in der ganzen Monarchie um einen Platz auf seinem Gebiet. Er schickte angeblich über achtzig Gesuche, und überall wurde er abgewiesen. Da er sich keinen Rat mehr wußte, schied er aus dem Leben. Etwa eine Woche vor seinem Selbstmord habe ich seine Arbeit revidiert, und als ich sah, daß er die Schuhe an den bloßen Füßen angezogen hatte, machte ich ihn aufmerksam, daß er sich zum Schutz vor Schlangen – er arbeitete gerade in einem sehr buschreichen, von Schlangen wimmelnden Terrain – vielleicht eher dicke Wollstrümpfe anziehen sollte, worauf er mir antwortete: „Ist doch einerlei, ob es mit mir ein paar Tage früher oder später zu Ende geht."

Als dann die Beendigung der Feldarbeiten im Bezirk Trebinje sichergestellt war, berief mich die Landesregierung am 16. Juni 1909 wieder an meine ursprüngliche Stelle nach Sarajevo. Man bestimmte mich als provisorischen Verwalter der Evidenz für die Stadt Sarajevo, denn der bisherige Vorstand, Obergeometer erster Klasse Julius Grauner, war gerade auf Urlaub und wartete, sich von da aus in den dauernden Ruhestand zu begeben. Mein alter Kollege aus derselben Evidenz, Johann Kremser, der Leiter der technischen Arbeiten bei den Grundbucheinlage- und Pauschalierungsarbeiten in Bileča und Gacko in der Nähe von Trebinje, wurde zum Vorstand der Provinzevidenz von Sarajevo bestellt. Nicht lange danach, am 27. November 1909, wurde ich zum Obergeometer zweiter Klasse bestimmt. . . .

Mein Dienst in den Jahren 1909 bis 1913 war wahrscheinlich gänzlich normal, ohne alle Aufregungen, denn mir fällt auf, daß mir trotz intensiven Nachdenkens aus dieser ganzen Zeit, bis auf zwei fast bedeutungslose Begebenheiten, nichts im Gedächtnis hängen geblieben ist, was der Erwähnung wert wäre.

Erstens: Im Mai des Jahres 1910 besuchte Kaiser Franz Joseph I. Sarajevo, und da erinnere ich mich, wie ich während eines Dienstweges seine Kutsche auf der nach ihm benannten Hauptstraße Sarajevos traf und sehr erstaunt war, daß man nirgends Spaliere aufgestellt hatte, und auch, daß niemand „Živio!" – „Er lebe hoch!" – ausrief, sondern daß jeder seiner Wege ging und eine so „seltene Gelegenheit" nicht beachtete. Ich war überzeugt, wenn in der Kutsche Baron Benko, der Zivilladlatus des Landeschefs, durchgefahren wäre, er hätte sich größerer Aufmerksamkeit erfreut.

Alle Begrüßungszeremonien und Feierlichkeiten spielten sich streng im Kreis offizieller Persönlichkeiten ab – nicht einmal die niedere Beamtenschaft war zur Huldigungsdeputation zugelassen, obwohl in der Militärsuite auch die Leutnants vertreten waren und der dortige „Beamten-Verein" dagegen untertänigen Protest erhob. Als Pflaster auf dieses Geschwür wurde der Beamtenschaft dann eine allgemeine kaiserliche Anerkennung für die treue und ergebene Arbeit zuteil. Diese Anerkennung erschien im Druck, und damit sie sich jeder einrahmen konnte, händigte man sie den Beamten einzeln und persönlich aus.

Die zweite Erinnerung ist rein persönlich. Am 19. September 1912 berief mich die Direktion der technischen Mittelschule in Sarajevo zu einer Vorlesung aus Geodäsie. Die Katastraldirektion (das zuständige Referat hatte Inspektor Pitschmann) stellte aber die Bedingung, daß ich die versäumte Zeit nach den Amtsstunden einbringen mußte. Wegen dieser Kleinlichkeit habe ich diese Berufung abgelehnt. . . .

Wir waren auf dem besten Weg, das Programm noch vor Ablauf des Sommers 1914 zu beenden, als auf einmal die Schüsse des Attentats von Sarajevo knallten. Vom Küchenfenster meiner Wohnung überblickte ich den ganzen Appel-Kai, wo das Gefolge des Thronfolgers dahinzog, und als ich zweimal den Knall und die Schüsse vernahm und unmittelbar darauf beobachtete, wie auf dem Gebäude der Hauptpost und dann allmählich an allen öffentlichen Gebäuden schwarze Fahnen ausgehängt wurden, wußte ich gleich, daß das ein böses Zeichen war und daß dieser Fall nicht ohne Krieg abgehen würde. Das war Ende Juni 1914, und einen Monat danach wurde allgemeine Mobilmachung verkündet. Die Kollegen, die Soldaten waren, übergaben mir in aller Eile die Arbeit, die Vermessungsinstrumente und das Zubehör, und weg waren sie! Ich bin mit diesem Haufen von auf Tischen irgendwie durcheinander geworfenen Sachen und dem Kollegen Stehlík allein übriggeblieben. Alles geschah so plötzlich, daß ich es anfangs nicht fassen konnte.

Eine Kraft, die ich damals noch auftreiben konnte, war der Eleve Jaroslav Ždímal, auch ein Tscheche, und wir drei machten uns also wütend an die Arbeit. Blatt für Blatt füllte sich, und ebenso wie die nicht fertiggemachten

Formulare weniger wurden, wuchsen auch der Mut und die Arbeitslust. Wir arbeiteten zwar bis Anfang November, aber die Feldarbeiten hatten wir doch vollständig abgeschlossen.

Der österreichisch-ungarischen Armee gelang es nämlich bald nach Ausbruch des Krieges, den westlichen Teil Serbiens zu besetzen, und die Militärverwaltung richtete dort ein sogenanntes Bezirksetappenkommando ein, dem nach und nach die Beamten der zivilen Verwaltung zugeteilt werden sollten, damit sie in den besetzten Gebieten Ordnung einführten. So wurde auch ich am 28. November 1914 zum Kreisetappenkommando in Loznica zum Dienst bestellt, wohin ich dann am 1. Dezember desselben Jahres über Dolnja Tuzla abreiste.

Ich meldete mich beim kommandierenden General, dessen Name mir entfallen ist, stellte mich den Offizieren vor und wartete auf Verfügungen. Außer mir waren dort schon zwei Steuerbeamte, ein Richter und ein Bauingenieur. Wir Zivilisten steckten gleich die Köpfe zusammen und stellten Betrachtungen darüber an, was wir eigentlich anfangen sollten, denn in ganz Loznica und seinem ganzen Umkreis gab es keine lebendige Seele, da die Bevölkerung mit dem serbischen Heer weggezogen war. In Loznica war nur irgendein Verräter übriggeblieben, dessen sich das Kommando für vertrauliche Informationen bediente. In der Stadt war kein einziges Haus ganz, und jeder mußte sich mit einer sehr dürftigen Unterkunft zufrieden geben. Von uns Zivilisten hatte nur der Bauingenieur ein wenig Arbeit, der mit einem Trupp Arbeitern, die aus Bosnien hergebracht worden waren, den Morast von den Straßen wegräumen ließ. Wir übrigen warteten, bis die Bevölkerung zurückkehrte, denn ohne sie hatten wir nichts zu verwalten. Die einzige Arbeit, die ich ausführte, war eine Skizze von Loznica nach Augenmaß, zur Orientierung des Etappenkommandeurs. Während dieser Arbeit hatte ich die Gelegenheit, Haus für Haus die Verheerung zu erblicken, welche eine kämpfende Armee hinterläßt. Über zum Teil zerstörte Häuser wunderte ich mich nicht, aber daß in den Häusern auch alles durcheinandergeworfen und durcheinandergebracht war, deutete darauf hin, daß man gründlich geplündert hatte. Aber auch während meiner Anwesenheit heizten die Soldaten mit Einrichtungsstücken, Türen und Fußböden. Ich konnte daher das strenge und überall angeklebte Verbot nicht verstehen, daß das Plündern mit Erschießen bestraft würde.

Diese Ruhe in Loznica hätte ich zu einer schönen Ruhepause nach der Hetzerei der letzten Monate in Sarajevo nützen können, wenn es nicht eine weit größere Qual gegeben hätte: Durst! Im Heer wütete nämlich die Ruhr, und das Kommando hatte streng verboten, Wasser zu trinken, weil man angeblich festgestellt hatte, daß auch die Brunnen infiziert seien. Zu alldem kochten die ungarischen Köche – in den Etappen waren immer und überall zumeist Magyaren – täglich stark papriziertes Gulasch mit Erdäpfeln, und zum Löschen des so auch künstlich aufgepeitschten Durstes gab uns die Küche beliebige Mengen Wein. Als Abstinenzler an Alkohol nicht gewöhnt, brachte mich ein Schluck Wein direkt in Hitze, und in Verbindung mit Paprika geriet ich völlig in Glut. In dem einzigen jüdischen, aus Bosnien umgesiedelten Laden gab es keinen Tropfen Soda- oder Mineralwasser, und so stand ich Höllenqualen aus.

Jeden Tag in der Früh brachte mir die Ordonnanz frisches Wasser für die Waschschüssel zum Waschen und für die Karaffe zum Ausspülen des Mundes. Aber eines Morgens schluckte ich aus Unvorsichtigkeit ein bißchen Wasser. Für eine Weile hielt ich inne, aber gleich durchblitzte mich der Gedanke: Wenn im Wasser die Ruhr ist, dann bekomme ich sie nach diesem Schluck gerade so wie nach einem ganzen Eimer, und ich begann zu trinken, bis in der Zweiliterkaraffe fast nichts übrigblieb – und, siehe da, die Ruhr stellte sich nicht ein. Das war etwa nach einer Woche Aufenthalts in Loznica, und ich trank dieses sehr reine Wasser, wann immer es mich gelüstete. Ich bedauerte nur, daß ich das nicht gleich von Anfang an gewußt hatte und daß ich es meinen Bekannten nicht mitteilen konnte, mit denen ich doch nicht auf so vertrautem Fuß stand, daß ich hätte sicher sein können, von ihnen nicht angezeigt zu werden.

Aber schon nach dieser Woche begann man, bei der gemeinsamen Mittagstafel und dem Nachtmahl zu tuscheln, daß sich im Bezirk „komitadžije", also Partisanen, zeigten. Das war eine Folge davon, daß sich in der Front Lücken öffneten, durch die die „komitadžije" durchschlüpften. Aber je weiter es so ging, desto offensichtlicher wurde, daß die serbische Armee diese Lücken machte. Und kaum war noch die zweite Woche ganz vergangen, da ordnete der kommandierende General an, daß wir auf dem kürzesten Weg zurück nach Sarajevo gehen sollten.

Damit endete der Traum vieler Karrieristen, wie z.B. des Sektionschef Prileszki, dem Nachfolger Feichtingers, der als Gouverneur des besetzten Serbiens ausersehen war und sich schon eine prächtige Uniform hatte nähen lassen.

Und nun beginnt eine sehr kurzweilige Geschichte. Gleich nach der Ankunft meldete ich mich bei Finanzrat Krátký zum Dienst, der für alle Personalien des Katasteramts zuständig war (und sich auch fast dessen Realien bemächtigte). Er wies mich jedoch ab, denn es hieß, daß ich zur Militärverwaltung gehörte, die die Bezahlung meiner Bezüge übernommen hatte. Ich ersuchte also um Zuteilung irgendeiner Arbeit, aber damit wurde ich wieder an das Korpskommando verwiesen. Dort wußten sie nichts von mir, weil sie aus dem Kreisetappenkommando in Loznica noch keine Verfügungen erhalten hatten, wie sie mit uns, den Zivilbeamten, umgehen sollten. Diese Runden wiederholte ich dann fast jede Woche während des restlichen Dezembers 1914 und des ganzen Jänners 1915, bis ich schließlich, am 4. Februar 1915, die Anordnung erhielt, daß ich mich wieder zum Dienst beim Bezirksamt in Sarajevo melden solle, wo ich wieder die Leitung der neuen Vermessung erhielt. . . .

Die Kriegssituation war in Bosnien und der Herzegowina in dieser Zeit überhaupt sehr unbeständig. Die serbische Armee stand auch schon auf eigenem Boden und die Ungarn bei Višegrad, von wo sie sich den Weg auf Sarajevo zu bahnten.

Weil nicht auszuschließen war, daß Bosnien und die Herzegowina zum Kriegsschauplatz würden, ordnete das Heereskommando die Evakuierung der Familien aller Offiziere und Beamten an. Eine ähnliche Evakuierung hatten wir zwar schon im Oktober 1914 mitgemacht, aber diese hatte nicht länger als drei Wochen gedauert. Diesmal zog sie sich vom 26. Mai bis zum 12. Oktober 1915. Meine Familie schickte ich beide Male nach Böhmen. Während die Beamten- und Offiziersfamilien flüchteten, zogen durch Sarajevo und seine Umgebung große Teile der Bevölkerung, die aus den Grenzbezirken geflohen waren: Männer, Frauen, Kinder, die hungriges und durstiges Vieh vor sich her trieben, das durch die Strapazen haufenweise einging. Damals war es möglich, Pferde oder Rindvieh für nur zehn Kreuzer zu kaufen. Wie viele Menschen und besonders Kinder auf dem Weg und dann in den Auswandererlagern umkamen, wurde wohl kaum irgendwann festgestellt. In diesem Getümmel fuhren ständig Züge mit Verwundeten durch Sarajevo. Der Krieg zeigte ein immer unfreundlicheres Gesicht, und so mancher Kroate und Moslem, der sich anfangs die Lunge aus dem Leib schreien konnte vor lauter Rufen „Živio rat!" – „Es lebe der Krieg!" –, schwieg auf einmal und wurde ernst.

Inzwischen wurden die Flüchtlingswellen schwächer, und die serbische Armee näherte sich Sarajevo, bis sie es schließlich von drei Seiten eingeschlossen hatte. Und sie hätte es sicher besetzt, wenn die Heeresabteilungen, die rundherum in Stellung gebracht waren, genug Artillerie gehabt hätten. Aber je unbeständiger die Situation wurde, desto mehr nahm das leichtsinnige Leben in der Stadt überhand. Man konnte sehen, wie Männer, die immer daran gewöhnt waren, in ausgesprochen geordneten Verhältnissen zu leben, einer nach dem anderen, sich mit leichten Frauenzimmern einließen, von denen es in Sarajevo plötzlich nur so wimmelte. Damals zeigte sich, welcher Kern und welches Wesen in jedem steckte. Da man auch in den Ämtern in der allgemeinen Aufregung wenig arbeitete, begann man die tägliche Arbeit mit wechselseitiger Prahlerei, wer in der vergangenen Nacht welches Abenteuer erlebt hatte, um dann zu Debatten über die Situation auf den Kampfstätten überzugehen und darüber, wie viele orthodoxe Bewohner wegen Spionage im Interesse der serbischen Armee wo aufgehängt worden waren. . . .

Kurz bevor ich mich ganz der Lebensmittelversorgung widmete, ernannte mich die Landesregierung am 20. November 1915 zum definitiven Verwalter der Evidenz für die Stadt Sarajevo, denn die neue Vermessung der Stadt war beendet, an eine weitere neue Vermessung nach Kriegsende war nicht zu denken, und der bisherige Verwalter, Obergeometer Johann Kremser, ging zu dieser Zeit in Pension.

Im Mai des Jahres 1917, also gerade während meines Aufenthaltes in Stolac, wurde ich zum Obergeometer erster Klasse in der achten Rangklasse ernannt. Dieses Ereignis erweckte in mir während dieser Zeit voller Sorgen aber keine besondere Freude, denn auch ein größerer Bezug fiel während der kriegsbedingten Teuerung fast nicht ins Gewicht. Bald nach unserer Rückkehr nach Sarajevo wurde der Evidenzinspektor Kotyza irgendwohin exmittiert, und mir fiel dann ab dem 12. Juli 1917 die Leitung beider Evidenzen in Sarajevo zu, bei denen man immer noch an den Berechnungen für den Kataster A arbeitete.

Von da an floß das Leben bis zum Staatsstreich völlig einförmig mit den immer gleichen Sorgen und Mühen um die Verpflegung dahin. Nur an eine Aufregung aus dieser Zeit erinnere ich mich: Die Landesregierung, die der ausgehungerten Beamtenschaft auf irgendeine billige Art etwas Fett verschaffen wollte, besorgte irgendwo eine ganze Schweineherde, ließ sie in den bosnischen Wäldern aus, damit sie sich mit Eicheln mästen konnten, ließ sie im Winter 1917 zusammenfangen, nach Sarajevo bringen, und dort wurden wir nach und nach zu einem Viehmarkt weit außerhalb der Stadt eingeladen, damit jeder sein Stück nach Auslosung in Empfang nahm. Das abgewogene Stück wurde dann jedem mit einigen Teilzahlungsraten verrechnet.

In Sarajevo aber waren alle Diener – die sogenannten „Hamál" – Moslems, und kein Moslem würde sein ganzes Leben lang ein Schwein auch nur anrühren. Und da bei dem allgemeinen Mangel an Lebensmitteln auch fast niemand Bedienstete hatte, blieb nichts anderes übrig, als daß jeder Beamte das ausgeloste Schwein selbst nach Hause trieb. Dazu ist noch zu bemerken, daß in der Kriegszeit alle Beamten in der Öffentlichkeit in Uniform mit Degen und weißen Handschuhen auftreten mußten. Demgegenüber waren die Schweine gänzlich verwildert, gewöhnt an die Ruhe und Einsamkeit des Waldes, ausgelaufen, ganz sehnig, von Fett keine Spur.

Und nun, lieber Leser, denk Dir eine endlose Reihe von uniformierten Beamten – mit und ohne goldene Krägen – durch die Straßen von Sarajevo ziehen mit aufgescheuchten Tieren, die vor jedem Fahrzeug in einen verrückten Lauf verfielen, gefolgt von den sie an einer Schnur haltenden Besitzern, die von einer Straßenseite zur anderen gezerrt wurden und über die eigenen Degen stolperten und fielen, bis zu dem Moment, wo Mensch und Tier, beiderseits abgehetzt, eine Art vernünftiges Verhältnis eingingen und das Tier schließlich nach Hause befördert wurde. Ganz Sarajevo war damals auf den Beinen, und jedermann krümmte sich und wieherte vor Lachen. So mancher mit einem Schwein beglückte Eigentümer jedoch verfiel beim Weg nach Hause allmählich derart in

Raserei, daß er die feierliche Zeremonie des Schlachtens nicht abwartete, sondern das Beil packte, der armen Kreatur den Schädel zertrümmerte, sich daneben setzte und hysterisch schluchzte.

Noch lange danach waren die „Beamtenschweine" Gegenstand ausgelassener Unterhaltung der Bürger Sarajevos. Das waren aber allerdings schon Zeiten, als das amtliche, von der Landesregierung so streng betonte „Dekorum", als Folge der ständig wachsenden Not aller Schichten mit den fixen Gehältern, wirklich „auf den Hund" gekommen war.

Aber mir rettete das Schwein das Leben. Ohne davon bis zu diesem Moment gewußt zu haben, war ich schon etwa acht bis zehn Jahre von Gallensteinen beträchtlichen Umfangs heimgesucht, aber weil ich jeden Morgen meine Leibesübungen nach dem damals beliebten Müllerschen System durchführte, ordneten sich die Steinchen in der Gallenblase so an, daß sie nie den Abfluß der Galle verstopften, und niemals machte sich dann die bekannte Gallenkolik bemerkbar, die die Krankheit verraten hätte. Erst das Wegtreiben des Schweins – ich lief damals gut fünf Kilometer ohne Verschnaufpause – hatte irgend etwas im Gleichgewicht gestört, und gleich am zweiten Tag stellte sich eine heftige Kolik ein. Der Hausarzt stellte allerdings sofort fest, worum es sich handelte, und empfahl eine möglichst schnelle Operation. Diese übernahm der berühmte dortige Chirurg Dr. Kostić, der spätere Operateur des jugoslawischen Hofes, und so wurde ich gerade am 31. Dezember 1917 operiert. Von dem Schwein habe ich nicht einmal einen Bissen gekostet. Aber Dr. Kostić stellte fest, daß das Leiden schon älter war, daß die Gallenblase angeschwollen, innen ein einziges Geschwür und an der Leber angewachsen war. Es hätte vielleicht noch höchstens sechs Wochen gedauert, dann hätte der Eiter auch die dünne Wand der Gallenblase durchbrochen und eine tödliche innere Vergiftung verursacht. Davor hat mich also das „Beamtenschwein" bewahrt.

Nach der Operation, die mit einem beträchtlichen Blutverlust verbunden war, bin ich noch einige Zeit gelegen, und nach einem Erholungsurlaub trat ich endlich am 1. April 1918 wieder den Dienst an.

Der Rest der Zeit bis zum Umsturz verfloß so schnell, daß ich gar nicht weiß, wie. Ein Ereignis jagte das andere, und es war offensichtlich, daß das Ende nahte. In Sarajevo herrschte die allgemeine Furcht davor, daß die geschlagene österreichisch-ungarische und die deutsche Armee auf ihrem Rückweg von Saloniki brennen, plündern und morden würden, und so wandte ich mich an einen serbischen Gazda namens Kukić aus der Umgebung von Sarajevo mit der Bitte, meine Familie in der Zeit bis zum erwarteten Angriff vom Süden bei sich aufzunehmen. Sehr bereitwillig kam er meiner Bitte entgegen und versprach bei meinem Telefonanruf, gleich den Wagen mit schnellen Pferden zu schicken. Gleichzeitig verriet er mir, daß er schon vorher seinen Wirtschaftshof so ausgebaut hatte, daß er ihn militärisch verteidigen konnte, und daß er genügend Maschinen- und Handgewehre sowie auch einen ziemlich großen Vorrat an Munition hatte, um sich mit seinem Gesinde für eine Reihe von Tagen gut zu halten. Er versicherte mir, daß, solange er am Leben sei, meiner Familie nichts geschehen werde. Aber das alles war nicht nötig, denn die geschlagenen Soldaten waren einerseits entwaffnet, und andererseits eilten sie selbst, so schnell sie konnten, heimwärts, wobei sie sich oft wie Trauben an Eisenbahnwaggons hängten und unzählige von ihnen bei der Durchfahrt durch einen Tunnel oder über eine Brücke durch einen Unfall umkamen.

Alle atmeten wir auf, und es wäre vielleicht der Platz, irgendwelche meiner rein kriegsmäßigen Erlebnisse hinzuzufügen. Aber ich muß gestehen, daß ich gleich vom Anfang an zum ganzen Krieg eine so negative Einstellung hatte, daß ich ihn, wie eine allgemeine Erscheinung, fast nicht zur Kenntnis nahm. Obwohl ich sogar heute noch seine einzelnen Phasen kaum kenne, berührte mich dafür alles, was ich um mich sah und hörte, innerlich umso schmerzlicher. Beim Ausbruch des Krieges und auch noch sehr lange danach lebte ich in einer Gemütsverfassung, als ob nichts von dem, was um mich herum ablief, Wirklichkeit wäre, sondern irgendein trügerischer Traum.

Ich konnte mir selber nicht plausibel machen, daß dasselbe Volk, das mit seiner fleißigen Arbeit, mit seinem ganzen Scharfsinn und all seiner Ausdauer eine so hohe Stufe der Zivilisation erreicht hatte, auf einmal seinen ganzen Verstand und seine Besonnenheit verlor und all das, was in so vielen Jahrhunderten geschaffen worden war, plötzlich auf durchtriebenste Weise zerstörte. Ja, damals konnte ich das nicht verstehen und nahm daher den tobenden Krieg nicht zur Kenntnis, obwohl in Augenblicken, in denen ich aus dieser Art von Halbschlaf zu vollem Bewußtsein der nackten Realität erwachte, mich Schwindel vor diesem menschlichen Wahnsinn erfaßte und in der Seele sich tiefe Verachtung für ein so törichtes Menschengeschlecht festzusetzen begann. Dann zitierte ich die – heute schon vergessenen – Verse aus Svatopluk Čechs „Europa", in denen er auch über die Menschheit klagte, die das, was sie früher selbst aufgebaut hatte, zerstörte.

Und daher habe ich keine Kriegserinnerungen im wahrsten Sinne des Wortes. Nur eine durch Worte nicht erklärbare Bitterkeit blieb mir am Grund meiner Seele von alldem, was ich erlebte, bis zum heutigen Tag, obwohl ich es nun schon verstehe. . . .

Die Verhältnisse, in denen wir arbeiteten

Wie überall auf der Welt, so hing auch in der bosnisch-herzegowinischen Grundbuchevidenz der Geist der Solidarität und Zusammenarbeit in der Kanzlei vom Taktgefühl und der Energie des Vorstandes ab. Das muß ich also nicht erläutern. Die eigentliche Atmosphäre schuf die Zusammensetzung des Personals, das zur gemeinsamen Arbeit zusammenkam, aus drei Gruppen. Das waren in erster Linie die alten Herren aus dem Militärkataster, dann die junge Generation der Hochschulabsolventen und die ebenfalls junge Generation der Mittelschulabsolventen.

Die alten Herren offenbarten immer eine Art schüchternes Unbehagen, wann immer sich irgend jemand von den Jüngeren anschickte, irgendein Vermessungsproblem auf eine andere Art als mit dem Detailtischchen, dem Richtungsmesser (Bussole) und dem Diopter zu lösen, obwohl auf der anderen Seite auch solche nicht fehlten, die mit krampfhaften Hinweisen auf die gültige Instruktion für die militärische Vermessung alles Neue energisch ablehnten. Und so bildeten sich bei längerer Zusammenarbeit in jeder Kanzlei bestimmte abgegrenzte Gebiete heraus, um die herum man wie auf Zehenspitzen ging. Wenn ein Hochschulabsolvent ein guter Diplomat war und Verantwortung nicht scheute, nicht zu laut von seinen Plänen sprach, eine Sache nach bestem Wissen und Gewissen ausführte und wenn er dann schließlich mit einem gutem Ergebnis herausrückte, fand er auch in einem alten Herren einen Nachahmer. Das war für so manchen eine sehr gute Schule des selbständigen Entscheidens. Im ganzen jedoch hatte uns die ältere Generation nicht gern, und wenn jemandem irgendein Mißgeschick passierte, legten sie bereitwillig noch ein Schäuflein nach. Sie sahen in uns Neuerer, die gekommen waren, um sie aus ihrer gemütlichen Arbeit auf ausgetretenen Pfaden aufzustören. Nur die, die rechtzeitig weggehen konnten, blieben von dieser Unruhe verschont.

In jeder anderen Hinsicht, besonders was ihre umfangreichen Erfahrungen in agrarischen Fragen im allgemeinen und die bäuerlichen Verhältnisse im besonderen betraf, wie auch im Kontakt mit den Parteien und den vorgesetzten Ämtern, waren sie bewährte Routiniers und genossen beim jüngeren Personal völlige Autorität. Selten suchten sie näheren Kontakt, und daher genossen sie auch nur pflichtschuldige Verehrung.

Das Verhältnis zu den Kollegen mit Mittelschulausbildung hatte auch seinen eigenen Beigeschmack. Sie selber sahen in uns unwillkommene Konkurrenz, besonders in bezug auf eine irgendwann in der Zukunft anstehende Auswahl für Leiter- und Kontrollorstellen. Wir dagegen waren in keiner Weise bestrebt, ihnen die eigene fachliche Überlegenheit zu erkennen zu geben, im Gegenteil, wir gestanden ihnen ihre Kenntnisse des Volkes, die ihnen die Feldarbeit unermeßlich erleichterten, bereitwillig zu. Aber bei allen vielleicht auch beidseitigen Bemühungen kam es nie zu einem innigeren Verhältnis zwischen diesen beiden Kategorien.

Und so haben wir eigentlich ein ziemlich isoliertes Leben geführt. Bei den größeren Ämtern, wo es mehr Hochschulabsolventen gab, entwickelten sich zwischen den einzelnen regelmäßig auch fast freundschaftliche Verhältnisse, abgesehen wiederum von einigen Kollegen, die sich oft kleinlich stritten, besonders wenn sie Landsleute waren. Von solchen Ämtern gab es jedoch wenige, und der Großteil unserer Leute mußte mit der üblichen gesellschaftlichen Unterhaltung, von der noch später die Rede sein wird, vorliebnehmen.

Da also schon bei den einzelnen Ämtern das gegenseitige Verhältnis der Kollegen aus lauter Scheu und Rücksichtnahme nicht zu festen Formen gelangen konnte, so konnte man umso weniger an einen allgemeinen Verband aller Vermessungsbeamten denken. Es gab zwar viele gemeinsame Dinge, aber im besten Fall geschah nicht mehr, als daß sich mit irgendeinem Rundschreiben nur jene zur gemeinsamen Aktion gruppierten, die die Sache direkt betraf. Wir bildeten immer nur eine Art amorpher Masse, und das war auch einer der Gründe, warum das bosnisch-herzegowinische Katasteramt schließlich so tief sank. Eine Wendung in dieser Sache trat erst nach dem Staatsstreich ein.

Überhaupt war es in Bosnien-Herzegowina eine allgemeine Erscheinung, daß die Beamtenschaft als ganzes und niemals nach Interessengruppen organisiert war. So eine allgemeine Vereinigung war der „Bosnisch-herzego-winische Beamten-Verein", in dem gewöhnlich jeder Mitglied war. Andererseits war aber auch jeder Beamte weit-aus stärker an die örtliche Beamtenschaft seines Bezirkes gebunden als an die Kollegen des gleichen Berufes aus anderen Bezirken.

Jeder Neuling wurde sogleich in die Gesellschaft einge-führt, und das bedeutete, daß er sich in Begleitung seines Chefs oder eines älteren Kollegen von Kanzlei zu Kanzlei allen Beamten des Bezirksamtes und des Gerichts vor-stellte. Am Abend desselben Tages begab er sich in das örtliche Beamtenkasino, ließ sich als Mitglied einschrei-ben und stellte sich auch den anwesenden Beamtenda-men vor, und im Anschluß daran ergriff er, je nach Begabung und Vorlieben, entweder den Billardstock oder setzte sich zu den Karten. Die Junggesellen begnügten sich mit dieser Stufe, die Verheirateten machten dann mit ihren Ehefrauen am Sonntag zwischen elf und zwölf Uhr Besuche in den Häusern, wobei sie jeden zweiten Sonntag ausließen, an denen die Besuche erwidert wurden. All das wurde mit der größten Förmlichkeit ausgeführt, und ein uneingeweihter Beobachter wäre sicher von so einer zur Schau gestellten Noblesse direkt geblendet gewesen. Un-ter dem prächtigen Schleier versteckte sich jedoch aller möglicher Schmutz; darunter war das Tratschen noch die harmloseste Erscheinung.

Aber auch diese strenge Etikette nahm mit der Zeit ab, besonders durch den Einzug jüngerer Kräfte einerseits aus der Monarchie, andererseits aus den bosnischen Schulen. Die Angehörigen dieser jüngeren Generation von Beamten, die zum Großteil aus dem einfachen Volk kamen, drillte niemand in der Etikette. Und dann hatten sie für die gesellschaftliche Form keinen großen Sinn, weil sie ihren dienstlichen Erfolg hauptsächlich auf ihr Wissen und ihre Fähigkeiten stützten oder, wo diese Eigenschaf-ten vielleicht ein wenig fehlten, vor allem bei einheimischen Kräften, lieber auf politische Funktionäre. Im Beamtenstand war ein Hang zur Proletarisierung bemerkbar, obwohl seine völlige Proletarisierung erst die Kriegsnot vollendete, als der Glanz der Uniformen vertauscht wurde mit dem Glanz der abgewetzten Hosen und Ärmel.

Der Zweck der Beamtenkasinos war, aus der Beamtenschaft in jedem Bezirk eine Einheit und ein von der einheimischen Bevölkerung völlig abgesondertes, selbständiges Ganzes zu machen. Mitglieder des Beamtenkasinos waren zwar auch örtliche Würdenträger, wie der Bürgermeister der Stadt oder Geistliche der örtlichen Konfessionen, aber das waren gerade nur Ausnahmen. Vorsitzender war immer der Bezirkshauptmann, stellvertretender Vorsitzender war der Bezirksrichter, und die übrigen Mitglieder des Vorstands wurden nach den Wünschen des Bezirkshauptmanns „gewählt".

Die Räumlichkeiten des Kasinos bestanden gewöhnlich aus einem großen Saal – mit Billard –, zum gemeinsamen Beisammensitzen mit den Damen oder für große Versammlungen, und aus einem kleineren Raum, dem Herrenzimmer. Entlang der Wände waren Sessel, und die Gäste bezogen ihre Plätze nach dem Dienstrang. Auch die Damen saßen nach dem Dienstrang ihrer Männer und waren bei der Einhaltung dieser Ordnung bei weitem pedantischer als die Männer selbst.

Die Gespräche drehten sich um die lokalen Ereignisse oder um den Inhalt der Beamtennachrichten. Ein „Leckerbissen" war es, wenn die aufs höchste patriotische „Bosnische Post" etwa im Intervall von fünf Jahren irgendeinen „oppositonellen" Artikel brachte, z. B. daß es in Sarajevo um zwanzig Prozent mehr Postkästen geben sollte.

Die Mitglieder des Kasinos sprachen sich natürlich strikt mit ihren Amtstiteln an, und man sprach entweder Deutsch oder Serbokroatisch. Deutsch galt allerdings als Salonsprache, und so sprach sie auch mancher serbische Beamte nur gebrochen, so daß sich in den Ohren der

Zuhörer die Stückchen zu einem Gewirr vermischten, in welchem diese das Gleichgewicht zu verlieren begannen. Durch alle Räumlichkeiten schwebte ein eigentümlicher Geruch, der sich aus einem Gemisch von Zigarettenrauch, Damenparfum und dem Duft schwarzen türkischen Kaffees zusammensetzte – aber noch schwerer zu atmen war die geistige Atmosphäre. Es ist daher nicht verwunderlich, daß die Herren so schnell wie möglich im Herrenzimmer bei ihren Spieltischchen Zuflucht suchten.

Ein gewisses Gegengewicht zu dieser unerträglichen, banal-steifen Umgebung waren die Zirkel, die sich vor den Amtsstunden, hauptsächlich aber danach, beim örtlichen Kaufmann oder Schenkenwirt versammelten, um bei ungezwungenem Gespräch und ohne lange Titulatur „čokan rakije" – ein Gläschen Slibowitz – zu trinken. Dieser „akšamluk" – das heißt Dämmertrunk – wurde jedoch manchem zum Verhängnis, denn das Trinken zog sich oft in die Länge, wurde zur Regel, bis es im notorischen Alkoholismus endete. Zum Glück trat mit dem Frühling durch den Abmarsch zur Feldarbeit in unserem Beruf eine gründliche Veränderung ein, aber ich weiß von zwei oder drei Fällen, wo auch meine Landsleute dem Übel verfielen.

Ich selbst habe das Kasino gemieden. Den gesellschaftlichen Pflichten taten meine Frau und ich strikt Genüge, aber eine weitere Beteiligung am Leben im Kasino haben wir bis auf besonders „feierliche" Gelegenheiten – wie die Feier des Geburtstags des Kaisers u. a. – völlig gemieden. Aber weil wir andererseits durch Einhaltung der natürlichen schicklichen Umgangsformen auch ohne Kasino sehr gut auskamen, hatten wir, glaube ich, binnen kurzem auch genug Nachahmer.

In Sarajevo, der Hauptstadt, war allerdings alles um eine ganze Oktave höher gestimmt. Beamtenkasino gab es dort keines, denn man hätte dafür eine Kaserne aufbauen müssen, aber dafür gab es dort einen „Herren-Club". Mitglied konnten – außer vielen hervorstechenden heimischen Würdenträgern – wieder nur Beamte werden, aber erst von der achten Rangklasse aufwärts. Die Klubräumlichkeiten waren, wie die aller exklusiven Vereine und auch jener der „Česká beseda", im soge- nannten „Spolkový dům" (Vereinshaus), und Speisen und Getränke wurden dort nur auf Silber und in ge- schliffenem Glas gereicht. Wer etwas durch „Verbindun- gen" erreichen wollte, hatte dort dazu reichlich Gelegen- heit, denn alle Sektionschefs und die ganze hohe Büro- kratie pflegte fast täglich Gast zu sein. Auch als ich in die achte Rangklasse und somit zu einem möglichen Mitglied des „Herren-Clubs" vorrückte, wurde ich es nicht. Ich kann also außer diesen flüchtigen Erwähnun- gen nichts weiter erzählen.

Auch da verbarg sich unter dem glänzenden Äußeren häufig die größte Gemeinheit. Bosnien und Herzegowina waren nämlich nach der Okkupation sehr lange Kriegs- territorium, und in dieser ganzen Zeit durften sich dort keine Familien der dort wirkenden Offiziere und Beamten aufhalten, außer bei Vorliegen einer Sondererlaubnis, die jedoch langwierige und schwerfällige Prozeduren erfor- derte. Frauen, die aus der Monarchie zugezogen waren, waren durchwegs nur Dienstkräfte, und so geschah es, daß ledige Beamte, aus Mangel an Mädchen der eigenen Gesellschaftsschicht, mit der erstbesten dieser Frauen, die ihnen in die Quere kam, im Konkubinat zu leben began- nen. Sie hatten mit ihnen gewöhnlich eine hübsche Reihe von Kindern, und als der Status des Kriegsterritoriums aufgehoben wurde, wurden aus diesen Dienstmädchen, Kellnerinnen, Ladenmädchen, Sängerinnen und sogar auch Zirkusartistinnen hochgestellte „Damen". Und das waren gerade die Frauen der ältesten und daher auch am höchsten gestellten Beamten. Was sich dann in den „Sa- lons" der Crème von Sarajevo abspielte, in welchem Ton man dort sprach, entzieht sich jeder Beschreibung, aber ich bin überzeugt, daß ich mich sicher gefürchtet hätte, in Sarajevo zu heiraten, wenn ich in der Zeit, als ich von diesen Sachen erfuhr, nicht schon verheiratet gewesen wäre.

Den Widerhall des Lebens dieser Crème fühlten aber auch wir, die übrigen Beamten, einmal in unseren Taschen: In Sarajevo gründeten die Beamten ihre eigene Konsumgemeinschaft, und das Unternehmen prosperierte wirklich sehr. Jeder war damit zufrieden. Bis uns auf einmal, bei all seinem Aufschwung, dessen Ausschuß aufforderte, unsere Mitgliederanteile noch einmal zu erlegen. Was war passiert? Die Herrschaften, die diesen oberen Zehntausend angehörten, ließen die Tafeln ihrer häuslichen „Gesellschaften" auch vom Konsum versorgen, aber auf Schulden. Niemand von den leitenden Personen hatte den Mut, rechtzeitig die Bezahlung zu fordern, und so wuchsen die Schulden umso rascher an, je offenkundiger die Angst der Leiter vor der Mahnung so hochgestellter Persönlichkeiten war. Schließlich drohten die Schulden, die Verwaltung des Konsums insolvent zu machen, und daher mußte zur Abschreibung der Mitgliederanteile gegriffen werden. Und man staune: Die größten Posten in den Schuldenbeträgen waren die für Champagner! Es gab noch mehr solcher skandalöser Affären in den Kreisen der Bürokratie von Sarajevo, aber ich hoffe, daß die geschilderte zur Beleuchtung der Verhältnisse, in denen wir lebten, genügt.

In Sarajevo trafen sich alle tschechischen Landsleute in der „Česká beseda", über die ich jedoch auch nicht viel schreiben kann, weil ich daraus bald ausgetreten bin. Als ich mich nämlich mit meiner Frau verlobte, fiel in der „Česká beseda" von verschiedenen Seiten das Wort über die „schmutzige Italienerin", obwohl meine Frau väterlicherseits aus dem böhmischen Geschlecht der Drátovský-Herrschaft aus Písek stammte, an die sich jeder ältere Píseker gut erinnert. Damals allerdings konnte sie noch nicht Tschechisch, aber durch ihren Besuch der „beseda" zeigte sie offenkundig, wohin sie sich zählen wollte. Nachdem sie aber in ihrem Versuch so „ermuntert" worden war, konnte ich dort nicht länger verweilen. Herr Hrdlička, der damals am lautesten schrie, heiratete später auch, und nach etwa fünf Jahren hatte er eine schon völlig deutsche Familie.

Schließlich sollte ich auf das Verhältnis der Beamtenschaft zur einheimischen Bevölkerung zu sprechen kommen, und zwar sowohl der Beamtenschaft überhaupt als auch besonders auf das von uns Vermessungsbeamten. Zuerst jedoch muß ich unserem Leser zumindest in groben Zügen skizzieren, wie die Bevölkerung in Bosnien-Herzegowina geschichtet war.

Die Einwohner, durchwegs slawisch, unterschieden sich untereinander scharf durch die Religion. Das zahlenmäßig größte Element waren mit 43,5 Prozent die Orthodoxen, die sich kurz Serben nannten, ihnen folgten die Moslems (etwa 32,3 Prozent), die sich „Turci" nannten, und schließlich gab es die Katholiken (etwa 22,3 Prozent), die keinen anderen Beinamen hatten. Den Rest bildeten unbedeutende Minderheiten: die griechisch-katholische (0,4 Prozent), die jüdische (0,6 Prozent) und die protestantische (0,3 Prozent). In absoluter Zahl machte die Gesamtbevölkerung nach der Zählung von 1910 1,898.044 Seelen aus.

Die Elite bildeten die Moslems, und an ihrem würdevoll selbstbewußten Auftreten war gleich zu sehen, daß das die ehemaligen Herren des Landes waren. Ihre Oberschicht umfaßte wirkliche Großgrundbesitzer, deren Besitzungen sich auch über einige Bezirke erstreckten. Das waren die Beys und Agas. Die größten von ihnen hatten ungeheure Einnahmen und beschäftigten sich daher mit nichts anderem als der Kapitalbeteiligung an einigen Banken, gewerblichen oder industriellen Unternehmen oder aber mit der Wahrnehmung öffentlicher Ehrenfunktionen. Die kleineren von ihnen hatten in ihrer Residenzstadt eine Werkstatt oder einen Laden.

Die Liegenschaften dieser Beys und Agas setzten sich hauptsächlich aus „Leibeigenenanwesen" zusammen. Bei der Eroberung des Landes war nämlich die Bevölkerung aufgefordert worden, den Islam anzunehmen, und wer das machte, blieb freier Bauer, andernfalls wurde ihm der Boden weggenommen. Die betroffene Bevölkerung flüchtete aber gewöhnlich von selbst, und die Beys und Agas – ursprünglich Heerführer und Unterheerführer –, denen der okkupierte Boden zuteil wurde, besiedelten das eroberte Land mit unfreien Bauern oder Landlosen aus anderen, schon früher bezwungenen serbischen Gebieten.

Diese Bauern durften den Boden – allerdings nur in männlicher Linie – erblich bewirtschaften, mußten ihrem Herrn aber ein Drittel des Korns und die Hälfte des Heus abliefern, nachdem sie schon vorher ein Zehntel davon als Grundsteuer in den staatlichen „Speicher" abgegeben hatten. Wenn eine solche Familie in der männlichen Linie ausgestorben war, wurde das Anwesen uneingeschränktes Eigentum der Herrn. So einen Boden nannte man dann „begluk". Wollte der Herr seinen Boden, den der „kmet" nutzte, verkaufen, war er verpflichtet, ihn zuerst dem „kmet" anzubieten.

Es ist interessant, daß so manches serbische Mädchen ein leichteres Leben führen konnte, indem es die leichtsinnige Jugend der Besitzenden zur Verschwendung verführte und so zum Verkaufen des Bodens zugunsten der „Leibeigenen" nötigte, welche diesen dann zu einem verhältnismäßig kleinen Geldbetrag entlasteten. Das „Leibeigenenverhältnis" wurde nach dem Umsturz unter einer gewissen Entschädigung der Beys und Agas aufgelöst.

Aus der Schicht der Beys und Agas rekrutierte sich die moslemische Intelligenz, also besonders die Geistlichen (Hadschis), Richter (Kadis) und während der österreichungarischen Okkupation auch die Verwaltungsbeamten in allen Bereichen der staatlichen Verwaltung. Sie zeichneten sich durch die bekannte moslemische Sauberkeit sowohl des Körpers als auch der Bekleidung und der Haushalte aus.

Ihre ärmere Schicht bildeten freie Bauern, kleine Handwerker, Kaufleute und die unerläßlichen „kafedžijas". Es hieß, wenn ein Moslem scheitert, wird aus ihm ein „kafedžija", aus einem Orthodoxen ein Schankwirt und aus einem Katholiken ein Kutscher. Außerdem gab es auch unter den Moslems etliche Bauern ohne eigenes Land.

Die niedrigste moslemische Schicht bildeten eigentlich die Zigeuner, aus denen sich die allgegenwärtige Gruppe der Träger, der sogenannten „hamal", rekrutierte. Bei diesen gab es jedoch nicht viel Sauberkeit. Im Gegenteil: Ihre Unsauberkeit untermauerte die religiöse Vorschrift, daß Gläubige nur jene Tiere erschlagen dürfen, die ihnen zur Nahrung bestimmt sind, und man kann sich vorstellen, was für ein gemütliches Leben lästiges Ungeziefer bei so einem rechtgläubigen Moslem der niederen Schichten führte!

Die zahlenmäßig bedeutendste Bevölkerungsgruppe waren die Orthodoxen oder Serben, wie sie sich nannten. Auch jene teilten sich in eine städtische und eine bäuerliche Schicht. Die städtischen Serben waren großteils Kaufleute, Handwerker und Unternehmer jeder Art, sie hießen „gazda". Neben ihrer städtischen Beschäftigung besaßen sie auch Bauernland, das sie gewöhnlich in Pacht gaben. Es gab unter ihnen auch viele, die ihre „Leibeigenen" hatten. Diese städtische Schicht stellte den größten Anteil an den Beamten, weil sie ihre Jugend in weit größerem Ausmaß in höhere Schulen schickte, als das die Moslems taten, die ihrerseits recht gut abschätzten, wie verheerend der auf den „schwäbischen" Schulen betriebene wissenschaftliche Rationalismus sich auf das religiöse Empfinden auswirkte, und dieses religiöse Empfinden wollten sie keinem weltlichen Vorteil opfern, nicht einmal dem verlockendsten. Nur jene moslemischen Geschlechter, die schon der Europäisierung erlegen waren, bildeten da eine Ausnahme. Bei den Serben war dem durchwegs so, insbesondere als sie in der höheren Ausbildung ein Mittel erkannten, mit dem sie einmal über die Moslems würden herrschen können.

Der Bauernstand, sei er nun orthodox oder moslemisch, war sehr zurückgeblieben, und der Großteil der bäuerlichen Bevölkerung konnte weder lesen noch schreiben. Die einzige Gelegenheit zur Erbauung waren die sonn- und feiertäglichen Gottesdienste, aber die orthodoxen Gottesdienste sind leider dermaßen förmlich, daß sie die aktive Beteiligung der Gläubigen fast ausschließen, indem sie aus ihnen nur passive Zuschauer machen. Allmählich begann man auf Bemühungen der Geistlichen (Popen) hin, auch in den Dörfern Schulen zu bauen, aber der Bevölkerung selbst lag nicht allzu viel daran. Als sich in einer Gemeinde der Pope bei mir über die Nachlässigkeit beklagte, mit der seine „Schäfchen" das Baumaterial einbrachten, sprach ich mit ihnen darüber und fragte sie aus, warum sie eigentlich so gleichgültig der Schule gegenüber eingestellt waren. Da verriet mir einer von ihnen treuherzig: „Es freut uns nicht allzusehr, daß unsere Kinder klüger werden als wir, denn dann werden wir die Betrogenen sein." So war das Volk meist sich selbst und dem Einfluß des Popen überlassen, der eher im nationalistisch-patriotischen als im volksbildenden Sinne wirkte. Und wenn daher jemand mit dem Volk aufrichtig ein Gespräch anfing, lauschte jeder direkt hungrig, und die Zuhörer hätten so einem das Blaue vom Himmel geholt.

Sonst war das Leben auf dem Land in Bosnien und noch mehr in der Herzegowina überaus hart. Es wurde meist extensive Brachwirtschaft betrieben, da es keinen Dünger gab, denn das Vieh war das ganze Jahr über unter freiem Himmel auf der Weide und wurde nur am Abend in einen eingezäunten Auslauf zum Melken zusammengetrieben. Die Volkskost war derb und einfach, meistens aus Kukuruzmehl, Milch, Käse und an den Feiertagen mit ein bißchen Geflügel oder anderem Fleisch, besonders vom Lamm oder Schwein. Die Wege waren miserabel, denn jede Last wurde auf Lasttieren transportiert, und denen genügte – wie z. B. in der Herzegowina – oft ein Pfad von der Breite eines Handtellers.

Auch in den Wohnstätten gab es keine Bequemlichkeit. Es wurde am offenen Feuer gekocht, der Rauch entwich durch das Dach, und man schlief gewöhnlich auf der bloßen Erde, höchstens auf einem Kotzen. Diese wimmelten von Tausenden von Flöhen, die den Abend nicht abwarten konnten, um sich auf ihre Opfer zu stürzen. Für unsereinen war das Schlafen in einem bosnischen Bauernhaus ein Ding der Unmöglichkeit.

Die Katholiken zählten in Bosnien-Herzegowina großteils zur bäuerlichen Bevölkerung, und außer durch ihren Charakter – die Turci und Serben verachteten sie wegen ihrer Speichelleckerei und ihres Denunziantentums – unterschieden sie sich von der übrigen bäuerlichen Bevölkerung durch nichts. Das katholische Element verstärkte sich nach der Okkupation in Bosnien und Herzegowina vor allem in den Städten, und zwar durch den Zuzug zahlreicher Beamter, Richter, Professoren und anderer Intelligenz aus Kroatien, Slawonien und anderswoher, aber diese Gruppe kann man eigentlich nicht zur einheimischen katholischen Bevölkerung zählen.

Das Verhältnis jedes einzelnen Beamten zur Bevölkerung im allgemeinen bestimmte sich in erster Linie nach dessen Verhältnis zur bäuerlichen Bevölkerung.

Nachdem ich unsere Umgebung zumindest grob von außen beschrieben habe, kann ich an die Schilderung unseres Verhältnisses zu unserer Umgebung herangehen. Es ist jedoch nahezu unmöglich, dieses Verhältnis allgemein zu schildern, denn die Beziehung von Mensch zu Mensch hängt immer, würde ich sagen, von der inneren seelischen Struktur beider ab. Wenn diese Beziehung gut sein soll, muß in beiden etwas Gemeinsames sein, was der gegenseitigen Resonanz fähig ist, und gerade darin wurzelten die grundlegenden Schwierigkeiten dieses Verhältnisses, welchen Angehörigen der Beamtenkaste es auch immer betraf. Schon die Kaste selbst war ein überaus buntes Gebilde. Es gab unter den Beamten Deutsche, Ungarn, Serben, Kroaten, Polen, Tschechen, Ruthenen, Slowaken und, wer weiß, was noch alles. Und daher schwankte dieses Verhältnis oft, bedingt durch individuellen Charakter, Nationalität und religiöses Empfinden des einzelnen.

Ich könnte sogar die Feststellung wagen, daß, je mehr jemand unserer, vorwiegend rationalen Zivilisation unterlag, desto kälter, ja auch schroffer war sein Verhältnis zur einheimischen Bevölkerung und umso verlassener und unglücklicher fühlte er sich in dieser Umgebung. ...

Meine erste bosnische Wirkungsstätte war die Stadt Sarajevo, die von einer überwiegenden Mehrheit von Moslems bewohnt war. Dort war das moslemische Element das erste, womit ich in Berührung kam. Freilich waren auch meine Figuranten Moslems, weil sie mir in der Kanzlei rieten, keine andere Konfession zu nehmen, weil nur ein Moslem genau weiß, wie er sich beim Eintritt in ein moslemisches Haus verhalten soll.

Außer den ärmsten Wohnstätten hat jedes, auch mittlere, moslemische Haus zwei Höfe: einen vorderen, den sogenannten Männerhof, in den man von der Straße eintrat, und einen zweiten, den Frauenhof, der dahinter gelegen war und gewöhnlich mit dem Garten zusammenhing. Kein Fremder, und wäre es auch ein Moslem, durfte ohne Begleitung des Familienoberhauptes ins Haus eintreten, von einem Ausländer schon überhaupt nicht zu reden. Wer so etwas wagte, hätte die weiblichen Stimmen des Hauses zu einem gewaltigen Gezeter provoziert, auf das hinauf die ganze „mahala" (Stadtbezirk) zusammengelaufen wäre, und ich bezweifle, daß solch ein Verwegener mit dem Leben davongekommen wäre. Das Außerachtlassen dieser Regel erregte umso mehr das Mißtrauen, als sich die männlichen Mitglieder der Familie in den Tagesstunden zumeist in der „čaršija" (Basar – Geschäfts- und Handwerksviertel) aufhielten und erst mit der Dämmerung heimkehrten.

Und doch mußte ich den ganzen Tag über von Haus zu Haus meine Messungen ausführen. Also sprach ich zunächst mit dem „muktar" (Vorsteher des Viertels) und versicherte ihm, daß ich die häusliche Ruhe und Ordnung so wenig wie möglich stören würde. Je bereitwilliger die Bewohner mich unterstützen würden, umso schneller würden sie mich wieder vom Hals haben. Dann schickte ich meinen ältesten moslemischen Figuranten, daß er an die erste Tür klopfte. Gewöhnlich kam irgendein kleines Mädchen zur Tür. Durch dieses ließen wir ausrichten, daß sich alle weiblichen „Köpfe" ins Haus zurückziehen und die Fenster verhängen sollten, daß wir im ganzen Haus, im Garten und auch in der „ženská aulija" (Frauenhof) vermessen müßten. Wenn das geschehen war, durften wir erst ins Haus eintreten. Wenn es irgendeinen Zweifel über die Eigentumsgrenzen gab und wenn kein männlicher „Kopf" zu Hause war, mußte ich die Hausfrau (hanuma) fragen, aber so, daß ich mich vor der Tür des „halvat" (Zimmer für die Frauen), die Stirn zum Hof gewandt, aufstellte, und wenn die „hanuma" die Tür ein wenig öffnete, stellte ich ihr über den Rücken Fragen, auf die sie dann mit gedämpfter Stimme antwortete. Wenn die Gesellschaft innerhalb des „halvats" mit unserer schnellen Erledigung ihres Hauses besonders zufrieden war, schickte sie uns wieder über das kleine Mädchen eine gehörige „džesva" (Kanne) schwarzen türkischen Kaffees. Ich arbeitete gewöhnlich auch bis zur Dämmerung, und auf dem Rückweg nach Hause traf ich mit den Männern zusammen, die vom Basar nach Hause kamen. Anfangs betrachteten sie mich prüfend und ziemlich mißtrauisch, später jedoch wurden sie Tag für Tag vertrauensvoller, bis mich alle flugs grüßten und nicht unterließen zu fragen: „Kako si, gospodine?" – Wie geht es dir, Herr?

Aber auch mit dem orthodoxen Element machte ich die beste Erfahrung. Ich habe ja schon davon erzählt, wie die Landbewohner um Sarajevo Sorge trugen, daß ich nach der Operation alles hatte, was ich zur Rekonvaleszenz brauchte, und wie mir ein serbischer Gazda angeboten hatte, meine Familie bis zu seinem letzten Atemzug zu beschützen.

Auch hier war aber die Hauptsache, sich das Vertrauen zu erwerben, und so wie auch bei den Moslems entsprang mein Handeln nicht irgendeinem verstandesmäßigen Abwägen und erwies sich doch als sehr korrekt und wirkungsvoll. So führte auch hier eine unsichtbare Hand mein Herangehen, und ich mußte selbst über dessen Ergebnisse staunen und mich bei den Leuten erkundigen, womit ich so auf sie wirkte. Ja, das sind die wunderbaren Seelenkräfte, die in dem Augenblick zu wirken beginnen, in denen der Mensch aufhört, sich einzig nur auf seinen Verstand zu verlassen, und zwar gerade dort, wo der Verstand mit seiner Voraussicht am Ende ist.

Es war ein ungeschriebenes Gesetz, daß jedem Beamten an einem eigenen Tisch gedeckt, ihm das Essen in besonderen Schüsseln gereicht und ihm auch Besteck besorgt werden mußte, wenn er es nicht selbst mitbrachte. So richteten sie auch für uns an – meine Frau begleitete mich anfangs überallhin –, aber gleich beim ersten Mal lehnte ich diese Absonderung (baškaluk) mit den Worten „Wenn wir bei der Arbeit gemeinsam hin- und hergehen, werden wir auch gemeinsam essen" ab und setzte mich mit meiner Frau zum allgemeinen Erstaunen an ihre „činija" – eine runde Tischplatte auf etwa fünfzehn Zentimeter hohen Beinen.

Wir hielten allerdings die ganze Tischzeremonie ein, die so verlief: In der Tür zeigte sich die älteste Tochter des Haushalts. Sie hielt in der rechten Hand ein kleines Waschbecken mit gelochtem Klappdeckel („ledžen"), über der Hand ein Handtuch und in der linken Hand einen Zinnkrug („džugum") voll Wasser. Sie trat zum „Ältesten" – das war dem Rang nach als Beamter ich –, dieser streckte seine Hände über das Becken und sie goß Wasser darüber, damit der Gast sie wusch. Nach dem

Waschen schlürfte er aus der hohlen Hand Wasser und spülte den Mund damit aus, spuckte das Wasser wieder in das Becken und trocknete sich die Hände im Handtuch ab. So trat sie reihum bis zum jüngsten, worauf man zu essen begann, und zwar die flüssige Nahrung mit Löffeln, die feste, besonders Fleisch und verschiedene „pita" (Strudel), mit bloßen Händen. Schließlich wurde als Nachspeise saure oder süße Milch gelöffelt. Kurz nach dem Essen folgte selbstverständlich der unausbleibliche türkische schwarze Kaffee. . . .

Am 15. Juli 1920 fuhr ich mit dem Personendampfer auf der Donau aus Belgrad ab, und am 17. Juli kam ich in Preßburg an. Am 19. Juli meldete ich mich in den Dienst der Tschechoslowakischen Republik. Das war bei der fünfzehnten Abteilung der Finanzgeneraldirektion für die Slowakei in Preßburg.

Der Vorstand der Abteilung, Oberevidenzinspektor Ing. Vladimír Hajný, war gerade nicht in der Kanzlei, und so habe ich den Kollegen Hrstka begrüßt, der dort den Dienst des Aufsichtsbeamten ausführte und der mein Kamerad an der Technischen Hochschule gewesen war. Am zweiten Tag wurde ich mit dem Kollegen Cingroš bekannt, der aus Galizien übernommen worden war und der mich, nachdem er mich scharf angesehen hatte, fragte: „Sagen Sie mir, sind Sie wirklich ein Tscheche oder eigentlich Jugoslawe?" Ich wollte wissen, was ihn zu dieser Frage führte, und höre die Antwort: „Du schaust doch aus wie ein Jugoslawe, und dann sagt man von Dir, daß Du angeblich schon kaum mehr Tschechisch sprichst." Ich überzeugte ihn schon durch meine Aussprache, daß er im Irrtum war, aber darauf käme ich erst ausführlicher zu sprechen, würde ich die „Erinnerungen an den Dienst in der Slowakei" niederschreiben.

Übersetzung: Ulrike Stastny, Margit Parlow

KAREL FASSE

wurde 1878 geboren. Aus seinen autobiographischen Aufzeich-
nungen erfährt man nichts über die Kindheit und Jugend des
späteren Maschinenbauingenieurs. Erst ab dem Jahr 1901, als
er seine Studien abschloß und als Einjährigfreiwilliger zur
österreichisch-ungarischen Kriegsmarine ging, läßt sich sein
Lebensweg verfolgen. Der Dienst auf See gefiel ihm. Später
erinnerte er sich gern an diesen Abschnitt seines Lebens zurück.
Zum Zeitpunkt seiner Rückkehr nach Prag hatte Fasse weder
eine Anstellung noch eine klare Vorstellung von seiner Zu-
kunft.

In der zweiten Hälfte des Jahres 1903 fand er Aufnahme bei
den Staatseisenbahnen in Prag und wurde vorerst an den nahe-
gelegenen Dienstorten Laun (Louny) und Bodenbach (Podmo-
kly) eingesetzt. Im Jahr 1910 wurde er ins Eisenbahnministeri-
um nach Wien berufen. Nach 1918 setzte er seine Tätigkeit im
Dienst des neu gegründeten tschechoslowakischen Staates bis
zum Jahr 1938 fort, als er mit sechzig Jahren in Ruhestand ging.

Der überwiegende Teil seiner Autobiographie beschäftigt sich
mit seiner beruflichen Laufbahn, mit den Verhältnissen im Amt
und mit technischen Erfindungen im Eisenbahnverkehr. Bege-
benheiten aus dem Familienleben hielt Karel Fasse nur in
Ausnahmefällen fest. Gelegentlich erwähnte er politische Ereig-
nisse, die sein Leben beeinflußten, vor allem in Zusammenhang
mit den beiden Weltkriegen. Zum Verfassen einer Autobiogra-
phie wurde der Autor Anfang der fünfziger Jahre durch Jan
Roháček, den Archivar des damaligen Archivs für die Geschich-
te der Industrie, des Handels und der technischen Arbeit,
angeregt. In diesem Archiv, das heute den Namen Archiv des
Technischen Nationalmuseums in Prag trägt, wird Fasses Ma-
nuskript im Umfang von 67 Seiten in der Handschriftensamm-
lung, Nr. 778, aufbewahrt.

In meinen sechsunddreißig Dienstjahren bei der Eisenbahn habe ich so manch beachtenswertes Ereignis erlebt, habe viele bedeutende Persönlichkeiten kennengelernt und große Veränderungen gesehen, wovon mancherlei wert wäre, aufgezeichnet zu werden. Ich habe mich daher auf Anregung meines werten Freundes, Herrn Jan Roháček, vom Archiv für die Geschichte der Industrie, des Handels und der technischen Arbeit entschlossen, diese Erinnerungen niederzuschreiben. Ich habe Ereignisse festgehalten, soweit sie mir im Gedächtnis geblieben sind und sofern sich der Vorhang ein wenig gelüftet hat, der manche Ereignisse aus politischen und anderen Gründen verhüllt hat. Deshalb sind die Schilderungen nicht immer zusammenhängend und präzise, und weil ich mich auch nicht einer schriftstellerischen Begabung rühmen kann, mögen diese Erinnerungen, falls sie darüber hinaus einmal von Nutzen sein sollten, mit Nachsicht beurteilt werden.

Im Oktober 1902, als ich vom Militärdienst, den ich als Einjährigfreiwilliger in der österreichischen Marine in Pula abgeleistet hatte, nach Prag heimkehrte, suchte ich nach einer Stellung, aber die Aussichten für Maschinenbauingenieure waren nicht besonders. Vergeblich klapperte ich, meine Dienste anbietend, eine Reihe von Fabriken ab. Fast ein Jahr lang war ich ohne Anstellung und hörte vorerst Velflíks Vorlesungen über den Bau von Eisenbrücken. Erst in der zweiten Hälfte des Jahres 1903 erhielt ich auf mein Ansuchen hin gleichzeitig eine Aufforderung von der Direktion der Staatsbahnen in Prag und eine von der Kaiser-Ferdinand-Nordbahn in Wien, den Dienst in ihren Werkstätten anzutreten.

Ich wählte die Werkstätten in Louny, die meinem Zuhause näher waren. Dort trat ich am 17. August 1903 den Dienst an, und zwar in der Wagenwerkstatt. Es wunderte mich, daß jegliche schriftliche Amtsführung, besonders der Schriftverkehr mit der Direktion, deutsch war, ebenso alle Aufzeichnungen, Formulare, Lohnlisten, Dienstvorschriften, die Instruktionen u. ä., wo doch die Beamtenschaft bis auf kleine Ausnahmen und die Arbeiterschaft durchwegs tschechischer Nationalität waren. Heute scheint mir das noch unwahrscheinlicher zu sein, zumal wir die einstigen Verhältnisse vergessen haben. Die mündlichen Absprachen zwischen der Beamtenschaft und der Arbeiterschaft waren allerdings auf tschechisch. In der Direktion gab es schon mehr Deutsche, und nur ausnahmsweise war ein deutsches Gespräch zu hören.

Der Vorstand der Werkstätten hieß Huber, ein verbitterter, unfreundlicher Deutscher, ich glaube, er stammte irgendwo aus der Gegend von Linz. Er beherrschte aber das Tschechische recht ordentlich, wenn auch manchmal gebrochen. Er war eher mager, rasiert, grau im Gesicht und ging ein wenig gebückt. Wenn er sich ärgerte, kaute er an seinem Halstuch. Bevor er auf Urlaub ging, ging er durch die Werkstätten und schalt jedermann aus, vielleicht um allen für die Zeit seiner Abwesenheit Angst einzujagen. In der Stadt hatte er, so viel ich weiß, mit niemandem Kontakt außer mit Glaser, einem jüdischen Fabrikanten aus Lenešice. Wenn ihn der Vorstand der Heizhausanlage in Nusle – Appel, auch ein Deutscher – besuchte, stritten sie bei geöffneten Fenstern so, daß man es über den ganzen Werkstättenhof hören konnte.

Nach Huber waren die Vorstände bereits Tschechen. Einige wechselten sich kurz hintereinander ab. Svoboda starb bald, ebenso Štětka, der von der Heizhausanlage in Louny gekommen war, ihm folgte Klepetář. Gelegentlich inspizierte die Werkstätten der Vorstand der Maschinenbauabteilung der Prager Direktion, Oberinspektor Karel, ein älterer, großer, ernster Herr, Vater des Komponisten Karel. Wir Jüngeren kamen mit ihm nicht in näheren Kontakt, da uns natürlich die traditionelle Pflicht nicht zuteil wurde, ihm in der Bahnhofsrestauration Gesellschaft zu leisten und ihn beim Mariage nicht allzuviel verspielen zu lassen. Manchmal besuchte uns Schleyder, der Vorstand der Heizhausanlage in Rakovník. Er plagte uns reichlich mit seinem Rauchverbrenner. Er leitete über Rohrleitungen vom unteren Teil des Rauchabzuges Flugasche und Rauch unter das Gewölbe zum Heizraum, aber der Effekt war nicht groß genug, um die verschiedenen Nachteile dieses Systems aufzuwiegen. Als sich die Sache nicht bewährte, machte er dafür die Mißgunst der Kollegen verantwortlich und hatte mit ihnen viele Streitereien. Auch Karel Marek hatte seinen Rauchverbrenner, der zwar nicht perfekt, aber sehr einfach war, er bestand aus einer Klappe in der Feuertür, die sich automatisch beim Nachlegen um die Sperre öffnete. Nach einer Weile schloß sie dann der Heizer. Als er auf die Mangelhaftigkeit dieser Vorrichtung hingewiesen wurde, soll er gesagt haben, daß sie zwar nicht viel wert sei, dafür aber auch nichts koste.

Das Büro der Wagenwerkstatt war eine verglaste, an die Wand der Werkstatt angebaute Bude. Dort amtierte der Vorstand der Wagenwerkstatt, Josef Dvořák, ein geselliger und etwas bequemer Herr, mit den drei Ingenieuren Alter, einem Prager Deutschen, der tadellos tschechisch sprach, dem immer kränkelnden Hübner und mir, weiters mit den Werkmeistern Denk und Modr. Dvořák rauchte eine Gipspfeife – der Diener Halík mußte sie einmal wöchentlich ausbrennen, aber trotzdem duftete sie keineswegs; Alter rauchte Zigaretten. Modr trocknete auf der Dampfheizung seine Fußlappen und jagte den Mäusen nach, die hinter der Verkleidung der Dampfheizung ein gemütliches Heim hatten. Die Atmosphäre in der Bude war dann dementsprechend. Ähnliche Buden dienten auch in den anderen Abteilungen als Büros. Was war das für ein Unterschied zwischen diesen Buden und den späteren gefälligen technischen Büros. Ich arbeitete nach und nach in allen Werkstättenabteilungen.

Die Dreh- und Schmiedewerkstatt leitete Ing. Ryska, ein sehr genauer und fachkundiger Mann. Später wurde er Professor an der Technik in Brünn. Ich arbeitete im Büro zwischen der Schmiede und der Wagenbauwerkstatt. Von der einen Seite hämmerten die Fallhämmer, von der anderen kreischten die Eisensägen, aber wir gewöhnten uns derart daran, daß wir am Sonntag, wenn wir Dienst hatten, diesen Lärm vermißten. In der Schmiedewerkstatt arbeiteten einige ältere, beleibte Herren. Eines Tages beobachten wir, wie eine kleine Schar mit Interesse ein Buch durchblättert. Aus Neugier gehen wir nachschauen, und, siehe da, es war „Die Schönheit des weiblichen Körpers".

Der Werkmeister in der Schmiedewerkstatt war Petržílka, in der Drehwerkstatt Trefný. In der Lokomotivwerkstatt herrschte Ing. Nechleba, mager, originell, witzig, manches Mal schnippisch. Immer unternahm er morgens schwankenden Schritts einen Rundgang durch die Lokomotivwerkstatt, mit dem Werkmeister Wild an der einen, Trámek an der anderen Seite, später mit Šmíd und Mazač. Seine runde Mütze war legendär, weil sie so speckig war. Nach kurzer Tätigkeit in der Lokomotivwerkstatt übernahm ich die Leitung der Kesselschmiede mit dem Werkmeister John. Zu meiner Zeit wurde die Lokomotivwerkstatt erweitert, eine neue Lokomotivwaage errichtet und die Drehwerkstatt um eine Etage aufgestockt.

Als ich in die Werkstätten kam, war der technische Wirkungsbereich der jüngeren Ingenieure noch sehr begrenzt. Sie waren hauptsächlich mit der Führung und dem Berechnen der Arbeitsbücher und Lohnlisten beschäftigt, mit Materialbestellungen, der Ausfertigung von Befunden über entgleiste und beschädigte Waggons und mit verschiedenen Meldungen. Zur Beaufsichtigung der Reparaturarbeiten kamen sie fast gar nicht. Die notwendigen fachlichen, speziell die eisenbahntechnischen, Erfahrungen und Kenntnisse verschaffte man sich ziemlich schwer, weil die Werkstättenmeister daraus Geheimnisse machten, zum Beispiel beim Vermessen der Räder bei deren Befestigen unter den Lokomotiven.

Ich hatte eine etwas günstigere Position, weil man mir ein Spezialressort zugeteilt hatte, die Aufsicht über die automatische durchlaufende Vakuumbremse. Mit ihr wurden gerade die Lokomotiven und Personenwaggons ausgerüstet. Das war eine neue Sache, bei der ich die faktische Leitung hatte, und mit Richter, dem Partieführer der Bremsen-Gruppe, verstand ich mich gut. Sie schickten mich auch auf Schulung nach Wien, die Vakuumbremsen stellte Vacuum-Brake & Co in Wien her, dessen Hauptteilhaber und Vertreter die beiden Brüder Hardy waren, halb Schotten, halb Wiener. Die österreichischen Staatsbahnen übernahmen die Vakuumbremse, obwohl die übrigen Bahnen auf dem europäischen Festland die Druckluftbremse wählten, die von Westinghouse oder die von Knorr. Obwohl sie einige Vorteile hatte, mußte sie später zu Zeiten der Republik wegen der Einheitlichkeit durch die Druckluftbremse ersetzt werden.

In die Zeit meines Dienstes in Louny fielen auch die Versuche mit der Schmied-Bremse für Güterwaggons. Sie wurde von einer Fabrik in Augsburg hergestellt. Die Versuche fanden auf der Strecke Dušníky–Beroun statt. Die Idee, die Energie des fahrenden Zuges für das Ziehen der Bremsen zu nutzen, war gut, der Anschluß der Bremsvorrichtung mittels Vakuum oder Druckluft möglich, doch die Bremsen versagten vor allem wegen der ungleichmäßigen Wirkung der Reibungskupplungen. Wir zerrissen eine Menge Kupplungen.

Zu dieser Zeit wurde im Eisenbahnministerium in Wien ein Tscheche zum Sektionschef der Maschinensektion bestellt, Karel Marek, seinem schwarzen Handwerk nach der Schwarze Marek genannt. Er führte, unter Mitarbeit von Václav Burger, der Vorstand des Werkstättendepartements wurde, in der Organisation der Werkstätten einige wichtige Veränderungen durch. Eine der wichtigsten war die Aussetzung von Prämien, sog. Tantiemen, für Einsparungen bei den Lokomotiv- und Waggonreparaturen gegenüber den Bemessungstarifen. Sie wurden unter den leitenden Technikern und Werkmeistern aufgeteilt. Der technischen Leitung wurde dabei auferlegt, den

Umfang der Reparaturarbeiten gemeinsam mit den Werkmeistern festzulegen.

Es wurden zur Bearbeitung Schnellarbeitsstahl, schablonierte Drehmaschinen für Stahlbänder, pneumatisches Werkzeug und die rationalisierte Reparatur von Kesselheizrohren und Kupplungen eingeführt. Die Arbeiter wurden bereits zu dieser Zeit in provisorische und definitive eingeteilt. Die provisorischen arbeiteten auf Stundenlohn, und nach einer gewissen Zeit konnten sie zu definitiven Arbeitern ernannt werden. Diese erhielten dann einen Monatslohn und rückten, glaube ich, in einigen Triennalen vor. Sie konnten nicht ohne Disziplinarverfahren entlassen werden und hatten Anspruch auf Pension. Sie wurden Werkstättengehilfen, Werkmeister, Oberwerkmeister und später auch Werkführer genannt. Wie man mir sagte, wurde die definitive Anstellung eingeführt, als General Guttenberg Eisenbahnminister war. Anrecht auf eine Art Altersrente hatten nach einer bestimmten Dienstzeit auch die provisorischen Angestellten.

Im Akkord wurde damals bei den Staatseisenbahnen nicht gearbeitet, der wurde erst nach dem Ersten Weltkrieg eingeführt, und zwar der sogenannte Zeitakkord, eigentlich ein Prämienakkord. Bei privaten Bahnen arbeitete man schon früher im Akkord.

Direktor der Staatseisenbahnen in Prag war zu meiner Zeit Viktor Marek. Er war das Musterbeispiel eines gemessenen hohen Beamten aus der Zeit vor dem Umsturz, der großen Abstand seinen Untergebenen gegenüber wahrte. Er hielt an der deutschen Art des Amtierens fest, wehrte sich dabei aber nicht gegen das Einfließen des tschechischen Elements in die Eisenbahnverwaltung. Sein Stellvertreter war Dr. Brejcha, dessen Einsetzung die tschechischen Abgeordneten als Erfolg betrachteten. Der zweite Stellvertreter war, denke ich, Strzízek, ein Prager Deutscher, der später Direktor in Pilsen wurde.

Viktor und Karel Marek waren Vettern, und beide hatten Töchter Pechars zur Frau. Pechar war schon zu meiner

Zeit eine legendäre Person. Er war Direktor der privaten Bahn von Duchcov nach Podmokly und später der mit ihr vereinigten Bahn von Prag nach Duchcov, außerdem Präsident der Kohlengrubengesellschaft der Bahn von Duchcov nach Podmokly. Zeitgenossen erzählten kurzweilige Histörchen von seiner Amtsführung. Er revidierte die Strecke zu Fuß, machte mit seinen langen Beinen Schritte von Schwelle zu Schwelle, während seine Begleiter sich hinter ihm im Schweiße ihres Angesichts abmühten. Bahnhofsvorstände, die ihm mißfielen, setzte er an Ort und Stelle ab und ersetzte sie zum Beispiel durch Aspiranten. Den Dienst auf den Bahnhöfen soll er hinter Gebüschen versteckt beobachtet haben, und um zu überraschen stieg er zu den Werkstätten über den Zaun ein.

In Košťany hatte er eine Schamottefabrik, und eines Tages fiel ihm ein, daß, wenn man auf Schamottepflaster auch fahren konnte, man aus Schamotte auch Pfannen für die Lager der Eisenbahnwaggons machen könnte. Als man in den Werkstätten aber einen Wagen auf der einen Seite hob, um die Pfannen zu montieren, zersprangen die Pfannen auf der anderen Seite. Pechar plagte damit lange die Werkstätte, bis sein Einfall unterging. Als ich ein Junge war, hörte ich von ihm, denn er lebte in Prag „Na hrádku" (Auf der kleinen Burg), in unserer Nähe in einem der Häuser, die man dort neu errichtet hatte.

Das politische Leben in Louny war nicht allzu rege. Dort wirkte die sozialdemokratische Organisation und neben anderen auch die tschechische sozialistische Partei, aber weil es in Louny außer zwei Zuckerfabriken und einer Brauerei keine großen Industrieunternehmen gab, gab es zu meiner Zeit keinerlei große örtliche Aktionen. In den Werkstätten wurden kleinere Verbesserungen durchgesetzt, wie Waschräume, die Abschaffung der Leibesvisitationen beim Ausgang u. ä. Bis zu dieser Zeit untersuchte der Portier Žižka jeden hinausgehenden Arbeiter. In den Werkstätten gab es einen Speisesaal, wo sich die Arbeiter Essen aufwärmen konnten. Viele aber saßen, wenn es das Wetter erlaubte, abseits auf dem Hof, damit ihnen die anderen nicht ins Häferl schauten.

Es wurde von sieben bis achtzehn Uhr mit einer Mittagspause gearbeitet, das technische Personal trat den Dienst um acht Uhr an. Es wurde bereits um den Achtstundenarbeitstag gekämpft, und als er gesetzlich verankert wurde, führte man die einfache Frequenz (kontinuierliche Arbeitszeit) ein. Dies war auch die Zeit des Kampfes um das allgemeine Wahlrecht, darüber wurde lebhaft diskutiert, und es erscheint mir nun merkwürdig, daß einige, so wie unsere befreundeten Beamten von der Hauptmannschaft, die Ansicht vertreten konnten, daß dies eine ungerechte und unmögliche Sache sei. Bei einer politischen Versammlung in Louny sprach auch Kramář: Ich wunderte mich, wie überheblich und mit welchem Abstand zur Zuhörerschaft er seine Rede hielt. Auch Masaryk sprach hier bei einer Versammlung und erzählte mir, daß ihn der Dreher aus den Werkstätten, Schovánek, so ein großer Bärtiger, durch die Hintertür hinausführen und ihm eine Übernachtungsmöglichkeit beschaffen mußte, um nicht von politischen Gegnern insultiert zu werden.

Vom Gesellschaftsleben her betrachte ich die in Louny verbrachten Jahre als die schönsten meines Lebens. Es war hier eine nette Gesellschaft junger Leute, hauptsächlich Beamte von der Bahn, aus der Brauerei, den Zuckerfabriken und den Staatsämtern, Professoren u. ä. Obwohl wir erst um achtzehn Uhr frei hatten, eilten wir geradewegs zum Ruderklub, fuhren im Vierer oder mit dem Skiff bis nach Lenešice oder gingen in den Gärten am Ufer der Ohře mit den Mädchen spazieren. Der Redakteur Mařík war die treibende Kraft des Gesellschaftslebens, er organisierte Ausflüge auf kleinen Schiffen mit Gesang und sonntägliche Landpartien in die Umgebung mit den Stadtfräulein und den damals noch als unerläßlich angesehenen Anstandsdamen. Es wurden Spiele um Küsse veranstaltet, daß es nur so schmatzte, aber mir scheint nicht, daß die Ernte der Mädchen besonders ein-

träglich war. Irgendwie waren wir eingefleischte Junggesellen. Vergebens liefen sie auch auf Bällen und Tanz-
abenden in der „beseda" oder im Sokolsaal Sturm. Die
Ereignisse im Winter waren die Tourneen von Schau-
spieltruppen mit altertümlichen Stücken, wie „Die Glok-
ken von Corneville" u. ä., gelegentlich eine Ausstellung
oder ein Konzert. Meistens aber verbrachten wir die
Abende zu Hause, manchmal nach dem Abendessen bei
Grosschupp, in einem Delikatessenladen, wo wir uns
unserem Gehalt angemessene Delikatessen, wie Würste,
Frankfurter oder auch Halsfleisch gönnen konnten.

Ich wohnte mit dem Kollegen Dolt im kleinen Haus
von Frau Popelářová beim Žatecká brána (Saazer Tor),
jeder von uns in einem kleinen Zimmer im ersten Stock,
und das Abendessen bereiteten wir uns auf einer kleinen
Pawlatsche mit Ausblick auf das dreizackige Dach der
Kirche in Louny. Um zu sparen, verköstigte ich mich bei
Frau Popelářová, obwohl das Essen nicht berühmt war
und mir so manche Fliege in der Suppe den Appetit
verdarb. Dafür konnte ich, als Aspirant mit einem Adjutum von etwa achthundert Kronen, zur Eisenbahnausstel-
lung nach Mailand fahren und von dort aus eine Rund-
reise über Marseille, Paris, Antwerpen und Köln am
Rhein unternehmen. Die Bahnen besorgten mir Frei-
fahrtsscheine, und um einzusparen, verbrachte ich abwechselnd eine Nacht im Zug, eine im Hotel. Wie ein
Märchen erscheint mir die Tatsache, daß ich die ganze
Reise ohne Reisepaß oder ähnlichen Ausweis unternehmen konnte.

Die Umgebung von Louny war schön, nett waren die
Spaziergänge über die Wiesen bis Lužehrady und bis
zum verfallenen jüdischen Friedhof unter den Ranské
kopce (Ranna-Hügeln). Schön waren die Landpartien
nach Podlesí na Peruci und in andere Gegenden. Ich
führe diese Dinge, auch wenn sie nicht direkt mit dem
Dienst bei der Eisenbahn zusammenhängen, als Bild vom
Leben junger Beamter in dieser Zeit an. Die Zeit hat

unsere Gesellschaft auseinandergeweht, viele sind gestorben, einige bekleideten später bedeutende Stellungen im tschechoslowakischen Eisenbahndienst: Ing. Polívka als Präsident der Direktion in Olmütz, Ing. Koller und Ing. Klatovský als Sektionsvorstände im tschechoslowakischen Eisenbahnministerium.

Im Jahr 1907 oder Anfang 1908 verließ ich Louny, weil ich zum Vorstand der Wagenwerkstatt in Podmokly bestellt worden war. Die örtliche Nordböhmische Zeitung mit dem Redakteur Tränka hieß mich mit dem Artikel „Schon wieder ein Bahnwenzel" willkommen. Sie regten sich darüber auf, daß die Prager Direktion der Staatseisenbahnen wieder einen neuen Tschechen in das „geschlossene" Gebiet schickte, und fügten hinzu, daß ich trotz meines deutschen Namens so täte, als verstünde ich kein Wort Deutsch. Die Prager Direktion verwies freilich darauf, daß sich Deutsche kaum für den Dienst bei den Staatseisenbahnen meldeten, weil sie einträglichere Posten in der Privatindustrie fänden.

Die Werkstatt in Podmokly war viel kleiner als jene in Louny, noch von der Bahn Duchcov–Podmokly, die Wagenwerkstatt war allerdings neuer und vom vorherigen Vorstand Richter gut ausgerüstet. Zu meiner Zeit war der Vorstand der Werkstatt und der Heizhausanlage in Podmokly Ing. Kohl, ein Deutscher aus der Steiermark, sein Stellvertreter in der Heizhausanlage war Ing. Fried, in den Werkstätten Aba Allerhand, beide der Herkunft nach Juden, welche die Direktion gern in das eingedeutschte Gebiet schickte. Dort waren noch zwei weitere Ingenieure, Katz und Fischgrund, und dann noch im Streckenwartungsdienst Lekner. In der Heizhausanlage und in der Werkstatt waren wir sechs tschechische Ingenieure, außerdem gab es noch einige Tschechen in der Administration und in der Buchhaltung. Tschechische Arbeiter gab es in den Werkstätten genug, vor allem ältere aus der Zeit der Privatbahn, auch die Werkmeister waren überwiegend Tschechen.

Der Betrieb in den Werkstätten war ziemlich lebhaft, da Podmokly die Endstation der Bahn Duchcov–Podmokly und der Staatlichen Eisenbahngesellschaft (STEG) und die Grenzstation zur Deutschen Reichsbahn war, so daß hier neben den größeren Reparaturen an den zur Wartung zugeteilten Waggons viele Wagen mit kleineren Beschädigungen repariert wurden. In dieser Zeit wurden die Lagergehäuse aus Gußeisen durch solche aus Stahl ersetzt. Gute Abgüsse mit sehr dünnen, etwa vier Millimeter starken Wänden machte uns die Firma Holman und Jindra, die als Ausgangsmaterial Abfälle aus der Nagelproduktion verwendete. Ich erinnere mich, daß später deutsche Firmen nicht so dünne Abgüsse liefern wollten, sei es, weil sie sie nicht herstellen konnten, oder weil sie durch das höhere Gewicht mehr verdienen wollten.

Das Gesellschaftsleben in Podmokly unterschied sich sehr vom Leben in Louny. Die tschechische Minderheit hatte ihr Zentrum im „Národní dům" (Nationalhaus). Wir gingen normalerweise zum Mittagessen dorthin. Am Abend trafen sich dort Angestellte der Bahn, der Finanzwache und einiger anderer Ämter, auch ein tschechischer Besitzer einer kleinen Gießerei war unter ihnen. Am Abend wurden die Fensterläden sorgfältig geschlossen, weil gelegentlich ein Stein ans Fenster geflogen kam. Ich erinnere mich an die Zeit, als, ich weiß nicht mehr aus welchen Gründen, unter den Deutschen Unruhe und Demonstrationen ausbrachen und wir damals im „Národní dům" wie in einer belagerten Festung waren. Es war dort immer ziemlich lebendig, auch Bälle haben wir veranstaltet. Spazieren gingen wir auf eine Anhöhe über Podmokly, auf die sogenannte Schäferwand, wo auf dem Gipfel nach deutscher Sitte ein Restaurant war. Auf bayrisches Bier fuhren wir nach Dresden, weil es dort billiger war, und Kollege Macháček rechnete sich aus, wieviel er sich erspart, wenn er viel davon trinkt. Insgesamt lebten wir in Podmokly wie in der Verbannung, und wir waren froh, wenn wir von dort ausfliegen konnten.

Im Jahr 1910, im Mai, wurde ich ins Eisenbahnministerium nach Wien berufen, nachdem ich kürzere Zeit den Dienst in der Direktion der Staatlichen Eisenbahngesellschaft versehen hatte, eher nur pro forma, um den Vorschriften zu entsprechen. Ich wehrte mich nicht gegen das Schicksal, obwohl es mich in die ziemlich weit entfernte Fremde nicht besonders zog. Ich kam in das Departement 21 a für Werkstätten, deren Vorstand Ing. Václav Burger war. Er hatte die Abteilung von Karel Marek geerbt. Der Stellvertreter war Ing. Alter, ein alter Bekannter aus Louny. Die Büros hatten wir in der Gauermanngasse, das Hauptgebäude war in der Elisabethstraße, nahe der Ringstraße. Tschechen gab es im Wiener Eisenbahnministerium nur spärlich, und diese paar Stellen wurden nur unter dem Eindruck der politischen Verhältnisse konzediert. . . .

Die Deutschen sahen uns nicht gerne unter sich, aber in meiner Abteilung registrierte ich es nicht, solange Burger der Vorstand war. Ich saß zusammen mit Ing. Neudeck, einem stattlichen und munteren Menschen, der tadellos Tschechisch sprach – ich vermute, daß seine Mutter Tschechin war –, und Ing. Jovanovič, der die feine Statur und die Nationalität von der Wiener Mutter geerbt hatte, das Temperament aber vom serbischen Vater. Später kam zu uns Ing. Ullmann hinzu, ein sehr netter Mensch. Er kam aus Opava und verstand ein wenig Tschechisch. Auf seinen Inspektionen in Böhmen bemühte er sich, Tschechisch zu sprechen, was ihm sein Kollege Dr. Angste zum Vorwurf machte.

Burger imponierte den Wiener Deutschen ungemein. Es waren seine Fachkenntnisse, die sauberen Hände, sein Arbeitseifer und seine Furchtlosigkeit, die ihm seinen Ruf und seine feste Position einbrachten. Neudeck wunderte sich immer, was er alles zugleich zustandebrachte: Er diktiert einen Akt, schreibt seine Notizen, spricht gleichzeitig mit zwei Referenten, raucht dabei eine Zigarre und ißt einen Apfel. Seine Zähigkeit war unbeugsam. Wenn eine Situation einmal verzwickt wurde, kein Ausweg in Sicht war, fluchte er zwar, daß sich nichts machen ließe, doch im Hintergrund bereitete er schon einen Plan für die Lösung vor und blieb nie tatenlos. Von seinen Untergebenen verlangte er allerdings auch ein ordentliches Stück Arbeit. Wenn Burger einen von unseren wichtigeren Akten zur Approbation bekam, rief er den Referenten zu sich, sprach mit ihm darüber und machte im Akt Notizen, zum Schluß sagte er „Ich schau mir das noch an" – und der Akt reiste in seine hintere Hosentasche. Am nächsten Tag bekamen wir den Akt durchgestrichen zurück, an den Rändern waren ganze, lange, neue Abhandlungen, die in stenographische Notizen und Stichwörter übergingen, aus denen wohl hervorgehen sollte, wie er sich das vorstellte. Nach längerem Rätselraten überarbeiteten wir die Sache, aber so manches Mal wiederholte sich diese Prozedur noch ein- oder gar zweimal.

Nach dem Papier hatten wir einfache Frequenz (kontinuierliche Arbeitszeit), aber wir gingen regelmäßig auch am Nachmittag ins Büro. Als Dr. Röll Minister war, wollte er das Eisenbahnministerium auf die Weise reorganisieren, daß die Fachabteilungen, vor allem die technischen, aus dem Ministerium ausgegliedert und daraus Hilfsämter gemacht werden sollten. Burger übergab man den Entwurf für eine Stellungnahme im letzten Moment und mit einer sehr kurzen Frist, damit er nicht die Möglichkeit hätte querzutreiben. Aber da kannten sie Václav schlecht. Er arbeitete die ganze Nacht, machte ihre Pläne durch seine Kritik völlig zunichte, und am Morgen diktierten wir sein Elaborat, wo gerade eine Maschine zur Verfügung war. Und aus dem Plan wurde nichts.

Karel Marek schätzte ihn sehr. Als Marek bereits Minister für Öffentliche Arbeiten geworden war, erreichten die Polen aus Galizien, daß der Staat eine staatliche Erdölraffinerie in Drohobyczi errichtete und daß er das Erdöl von Galizien für die Beheizung von Lokomotiven abnehmen würde. Marek fand in seinem Ministerium niemanden, dem er vertrauen hätte können, daß die Sache richtig in Gang kam, und betraute daher Burger damit, der das rasch in die Wege leitete. Burger hatte öfter Streit mit Ing. Gölsdorf, dem Vorstand der Konstruktionsabteilung. Der war zwar ein ausgezeichneter, für die damalige Zeit sehr fortschrittlicher Konstrukteur, aber mancherlei mißlang ihm auch, und er schaute nicht immer auf die Wirtschaftlichkeit. Burger war ein guter Mensch, er kümmerte sich um die Untergeordneten und ritt auf niemandem herum. Mit seinem mächtigen Schnurrbart, in dem sich seine runde Nase wie in einem Gestrüpp versteckte, konnte er einem Angst einjagen, hätten seine Augen nicht gutmütig, manchmal auch schelmisch geblickt: Wenn jemand um Erlaubnis ersuchte, irgendwohin fahren zu dürfen, um etwas zu untersuchen, war es, als würden seine Augen sagen: „Willst du nicht einen Ausflug machen?" Aber es geschah auch, daß er den Bittsteller zwar schickte, aber anderswohin.

Seine Dienstlaufbahn begann Burger in den Werkstätten der Bahn Duchcov–Podmokly in Podmokly, aber dort soll er keinerlei großen Eifer an den Tag gelegt haben. Erst in der Heizhausanlage in Nusle verbiß er sich ordentlich in die Arbeit und schloß auch erst dort das Technikstudium ab. Angeblich soll ihm seine Gattin, eine sehr liebe Frau, beim Zeichnen der Pläne geholfen haben. Er wurde dann der Direktion zugeteilt, und Karel Marek berief ihn ins Ministerium nach Wien.

Burger wurde während des Weltkrieges Vorstand der Abteilung V, und an seine Stelle als Vorstand des Departements 21a kam V. Littrow von der Generalinspektion. Er war ein kleinwüchsiger, untersetzter Deutscher mit einer grauen Bürste auf dem Kopf, einem grauen Spitzbärtchen oder eher einem Stoppelfeld am Kinn, arrogant und eingebildet, aber nicht besonders gescheit. Jeden Moment warf er irgendeine Idee auf Papier, die vor Sachfehlern strotzte und regelmäßig durchfiel. Er behauptete, die besten Ideen bekäme er, wenn er auf dem Klo sitze. Als während des Krieges Buttermangel herrschte, brachte er ein Rezept für eine Orangenmarmelade, die Butter völlig ersetzen könne. Die Orangen verschwanden natürlich noch früher als die Butter. Ich glaube, die Deutschen wollten Burger eine Laus in den Pelz setzen. Littrow trat Burger gegenüber sehr unverfroren auf, aber er war ihm nicht gewachsen, und Burger machte ihn schnell unmöglich und hob ihn aus dem Sattel. Littrow wandte dann seine Weisheit in einer Transportabteilung an. Als das tschechische 28. Regiment revoltierte, erschien Littrow plötzlich in der Tür meines Büros und sagte „Das 28. Regiment ist kassiert, jeder zehnte erschossen, die Fahnen im Museum deponiert" – und schloß die Tür. Er wollte zeigen, wie gern er die Tschechen hatte. Mir gefiel damals Kollege Ullmann. Er kam zufällig dazu, als Ing. Born ein Flugblatt gegen die Tschechen in die Schreibmaschine diktierte. Obwohl er Deutscher war, nahm er die Papiere und warf sie weg.

Burger unterhielt Kontakte mit tschechischen Abgeordneten, insbesondere mit Herrn Zahradník, und hatte seinen Informanten bei Hof, ich glaube, daß das Mareš war, der Vorstand der Rechnungsabteilung.

Einmal prahlte der deutsche Kaiser Wilhelm Kaiser Karl gegenüber mit seinem Hofzug, und es wurde eine Kommission nach Pless beordert, um dieser Pracht gewahr zu werden. In dieser Kommission waren für das Konstruktionsdepartement Ing. Cimonetti, ein verständiger und lieber Mensch, Ing. Rybák, ein Tscheche für das Werkstättendepartement, ich und aus den Werkstätten Ing. Popovici, ein Rumäne. Das war zu einer Zeit, als es an den Fronten schon anfing zu bröckeln, aber Popovici war irgendwie hinten nach, und beim Mittagessen ließ er eine Festrede auf die Armee vom Stapel. Charakteristisch für die damalige Stimmung war, daß wir das Lachen nicht unterdrücken konnten, nicht einmal Cimonetti, und Rybák platzte förmlich heraus, nur Popovici schaute wie blöd. Rybák, ein sehr guter Waggonkonstrukteur – die einachsigen Fahrgestelle sind sein Werk und nach ihm benannt –, erlebte das Kriegsende nicht mehr.

Der deutsche Hofzug war von sehr schlechtem Geschmack, die Gänge waren dunkelbraun gestrichen, die Heizkessel nicht verdeckt. An den Wänden der Abteile und der Gänge befanden sich dilettantische Fotografien, hergestellt von Mitgliedern der deutschen Kaiserfamilie. Das Schlaf- und Badezimmer Wilhelms war ohne Fenster und hatte Panzerwände. Der Zug konnte sich bei weitem nicht mit der Eleganz des in den Ringhofferwerken gebauten österreichischen Hofzuges messen.

Das Dasein in Wien war während der Kriegszeit armselig, das Maisbrot war klein, schwer, aufgesprungen, mit dem Zusatzmehl H, das heißt, mit Sägespänen gemacht: zum Glück gab es noch Kartoffeln. Es gab wenig Fleisch, solche Flachsen, gelegentlich bekamen wir vom Ministerium ein wenig Öl. Wir erwarben auch eine Menge sogenannten Fleischersatzes – das war wahrscheinlich geschrotetes Soja – und der hielt uns einige Zeit über Wasser. Ein Vorteil für uns war die Freifahrt mit der Bahn. Mit dem Kollegen Polívka fuhr ich abends nach Chrudim zu seinem Bruder um Mehl, in der Nacht zurück und früh am Morgen mit dem Rucksack durch ganz Wien nach Hause. Sogar bis nach Galizien machte ich mich auf, nach Rzeszów und Przemyśl, wenn Feiertag war, und zu Hause war die Freude groß, wenn ich ein Kisterl Eier, einen Butterstriezel und Salami mitbrachte.

Wir Tschechen durchlebten während des Krieges in Wien viele schwere Stunden, so am Beginn des Krieges, als durch die Straßen organisierte Haufen zogen und riefen „Nieder mit Serbien!" – so vor allem nach der Schlacht bei Görlitz, als die Russen eine schwere Niederlage erlitten. Aber den Glauben verloren wir niemals an die Niederlage Deutschlands und Österreichs und damit an den Sieg der tschechischen Sache. In einer besonderen Situation waren die Polen. Ing. Peszkowski, der in unserer Abteilung war, erklärte öffentlich, den Polen könne nur geholfen werden, wenn die Deutschen die Russen besiegten und die Franzosen die Deutschen. Obwohl das damals nicht allzu wahrscheinlich war, ist es schließlich so ähnlich ausgegangen.

Im Jahr 1917 wurde ich nach Pilsen in die Werkstätten auf Inspektion gesandt. Als ich bei den Werkstätten ankam, waren die Arbeiter auf dem Hof rund um das Verwaltungsgebäude versammelt, sie arbeiteten nicht und forderten bessere Zuteilung u. ä. Soldaten wurden zu den Werkstätten geschickt, doch diese fraternisierten sich mit den Arbeitern und waren froh, wenn ihnen die Arbeiter ein Stück Brot gaben. Ungehindert kam ich durch die Menge zum Werkstättenvorstand. Als ich jedoch nach Wien zurückkehrte, gab es dort schon Schauermeldungen, die ich auf das rechte Maß zurückführen mußte.

Als Referent für die Wartung der Eisenbahnwaggons wurde ich zu den Beratungen des Vereins der deutschen Eisenbahnverwaltungen entsandt, dessen Mitglieder die Eisenbahnverwaltungen der einzelnen, in dieser Hinsicht damals noch selbständigen deutschen Länder Bayern, Baden, Württemberg, Preußen, aber auch die Staatseisenbahnen von Österreich und Ungarn waren. Es handelte sich um Modalitäten hauptsächlich technischen Typs, denen die Eisenbahnwagen entsprechen mußten, um von Bahn auf Bahn überführt werden zu können. Die Bedingungen wären im „Vereinswagenübereinkommen" und in den „Technischen Vereinbarungen" zusammengefaßt worden. Ich war der einzige Tscheche unter lauter Deutschen, nur noch ein Ungar war unter ihnen. Es sah grotesk aus, wenn ich manchmal ganz allein mit ihnen streiten mußte. Größtenteils waren es ältere, bärtige Herren, unter ihnen der Preuße Dütting, der einen Kopf größer war als die übrigen. Die Beratungen fanden in verschiedenen deutschen Städten statt, so in Berlin, München, Regensburg, und unter anderem auch einmal in Metz. Die Veranstalter sorgten dafür, daß die Teilnehmer immer satt wurden, natürlich konnte man dabei nicht die

deutsche Standardsoße umgehen, die scherzhaft Reichs-
tunke genannt wurde.

In der zweiten Hälfte des Jahres 1918 breitete sich in
Wien bereits Angst und Schrecken aus. Österreich brach
rasch zusammen, und wir bereiteten uns auf unsere Unabhängigkeit vor. Es war wahrscheinlich im September
1918, als wir tschechische Beamte des Eisenbahnministeriums und Brejška vom Postministerium uns in der Nacht
in der Wohnung von Ing. Otto trafen und das Organisa-
tionsstatut des zukünftigen Eisenbahnministeriums der
Tschechoslowakischen Republik vorbereiteten. Es war
schon Morgen, als wir nach Hause zurückkehrten, und
ich erinnere mich, daß wir Ing. Trnka trafen, der damals
Minister für öffentliche Arbeiten war. Auch im „Český
dům" (Tschechisches Haus) trafen wir uns und berieten
die Situation, aber in dem Moment, als wir beratschlag-
ten, welche Vorgangsweise zu wählen sei – auch Burger
war anwesend –, kam die Nachricht, daß dort irgendwelche Demonstranten ziehen würden, und so gingen wir
ohne Beschluß auseinander.

Die Ereignisse überstürzten sich. Wir tschechische Beamte vom Eisenbahnministerium trafen uns im Café Cen-
tral in der Nähe der Hofburg, um uns über die Situation
zu informieren, und berieten über die Schritte, die wir
unternehmen sollten. Dr. Novotný war mit Dr. Pospíšil in
Verbindung, der auf Urlaub nach Prag gefahren und
nicht mehr zurückgekehrt war. Dann kam er am 28. Oktober, und wir waren uns nicht sicher, ob wir sofort nach
Prag fahren oder für die Tschechoslowakische Republik
einen Anteil vom österreichischen Ministerium einfor-
dern sollten. Auf eine Weisung aus Prag kehrten wir aber
in die Heimat zurück.

Von der Garderobe und der Einrichtung nahm ich etwa
die Hälfte mit, aber es war ein großes Problem, alles zur
Bahn zu schaffen. Ein Auto war nicht aufzutreiben, niemand wollte mir das zur Bahn tragen, bis ich endlich
einen Mann fand, der uns nur für etwas Mehl und Kar-

toffeln die Sachen wegbringen half. Ein Waggon war für uns dank Ing. Pokorný, dem damaligen Direktorstellvertreter der verstaatlichten Nordwestbahn, auf dem Nordwestbahnhof weit weg vom Stationsgebäude vorbereitet, sonst hätten wir keinen Platz bekommen. So viele Soldaten strömten von der Front zusammen, daß auch die Waggondächer voll mit ihnen waren.

Fast alle von uns tschechischen Beamten des Eisenbahndienstes fuhren weg, und in den ersten Novembertagen 1918 begrüßten wir glücklich Prag.

Gesellschaftlich waren wir in Wien ziemlich eingeschränkt. Manchmal trafen wir uns mit der tschechischen Gesellschaft in der „Česká beseda", und als ich 1912 aus Prag meine Frau mitbrachte, besuchten wir uns gegenseitig mit den befreundeten Familien Polívka, Semotán und Krejsa. Die Wiener Fremde war auch deswegen nicht so bedrückend, weil Wien genügend Kunstgenüsse bot, Theater und Konzerte – vor allem jene, die der temperamentvolle Oskar Nedbal dirigierte, zogen uns und die Wiener an, in den Cafés gab es eine Reihe von Zeitschriften und guten Kaffee, und lohnend waren die Ausflüge in die herrliche Wiener Umgebung. Schließlich begegneten wir fast auf jedem Schritt Tschechen. Trotzdem fuhren wir gerne so oft wie möglich in unser Prag.

Die Anfänge in Prag waren zu Hause und im Amt schwer. Meine Frau erkrankte an Spanischer Grippe. Vom Schwiegervater bekam ich im letzten Moment eine Wohnung, darin waren aber nur Betten, ein kleiner Tisch und zwei Stühle. Damals wurde uns eine Tochter geboren, aber ich mußte sie wegen der Krankheit meiner Frau vierzehn Tage im Haus für Findelkinder unterbringen. Solche Plackereien hat es damals gegeben, aber schließlich ist alles gut ausgegangen.

Übersetzung: Andreas Leben

Teil III

Haushalt und Familie

Luisa Hálová

wurde 1853 in Turnau (Turnov) in Nordböhmen geboren, wo ihr Vater, Václav Hála, eine Anstellung beim Bezirksgericht hatte. Zwei Jahre später übersiedelte die Familie nach Königgrätz (Hradec Králové). Der Vater wurde zum Landesgerichtsrat befördert, und seine berufliche Karriere erreichte hier ihren Höhepunkt. Als Königgrätz in der Zeit des Krieges zwischen Preußen und Österreich durch preußische Truppen bedroht war, zog die Familie 1860 zuerst nach Chrudim und ließ sich nach der Pensionierung des Vaters in Prag nieder.

Die Autorin hatte zu dieser Zeit sieben Geschwister, von denen die zwei ältesten Brüder aus der ersten Ehe des Vaters bereits selbständig waren. All ihren Geschwistern, den Eltern und vielen weiteren Verwandten widmete Luisa Hálová in ihrer Autobiographie große Aufmerksamkeit. Aus ihren Aufzeichnungen geht hervor, daß zur erweiterten Familie vor allem Beamte, selbständige Unternehmer und auch Bauern gehörten.

Ein besonderes Anliegen der Autorin war der Zugang von Frauen zu Bildung und Beruf. Durch zahlreiche Schwierigkeiten in den Ehen ihrer Schwestern angeregt, stellte sie sich in ihren Aufzeichnungen wiederholt die Frage, wie man in der Gesellschaft die Selbständigkeit von Frauen sicherstellen könnte. Luisa Hálová selbst blieb unverheiratet und wählte die für ihre Zeit außergewöhnliche Laufbahn einer berufstätigen Frau. Sie arbeitete im Unternehmen ihres Schwagers, eines bekannten Prager Geschäftsmannes, und verrichtete dort administrative Tätigkeiten.

Die Aufzeichnungen Luisa Hálovás im Gesamtumfang von 99 Seiten werden im Archiv des Technischen Nationalmuseums in Prag in der Handschriftensammlung, Nr. 638, aufbewahrt.

Václav Hála, geboren am 19. Mai 1799 in Mladá Boleslav, starb am 21. Juni 1876 in Prag. Er war das einzige Kind seiner Eltern. Über die Kinder- und Jugendzeit ist mir nichts bekannt: Allem Anschein nach besuchte er die Schule in Mladá Boleslav. Jura studierte er in Prag.

Laut den erhalten gebliebenen Dokumenten und einigen Zeugnissen studierte er in Prag die Rechte vom Jahre 1819 bis zum Jahre 1822. Aus dem Jahr 1823 ist vom 18. Januar ein Zeugnis erhalten geblieben, daß Václav Hála, absolvierter Jurist, in der Kanzlei des Landesanwaltes Peter Friedrich Iwan das ganze Jahr über in Prag gearbeitet hat, teilweise während des Studiums und teilweise nach dessen Beendigung. Das Zeugnis lobt ihn in jeder Beziehung sehr. Nach Abschluß der Studien war Václav Hála in folgenden Städten: In Mladá Boleslav leistete er beim Magistrat vom 21. Oktober 1822 bis 27. Februar 1824 die Gerichtspraxis; ebendort als Aktuar beim Kriminalgericht vom 15. Juli 1824 bis 29. Januar 1825. In Domažlice beim Magistrat war er substituierender Rat – von 15. Dezember 1825 bis 9. Februar 1829; in Dobřany substituierender geprüfter Magistratsrat vom 12. Februar 1829 bis 11. Juli 1830; in Teplá, Kreis Pilsen, substituierender „geprüfter Magistratsrath" vom 20. August 1830 bis 2. Juni 1831. Am 4. Februar 1830 wurde er zum Rat ernannt, in Kladruby wirklicher geprüfter Magistratsrat vom 22. Juni 1831 bis 25. Mai 1838. In dieser Stadt war er eine hervorragende Stütze des städtischen Armen-Instituts, wofür ihm spezielle Dankschreiben am 18. Juli 1834 und am 11. April 1835 ausgestellt wurden. In Mladá Boleslav war er Magistrats- und Kriminalrat vom 2. Juni 1838 bis 25. Mai 1850. In Turnov wurde er zum Vorstand des Bezirksgerichts Erster Klasse ernannt. . . .

In Königgrätz wurde er zum Landesrat befördert mit einem Gehalt von eintausendsechshundert Gulden. . . . Am 25. Mai 1866 erkrankte der Gerichtspräsident Kolb. Es herrschte damals Krieg mit Preußen. Das Landesgericht sollte von der Festung nach Chrudim verlegt werden, unter Leitung des Präsidenten Kolb. Hingegen sollte mein Vater, Václav Hála, als Landesrat, das Kreisgericht nach Třebechovice verlegen; wir hätten bereits dort sein sollen. Wegen seiner Erkrankung mußte Vater den Präsidenten in Chrudim vertreten; am 24. Mai 1866 wurden ihm die betreffenden Akten übergeben. Die Vertretung des Präsidenten übte er bis 1. August 1866 aus; an diesem Tag dankte ihm der genesene Präsident für die Vertretung. In Königgrätz war er vom Jahre 1855 bis zum Jahre 1866.

Am 3. Oktober 1866 erhielt Vater ein Schreiben, daß sein Pensionsgesuch positiv erledigt sei und daß er ab 5. Oktober dieses Jahres von der Amtsausübung entbunden sei. Die Pension in der Höhe von eintausendneunhundert Gulden wurde ihm ab 1. November 1866 jährlich ausbezahlt; damals wurde die Pension jeweils für den vergangenen Monat ausbezahlt.

Im Entlassungsschreiben vom 3. Oktober 1866, unterzeichnet vom damaligen Präsidenten Kolb, wird auf schmeichelhafte Art und Weise Vaters höchst ehrlicher Charakter betont, seine strenge Unparteilichkeit, Uneigennützigkeit und bedingungslose Treue zum Kaiserhaus. Auch alle anderen Zeugnisse unterstreichen seinen gewissenhaften Charakter, seine Gerechtigkeit, Verträglichkeit im Dienst, Gewissenhaftigkeit und Umsicht.

Am 7. November 1831 wurde mein Vater als geprüfter substituierender Magistratsrat mit Johanna Nepomucena Pötzel vermählt. Ihr Vater war Niclas Pötzel, Bürger und ehemaliger Bürgermeister der Stadt Kladruby, die Mutter hieß Josefa, geborene Uchazius.

Kinder: Maria Franziska Lena, geboren am 13. Februar 1838; sie scheint im zarten Alter verstorben zu sein; Adolf, geboren 1833; Wenzel Andreas Felix, geboren am 20. November 1836 in Kladruby.

Vaters erste Gemahlin war vermögend, laut hinterlassenem letzten Willen für die damalige Zeit sogar reich. Sie hinterließ ihren beiden Söhnen Adolf und Wenzel neuntausendzweihundertachtzig Gulden in verschiedenen Guthaben, viel Wäsche und andere Gegenstände, auch Zinn-, Kupfer- und Messinggeschirr. Der Ehemann sollte das Vermögen der Kinder bis zu deren Volljährigkeit verwalten. Dafür hatte er das Recht, Nutzen aus dem verbliebenen Vermögen bis zum Eintritt der Volljährigkeit der beiden Söhne zu ziehen.

Vaters erste Gemahlin war wohl lange krank, sie hatte Tuberkulose. Ihr letzter Wille ist mit 5. April 1841 datiert. Das sehr ausführliche Verzeichnis ihres Vermögens stammt vom 3. April 1841. Das Todesdatum habe ich nicht gefunden. Ich erinnere mich, daß meine Mutter, geb. Vinařická, Vaters zweite Gemahlin, sagte, daß auf ihre beiden Stiefsöhne Vermögen zugesetzt worden war, welches sie von ihrem Vater erhalten hatte, wogegen das Eigentum der Stiefsöhne unberührt blieb. Infolgedessen war sie oft in Schwierigkeiten, den Bedürfnissen ihrer Kinder nachzukommen. . . .

Unser Vater, Václav Hála, pflegte mit niemandem aus seiner Verwandtschaft Umgang, und es wurde auch nicht viel über sie gesprochen. Ich erinnere mich nur, daß Mutter sagte, daß Vater in Jaroměř einen Apotheker zum Vetter hat und in Bakov einen Müller gleichen Namens. . . .

Mein Vater war von hoher Gestalt und, soweit ich mich erinnere, stark: Ja, er hatte allem Anschein nach eine Neigung zur Dickleibigkeit, und er kämpfte gegen sie durch seine Mäßigkeit an, er trank Bier nur in geringen Mengen (ein Seidelglas abends) und lebte sehr regelmäßig. Er stand sehr zeitig auf, im Sommer wohl bereits um fünf Uhr, im Winter um sechs. Nur Adolf war von seiner Gestalt; alle anderen Kinder waren kleiner.

Vater war laut Mutters Erzählungen in seinen jüngeren Jahren Jäger und ging sehr gern auf die Jagd. Einmal war er dabei entweder selbst in Lebensgefahr, oder er hatte selbst auf jemand anderen geschossen; seit dieser Zeit hielt er sich von diesem Vergnügen fern. Mutter sagte, daß das Hirschleder, das Vater im Bett hatte, von einem Hirschen stammte, den er selbst erlegt hatte. Vater war sehr gottesfürchtig und erzog auch die Kinder zur Frömmigkeit. An Sonn- und Feiertagen ging er immer zur Kirche und saß in der Beamtenbank. Ich erinnere mich, daß er, als er in Pension war, jeden Tag zeitig in der Früh in die Kirche zur heiligen Messe ging, im Winter wie im Sommer. Im Winter ging er um sechs Uhr morgens in die Rorate zu den Kreuzherren.

Wir wohnten damals am Františkovo nábřeží (Franzenskai). Schon von jungen Jahren an trug Vater ständig eine silberne Abbildung der Mutter Gottes von Mladá Boleslav um den Hals. Das hatte, glaube ich, einen Bezug zu irgendeinem Unglücksfall, der ihn getroffen hatte. Einmal bei einem heißen Bad verlor er diese Abbildung und ließ sich dann eine andere anfertigen. Ich erinnere mich, daß sie, an einem blauen Seidenband hängend, unter den Andenken an Vater war. Es wird wohl unter den Erinnerungsstücken gewesen sein, die Mutter Neffová ihrem Sohn Vladimír gegeben hatte.

Weil Vater beleibt war, litt er an Schwindelanfällen, und aus diesem Grunde fuhr er nach Karlsbad zur Kur. Wie oft er dort war, weiß ich nicht. Soweit mein Gedächtnis reicht, ließ er sich Karlsbader Wasser nach Hause schicken und trank es bei den Morgenspaziergängen; daher wohl auch sein frühes Aufstehen. Mutter erzählte, daß Vater früher so arge Schwindelanfälle gehabt hatte, daß er in Bewußtlosigkeit gefallen war; in meiner Zeit passierte das nicht mehr. Er litt häufig an Kopfweh. Da verband er dann für die Nacht den Kopf mit einem Tuch, aber er beklagte sich nicht.

Vater hatte seine Frau und uns Kinder ungeheuer gern. Obwohl er wenig sprach, verfolgte er unser gesamtes Tun, kümmerte sich sorgsam um unsere Gesundheit, wobei er ein ausgezeichneter Hygieniker war, erkundigte sich nach unseren Studien und fragte uns aus. Bei einer Krankheit wurde Dr. Werner gerufen, ein ehemaliger

Feldscher, aber ein guter Arzt, in der ganzen Stadt beliebt. Wenn Mutter krank war, was bei ihrem Rheumatismus oft genug der Fall war, schonte er sie soviel wie möglich. Er weckte uns Kinder, uns zwei jüngste, Antonín und mich, zog er sogar an, kämmte uns und schickte uns zur Schule. Wir standen zeitig auf, aber Mutter blieb dann immer viel länger liegen.

Am Sonntag schrieb Vater Briefe, und manchmal, wenn er in guter Laune war, las er uns vor – soweit ich mich erinnere, tschechische und deutsche Gedichte. Dabei hörten wir immer gern zu, während wir um ihn herumsaßen. Vater war ein großer Liebhaber der Bücher und des Lesens: Er kaufte Bücher nicht nur, sondern las sie auch. Seine Bibliothek war reich, und Mutter ärgerte sich manchmal darüber, während sie ihn gleichzeitig entschuldigte, da er weder rauchte noch trank. Vater war in gewisser Weise ein Sonderling, sprach wenig, war auf den ersten Blick unfreundlich, von streng sittlichem Charakter. Im Amt war er sehr beliebt wegen seiner Gerechtigkeit, niemals schob er etwas auf, er liebte keine unerledigten Fälle.

Zu seinen Untergebenen war er sehr nachsichtig und wohlwollend, er überließ ihnen die sogenannten Kommissionen, bei denen sie besondere Diäten hatten. Er sagte, daß sie bei ihren armseligen Einkünften dies mehr benötigten. Es hatten ihn auch alle gern, und die Amtsdiener warteten nur auf seinen Wink, damit sie ihm gefällig sein konnten. Ich erinnere mich, daß einmal bei einem Brand in Königgrätz einige seiner Untergebenen als erstes zu uns gelaufen kamen, ob bei uns Gefahr drohe. Ich war schon eine ziemlich große Schülerin, als er mich noch holte und in die nahegelegene Schule führte; wenn schlechtes Wetter war, kam der Amtsdiener. Ich war die Jüngste und Vaters Lieblingskind.

Vater war auch eifersüchtig. Weil er schwerhörig war, verdächtigte er Mutter, wenn sie mit jemand Jüngerem sprach und er vielleicht nicht verstand, worum es ging.

Er hatte zur Eifersucht nicht den geringsten Grund: Mutter war in dieser Hinsicht eine Heilige und von allergrößter Sittenstrenge, und so erzog sie auch ihre Kinder. Seine Eifersucht ist wohl auch die einzige Eigenschaft, die ich in der Erinnerung an ihn kritisch erwähnen könnte. Ich glaube, daß er ansonsten ein vollkommener Mann war. Vater war zweimal verheiratet: Es ist mir nicht bekannt, wann seine erste Gemahlin genau verstarb; er war damals Magistratsrat in Mladá Boleslav. In seinem Amt wurde er vermutlich mit Vinařický bekannt, dem Pfarrer von Kováň, und fuhr eines Tages mit seinen kleinen Söhnen zu ihm; so lernte er Antonie, die Schwester des Pfarrers, kennen.

Es ist mir nicht bekannt, ob das Nationalbewußtsein meines Vaters erst durch den Kontakt mit Karel Vinařický und seinen Gästen erwachte, mit denen er dort verkehrte. Dies scheint sehr wahrscheinlich, denn seine erste Gemahlin war eine Deutsche, und ihre beiden kleinen Söhne waren auch deutsch erzogen worden. Aber das grundlegende Denken und Fühlen war bei Vater wohl rein tschechisch; davon zeugt seine Bibliothek, in der sich beinahe alle Bücher aus der Zeit der „Nationalen Wiedergeburt" befanden. Er war von der ersten Stunde an Mitglied des Museumsvereines, wo die neutschechische und die alttschechische Bibliothek mit allen Schriften vorhanden war, die das Museum herausgegeben hatte, das Jungmann-Wörterbuch, die Riegersche Enzyklopädie usw.

Antonie Hálová, geborene Vinařická, wurde am 14. Dezember 1816 in Slaný geboren und starb am 24. Juli 1898 in Prag. Sie heiratete am 22. November 1841, vermutlich in Kováň, Václav Hála.

Über die jüngsten Jahre meiner teuren Mutter ist mir nichts anderes bekannt, als daß sie als Mädchen bei einem Onkel in Slabice bei Louny war, um Deutsch zu lernen und von der Tante aufwendige Handarbeiten zu erlernen, welche diese beherrschte. Dort hat sich Mutter wohl alle Arten von Stickarbeit, Näharbeit u. a. auf Tüll und anderen Stoffen angeeignet. Sie arbeitete ganz mustergültig, wie eine Menge verschiedener Gegenstände bestätigen konnten, die in unserem Haushalt noch zu meiner Zeit vorhanden waren. Das einzige, woran ich mich aus Mutters Erzählungen erinnere, ist ihre Heirat, eigentlich Vaters Brautwerbung. Wie gesagt, war sie mit ihrem Vater und den Schwestern in Kováň. Zu den Vinařickýs kamen aus Nah und Fern Freunde und Verehrer. Es waren dort beinahe alle damaligen tschechischen Patrioten, wie Palacký, Čelakovský, Jungmann, Frič und andere, Malypetr, als Erzieher der Kinder von Frič, und Bekannte aus dem Bezirk, wie Václav Hála aus Mladá Boleslav, Krouský aus Katusice.

Einmal war Antonie mit ihrer Schwester Aloisie, spätere Krouská, irgendwo im Untergeschoß des Hauses; oben waren die Gäste, und Aloisie bediente sie bisweilen. Nach einer Weile kam sie zu ihrer Schwester Antonie hinuntergelaufen, und unter großem Gelächter erzählte sie ihr: „Oben hat jetzt gerade Herr Hála um dich angehalten." Bei Vaters Wortkargheit war das wohl sehr kurz und bündig, und obwohl man hier kaum von einer Bekanntschaft sprechen konnte, willigte sie ein und wurde zur Frau Rat Hálová.

Als Vater in der Pension nach Prag übersiedelt war und Mutter mit meinen Schwestern Marie und Hana zu Tanzunterhaltungen ging, kamen zu diesen auch die Söhne Čelakovskýs und ließen sich Mutter vorstellen. Einer von ihnen, der sich an die Fahrten mit dem Vater nach Kováň erinnerte, sagte zu unserer Mutter: „Sie wissen wohl nicht, daß Ihr Gemahl unserem Vater zuvorgekommen ist, denn unser Vater, František Čelakovský, wollte ebenfalls um Ihre Hand anhalten." Eigenartig war, daß sowohl unsere Mutter als auch die spätere zweite Gemahlin František Čelakovskýs Antonie hießen.

Mutter war eine vorbildliche Hausfrau und vortreffliche Köchin, überaus arbeitsam und ordentlich. Sie war eine höchst sorgsame Mutter und ergebene Ehefrau, hatte einen ausgeprägten Sinn für Sittlichkeit und alle häuslichen Tugenden, welche sie ihren Kindern einzutrichtern trachtete. Mutter war eine wirkliche Patriotin, sie war stolz darauf, die Schwester des Schriftstellers Vinařický zu sein, den sie ungeheuer schätzte. Wie es damals Brauch war, sagte auch sie zu ihrem Priesterbruder „Herr Bruder"; jener hingegen duzte seine Schwestern.

Als ihr Bruder Pfarrer in Kováň wurde und sie bei ihm mit ihrem Vater und den anderen Schwestern war, war sie siebzehn Jahre alt. Der Onkel opferte viel für die Familie, es waren bei ihm auch andere Familienmitglieder, sein Vetter Jiří Vinařický, eine Nichte aus Wien u. a. Über ihre Jugend hatte Mutter wenig Gelegenheit zu erzählen. Sie heiratete einen Witwer mit zwei Kindern, also sofort hinein in die Sorgen und Arbeit, und selbst hatte sie zehn Kinder. Mit den Stiefkindern vertrug sich unsere Mutter gut, sie war eine sorgfältige, sorgsame und gerechte Mutter. Beide Söhne kamen allerdings bald aus dem Haus, um zu studieren, aber ich erinnere mich, daß sie sie gern hatten. Sie verhielten sich ihr gegenüber immer ehrfurchtsvoll, und auch zu uns anderen Kindern waren sie immer freundlich.

Obwohl der Ehemann ein höherer Beamter war, war sein Einkommen nicht glänzend. Sie kochte, betreute den Haushalt und nähte auch alles, was für die Familie nötig war. Sie nähte bis spät in die Nacht, und das meist bei geringer Beleuchtung, bei einem Lämpchen. Mutter richtete uns auch die Puppen sehr geschickt her. Ich erinnere mich, daß meine Schwestern Marie und Hana große Puppen hatten, die Mutter selbst aus Leder genäht hatte.

Mutter war von schöner, eher größerer Gestalt, schlank, hatte rabenschwarzes Haar und schwarze Augen, ihre Züge waren regelmäßig. Sie war keine Schönheit, aber sie war hübsch. Der Gang und ihr ganzes Verhalten waren würdevoll. Mit vollem Einsatz kümmerte sie sich um den Gemahl, die Kinder und den Haushalt.

Der Öffentlichkeit widmete sie sich nur, soweit dies ihre Stellung erforderte, hauptsächlich in wohltätiger Weise. Sie war immer unter den Damen, die zu Weihnachten arme Kinder mit warmer Kleidung versorgten.

Als sich Vater als Rat nach Königgrätz begab, gab es dort keine Mädchenschulen. Ich erinnere mich, daß auch ich noch unter Buben saß, als ich meines Bruders Antonín wegen mit ihm zur Schule mußte. Auch meine Schwester Marie erzählte, daß sie die erste Zeit gemeinsam mit Buben zur Schule gegangen war. Da kamen Nonnen nach Königgrätz, Schulschwestern, um hier eine Mädchenschule zu gründen. Sie war am Anfang deutsch, hauptsächlich die höheren Klassen. In eine solche deutsche Klasse ging meine Schwester Marie, ich weiß nicht, ob ein oder zwei Jahre, und ich weiß auch nicht, ob meine Schwester Johanna noch in eine deutsche Klasse gegangen ist. Auf Initiative unserer Mutter faßten die tschechischen Damen von Königgrätz einen Beschluß und veranlaßten, daß diese klösterliche Mädchenschule in eine tschechische umgewandelt wurde. So bin ich nur mehr in eine tschechische Schule gegangen und erinnere mich, obwohl ich damals noch ein kleines Mädchen war, gut daran, wie Mutter sagte: „Wir lassen unsere Töchter nicht in einer fremden Sprache erziehen!" In Königgrätz gab es lange nur eine klösterliche Mädchenschule. Erst einige Zeit nachdem wir von dort weggezogen waren, gründete der ehemalige Gymnasialprofessor Kristian Steffan mit seinen zwei Töchtern Bohumila und Růžena eine Schule für Mädchen. In Königgrätz gab es damals ein höheres Gymnasium, wahrscheinlich auch eine Realschule, das Borromäum, eine Lehrerbildungsanstalt, und ein theologisches Institut.

Spaziergänge machten wir in Königgrätz meist mit Vater. Mutter ging nicht allzu oft, sie hatte zu Hause viel Arbeit. Soweit es das Wetter erlaubte, spazierten wir auch aus der Stadt hinaus, und zwar durch verschiedene Tore, etwa am Fuße des Hügels Kozinka. In der Umgebung gab es schöne Lindenalleen und Wiesen an der Elbe. Im Winter, bei ungünstigem Wetter, gingen wir in der Stadt unter den Lauben spazieren; aber bei Blankfrösten gingen wir auch aus der Stadt hinaus. Vater war darauf bedacht, daß wir täglich spazierengingen.

Vater fuhr jedes Jahr mit den Söhnen nach Prag, um für sie eine Wohnung für die Studienzeit zu suchen, es gab ja in zehn Jahren drei Söhne im Studium. Ich erinnere mich daran, wie ich ihnen Wäsche und Kleider einpackte und wie sie der Fuhrmann Krušina abholte. Vater nahm uns aus Prag immer etwas mit. Seine Lieblingsgeschenke waren kleine Messer, Scheren und überhaupt praktische Gegenstände wie Federhalter, Stifte usw. Vater mietete immer eine geräumige Wohnung für seine Familie. In Königgrätz wohnten wir am Platz, im ersten Stock: Der Eingang war dunkel, vor allem das Stiegenhaus mit dem Geländer, aber die Zimmer, ich weiß nicht, ob drei oder vier, waren groß und hell. Eines der Zimmer, das sogenannte Paradezimmer, mit den besseren Möbeln, war über den Gang. Im Erdgeschoß wohnte der Fleischhauer und Wursthändler Petříček, hinten durch den Hof sahen wir auf das Borromäum, die Anstalt für die Schuljugend; auf dieser Seite war auch die Lehrerbildungsanstalt.

In der Wohnung auf dem Platz wohnten wir etwa acht bis neun Jahre, dann wohnten wir in der Široká ulice (Breite Gasse) bei den Svobodas, auch hier hatten wir eine geräumige Wohnung. Bis zum Jahre 1866 war der gesellschaftliche Anstrich der Stadt mehr deutsch, denn Königgrätz war eine Festung, es gab hier viel Militär, das Kreis- und das Landesgericht, mit diesem viel Beamtenschaft, die in früherer Zeit zusammen mit dem Militär den deutschen Charakter der Stadt erhalten hatte. Zu unserer Zeit war Herr Collino der Bürgermeister der Stadt. Als die Festung nach Jahren zerstört wurde, wobei Ladislav Pospíšil großen Anteil hatte, nahm die Stadt mit einem Schlag auch nach außen einen tschechischen Charakter an. Das Bürgertum und die Handwerker waren immer tschechisch gewesen, größtenteils auch die Geschäftswelt.

Mutter allerdings war eine aufrichtige Tschechin, schon als Schwester Karel Vinařickýs, eines tschechischen Schriftstellers und nationalen Erweckers. Sie war auch sehr bedacht auf die Reinheit der Sprache, und auch in ihren älteren Jahren war es ihr sehr zuwider, wenn wir unrichtig sprachen. Was Mutters Kontakte mit den städtischen Damen in Königgrätz betrifft, so waren sie zahlreicher und inniger mit einigen Frauen von Professoren, denn dies waren tschechische Damen, wogegen die Damen der Beamten eher Deutsch sprachen. In militärische Gesellschaft ging Mutter nicht; erst als meine Schwester Marie erwachsen war, wurden unsere Damen auch zu Garnisonsbällen und ähnlichen Vergnügungen eingeladen.

Mit dem Jahr 1866 nahte der Krieg mit Preußen. Königgrätz war damals noch eine Festung, freilich schon etwas vernachlässigt; sie wurde rasch ausgebessert und von neuem befestigt. Es wurde beschlossen, daß alle Ämter und Bildungsanstalten in andere Städte verlegt werden. Niemand ahnte damals allerdings, welch traurige Aufgabe in diesem Krieg Königgrätz als Festung spielen würde. Solange wir noch in Königgrätz waren, führten unsere Spaziergänge oft auch zu den Stadtmauern, um die Befestigungsarbeiten zu beobachten; alles war uns neu, sehenswert. Hier gewaltige Pyramiden von Kugeln und anderen Mordinstrumenten, dort das Einschlagen von Pfählen in die Mauern oder das Hinablassen von Pontons in die Elbe.

Meine Schwester Marie war auf den Mauern für die Soldaten ein Blickfang. Schon damals war das Fräulein Tochter des Herrn Rat Hála eine berühmte Schönheit, eine stolze und edelmütige Dame. Allein ging sie nie fort. Gingen weder Vater noch Mutter und auch nicht die ganze Familie, so gingen zumindest die beiden Schwestern zusammen. Sie hatten sich sehr gern, und als auch

Hana erwachsen war, waren sie fast unzertrennlich. Meine Schwester Hana war viel kleiner und war keine Schönheit, obwohl sie nicht unhübsch war. Ein ernster Verehrer und Werber um die Schwester Marie war Baron Villany, er war damals Offizier und wollte um jeden Preis das Militär verlassen, was Vater nicht erlaubte, umso weniger, weil das Mädchen ihm nicht zugetan war.

Etwa die letzten zwei Jahre in Königgrätz wohnten wir in der Široká ulice im Svoboda-Haus. Diese Straße war weiter vom Schuß, obwohl sie nahe beim Platz war, und so konnten die Herren Kadetten ihre Promenaden ins Unendliche ausdehnen. Die eifrigsten von ihnen waren Herr Graf Tongracz und Herr Strádal, beide zwar nette Burschen, aber für den Krieg hatten sie wenig übrig. Herr Graf Tongracz erzählte den Schwestern – die Gespräche fanden allerdings unter Mutters Kontrolle vom Fenster aus statt –, daß er nicht im Krieg getötet werden wolle, eher würde er sich mit einer Verletzung zufrieden geben, wogegen Leutnant Strádal sagte, daß er, bevor er ohne Beine und Arme sei, lieber fallen wolle. Über anderes als den Krieg wurde allerdings nicht gesprochen. Unsere Leute sagten, daß sie die Preußen mit der linken Hand schlagen würden. Als wir dann über das Schicksal dieser jungen Leute Kenntnis erhielten, erfuhren wir, daß gerade das Gegenteil geschehen war. Die verzweifelte Gräfin Tongraczová suchte auf dem Schlachtfeld den Leichnam ihres einzigen Sohnes, und Leutnant Strádal kam im Krieg um eines seiner Gliedmaßen. Ein Porträt der beiden Burschen existiert noch. . . .

Das Jahr 1866 war nicht nur das Jahr des Krieges mit Preußen, sondern es war auch das Jahr, in dem sich Vater auf die Pension vorbereitete. Vater war nach vierzig Dienstjahren sehr enttäuscht. Er hatte unermüdlich gearbeitet, war in jeder Hinsicht gerecht und ehrlich. Obwohl er nichts erwartete, ärgerte ihn doch, daß ihm von oben keine Anerkennung zuteil wurde, und das wohl deshalb, weil er immer ein Tscheche blieb. Vater quälte sich deshalb nicht, aber er sagte, daß er keine Stunde länger seinen Dienst ausüben werde, wenn seine Zeit zu Ende sei. Und so geschah es auch. Es steht in seinen Urkunden, wann er um Pension ansuchte; die Erledigung kam nach Chrudim, und von dort sind wir später nach Prag gefahren. ...

In diesem Jahr war mein Bruder Josef auch im Begriff, das Gymnasium zu beenden, und danach sollte er in Prag Medizin studieren. Mein Bruder Antonín beendete, glaube ich, in demselben Jahr die Unterstufe des Gymnasiums. Vor Beginn des Krieges wurde Vater eingesetzt, um das Kreisgericht nach Třebechovice zu führen, wogegen Herr Präsident Kolb sich mit dem Landesgericht nach Chrudim begeben sollte. Aber Präsident Kolb erkrankte damals schwer, und so führte Vater als Erster Rat das Landesgericht nach Chrudim. Das war für uns Kinder ein großes Ereignis, denn wir wußten, daß wir Königgrätz für immer verlassen würden. Besonders die Schwestern Marie und Hana, die schon junge Damen waren, ertrugen den Abschied von der Stadt schwer. Wir jüngeren, Antonín und besonders ich mit meiner lebhaften, Abwechslung liebenden Natur, freuten uns auf den Umzug. Mutter hatte viel Arbeit mit dem Packen. Den Umzug besorgte der Fuhrmann Krušina. Die letzte Nacht verbrachten wir alle bei dem bekannten Wirt Bouček in Kukleny.

Leider weiß ich das Datum nicht, an dem wir Königgrätz verließen und wann wir nach Chrudim kamen. Nach Aufzeichnungen meines Bruders Gustav war es am 12. Juni 1866, als wir umzogen. Wir Kinder fuhren mit Mutter in der Kutsche, denn damals gab es keine Eisenbahnverbindung zwischen Königgrätz und Chrudim. Vater war schon zuvor in Chrudim; er mietete für uns dort eine schöne Wohnung am Platz beim Händler Schütze. Die Zuzügler aus Königgrätz wurden in Chrudim als Gäste aufgenommen; überall kam man ihnen entgegen, und viele Unterhaltungen wurden ihnen zuliebe veranstaltet. Mutter und den Schwestern gefiel es in

Chrudim sehr, auch mir und den Brüdern. Ich erinnere mich, daß ich sehr stolz darauf war, daß mich die Unsrigen auch in die Loge in ein Theaterstück mitnahmen, welches zu Ehren der Bürger von Königgrätz aufgeführt wurde. Auch in Chrudim machten wir fleißig Spaziergänge. Die Stadt selbst und auch die Umgebung gefielen uns sehr.

Bezüglich meiner Schwestern muß ich erwähnen, daß besonders Marie auch in Chrudim jeden für sich gewann. Meine Schwester Hana war ebenfalls beliebt, aber das war eine Beliebtheit ohne Bewunderung. In Chrudim waren die Schwestern umschwärmt; ihnen zuliebe wurden Theateraufführungen und Unterhaltungen veranstaltet. Aber auch eine schlimme Katastrophe traf die Zuzügler aus Königgrätz in Chrudim. Es kam die Cholera und raffte viele von ihnen dahin. Auf dem Friedhof hinter der Kirche ist eine ganze Abteilung übersät mit Gräbern von Bürgern aus Königgrätz. . . .

Am 20. Oktober 1866 übersiedelten die Eltern mit der ganzen Familie von Chrudim nach Prag. In Prag hatte Vater schon früher eine Wohnung am Františkovo nábřeží gemietet, mit einem wunderschönen Ausblick auf den Petřín (Laurenziberg) und auf den Hračany (Hradschin). Das Haus gehörte dem Baumeister Wolf. Es hatte, glaube ich, die Nummer 18 und war zweistöckig mit einem Hochparterre. Unsere Wohnung war im zweiten Stock, hatte am Kai zwei große Zimmer, von denen eines einen Alkoven hatte, und hinter diesem noch ein dunkles Kabinett. Man betrat das Vorzimmer, rechts war die Küche und hinter ihr ein kleineres Zimmer, beide mit Fenstern auf die Pawlatsche. An der Decke der Stiege waren Wolken mit verschiedenen Vögeln dargestellt.

Als Pensionist in Prag spielte der Vater leidenschaftlich gerne in einer kleinen Lotterie. Er war überzeugt, daß er einmal gewinnen müsse, und setzte regelmäßig in bestimmten Zeitabständen, allerdings nicht über das Maß.

Mit den Eltern und der ganzen Familie kam auch mein Bruder nach Prag. Noch in demselben Jahr inskribierte er an der Universität das erste Studienjahr Medizin. In früheren Jahren wollte er Priester werden, aber selbst Onkel Vinařický hatte ihm davon abgeraten, und seit dieser Zeit sagte Josef: „Wenn ich kein Arzt der Seelen werde, werde ich ein Arzt des Körpers." Medizin studierte er mit Begeisterung und Eifer. Vater gewährte ihm alle Hilfsmittel, obwohl es sehr teuer war und eigentlich über seine Verhältnisse ging, weil das Studium der Medizin stets sehr teuer war. Infolgedessen mußte sich die ganze Familie sehr einschränken, was am meisten meinen Bruder Antonín, der sehr schwach war, und uns drei Mädchen betraf. . . .

Der Umzug nach Prag war für uns alle ein großes Ereignis. Die Mädchen konnten sich schwer von Chrudim und der dortigen Gesellschaft verabschieden und umgekehrt, aber auf Prag freuten wir uns alle: lockte uns doch schon der Vyšehrad mit seiner Heiligkeit, wo wir einen Onkel hatten. Von Chrudim nach Pardubice fuhren wir mit der Kutsche, von Pardubice nach Prag mit der Eisenbahn! Für uns Junge die erste Fahrt mit der Eisenbahn überhaupt. Wir kamen in Prag an einem klaren Nachmittag an. Die Fuhren mit unseren Möbeln kamen nach uns an, und so begaben wir uns nach Prag und quartierten uns dort ein. Mutter schimpfte von Anfang an, daß Vater eine solch große und teure Wohnung gemietet hatte. Wir zahlten dreihundertsechsundsechzig Gulden, das war nach dem Krieg und war gar nicht so teuer; Vater hatte geräumige Wohnungen einfach gern, und dann diese wunderschöne Aussicht! Und hintenherum durch die Poštovní ulice (Postgasse) die Verbindung mit den Märkten und der Innenstadt. Mutter mußte zufrieden sein! . . .

In Prag hatten wir uns bald dem großstädtischen Leben angepaßt. Mein Bruder Gustav war Wirtschaftspraktikant in Koryčany in Mähren. Mein Bruder Josef war an der Medizinischen Fakultät in Prag eingeschrieben und studierte eifrig. Er ging fleißig in die „Umělecká beseda", war Mitglied der bildnerischen Sektion und nahm am gesamten öffentlichen Leben teil, auch in politischer Hinsicht, so wie es damals die Studenten allgemein machten.

Mein Bruder Antonín besuchte die vierte Klasse des Tschechischen Akademischen Gymnasiums in Stare město (Altstadt). Mir als Jüngster hatte man versprochen, daß ich in die Höhere Mädchenschule gehen könnte, aber ich mußte warten, bis das neue Gebäude in der Vodičkova ulice (Wassergasse) fertiggestellt war. Dies geschah erst im Jahre 1867, so daß sie im Schuljahr 1867/68 eröffnet wurde.

Gemeinsam mit ihrem Bruder Josef gelangten damals die Schwestern leicht ins Prager gesellschaftliche Leben. Sie gingen zu den Tanzstunden der Juristen und Philosophen zu Gorský beim heiligen Nikolaus und zu Linka, sie nahmen an Ausflügen und an verschiedenen Feiern teil, die es damals häufig gab. Ohne Mutters Begleitung gingen sie nirgendwo hin; Vater ließ es auch so ungern zu.

Bei der Feier zur Grundsteinlegung des Nationaltheaters waren sie im Komitee, und meine Schwester Marie wurde auch ausgewählt, um eine Hussitin darzustellen. Obwohl es nicht in ihrem Charakter lag, sich irgendwo vorzudrängen, wurde sie wegen ihrer schönen Gestalt, ihres edlen Antlitzes und ihres immer ehrerbietigen Benehmens zu allem eingeladen. Nur ins Theater, damals noch ins provisorische, konnten die Schwestern selten gehen. Dafür reichte Vaters Einkommen nicht, aber bei aller Bescheidenheit trat die Familie ansonsten immer mit angemessener Würde auf.

Die Schwestern, vor allem meine Schwester Marie, hatten viele Verehrer, aber ernste Bekanntschaften mit der Aussicht auf eine Ehe gab es nicht. Es wurde kein eitler Luxus geführt, Mutter verbarg nicht, daß sie für die Töchter kein Vermögen hatte, und wer hätte es nicht benötigt? Es waren zwar einige Angebote vorhanden, aber sie scheiterten, da sie unpassend waren. Vielleicht war es gerade der Umstand, daß meine Schwester Marie bei ihrer Anmut, der schönen Gestalt, der schönen Stimme und guten Intonation sich nicht dazu durchringen konnte, dramatischen Gesang zu lernen, wie ihr hier und dort empfohlen wurde. Es besteht kein Zweifel, daß es die Eltern gestattet hätten, trotz der damaligen Voreingenommenheit gegenüber den Sitten am Theater. Meine Schwester lernte in Prag nicht mehr Gesang, aber sie war als gute Sängerin bekannt, und sie wurde eingeladen, wo immer es eine musikalische oder nationale Aufführung gab.

Ihre Hauptwirkungsstätte aber war der Haushalt. Sie heiratete Neff und gewann einen Musikliebhaber und Musiker als Gemahl. Oft gab es bei uns musikalische Gesellschaft, die Kinder unterrichtete František Kavan, dann Antonín Dvořák. Künstlerische Gesellschaft war ebenfalls oft zu Gast, zu uns kamen Jiří Mošna, Josef Bittner, Maruška Bittnerová und viele andere.

Jeden Wintersonntag gab es bei Náprstek, der bei den Haláneks auf dem Betlemské náměstí (Bethlehemplatz) wohnte, ab zehn Uhr Vorlesungen hervorragender Gelehrter, Künstler u. a. Im Lesesaal reihte sich die Zuhörerschaft der Damen, im Kabinett Herrn Náprsteks waren einige Herren. Hier nahmen wir so manche aufklärerische Idee auf, hier wurden wir zu modernen tschechischen Frauen. Vom Frühjahr an bis in den Sommer unternahmen wir nachmittags oft lehrreiche Ausgänge in Betriebe in und um Prag und unterhaltsame, halb- oder ganztägige Ausflüge; auch dreitägige Ausflüge machten wir.

Zu Hause war Mutter unsere Fürsprecherin, damit wir an diesem oder jenem Ausflug teilnehmen konnten: Vater wünschte dies nicht – wahrscheinlich am meisten aus finanziellen Gründen –, aber Mutter hatte immer etwas Erspartes für unsere Sonderausgaben. Zu Hause arbeiteten wir im Haushalt. Wir wechselten uns beim Kochen ab, nähten für uns und auch für die Brüder, was genug

Arbeit ergab, denn wir hatten damals noch keine Maschinen. Und die Zeit und die Jahre vergingen ...

Meine Schwester Hana dachte nach: „Höre, Luisa", sagte sie einmal bei einem Spaziergang zu mir, „denkst du nicht, daß das so nicht bleiben kann? Wir sind drei Mädchen ohne Vermögen, an Heirat ist nicht zu denken, es sei denn, Marie und wir sollen warten, bis es jemandem gefällt, uns abzuholen. Oder sollen wir warten, bis die Brüder selbständig werden, um uns dann aus Gnade zu sich zu nehmen?" – „Das nicht!" riefen wir einstimmig: „Wir werden uns um unsere Selbständigkeit kümmern." Wie? Jetzt rückte ich damit heraus: Professor Starý auf der Höheren Mädchenschule hatte uns eine Rechtsanwaltskanzlei oder die Buchhaltung in einem Geschäft empfohlen. Wir hatten schon damals auf der Höheren Mädchenschule Buchhaltung gelernt. Das gefiel uns beiden, es ging um die Durchführung. Wir wußten, daß Vater und die Verwandten aus Standesgründen Widerstand leisten würden, was auch geschah, aber wir bezwangen ihn. Auch meine Schwester Marie, die auf Vater den größten Einfluß hatte, half mit ihrer Fürsprache, und so wurde es grundsätzlich beschlossen. Jetzt die Durchführung: Wer trägt die Kosten, zumal es damals noch keine Mädchenhandelsschule gab und wir auf Privatunterricht angewiesen waren; und wer wird uns unterrichten wollen? Damals wurde ein kleiner Anteil aus dem Erbe meines Bruders Václav ausbezahlt, davon wurde die Gebühr gedeckt.

Herr Farský unterrichtete uns seit dieser Zeit für die Gebühr von einem Gulden monatlich sehr sorgfältig und liebenswürdig. Dem Unterricht wohnte gewöhnlich seine Mutter bei, eine alte Frau, die die Befürchtung hatte, daß sich der Sohn in eine von uns verlieben könnte ... Mit dem Zeugnis in der Hand ging ich mit meiner Schwester zu den Haláneks, zu Herrn Náprstek. Dieser war erfreut über unseren Erfolg, und auf unsere Anfrage „Was nun, wo sollen wir uns melden?" sagte er: „Dieser

Tage war bei mir Herr Jan Neff, der Chef des Galante-
riebetriebs „Na Příkopě" (Am Graben) mit der Anfrage,
ob ich nicht von irgendeinem Fräulein aus guter Familie
für sein Geschäft wüßte für die Kasse und die Abrech-
nungen. Ich empfehle ihm eine von Ihnen, denn er benötigt nur eine." Hana wurde aufgenommen und war
beim Chef sofort beliebt, wegen ihrer Gründlichkeit,
Sorgfalt in der Arbeit und Genauigkeit. Sie war bald in
alles eingearbeitet.

Mutter wandte zwar anfangs ein, daß der Geschäftsin-
haber Witwer sei, aber schließlich wurde es ihr ausgere-
det, weil Hana mit dem Geschäft und nicht mit dem
Witwer zu tun haben werde. Hana ging sehr regelmäßig
und gern ins Geschäft. Im Haushalt gab es für uns alle
drei nicht genug zu tun, und ihr hatte immer stille Arbeit
gefallen. Ich wartete dann, bis sich auch für mich irgendein Platz finden würde. Wir waren sehr zufrieden, das
einzige, was uns betrübte, war, daß wir keine Nähmaschi-
ne hatten. Vater konnte von seiner Pension keine kaufen,
und Ratenzahlungen waren damals noch nicht so eingeführt. Also sagte Hana: „Für das erste Geld, das ich
erübrigen kann, kaufen wir uns bei Neff eine Nähmaschi-
ne, und du und Marie werdet darauf nähen lernen." Ich
konnte schon von der Höheren Mädchenschule her auf
der Maschine nähen. So geschah es auch. Die Maschine
wurde bei Neff gekauft. Große Freude in der Familie,
besonders bei denen, die darauf nähen sollten: Marie und
ich.

Bei Neff hatte man damals das Geschäft mit den Nähmaschinen in einem Lokal, das in die Celetná ulice (Zelt-
ner Gasse) reichte. Man ging vom „Graben" durch den
Hauptbetrieb nach hinten, dann über eine kleine Gasse
in den Hof und dort in den gegenüberliegenden Flügel,
wo die großen Räume mit den Nähmaschinen waren.
Dort regierte Herr Stýbal, ein ehemaliger Regenschirm-
macher, darüber hinaus ein Alleskönner im Ausbessern,
der alles für das Geschäft und das Haus reparierte. Für

den Verkauf und die Instruktionen zur Bedienung der Nähmaschinen hatte er zwei Fräulein zur Hand. In diesen Raum kam meine Schwester Hana um zehn Uhr zur Jause, denn Herr Neff sah es ungern, wenn man im Hauptbetrieb aß. So ging Hana für eine Weile dorthin, um zu essen, was sie sich mitgenommen hatte, während ihre Schwester Marie auf unserer neuen Maschine nähen lernte, und dort unterhielten sich beide Schwestern ein wenig.

Herr Neff war ein sorgsamer Geschäftsmann und spazierte oft durch die Räume seines Betriebs. Hier fiel ihm meine Schwester Marie auf, da sie sich mit Hana vertraulich unterhielt. Nach ihrem Weggehen fragte er, wer sie war, und erfuhr, es sei die Schwester. Herr Neff wußte gut, wer unsere Eltern waren, woher sie kamen und daß sie überall geachtet wurden. Vielleicht, als er die Schwester ein zweites, ein drittes Mal im Geschäft gesehen hatte, vielleicht, als er mit ihr gesprochen und sich von ihrem edlen Benehmen überzeugt hatte, begann er nach der Bekräftigung dessen zu suchen, was er gehört hatte. In Königgrätz hatte er einen Freund, Herrn Komárek. Diesem schrieb er und fuhr dann selbst nach Königgrätz, um sich eifrig nach dem Ruf zu erkundigen, welchen die Familie des Landesrates Hála dort hinterlassen hatte, und er hörte das Allerbeste.

Das Fräulein sagte ihm zu, die Familie war vorbildlich, und so entschied er sich, daß er um Fräulein Hálová anhalten werde, um sie zu seiner Gemahlin und zur Mutter seiner verwaisten Kinder zu machen.

Die Schwester beherrschte inzwischen völlig das Maschinennähen und kam nicht ins Geschäft, nur abends, um ihre Schwester Hana abzuholen. Aber Neff wußte sich Rat und begab sich zu Herrn Náprstek, teilte ihm seine Absicht mit und erkundigte sich, auf welche Weise er weiter vorgehen könne. Herr Náprstek riet ihm, am folgenden Sonntag an einem Ausflug teilzunehmen, den der Tschechisch-Amerikanische Damenklub für Prager Schulkinder im Stromovka-(Baumgarten-)Park veranstaltete. Er wußte, daß wir zu diesem Ausflug angemeldet waren.

Herr Neff nahm allerdings nicht an der Unterhaltung mit den Kindern teil, sondern an der mit Fräulein Marie Hálová; es war offenkundig, daß sie aneinander Gefallen fanden. Meine Schwester wiederum kannte Herrn Neff nicht sehr gut, aber Hana hatte von der ersten Zeit an, als sie ins Geschäft eingetreten war, lauter schöne Dinge über ihn erzählt.

Herr Neff war auch trotz seiner Jahre noch ein ansehnlicher Mann mit edlem Benehmen. Die Schwester war groß, sehr hübsch. Auf dem Weg von der Stromovka vereinbarte das zukünftige Paar, daß sie am nächsten Sonntag an einem Ausflug nach Karlštejn teilnehmen würden, ebenfalls mit dem Amerikanischen Damenklub. Und sie nahmen daran teil! Und schon an diesem Sonntag verlobten sie sich. Sie kehrten als Braut und Bräutigam nach Hause zurück.

Ich weiß nicht, ob ein Sonn- oder Feiertag folgte, aber ich weiß, daß am nächsten Feiertag Herr Neff zu uns an den Kai kam und um Marie anhielt, sie wurde ihm versprochen, und man bestimmte den Tag der Hochzeit, denn Herr Neff drängte, er wollte seine Frau noch in Lipník im Neubau der Villa einführen, bei seiner alten Mutter und bei seinen Kindern. Meine Schwester Marie hatte die Hochzeit, glaube ich, an einem Samstag, in der Kirche zu den Dominikanern, die in unserer Pfarre lag. Es war zeitig in der Früh, in die Kirche fuhren der Bräutigam, die Braut, mein Bruder Josef, die Zeugen Dr. Šnejdárek und Herr Eduard Hrubý. Von der Kirche fuhren sie in ein Restaurant in Bubeneč zur Jause und setzten sich dort in den Zug nach Paris.

Meine Schwester hatte ein sandfarbenes Reisekleid aus Rohseide, ein Hütchen aus durchbrochenem Stroh, unterlegt mit hellrosa Seide und geschmückt mit rosa Blümchen. Die Neuvermählten fuhren nach Paris, die Zeugen kehrten nach Prag zurück. Das war die erste große Reise

288

meiner Schwester, sie kehrte zurück, begeistert von der Reise und von Paris.

Zur Schule war ich von Kindheit an ins Kloster zu den Nonnen gegangen. Ich war immer der Liebling der Lehrerinnen sowie Vaters Liebling. Ich lernte ausgezeichnet, und ich war in jeder Hinsicht sehr flink. Vater sagte, ich sollte eigentlich ein Bub sein. Ungeheuer gern habe ich gerechnet, gezeichnet, Physik, Erdkunde gelernt. Schwächer war ich im Schreiben, auch in Handarbeit und Geschichte. Ins Kloster bin ich bis zum Jahre 1866 gegangen, als wir Königgrätz verließen. Mit meinem Wesen neigte ich mehr zur Jungenhaftigkeit, schon in Königgrätz waren mir Spaziergänge mit den Buben am liebsten, aus der Stadt hinaus, auf die Wiesen, wo sie kleine Feuer anzündeten, in die Wälder um Heidel- und Brombeeren. Mutter sah dies ungern, aber ich entfernte mich immer unbemerkt, und am meisten tat mir leid, daß ich nicht mit ihnen aufs Eis durfte.

Als wir in Prag angekommen waren, freute ich mich auf die neue städtische Höhere Mädchenschule – die alte war in der Řeznická ulice (Fleischergasse), aber diese war noch nicht fertiggebaut, und ich mußte ein ganzes Jahr warten. Ich nutzte diese Zeit, um im Haushalt auszuhelfen, soweit mir die älteren Schwestern etwas übrigließen, aber hauptsächlich durchstreifte ich Prag, das mich wegen seiner Altertümlichkeit sehr interessierte. Auch in Prag war ich so viel wie möglich mit meinen Brüdern zusammen. Wir gingen sehr häufig auf den Vyšehrad (Wyschehrad) zu Onkel Vinařický, entdeckten immer neue Wege, und unsere Fragen kannten dann zu Hause kein Ende. Onkel Vinařický zu fragen schämten wir uns. Damals war auch mein Bruder Gustav zu Hause, und dieser war uns ein bereitwilliger Cicerone. Ich lernte so, während dieses Jahres, in dem ich nicht zur Schule ging, beinahe ganz Prag kennen. Hauptsächlich die Altstadt war mein Tummelplatz. Nichts konnte mich davon abbringen, weder daß ich mich unzählige Male verirrte, noch daß ich zahllose Male bei derselben Straße herauskam, die ich lange zuvor auf einem anderen Weg betreten hatte.

Dieses Vagabundieren hatte ein Ende, als sich das Schuljahr 1867/68 näherte. Prag hörte auf, mich zu interessieren, weil die Schule mich anzuziehen begann. Das neue Gebäude der Städtischen Höheren Mädchenschule in der Vodička ulice wurde fertiggebaut, und ich machte gern einen Umweg, um vorbeigehen zu können. Ich sollte sie gemeinsam mit meiner Cousine Luisa Krouská besuchen, aber sie wurde als Schwächere im Lernen um eine Klasse niedriger eingestuft. Ich sagte ihr vor der Einschreibung: „Ich muß eine der ersten sein" – und ich war es auch. Ich wurde sofort in die zweite Klasse aufgenommen, Luisa Krouská in die erste. Wir hatten hier jeweils einen eigenen Saal für Physik, Handarbeit, Zeichnen und Gesang und eine eigene Kapelle, wo wöchentlich Gottesdienste stattfanden.

Wir hatten eine ständige Lehrerin als Aufsicht und beinahe für jedes Fach einen anderen Professor. Alles imponierte mir, alles freute mich, und da ich talentiert und fleißig war, tat ich mich in allen Fächern hervor. Jeder Professor empfahl mir, mich seinem Fach zu widmen – fürs Leben. In die Städtische Mädchenschule ging ich zwei Jahre lang, einen höheren Jahrgang gab es damals noch nicht, ich hätte wohl sicher mein Studium fortgesetzt. Nach dem Abgang von der Höheren Mädchenschule widmete ich mich dem Haushalt und der Gesellschaft. Übermäßigen Erfolg hatte ich weder in dem einen noch im anderen. Ich hatte zwar eine schöne Gestalt und ein nicht unangenehmes Gesicht, aber ich war viel zu ernst, und so hatte ich niemals einen Anwärter nach meinem Geschmack, einen, der mich beeindruckt hätte. Ich kümmerte mich auch nicht ums Heiraten, lieber lernte ich Französisch, Englisch, Russisch. In den Amerikanischen Damenklub ging ich leidenschaftlich gern, die Ideen Herrn Náprsteks und die moderne Richtung der Frauenbewegung imponierten mir, und als dann von meiner Schwester Hana der Vorschlag kam, daß wir zwei uns dem praktischen Leben widmen sollten, ergriffen wir diesen Gedanken mit ganzem Herzen. ...

Am 24. Juni 1876 starb Vater, gerade als ich für drei Wochen zu Besuch bei meinem Bruder Adolf in Wien war. Nach seinem Tod nahmen mich die Neffs mit nach Lipník in Mähren, später fuhr auch Mutter fast jedes Jahr auf Erholung dorthin. Am 15. Oktober 1876 wurde ich ins Geschäft aufgenommen, vorläufig als Verkäuferin. Vor mir waren dort schon Frl. Karla Halíková und Frl. Anna Langová und hatten sich als weibliche Kräfte bewährt. Im Verkauf war ich bei Neff nur ein Jahr, und als Herr Pavlík zu einem neuen Standort wechselte und Herr Hrubý sich mehr seinem Geschäft widmete, rief mich mein Schwager in die Schreibstube und sagte: „Sie führen jetzt die Bücher!" Erstaunt sah ich ihn an, überrascht, daß ich auf einmal ohne jede Vorbereitung von einer Verkäuferin zur Buchhalterin werden sollte, denn ich wußte vom Hörensagen, daß in jedem Betrieb die Buchhaltung anders geführt wurde. Ich sah den Schwager sicherlich sehr erstaunt an. Der aber sagte ganz kühl: „Sie werden das machen, wie es Herr Pavlík getan hat." Und so wurde ich zur Buchhalterin der Firma J. Neff und versah diese Stelle von 15. Oktober 1876 bis 15. August 1905 im alten Geschäft, „Na Příkopě", Nr. 39.

Solange meine Schwester Hana noch in Prag war, lief ich oft, auch weinend, zu ihr nach oben und fragte: „Wie hat das Herr Pavlík gemacht?" Aber nach und nach habe ich alles bewältigt, auch dieses unglückselige Deutsch, das ich damals nicht allzu gut beherrschte. Der Schwager Neff war ein vorbildlicher, einsichtiger und liebenswürdiger Chef. Er hatte zu mir volles Vertrauen und überließ mir auch wichtige Arbeiten; sogar in Familienangelegenheiten setzte er oft auf meine Kräfte. Je mehr er mir vertraute, desto mehr freute es mich, ich war sogar stolz darauf und trachtete danach, ihm die Sorgen und die Arbeit leichter zu machen.

Im Sommer gönnte er mir beinahe jedes Jahr Urlaub und steuerte mir auch zu größeren Ausflügen oder Reisen etwas bei. Auf diese Weise lernte ich viele fremde Städte kennen, was sonst unmöglich gewesen wäre. In Paris war ich zweimal zu Ausstellungen und einmal außerhalb einer Ausstellung, in Wien war ich zwei- bis dreimal, in Berlin zweimal, in Dresden dreimal, in München zweimal, in Frankfurt, in Düsseldorf, in Nürnberg, in Walhalla, in Regensburg, in Innsbruck, in Salzburg, in Berchtesgaden, Krakau, Velička, in Karlsbad, in Zürich, in Ljubljana, in Zagreb, in Rijeka, Opatija, Graz, Cirkvenica, in Kapfenberg, in Podmokly, der Sächsischen Schweiz, in Livorno, in Venedig, in Triest, Miramare, Mali und Veli Lošinj, Čigate, Zagorje usw.

Ich war viele Jahre lang in verschiedenen böhmischen Kurorten, gewöhnlich drei Wochen im Juli in Sedmihorky, dreimal in Česká Kubice, zweimal in Peruc, in Potštýn, in Bechyně, in Holoubkov usw.

Übersetzung: Christoph Huemer

Jindřich Matiegka –

Ludmila Matiegková

*Jindřich Matiegka wurde 1862 in Beneschau (Benešov) geboren,
seine Tochter Ludmila kam 1889 in Lobositz (Lovosice) auf die
Welt. Ihre gemeinsam verfaßten Aufzeichnungen tragen teils
Züge einer Familienchronik, teils handelt es sich um autobiographische Texte. Die Familie Matiegka entstammt einer Beam-
ten-Dynastie, die schon Anfang des 18. Jahrhunderts dem Kaiser diente. Der Vater des Autors brachte es zum Beispiel auf
der Karriereleiter vom Bezirksrichter bis zum Hofgerichtsrat.
Er starb im Jahr 1885 in Prag.*

*Jindřich Matiegka schlug zuerst einen anderen Weg ein. Er
absolvierte das Studium der Medizin und widmete sich in
Lobositz dem Arztberuf. Da ihn diese Arbeit nicht befriedigte,
nützte er ein Angebot des Prager Magistrats und nahm eine
Stelle im Büro des Stadtphysikus an.*

*Seine Aufgabe war es, die stadtärztliche Betreuung zu or-
ganisieren. In Prag faßte er auf Dauer Fuß, den Magistrat
jedoch verließ er im Jahr 1898. In diesem Jahr wechselte er
als Gesundheits-Konzeptbeamter in den Dienst des Landesausschusses über. Im Jahr 1908 erfüllte sich schließlich sein großer Wunsch, und er wurde zuerst außerordentlicher und bald
auch ordentlicher Professor der historischen Anthropologie an
der Philosophischen Fakultät der Tschechischen Universität in
Prag.*

*Seine Tochter erbte von ihm das Interesse für die Natur und
die Geschichte. Sie absolvierte das Geschichtestudium und
wirkte ihr ganzes Leben lang als Mittelschulprofessorin. Die
Biographie von Ludmila Matiegková reicht bis zum Ende des
Zweiten Weltkriegs und umfaßt somit auch die späteren Le-
bensjahre sowie den Tod ihres Vaters im Jahr 1941.*

Das gemeinsame Manuskript hat einen Umfang von 516 Seiten und ist im Archiv des Nationalmuseums in Prag in der Hinterlassenschaft der Familie Matiegka aufbewahrt.

Jindřich Matiegka erinnert sich

Als der Vater uns zwei nach der Matura fragte, was wir studieren wollen, war er überrascht, daß ich die Medizin wählte, Bedřich die Rechtswissenschaften. Er sagte, daß er sich eher das Gegenteil gewünscht hatte, weil er hoffte, daß ich als der Schwächere nicht rekrutiert werden würde und Bedřich als ärztlicher Freiwilliger keinen schweren Dienst haben würde. „Aber", sagte er, „es soll nach eurer Wahl geschehen." Ich wurde dann am Anfang des Schuljahres bei der ersten Stellung für tauglich erklärt, offensichtlich in Hinblick darauf, daß ich Medizinstudent war ...

Zu Beginn des dritten Jahres meines Medizinstudiums – am 4. Dezember 1883 –, das heißt, so bald als möglich, legte ich als erster von allen Kollegen beider Universitäten die Prüfungen des ersten Rigorosums, und zwar mit Auszeichnung, ab. In dieser Zeit wurde mir auch die Stelle eines Assistenten an der Klinik von Professor Příbram angeboten. Zu dieser Zeit erkrankte mein Vater an einem Augenleiden.

Bald nach seiner Erkrankung beschlossen mein Vater und Oberrat Kugler, der an einer Linsentrübung erkrankt war, mit dem Einverständnis ihrer Ärzte zur Konsultation zu Spezialisten nach Wien zu fahren. Die Krankheit meines Vaters schritt fort und zog sich in die Länge, so daß er um Pensionierung ansuchen mußte. Er wurde gefragt, ob er sich wünschte, daß ihm aus diesem Anlaß der Titel des Hofrats oder irgendeine Zulage zur Pension erteilt werde. Nach der Beratung mit uns entschied er sich für das letztere, weil der Titel weder ihm noch der Familie nützen würde, gab es doch im Todesfall keine Witwe, der aus jenem Titel eine größere Pension zustünde.

Im Herbst des Jahres 1884, also zu Beginn meines vierten Studienjahres, trat ich den Militärdienst in einem Militärkrankenhaus auf dem Karlovo náměstí (Karlsplatz) an. Der Stabsarzt Dr. Strejček sagte mir beim Dienstantritt, daß er mich gehen lassen würde, wenn ich nicht schon eine Uniform hätte. Die Uniform paßte mir gut, und zwar so gut, daß mich Márinka nicht einmal erkannte, als ich sie „Na Příkopech" (Am Graben) militärisch grüßte. Wir, die ärztlichen Rekruten, hatten wirklich eine schöne Uniform: einen blauen Mantel mit schwarzen Samtaufschlägen, dunkle Hose mit roter Paspulierung, eine Offiziersmütze, bei der Parade einen Dreispitz mit einem reichen Busch, an der Seite einen Offizierssäbel, mit einem Wort – eine Uniform, die der Offiziersuniform so ähnlich war, daß sich selbst die Offiziere im Halbdunkel manchmal irrten. Wenn dann nach einem halben Jahr dazu noch drei weiße Seidensternchen auf die Aufschläge kamen, war das Bild vollkommen.

Der Dienst eines Rekruten war damals nicht schwer. Morgens und nachmittags gingen wir zur Krankenvisite, wobei wir manche Universitätsvorlesungen besuchen konnten. Im Nachtdienst wechselten wir uns ab, sonst schliefen wir zu Hause. Seit Ostern war ich zum Dienst ins Militärkrankenhaus auf dem Hradschin versetzt und auf einen Monat zum Regiment, in die Kaserne des Pionierregiments auf dem Hradschin. Da ging ich täglich zur Visite und danach mit der Truppe auf die Schanzen. Da sagte mir der Hauptmann oder Oberleutnant Hlava, ich solle mich irgendwohin setzen und mich wieder melden, wenn ich das Signal zum Abmarsch höre. In der Regel hatte ich ein Buch oder Lehrbuch mit, und so verbrachte ich die Zeit angenehm. Als ich einmal in die Kaserne kam, fand ich sie leer. Die Soldaten hatten sich auf eine Marschübung begeben, die einzige, die sie in dem Jahr leisteten. Als der Regimentsarzt kam, wunderte er sich, daß ich in der Kaserne war, und sagte ruhig: „So habe ich Ihnen gestern zu sagen vergessen, daß Sie an dem Marsch teilnehmen sollen." . . .

Vaters Zustand wurde immer schlechter. Er war fast ganz blind. Die Zeitung lasen wir ihm schon vom Anfang der Krankheit an abwechselnd vor, überhaupt als er vier Wochen in einem verdunkelten Zimmer saß. Eines Tages, im Jänner 1885, als ich mich für die Nachmittagsvisite fertigmachte, klagte der Vater plötzlich über Übelkeit. Er wollte gerade urinieren. Ich half ihm ins Bett, und in einer bösen Ahnung nahm ich seinen Harn und lief mit ihm auf die Klinik von Professor Příbram. Es war darin überreichlich Eiweiß. Der Vater fiel bald in Bewußtlosigkeit, aus welcher er nur zuweilen erwachte. Am 24. Februar fiel der Vater wieder in komplette Bewußtlosigkeit. Er begann zu röcheln, und nach Mitternacht am 25. Februar starb er, nachdem ich kurz vorher die anderen zum Bett gerufen hatte. Wir waren alle erschöpft.

Ich setzte mein Medizinstudium fleißig fort, und im Sommer 1886 absolvierte ich das zehnte Semester. Als sich dann die Stránskýs, das heißt, die Mutter mit der Tochter Márinka, meiner Braut, entschlossen, auf eine Reise nach Berlin und Hamburg zu gehen, wartete ich einmal auf dem Václavské náměstí (Wenzelsplatz) den Herrn Rat Stránský ab und fragte ihn, ob er etwas dagegen hätte, wenn ich mich mit den beiden unterwegs treffen und einen Teil der Reise mit ihnen machen würde. Er erklärte, daß er keine Einwände hätte. Nach meiner Rückkehr nach Prag blieb mir noch genügend Zeit zur Vorbereitung für die nächsten Rigorosen. Ich machte sie dann wieder als erster von allen Kollegen beider Universitäten am 13. Oktober 1886 und am 5. November 1886, durchwegs mit Auszeichnung. Am 13. November promovierte ich zum Doktor der Allgemeinen Medizin. An der Promotion nahmen meine Geschwister und freilich auch Márinka mit ihrer Mutter teil. Das Elternhaus von Márinka, meiner zukünftigen Gemahlin, war in Mělník. Oft kamen wir alle dort zusammen.

Jindřich Matiegkas Tochter, Ludmila Matiegková, beschrieb dieses Haus auf dem Hauptplatz in Mělník folgendermaßen:

Das Haus Nummer 51

Man ging durch einen langen, geräumigen, immer sauber geweißten Hausflur hinein, in dem es im Sommer angenehm kühl war und nach Kaffee, Gewürzen und anderen Kolonialwaren duftete. Entlang des Gewölbes bis zu den Treppen war ein starker Draht gespannt, an dessen Ende eine solide Glocke immer durchdringend durch das ganze Haus zu schrillen begann, sooft jemand am Tor läutete. Der Holzfußboden des Hausflurs stieg am Anfang an, gebogen durch das Gewölbe des Weinkellers, der sich eingemeißelt in den Fels unter dem ganzen Hausflur dahinzog und noch weiter bis zur Mitte des Stadtplatzes, wo man vom Tor in Richtung Šopka durchfuhr. Die Großmutter sagte immer, daß er bis zur „Landstraße" ging, und ich stellte mir in meiner Kindheit vor, daß er bis irgendwohin hinter die Stadt zur Straße nach Prag reichte, und sehnte mich ungeheuer danach, jenen überlangen Keller zu erblicken. Aber ich durfte nie hingehen. Damit ich nicht von den steilen, dunklen Steintreppen falle, und damit es mir nicht gelänge, unbeachtet dort einzudringen, schloß man immer das kleine Holztor von der Rösterei ab, durch welches man in den Keller eintrat. In der Rösterei war es ebenfalls dunkel. Nur im Hintergrund schimmerte weiß der alte Ofen mit der Trommel zum Kaffeerösten, und so rief dieser versteckte Winkel, verbunden mit dem geheimnisvollen Keller in der Kinderphantasie verschiedene, ein wenig gespenstische, aber gerade deswegen auch angenehm aufregende Vorstellungen hervor.

Aus dem Hausflur führte das zweite Tor auf den Hof, gepflastert mit großem „Kopfsteinpflaster", später zum Teil aus Zement. Im Hintergrund befanden sich die Schuppen und eine Gärkammer. An heißen Tagen war es hier noch kühler als im Hausflur, und die Luft war mit einem eigenartigen Geruch nach leeren Weinfässern und gärenden „Nachsudbieren" durchdrungen. Über den

Schuppen und der Gärkammer war ein kleiner Dachboden, auf welchen man über eine alte Holztreppe hinaufstieg. Auch der Bretterfußboden des Dachbodens war abgenützt und wackelig und durfte nicht zuviel belastet werden. Deshalb benutzte man den Boden kaum, und das dort stehende Gerümpel war von einer immer dicker werdenden Staubschicht bedeckt. Das war ein zweiter anziehender Schlupfwinkel im Haus, in dem man mich ebenfalls ungern sah, wohin ich mich aber mit einer zähen Hartnäckigkeit zurückzog. Es gelang mir zwar nur selten, nach oben auf den kleinen versperrten Dachboden zu kommen, aber auf der Holztreppe, in der Nachbarschaft eines großen Petroleumfasses, spielte ich stundenlang meine schönsten Kinderspiele mit Hühnchen und kleinen Kätzchen. Der kleine Hof war während der Ferien mein Revier. Auf der einen Seite des Hofes war eine kleine Kammer für einen Kaufmannsgehilfen und daneben eine mit Brettern bedeckte Jauchengrube. Auf der anderen Seite war der Eingang in die Erdgeschoßwohnung, in der der Mieter des Kolonialwarengeschäftes wohnte. Im Haus waren nämlich zwei Geschäfte: ein größeres, mit Kolonialwaren, und ein zweites, kleineres, aus dem mein Urgroßvater erst später ein Eisenlager machte, womit sich sein Schicksal änderte.

In unsere Wohnung im ersten Stock stieg man vom Hausflur über eine Wendeltreppe hinauf, die immer sauber gerieben und mit Kaolin geweißt war. Sie mündete in einen rechteckigen Gang, der von rechts durch ein großes Fenster in den Hof beleuchtet war. Unter dem Fenster stand eine Wassertonne. Gegenüber der Treppe war die ganze Wand entlang eine große Holzmangel, und in der linken Wand war eine Glastür, die zwischen dem Küchenfenster und dem zweiten Fenster ins Vorzimmer führte. Die Küche war klein und dunkel, denn sie hatte nur indirektes Licht vom Gang und von der Dachbodentreppe, wohin ebenfalls ein kleines Fenster durchgebrochen war. Über dem Herd mußte man auch bei Tag ab und zu Licht machen. Noch dunkler war die kleine Kammer daneben, in die nur durch ein Fenster zur Küche hin Licht fiel und in der die Dienstmädchen schliefen. Aus dem Vorzimmer führten drei weiße Türen in die Zimmer, die niedrig, aber geräumig waren. Die Fenster des einen waren ebenfalls zum Hof gerichtet oder, besser gesagt, aufs Dach der Erdgeschoßwohnung im Hof, drei Zimmer waren mit Aussicht auf den Platz. Das Zimmer in den Hof benutzte man während meiner Kindheit als Eßzimmer; das daneben gelegene, das keinen separaten Eingang aus dem Vorzimmer hatte, war das Schlafzimmer des Großvaters und der Großmutter.

Von den restlichen beiden, die separate Eingänge hatten, diente eines meinen Eltern als Schlafzimmer, wenn sie sich in Mělník aufhielten, das zweite war ein „Salon". Das Eßzimmer und der Salon waren mit alten Familienmöbeln eingerichtet, im Salon war auch eine alte Wandmalerei aus der Mitte des 19. Jahrhunderts. Inmitten der weißen Decke waren handgemalte Trauben und anderes Obst. Die hellrosa Wände mit einem Blattmuster waren mit Ölfarbe gemalt; man konnte sie abwaschen, so daß sie wie neu waren. Im Salon stand unter anderem auch eine Glasvitrine voll mit Glas und Porzellan, die zwar meinen neugierigen Blicken zugänglich, aber sorgfältig vor der Berührung meiner nicht weniger fürwitzigen Hände verschlossen war. Am besten gefiel mir von all den Sachen dort eine kleine Wachsfigur, die Jesus mit echtem Lockenhaar darstellte, in einem weißen Seidenkleid und auf einem weißen, seidenen, mit Spitzen reich dekorierten Polster ruhend. Es war eine alte, kleine Statue, schon merklich beschädigt, und deswegen wurde sie mir manchmal zum Spielen geliehen. Das war auch ihr Ende.

Über unserer Wohnung war mein dritter heimlicher Schlupfwinkel – ein großer Dachboden. Man stieg auf einer ungeheuer hohen, mit Fliesen ausgelegten Treppe hinauf. In meiner Kindheit kroch ich auf allen vieren, und auch oben konnte ich nur mit Mühe über die gewaltigen

Balken gelangen. Es waren dort eigentlich zwei Dachböden; ein größerer, den man nach der Ernte als Speicher benutzte, und – mit Latten abgetrennt – ein kleiner, wo man alles Unbrauchbare lagerte: Möbel, Bilder, Bücher, Geschirr usw. Der zog mich besonders an, aber nicht nur mich, sondern auch meinen Vater, der hier manchmal in dem Gerümpel herumstöberte und darin so manchen Gegenstand entdeckte, der nicht nur für die Geschichte unserer Familie, sondern auch für die Kulturgeschichte überhaupt interessant war. Dank ihm zog manches aus dem kleinen Dachboden in das Museum in Mělník aus.

So war in meiner Kindheit das Haus in Mělník, in dem meine Mutter und auch meine Großmutter und Urgroßmutter geboren waren und in dem vor anderthalb Jahrhunderten schon mein Urgroßvater Alois Messner gelebt hatte. Manche Erinnerung an ihre Lebensschicksale hatte die Familientradition bewahrt, weiteres enthielt das schon erwähnte Familienarchiv in einer alten, mit Blech ausgelegten Eichentruhe, die vermutlich einmal die Kasse der Familie Messner war. Auf der Grundlage all dieser Quellen begann mein Vater eine Chronik des mütterlichen Zweiges der Familie zu schreiben. ...

Soweit ich mich an die Erzählung meines Großvaters erinnere, studierte er einige Zeit auch in Jihlava, wohin er schon als Bub mit dem Vater auf die Jahrmärkte gefahren war. Seine Gymnasialjahre beendete er in Budějovice, wo er am 20. September 1850 maturierte. Als ich mich zur Matura vorbereitete, verfolgte er das mit lebhaftem Interesse, und als dann drei Monate vor unserer Matura plötzlich eine neue Maturaordnung bekanntgegeben wurde, die die Art der Prüfung wesentlich veränderte, erzählte er mir mit Humor, wie er etwas Ähnliches erlebt hatte, als sie, die Herren Philosophen, wieder in einfache Gymnasiasten verwandelt wurden und noch dazu eine neue Prüfung – die Matura – eingeführt wurde.

In den Jahren 1851–1853 studierte er in Prag, machte dort die Staatsprüfungen für die Administration und das

Gerichtsfach. Im Jahre 1854 wurde er zum Konzeptprak-
tikanten bei der Statthalterei ernannt und im folgenden
Jahr zum Aktuar beim Bezirksamt in Lanškroun, dort
blieb er aber nur drei Wochen. Der Heilige Abend des
Jahres 1855 brachte ihm eine Versetzung nach Mělník, in
eine Stadt, die für sein weiteres Leben so wichtig wurde
wie – fast zur selben Zeit – Beroun für meinen Großvater
Matiegka. Als Stránský im Mai 1862 die Gerichtsprüfung
in tschechischer und deutscher Sprache machte, war er
schon verlobt, und am 24. August desselben Jahres kam
es zur Hochzeit. Der Großvater und die Großmutter erinnerten sich an ihren Jahrestag während der ganzen Zeit
ihres gemeinsamen Lebens. Immer an diesem Tag ließen
sie in der Früh eine Messe lesen, an der sie teilnahmen,
und zu Mittag gab es ein Festessen.

Der Bürgermeister Prokop bereitete seiner einzigen
Tochter freilich eine feierliche Hochzeit, an der außer den
Verwandten und Freunden auch alle Honoratioren der
Stadt teilnahmen. Aus der Kirche begaben sich damals
die Hochzeitsgäste in das umgebaute Hotel Vykysals,
dessen neuer, großer Saal bei der Hochzeit eingeweiht
wurde. Um den Tisch nahmen ungefähr siebzig Gäste
Platz. Die Braut bekam viele Geschenke, von denen sich
bis jetzt das Geschenk vom Richter Kallmünzer erhalten
hat. Es ist ein kleines, in Leder gefällig gebundenes und
mit Beschlägen geschmücktes Album mit Photographien
von allen bedeutenden Hochzeitsgästen.

Nach der Hochzeit zogen die jungen Eheleute nicht im
Haus der Eltern ein, sondern gegenüber auf dem Platz im
Haus Nr. 10. Dort verbrachten sie ruhig die ersten drei
Ehejahre, getrübt bloß durch den Tod des ersten Kindes,
das entweder schon tot geboren wurde oder gleich nach
der Geburt starb. Die Großmutter sprach später nie davon. Nur einmal im Sommer, als sie Kirschen aß, erinnerte sie sich an den bekannten Volksglauben und sagte: „Ich
hätte auch keine Kirschen vor Johanni essen sollen, weil
ich auch ein totes Mädchen habe. Sie wäre älter als

Márinka." Aber schon am 30. Juni 1864 wurde das zweite Kind geboren, und es war wieder ein Mädchen – meine Mutter. . . .

Nach zehn Monaten wurde der Großvater zum Bezirksadjunkt in Křivoklát ernannt und mußte sofort umziehen, um die neue Stelle schon im Mai anzutreten. So kam es zur ersten Trennung, zufällig aber nicht einmal für so lange, wie man erwartete. Die Stránskýs hatten sich kaum in Křivoklát eingewöhnt, als der Krieg mit Preußen im Jahr 1866 ausbrach. Haarsträubende Nachrichten nach der Schlacht bei Hradec Králové (Königgrätz) riefen ein Chaos in der Bevölkerung hervor. Während Eliška Matiegková von Litoměřice nach Süden, nach Karlova Huť flüchtete, fuhr Marie Stránská mit dem kleinen Kind von Křivoklát nach Norden, nach Mělník. Sie fuhr über Prag nach Beřkovice, wohin ihr Vater ihr mit einem Wagen entgegenkam und die Erschrockene und Erschöpfte nach Hause brachte. Dort wurde inzwischen in aller Eile für sie die Unterkunft vorbereitet, und weil es kein Kinderbett gab, holten sie vom Dachboden eine alte Holzwiege. Die Großmutter ging, um sie herzurichten, und in diesem Augenblick schrie sie – aufgeregt wie sie war – laut auf, denn aus der Wiege sprang ihr eine Maus entgegen, ein Tier, vor welchem sie das ganze Leben lang einen unüberwindlichen Ekel hatte.

Bei den Eltern blieb sie einige Zeit und erlebte mit, wie das preußische Heer nach Mělník kam. Die Soldaten waren in den Häusern untergebracht, und so waren auch einige dem Haus Nr. 51 zugewiesen. Sie kochten dort auf dem Hof, und angeblich hielt ein Offizier die Mutter immer auf dem Schoß und erinnerte sich mit Tränen in den Augen, daß er zu Hause auch ein solches Kind hatte. Meine Mutter erzählte immer davon, aber ähnliche Erzählungen hörte ich auch von anderen, die zu dieser Zeit Kinder waren, und so weiß ich nicht, ob es damals viele solche Offiziere gab oder ob es ein Erzähler nicht von einem anderen übernommen und sich selber hineingedacht hat. Mit dem Heer kamen auch die Verletzten und Kranken, besonders Cholerakranke, und sie lagen angeblich auf dem Platz um den Brunnen herum, so lange, bis für ihre Unterkunft gesorgt wurde. Als es sich zeigte, daß alle Befürchtungen unnötig waren und es in Křivoklát sogar ruhiger als in Mělník war, kehrte die Großmutter mit dem Kind nach Hause zurück. Der Großvater, der das Amt nicht verlassen konnte, hatte sie schon sehr vermißt. Prokop schrieb ihr am 11. August Geburts- und Namenstagswünsche dorthin und gab ihr bekannt, daß in den nächsten Tagen die Preußen wieder über Mělník ziehen würden.

Die Stránskýs blieben insgesamt drei Jahre in Křivoklát. Es gefiel ihnen dort recht gut, obwohl der Großvater einen weiten Weg ins Amt hatte. Dafür boten die dortigen Wälder im Überfluß alle Arten von Wild, das sein Lieblingsessen war. Die Großmutter wieder kam mit ihrem geselligen Wesen den Ehefrauen der Kollegen des Großvaters und der herrschaftlichen Beamten näher, und so war an Zerstreuung keine Not. Aber Mělník vermißten doch beide, und so forschten die Prokops auch immer eifrig nach, ob dort nicht eine Stelle frei würde. Endlich war dies der Fall: Der Großvater beantragte eine Stelle und bekam sie wirklich.

Und so brachte der Fuhrmann Linhart im Frühling 1869 auf zwei Wagen alle Möbel, und der Winzer half der prachtvollen Frau und dem Dienstmädchen Julka, sie in einer neu hergerichteten Wohnung im Haus Nr. 51 aufzustellen. Die Prokops ließen nämlich den Speicher und zwei Kammern neben ihrem Zimmer im ersten Stock auf eine Wohnung von drei Zimmern mit Nebenräumen umbauen, so wie ich sie am Anfang dieses Kapitels beschrieben habe. Dort war jetzt alles schön gerichtet, und an den vergoldeten Holzrahmen über den Fenstern wurden weiße Gardinen befestigt, die an den Seiten in reichen Falten herunterfielen. Sie wurden mit Kordeln eingefaßt, auf denen schwere Plüschfransen mit kleinen goldenen Kugeln schaukelten. In den Fenstern waren große, weiß überzogene Pölster. Auf den Tischen und Lehnen der Fauteuils und des dreiteiligen Sofas lagen weiße, gehäkelte Decken. Und es gab ein paar hohe, schlanke Vasen aus Milchglas und kleine Porzellanstatuen, vervollständigt durch Reproduktionen geringen Werts: die Taufe von Bořivoj und Ludmila, Maria Theresia betend am Grabe von Franz, ein alter Großvater mit einem Haufen Enkelkindern und noch ein paar andere; und zwischen ihnen drei wunderschöne kleine Landschaftsmalereien, alte englische Aquarelle, deren Wert aber niemandem bewußt war. Gott weiß, wie sie hierher geraten sind, vielleicht stammten sie noch vom alten Messner.

Maria Stránská atmete zufrieden auf, als sie sich unter dem väterlichen Dach niederließ, ihre Mutter strahlte nur, und auch der Vater freute sich, obwohl er seine Gefühle nicht kundgab. Die kleine Márinka fürchtete sich am Anfang vor ihrem strengen Großvater, an die Großmutter schmiegte sie sich gleich mit aller Zutraulichkeit eines Kinderherzens. Sie heftete sich überall an ihre Fersen, im Haus, auch auf den Feldern und Weinbergen. Sie fragte sie ständig nach etwas, und die gesprächige Großmutter erzählte. Sie erzählte Märchen, aber sie erzählte auch von alltäglichen Ereignissen, wie der Tag sie mit sich brachte, und mit ihren Worten wischte sie von ihnen die ganze Alltäglichkeit ab, indem sie aus ihnen neue interessante Geschichten schuf. Márinkas Mutter war eine mustergültige Mutter, aber nach ihrem Vater viel zu rational veranlagt. Deswegen konnte sie sich nicht voll der Welt des kleinen Mädchens annähern. Dagegen wurde die Großmutter in Anwesenheit der Enkelin wieder zum Kind, und dann gingen sie gemeinsam Hand in Hand in ein schönes, für Márinka bis jetzt unbekanntes Land der Träume und der Unwirklichkeit, an welches sie sich dann ihr ganzes Leben lang wie an das verlorene Paradies erinnern sollte. Eine schmerzhafte Erschütterung trug in diese Idylle der Tag, an dem Márinka schwer erkrankte und der herbeigerufene Arzt Hirnhautentzündung feststellte. . . .

Als Márinka gesund wurde, kehrte alles wieder in die alten Geleise zurück, aber zu den üblichen Sorgen kam eine neue – freilich eine freudige – Márinkas Eintritt in die Schule. Mit Rücksicht auf die vor kurzem durchgemachte Krankheit wurde entschieden, daß sie privat unterrichtet werden sollte. Im Herbst kam der Herr Lehrer Jan Mašek aus Mělník ins Haus, der die neue Schülerin ins Lesen, Schreiben und in alle übrigen Gegenstände der ersten Klasse einweihte. Sein Wirken ergänzte das alte, gutherzige Fräulein Kerková, das die Mädchen aus Mělník in Handarbeiten unterrichtete. Es waren damals zwar schon andere gestrickte, gehäkelte und gestickte Mustersammlungen in Mode als die, die noch meine Großmutter hergestellt hatte, aber ihre vollendete Ausführung wurde immer noch für einen wesentlichen Teil der Mädchenerziehung gehalten. Und so plagten sich Márinkas Fingerchen unter der Aufsicht der alten Dame zuerst mit dem üblichen „Band", um von diesem zu immer vollkommeneren Leistungen überzugehen. In der Wohnung oben und unten nahmen die gestrickten Kleinigkeiten und Decken zu, eingefaßt mit Kränzchen aus bunten Blümchen, gestrickt aus Wolle und eingesetzt in ein grünes Wollmoos, verschiedene Polster und Pölsterchen, und endlich erschien dort als Gipfel der Arbeiten eine Tischdecke, gehäkelt aus braunem Garn und besetzt mit unzähligen dunkelroten, gehäkelten Rosen. Es war ein Geschenk für die Eltern, das seit der Zeit ständig den Tisch ihres Schlafzimmers und nach dem Tod der Großmutter jenen unseres Zimmers in Mělník bedeckte. Jedesmal, wenn ich darauf meinen Blick richtete, dachte ich daran, wie viele Stunden das Mädchen wohl über der aufreibenden Arbeit verbracht hatte, Stunden, die die heutigen Kinder fröhlich und gesund in der Luft und in der Sonne verbringen würden. Die Großmutter bekam kein weiteres

Kind, und so wuchs meine Mutter immer unter Erwachsenen auf.

Der Sommer 1872 brachte den Stránskýs einen neuen Umzug, diesmal nach Jílové, und beiden Familien eine neuerliche und dauerhafte Trennung. Der alten Frau Prokopová wurde ihr innigster Traum, daß die Jungen nach Mělník zurückkehrten, und zwar für immer, nicht mehr erfüllt. Sie vermißte sie jetzt mehr als nach ihrem Weggehen nach Křivoklát, und schon drei Wochen nach ihrer Abfahrt vereinbarte sie mit der Tochter und der Enkelin ein Treffen in Prag, um gemeinsam einige Einkäufe zu erledigen, besonders aber, um einander zu sehen. Nach ihrer Rückkehr aus Prag tröstete sich die alte Frau Prokopová mit den Briefen, die sie mit der Tochter alle vier oder fünf Tage wechselte. . . .

Zu gegenseitigen Besuchen kam es nur selten. Die Stránskýs kamen einige Male im Jahr für ein paar Tage, und zwar in den Ferien, an Feiertagen und zum Weinlesefest.

Nach dem nächsten Aufenthalt in Rakovník wurde mein Großvater auf seinen Wunsch auf die systemisierte Stelle eines Bezirksrichters beim neuen Gericht in Vinohrady (Prag) versetzt. Später wurde er dem Bezirksgericht in Karlín zugewiesen. Auch in Mělník wurde durch die Pensionierung des Richters Kallmünzer zufällig gerade eine Stelle frei, und die Urgroßmutter hätte sich gewünscht, daß sich der Schwiegersohn um sie bewirbt. Aber mein Großvater kümmerte sich nicht viel um Mělník. Es schien ihm wohl, daß Prag den Bedürfnissen des heranwachsenden Töchterchens besser entsprach. Vielleicht hatte er auch noch andere Gründe für seine Entscheidung. Die Urgroßmutter drang nicht mehr weiter darauf. Nur die Nähe Mělníks zur Stadt Prag versöhnte sie. Jetzt würden sie sich wenigstens oft besuchen können. Im Sommer konnte sie nur für ein, zwei Tage zu ihnen kommen. Im Winter konnte sie dann bei den Kindern bleiben, solange sie wollte, denn in der bequemen

Wohnung „U černé růže" (Zur schwarzen Rose), Na Příkopech (Am Graben), wo die Stránskýs in Prag einzogen, war ein großes Gästezimmer, in dem zu Weihnachten mit ihr auch Naninka wohnte und übernachtete.

Das Haus in Mělník wurde erst einigermaßen lebendig, als der Großvater in Pension ging. Er machte das so frühzeitig – nicht einmal sechzigjährig –, da bei ihm die ersten Symptome von Angina pectoris auftraten, über welche er sehr erschrak. Seit der Zeit fuhren die Stránskýs immer Mitte Mai nach Mělník – der Großvater setzte lange vorher das Datum der Abfahrt fest und hielt es immer genau ein – und kehrten nach Allerseelen zurück. Ihr langer Aufenthalt auf dem Lande tat auch den Weinbergen gut, freilich nur teilweise. Der Großvater war ein Beamter, vom Weinbau verstand er nichts, und er freundete sich auch nicht damit an. Auch der Großmutter lag nicht allzuviel daran. Trotz all ihrer Fähigkeiten, Kenntnisse und wirklicher Liebe zu den Weinbergen konnte nicht einmal sie mit ihrer Anwesenheit das Ende verhindern, das zwar langsam, aber unabwendbar zu den Toren ihrer Weinberge und denen der anderen Stadtbürger von Mělník schlich.

„Die Weinberge sind ein Luxus, die hat niemand, um daraus einen Gewinn zu machen." Das war eine Devise, die für die meisten bürgerlichen Weinberge galt, die man nicht als ganzes vor dem Andrang der modernen Zeit retten konnte. Die alte Stadt Mělník ging zu Ende, und es hing von ihr ab, sich für eine neue Wirtschafts- und Lebensform zu entscheiden.

Als ich als Kind in Mělník die Ferien verbrachte, traf ich noch im Haus Nr. 51 auf das langsame Aussterben der alten Formen, Ordnungen und Leute, auf die eigenartige, tragisch ruhige Atmosphäre, die ich damals freilich nicht verstand, aber gegen die sich in mir manchmal ganz instinktiv etwas widersetzte. Alles um mich herum ging damals so selbstverständlich und scheinbar ohne Schwierigkeiten. Man harkte die Weinberge um, die Triebe der jungen Rebe schnitt man ab, und mit Vitriol spritzte man gegen Perenospora. Man pflückte Obst, wenn die Zeit gekommen war, Marillen, Zwetschken, Pfirsiche und Pflaumen, eine Menge schön gereiftes Obst, das – in Haufen zwischen Rebenlaub aufgeschichtet – die Zwischenhändlerinnen für ein paar Zehnhellerstücke zusammenkauften. Einmal gab es so viele Zwetschken, daß auf den kleinen Weinberg- und Gartentoren Tafeln mit der Bekanntmachung zu sehen waren, daß jeder gratis pflücken dürfe, soviel er wolle. Für die Baumbesitzer lohnte sich das Pflücken nicht, denn sie konnten die unerwarteten Überschüsse nicht verwerten. Und das war nicht verwunderlich! Es gab noch keine schnellen Verkehrsmittel, keine Dörranlagen und Konservenfabriken, und vor allem gab es keine entsprechende Schulung für ein ertragreiches Geschäft mit Obst. Außerdem, warum sollte man sich mit dem Gedanken über solche, das Leben komplizierende Sachen quälen, wenn man ohne sie auch ganz gut lebte.

Das Leben der Stránskýs in Mělník war sehr regelmäßig, regelmäßiger als die Uhr. Das war das Verdienst des Großvaters. Er brachte in den Haushalt seine Kanzleigenauigkeit ein und hielt daran bis zum Tode fest. Niemand traute sich, sein Tagesprogramm zu stören, am wenigsten die Großmutter, die zwar sonst sehr selbständig war, aber durch die damalige Erziehung dazu angehalten worden war, in ihrem Mann das „Oberhaupt der Familie" und den „Haushaltsvorstand" zu sehen und ihn stets zu respektieren. Das Vermögen verwaltete sie nach ihrem Gutdünken, aber die Ordnung, die er im Haushalt einführte, nahm sie ohne Widerrede an, auch wenn sie manchmal gegen ihren Sinn war.

Um sieben Uhr in der Früh standen wir auf, und zum Frühstück kam der Großvater schon ganz angezogen, als ob er sofort ins Büro weggehen wollte. Er frühstückte nur puren Tee ohne Gebäck, während alle übrigen Milchkaffee tranken. Um zehn Uhr war die Jause, immer vom Selcher, und dazu mußten wir alle ein Glas Wein trinken.

Dann gingen wir alle in den Garten, außer die Großmutter, die erst zu uns kam, wenn sie alles, was im Haushalt
nötig war, erledigt hatte. Aber kommen mußte sie, und
nur wenn es eine allzu dringende Arbeit gab, konnte sie
am Vormittag zu Hause bleiben. Gewöhnlich kam sie
aber nur auf einen Sprung in den Garten, weil man schon
vor zwölf Uhr heimkehrte, um genau zu Mittag das
Mittagessen einzunehmen. Nach dem Mittagessen schlief
der Großvater etwa eine Stunde in einem alten, breiten,
mit Wachsleinen überzogenen Lehnstuhl, während die
Großmutter auf dem Sofa die Zeitung las und auch ein
Nickerchen machte.

Wenn er aufwachte, rauchte der Großvater eine Zigarre, die zweite am Tag, trank dabei ein Glas schwarzen
Kaffee, und genau um drei Uhr nahm er seinen Hut und
einen starken, schön geschnittenen Holzstock – wir nannten ihn alle den „heiligen Wenzel", weil dieser darauf in
der Mitte neben zwei anderen böhmischen Patronen ein-
geschnitzt war – und ging allein wieder in den Garten
voraus. Nach etwa einer Stunde kamen wir ihm dorthin
nach, und bald nach uns kam regelmäßig irgendein Gast.
Am häufigsten waren das Großmutters Freundin und
ehemalige Brautjungfer, das alte Fräulein Stránská und
eine zweite Freundin, Frau Kozlíková. Diese kam gewöhnlich mit der ganzen Familie, nämlich mit Tochter,
Schwiegersohn und Enkelin. Sie setzten sich dann alle um
den kleinen Tisch unter dem alten Nußbaum zusammen,
die Damen häkelten ein wenig, die Männer rauchten, und
dabei plätscherte das Gespräch über Gegenwart und Vergangenheit, wie wenn ein Bächlein über die Steine mur-
melt. Das Wort führte Frau Kozlíková, die ungeheuer
witzig war. Sie war wirklich eine Meistererzählerin.

Solange der Großvater jünger war, machten wir immer
gegen Abend, wenn die Gäste weggegangen waren, noch
einen Spaziergang auf den Weinberg Šafránice, den er
sehr mochte. Er kannte dort jede Biegung der kleinen
Wege, jeden Baum, und er kannte sich dort ausgezeichnet

aus, auch als seine Sehkraft nachließ. Später, als er ganz blind wurde, schickte er uns immer dorthin oder in die Gärten zum Spazierengehen. Er selber blieb im Garten, durchschritt ihn langsam und betastete die Blumen, die Zweige der Bäume und das erreichbare Obst. Gott weiß, worüber er dabei nachdachte. Er war wie alle Blinden sehr feinfühlig, niemand durfte ihn danach fragen, noch weniger ihn vielleicht bemitleiden oder ihm anbieten, bei ihm zu bleiben. Genau um sieben Uhr mußten wir aber schon wieder zu Hause beim gemeinsamen Abendessen sein. Nur selten übertraten meine Eltern dieses Gesetz und kündigten an, daß sie mit mir einen Ausflug machen und wir zirka eine Stunde später heimkommen würden. Der Großvater fand sich damit ab, weil sie immer nur kurze Zeit in Mělník waren. Aber gern sah er das nicht, und wenn die Verspätung größer war, war er stets verdrossen.

Gerade so streng wie die Tafelzeit hielt er auch seine Speisekarte ein, die sehr einfach und unglaublich einförmig war. Es war – glaube ich – die Speisekarte seiner Mutter. Mochten wir essen, was wir wollten, er aß zu Mittag nichts anderes als Suppe und Rindfleisch, zu welchem abwechselnd an einem Tag Kartoffeln, am nächsten Knödel und im Sommer etwas Gemüse beigelegt wurden. Er rührte keine Mehlspeisen an außer Strudel, für welchen er sich immer selber die Äpfel schnitt, und außer Gans aß er auch kein Geflügel. Nach dem Mittagessen trank er ein Glas Wasser, gefärbt mit Wein. Zum Abendbrot aß er ein Stück Braten oder Geselchtes mit zwei Salzstangerln und trank zwei Glas Bier, nie weniger, aber auch nie einen Schluck mehr. Leidenschaftlich gern pflegte er zum Abendbrot Wild aller Art, Fische und besonders Krebse zu essen, von denen damals die Bäche in Mělník noch voll waren. Sie wurden uns lebend – in großen Töpfen zum Wäschekochen und unter Brennesseln begraben – für einige Kreuzer von den Buben gebracht. Das waren seine einzigen Leckerbissen, um andere kümmerte er sich nicht, obwohl er für seine Gäste die ausgewähltesten Speisen mit der Erfahrung eines scheinbaren Feinschmeckers ausdenken und geduldig auftreiben konnte.

Aber die ganze strenge Disziplin, die er seinem Haushalt aufzwang, machte mir in der Kindheit nicht allzuviel aus: Zu Hause mußte ich auch folgen. Ich hatte – im Gegenteil – den Großvater ungeheuer gern, weil er sich mir viel mehr nähern konnte als die Großmutter. Die Großmutter kümmerte sich zwar immer sorgsam um mich, aber sie war nie eine Großmutter, die das Enkelkind liebkost und ihm Märchen erzählt. Sie mochte mich auf ihre Weise, und auch in ihren herzlichsten Äußerungen, umso mehr dann in ihren Mahnungen, war immer etwas von der Kälte einer korrekten Dame. Sie wollte aus mir ein tadellos angezogenes, gesellschaftlich gut erzogenes Mädchen machen, ein bißchen wie eine reizende Puppe. Ich war indessen ein verkleideter Bub, dessen kleine Seele sich gegen jede Mädchendressur wehrte. Den Buben in mir verstand der Großvater besser und konnte ihm entgegenkommen. Statt Märchen erzählte er mir jeden Abend etwas aus den Reisebeschreibungen, die er mit großer Vorliebe las, Nansen, Kořenský, Vrár. Wenn wir zusammen im Garten waren, ließ er es zu, daß ich mich beim Spielen nach Belieben schmutzig machte, und es war ihm gleichgültig, wenn mich dort jemand Bekannter so erblickte. Die größte Freude machte er mir freilich, wenn er mir bei einem unschuldigen Streich half, der am häufigsten Großmutters „Turnüre" betraf. . . .

Auch als ich ins Gymnasium eintrat, freundete sich mein Großvater viel früher als die Großmutter mit dem Gedanken an, daß ein Mädchen studierte, was es „doch nicht notwendig hatte". Die Großmutter warf das meinen Eltern lange vor, besonders der Mutter, und fand sich damit nur wie mit einem notwendigen Übel ab, als sie sah, daß sie ihre Meinung nicht durchsetzen konnte. Der Großvater war wahrscheinlich auch von der Entscheidung der Mutter überrascht, aber er verhinderte sie nicht. Er nahm die Sache so, wie sie war, ohne weiter über die feministischen Probleme nachzugrübeln. Er zeigte lebhaftes Interesse dafür, was wir in der Schule lernten, und dabei erinnerte er sich gerne an sein eigenes Studium. Er lehrte mich auch „Gaudeamus igitur" und „Ne fuit regina Maria Theresia" – seine Lieblingslieder – zu singen, zu denen als drittes „Spi Havlíčku ..." (Schlaf, Havlíček ...) kam.

Erst in den letzten Lebensjahren der Großmutter begriff ich vollends, daß sie eigentlich unwillkürlich das war, wogegen sie sich damals ereiferte, nämlich eine wirklich emanzipierte Frau, ein origineller Mensch, selbständig im Urteil und im Tun, zwar konservativ, aber nicht rückschrittlich. Damals schon fand sie sich nicht nur mit meinem Studium ab, sondern auch mit so mancher meiner Lebensanschauungen. Wie sie sich dem Zeitgeist anpassen konnte, wenn sie das für gut fand, war zum Beispiel daraus ersichtlich, daß sie bald aufhörte, uns deutsch zu schreiben, wie sie das von Jugend an gewöhnt war. Sie lernte erstaunlicherweise perfekt die tschechische Rechtschreibung dazu, und noch als altes Mütterchen beriet sie sich immer mit uns, wenn sie jemandem schrieb, ob alles richtig so war, „wie man das jetzt schreibt".

Sie starb in ihrem fünfundachtzigsten Lebensjahr nach einer kurzen Unpäßlichkeit, denn sie war nur ein paar Tage krank, und eigentlich legte sie sich nicht einmal ins Bett. Sie starb im Stil ihres ganzen Lebens, ohne das Chaos, das langes Kränklichsein um einen Sterbenden anhäuft. Alles um sie herum, von den mit Schleifen verschnürten, weißen und säuberlich geordneten Wäschestößen im Schrank bis zu den genauen Aufzeichnungen in den Geschäftsbüchern auf dem Schreibtisch, war sorgfältig geordnet, jede kleinste Kleinigkeit an ihrem Platz.

Mit ihrem Abgang verwaiste das Haus Nr. 51 ganz, und aus den Straßen von Mělník verschwand eine typische Figur – „Frau Rat Stránská". ...

Im zweiten Jahr des Aufenthaltes in Lovosice begann mein Vater, der zwar gesund, aber kein Kraftmensch war, an sich die ungünstigen Einflüsse des Landarztberufes zu beobachten. Es stellten sich rheumatische Schmerzen ein, und einmal erschien beim starken Husten Blut. Damals erschrak er, denn er erinnerte sich, daß Onkel František Matiegka und Tante Karolina Ebertová und der Großvater Ebert an Tuberkulose gestorben waren. Er fuhr nach Prag zu einem Professor, seinem früheren Lehrer, aber der beteuerte ihm, daß es nur eine Folge der Überanstrengung und er sonst ganz gesund wäre. Er empfahl ihm allerdings, sich mehr zu schonen. Der Vater sehnte sich schon damals nach Prag, wo er leichter wissenschaftlich arbeiten könnte, und dieser Vorfall verstärkte nun noch seine Sehnsucht. Die Mutter wollte auch gerne nach Prag gehen, denn sie hatte dort ihre Eltern und Bekannten, während sie mit der Bevölkerung in Lovosice wegen ihres kompromißlosen Patriotismus nicht nur nicht zusammenwuchs, sondern sich ihr immer mehr entfremdete. In manchen nationaldeutschen Familien rief sie auch eine Abneigung gegen Vater hervor. So einigten sie sich, daß der Vater eine Beschäftigung in Prag suchen werde. Dem Großvater war dies nicht sehr recht. Vater begann sich jedoch auf die physikalische Prüfung vorzubereiten, die ihm eine Möglichkeit gab, sich um eine Stelle als Amtsarzt in Prag zu bewerben. Die Prüfung machte er Ende Mai 1892 mit Auszeichnung, aber nirgendwo war etwas Passendes zu finden. Bis sich plötzlich eine Gelegenheit ergab, die den Vater das Leben hätte kosten können. Zum Glück war es aber nur ein verwegenes Unternehmen, das meine Eltern in das ersehnte Prag zurückbrachte.

Jindřich Matiegka setzt mit seinen Erinnerungen fort

Als im Jahre 1892 die Gefahr drohte, daß aus Hamburg Cholera eingeschleppt würde, verlangte der Stadtphysikus Dr. med. J. Záhoř, daß die Prager Gemeinde einen Arzt bestimmen sollte, der auf den Bahnhöfen die Aufsicht über die Reisenden aus Deutschland hätte. Dieser sollte nach Bedarf Personen, die wegen des Kontakts mit Kranken verdächtig waren, oder die Kranken selbst untersuchen. „Um so eine ausgeschriebene Stelle eines Assistenten der Bezirksärzte bewarben wir uns" – schrieb der Vater – „nur zu zweit, Dr. Kvasnička, mein Studienkollege, und ich. Die Stelle erhielt ich, obwohl der Gesundheitsstadtrat, unter der Leitung des Stadtphysikus, an erster Stelle den Kollegen Kvasnička empfahl. Nach der mir gegebenen Instruktion, die Stelle so bald wie möglich anzutreten, verließ ich sofort meinen Dienstort Lovosice und meldete mich zum neuen Dienst. Ich ging besonders auf den „Staatsbahnhof" (später: Masaryk-Bahnhof) und auf den „Nordwestbahnhof" (später: Denis-Bahnhof), wo damals Züge mit Personen der erwähnten Provenienz ankamen. Durch die Polizeiorgane und das Bahnhofspersonal wurden mir die Personen angedeutet, denen ich meine Aufmerksamkeit widmen sollte. Der erste Zug kam immer um zirka sechs Uhr in der Früh, der letzte vor elf Uhr am Abend. Also blieb mir wenig Zeit zur Nachtruhe, umso weniger, als wegen der kurzen Zeit und auch wegen der begrenzten Mittel – mein Lohn machte jährlich bloß achthundert Gulden aus – eine Wohnung im Haus der befreundeten Familie Koppe in der Havlíčkova ulice (Havlíček-Gasse) in Smíchov gemietet wurde. Da die Straßenbahn nicht so zeitig fuhr, ging ich immer in der Dämmerung und traf an bestimmten Stellen meine „unbekannten Bekannten", Bäcker, Milchhändlerinnen usw. Das dauerte bis zum Spätherbst, ich glaube bis November.

Im Laufe des Tages gab es etwas Freizeit, ein paar Stunden, und die verbrachte ich nach Aufforderung des Physikus auf dem Stadtphysikat, wo ich mich in die dortige Agenda einarbeitete. Bald erkannte ich, daß zwischen den Magistratsreferenten für gesundheitliche Angelegenheiten und dem Physikat eine gewisse Spannung herrschte. Meine Besuche im Physikat wurden im Referat nicht als Bemühung angesehen, den Bedürfnissen der Stadt so gut wie möglich zu entsprechen, sondern eher als Bemühung des Physikus, sich des Einflusses auf mich zu bemächtigen und in mir eine zweite Kraft für sein Amt zu gewinnen, während ich eigentlich bis jetzt direkt nur dem Referat untergeordnet war. Als die Gefahr des Einschleppens der Cholera gebannt war, wurde ich dann wirklich dem Physikat zugeteilt, wie es auch nicht anders sein konnte.

Der aufgeschlossene und aufrichtige Charakter meines Vorgesetzten erweckte in mir schnell Hochachtung und Vertrauen. Später entwickelte sich zwischen uns eine innige Freundschaft. Schon die Art, mit welcher er mich gleich das erste Mal empfing, zeugte von seinem Charakter. Als ich mich ihm nämlich beim Dienstantritt vorstellte, sagte er, daß er es für notwendig fände, mir zu erklären, warum er im Gesundheitsstadtrat an erster Stelle Dr. Kvasnička vorgeschlagen hatte und nicht mich. Dr. Kvasnička war angeblich schon bei der vorherigen Ausschreibung voll qualifiziert, war aber vom Stadtrat übergangen worden. Er hatte auch eine längere Krankenhauspraxis usw. Ich konnte nichts einwenden und antwortete einfach, daß ich mich bemühen werde, damit er auch mit mir zufrieden sei. „Gut" – sagte er zufrieden – „hier wird Ihr Platz sein!" Dabei wies er mir in seinem Zimmer am zweiten Fenster einen Platz zu. Er hatte nämlich im sogenannten „Richters Stiftungshaus" außer einem kleinen dunklen Vorzimmer, einer dunklen Kammer und einem Zimmer für den Schreiber nur ein einziges Zimmer, in dem er Besuche empfing und wo auch die Amtsbesprechungen stattfanden. Wenn Besuch kam, gab der Physikus eine Anweisung, oder ich spürte, daß ich mich vorläufig ins Zimmer der Schreiber begeben sollte. Später erklärte er mir, warum sich mein Vorgänger mit dem Platz im Zimmer der Schreiber abfinden mußte. Als er ihm nämlich erklären wollte, warum er im Gesundheitsstadtrat nicht für ihn war, erkannte er angeblich sofort an der Antwort – „Herr Physikus, ich bin aber trotzdem hier!" – einen Trotz, der keine ersprießliche Zusammenarbeit versprach.

In Wirklichkeit war die Empfehlung des Physikus, sei es im Gesundheitsrat, sei es auf andere Weise – durch den Magistrat oder durch den Stadtrat – abgegeben, häufig nicht sehr wirksam. Sein eigener, ihm voll ergebener Laborant Kohler stellte einen Antrag auf Lohnaufbesserung in der Zeit, als der Physikus auf Urlaub war und vom Bezirksarzt Dr. Horčička vertreten wurde, damit ihm eine zu innige Befürwortung des Physikus nicht zum Nachteil würde. Diese Spannung zwischen dem Physikus, dem Magistrat und dem Stadtrat hatte ihren Grund vor allem im direkten, offenen Auftreten des Physikus, der keine persönliche Rücksicht kannte, wo es um eine Sache ging, von deren Gerechtigkeit er überzeugt war. Außerdem meldete sich der Physikus offen zur Partei der Jungtschechen, während der Stadtrat in der überwiegenden Mehrheit noch alttschechisch war. Der Physikus verheimlichte seine Überzeugung nicht einmal vor der Öffentlichkeit. Nach jeder Sitzung des Gesundheitsstadtrates holte sich der alte Redakteur Seydl von den „Národní listy" (Nationalblätter) sein Referat. ...

Ludmila Matiegková fährt mit ihren Aufzeichnungen fort

Schade, daß die Notizen des Vaters über die Anfänge seiner Prager Tätigkeit nur so kurz gefaßt sind. Ich kann sie nur sehr unvollständig ergänzen, denn aus dem dritten und vierten Lebensjahr bleiben jedem nur sehr wenige Erinnerungen. Besser als an den Physikus und an das Physikat erinnere ich mich an unsere Wohnung in Smíchov, die zwar nicht groß, aber gemütlich war und teilweise Aussicht auf den ausgedehnten Garten des Hausherrn hatte. Dieser war immer sehr freundlich und erlaubte uns, in seinen Garten zu gehen, der unser Haus und den Flügel, in dem er wohnte, mit der Fabrik verband. Das war ein Vorteil, besonders für mich, die Kleine, und für meine Mutter, die immer mit mir dort war. Für einige Zeit kam auch mein Vater, als er sich das Bein gequetscht hatte, in den Genuß dieser Wohltat. Ich erinnere mich, wie er mit eingebundenem Bein im Garten auf der Liege lag und mich beim Spielen behütete. Es war während der warmen Tage des späten Frühlings, und Herr Koppe blieb auf dem Weg in die Fabrik immer bei uns stehen, wenigstens für ein paar Worte. Einmal, während des Gesprächs, wandte er sich, indem er ins Gebüsch zeigte, plötzlich an mich: „Siehst du dort die Amsel in ihrem Nest?" Die Amsel war dann lange die Attraktion des Gartens.

Meine Eltern lebten in Smíchov so sparsam wie möglich, da die Einkünfte nicht groß waren. An den Großvater wollten sie sich nicht um Hilfe wenden. Als sie Lovosice gegen seinen Rat verließen, war er eine Zeitlang verdrossen und sagte ihnen voraus, daß sie sich in Prag nicht halten würden. Deswegen spielten sie die Helden und gaben sich den Anschein, sie kämen wunderbar aus. Immer wenn der Vater davon erzählte, sprach er mit großer Anerkennung von Mutters Ergebenheit, wie sie mit ihm, ohne zu murren, verschiedene kleine und größere Entsagungen ertragen hatte – sie, ein Mädchen aus wohlhabender Familie, das zu Hause Bequemlichkeit und Unterhaltung gewohnt war. Es gab freilich auch jetzt keinen Mangel, denn der Lebensunterhalt wurde dadurch aufgebessert, daß wir aus Mělník alles erhielten, was der Garten und die Weinberge uns gaben und die Großmutter uns – wie damals die Urgroßmutter ihr – immer wieder Geflügel, Butter usw. schickte. Obwohl die Waren schon damals per Post und Bahn transportiert wurden, brachte uns das alles immer noch ein Fuhrmann, der den Kaufleuten aus Mělník die Ware brachte. Es war der alte Štěpánek, und als er wegen seines Alters nicht mehr konnte, Štekrt. Er lud unsere Pakete und Körbe in Karlín im Einkehrgasthaus „U města Hamburku" (Zur Stadt Hamburg) ab, von wo wir sie uns dann selber nach Hause schaffen mußten. Die Großmutter und der Großvater gaben mir auch immer ein Festtagskleid, aber alle übrigen Sachen, auch Unterwäsche, nähte meine Mutter. Aus der Werkstätte meiner Eltern stammte auch der Großteil meines Spielzeugs. Vor der Weihnachtsbescherung fertigte die Mutter fleißig Puppenkleider an, während der Vater in den Ruhepausen kleine Zimmer mit Einrichtung, ein kleines Theater, kleine Krippen und ähnliches schnitzte. Seine Malbegabung und handwerkliche Geschicklichkeit machten sich bezahlt. Der Vater zeichnete, schnitzte und klebte gerne, besonders für mich, er machte mir so manches schöne Spielzeug, auch später, als er schon solche Bezüge hatte, daß er es mir hätte kaufen können. In Smíchov – oder vielleicht noch in Lovosice – machte er mir eines meiner ersten Bücher. Es war ein Heft mit harten gelben Einbanddeckeln, auf die bunte Bilder aufgeklebt waren. Und außerdem war auf den Einbanddeckeln aus Bildern von Vergißmeinnicht das Wort „Milka" gebildet.

Bei den gemeinsamen Spaziergängen auf dem Smíchovské nábřeží (Smíchov-Kai) trafen wir manchmal mit der Tochter vom Rat Dokoupil zusammen, die etwas älter als ich war. Sie ging immer in Begleitung einer französischen Erzieherin, mit der sie schon fließend Französisch sprach. Meinen Eltern gefiel das sehr, besonders dem Vater, der in seiner wissenschaftlichen Arbeit erkannte, wie wichtig die Kenntnis der europäischen Literatur ist. An eine Erzieherin war freilich nicht zu denken, aber sie erfuhren, daß es irgendwo in der Nachbarschaft des Nationaltheaters einen privaten französischen Kindergarten gab, den eine gewisse Frau Marie Jechová leitete. Der Vater besorgte sich darüber ausführlichere Informationen, und im Frühling 1893 schrieb er mich dort ein. So kam ich das erste Mal unter Kinder und wurde „der Schuldisziplin" unterzogen. Wie für alle Kinder war der

Anfang auch für mich schwer, aber Madame war nett, und bald gewöhnte ich mich daran. Wir waren dort eine kleine Gruppe von Mädchen und Buben ungefähr gleichen Alters, und wir lernten französische Kindersprüche, Lieder und Spiele, bei denen wir uns einige französische Wörter aneigneten. Mein Lernen dauerte aber nicht lange. Der Kindergarten war ziemlich weit von uns entfernt, so daß mich immer jemand hin- und zurückführen mußte. Als der Vater selber bei einer älteren Lehrerin in der Vodičkova ulice (Wassergasse) systematisch Französisch zu lernen begann, machte er deshalb mit ihr aus, daß mich ihre blutjunge Nichte, Mademoiselle Rabaut, unterrichten werde. Sie kam dann zweimal wöchentlich zu uns, und wir lernten aus der Bilder-Fibel „Petit et petit".

Mein Vater, der nach einem Dienstjahr vom einstweiligen zum definitiven Assistenten der Bezirksärzte wurde, bewarb sich in dieser Zeit um eine Stelle in einem Bezirk, und er erreichte es, daß er am 1. Mai 1894 im fünfzehnten Bezirk, in Holešovice, anstelle von Dr. Vladimír Preininger, der in den vierten Bezirk (Staré Město) versetzt worden war, eingesetzt wurde. Das Ernennungsdekret ist vom 13. April, und sein Datum erinnert mich wieder daran, wie der Vater oft sagte, daß allem Aberglauben zum Trotz für ihn Freitag und die Dreizehn glücksbringend wären. Am Freitag legte er gewöhnlich Rigorosa ab, am 13. November wurde er promoviert, am 13. Mai trat er seine Hochzeitsreise an usw.

Der Anordnung des April-Dekrets konnte man aber nicht nachkommen, weil weder Dr. Preininger noch mein Vater in so kurzer Zeit angemessene Wohnungen in den neuen Dienstorten finden konnten. Außerdem hatte mein Vater damals noch seinen kranken Fuß. Deswegen änderte der Magistrat vorübergehend – bis zum Augusttermin – die neue Besetzung der Gesundheitsbezirke ab. Dr. Preininger blieb bis dahin noch in Holešovice, im vierten Bezirk sollte mein Vater Tagdienst machen, den Nachtdienst im Mai und im Juni Dr. med. Jindřich Brummel, dann

Dr. med. Karel Ploc. Dr. Brummel vertrat den Vater auch im Tagdienst bis zu seiner Genesung am 17. Mai.

Während der kurzen Zeit seines Wirkens im vierten Bezirk hatte der Vater ein Ordinationszimmer mit einem Warteraum im Bellman-Haus eingerichtet. Dort – und auch auf seinen Gängen durch den Bezirk – hatte er Gelegenheit, einen Blick auf die gesundheitlich trostlosen Verhältnisse dieses Prager Viertels zu werfen. Die malerischen, engen, krummen Gäßchen mit dunklen Ecken und Höfen, mit verkommenen Häusern, überfüllten, schmutzigen Wohnungen riefen fast nach Eingriffen, die Dr. Záhoř auf dem Physikat energisch bis schonungslos verkündete. Der Vater erinnerte sich später besonders an das Prager Ghetto, das er noch erlebte, bevor Spitzhacke und Schaufel die Assanierungsarbeit machten. Damals gelang es ihm, zum ersten und letzten Mal in dessen bizarre Häuser zu kommen, in denen die Räume, abgetrennt durch einen Vorhang oder ein Möbelstück oder auch ungetrennt, von mehreren Familien gemeinsam bewohnt wurden, den Ärmsten der Armen. In den Kellern befanden sich primitive Bäder für die Ritualwaschungen der jüdischen Frauen.

Im August zogen wir nach Holešovice um, wo wir in der Bělský třída (Bělský-Straße) wohnten, zuerst in der Ecke gegenüber dem Ausstellungsgelände auf Nr. 568, später im Nebenhaus des Fabrikanten Heß auf Nr. 617. Holešovice war damals erst im Entstehen; aus Feldern ragten vereinzelt Fabriken und Zinshäusergruppen empor. Holešovice hatte in der Zeit von Vaters Wirken noch deutlich kleinstädtischen Charakter und lebte sein eigenes Leben, vom übrigen Prag durch einen Fluß getrennt. In Richtung Letná lag die Wirkungsstätte von Vaters Kollegen Dr. med. Jan Fähnrich, während die meines Vaters sich zum Fluß und nach Maniny zog. Die Praxis in der abgelegenen Gegend mit kleinen Häusern, überfüllt mit Mietern, besonders Kindern, war nicht immer leicht. Vor allem die Nächte auf Sonntag und Montag waren immer unruhig. Ich erinnere mich, daß wir oft in der Nacht aufgeweckt wurden, damit der Herr Doktor in irgendeine Kneipe nach Maniny komme, um irgendeinem Raufbold die Wunden zu nähen. Aber das gehörte zum Beruf. Der Vater war in Holešovice zufrieden und hatte bald eine bedeutende Praxis, weil er ein guter Diagnostiker war und eine glückliche Hand sowie viel Opferbereitschaft hatte. Als ich nach zweiundzwanzig Jahren als junge Frau Professor ins Lyzeum in Holešovice kam, traf ich unter meinen Schülerinnen Kinder der Patienten und Patientinnen meines Vaters. An die Eltern erinnerte ich mich nicht, aber sie gaben sich freudig zu erkennen. . . .

Als im Jahre 1890 „Minerva" gegründet wurde, erklärte meine Mutter, daß ich in diese Schule gehen würde, wenn ich soweit wäre, und sie wurde ein Mitglied des Verbandes. Sie wünschte sich immer, daß ich studiere, aber die praktische Vorbereitung zum Studium gab mir mein Vater, der – wenn er schon keinen Buben hatte – die Tochter ganz knabenhaft erzog. Da dann die Mutter um das Einzelkind fürchtete, daß es sich irgendwo anstecken könnte und daher keine Besuche von fremden Mädchen wünschte, verwischte niemand den knabenhaften Charakter meiner Spiele. Meine Leidenschaft waren das Pferd und die Reitpeitsche. Ich hatte verschiedene bemalte und auch mit Tierhaar überzogene Holzpferde, Reit- und Kutschenpferde – fast so viele wie Puppen. Am Sonntagnachmittag machte ich mit den Eltern immer einen Spaziergang durch die Stadt, im Sommer in die Gärten, besonders in die Chotek'schen, später machten wir kleine Ausflüge. Im Winter oder wenn es regnete, gingen wir ins Panorama, und über die Landschaften und Städte, die wir dort gesehen hatten, sprachen wir auf dem Rückweg. Der Vater lehrte mich so hauptsächlich die Geographie und weckte in mir die Lust zum Reisen. Deshalb ging er auch selber gerne dorthin, weil es für ihn ein spärlicher Ersatz für die unerreichbaren Reisen in ferne Länder war. . . .

Meine Eltern gingen am Sonntag nie allein aus. Unter der Woche gingen sie abends in größeren Zeitabständen gemeinsam ins Nationaltheater, sonst nirgendwohin. Die Arztpraxis gewährte dem Vater wenig Freizeit, und die versuchte er sich meistens für wissenschaftliche Arbeit abzuzweigen. Gott weiß, wie er das alles geleistet hat. ...

Unsere neue Wohnung war in einem alten Haus neben einem Abbruchhaus an der Ecke des Karlovo náměstí (Karlsplatz) und der Žitná ulice (Korngasse). An seine Stelle sollte ein neues Zinshaus gebaut werden. Als wir einzogen, gab es Befürchtungen, daß unsere Wohnung bedroht wäre. Und wirklich: Die bloßgelegte Wand unseres Schlafzimmers bekam später einen schwachen Riß, so daß man die Decke mit Balken abstützen mußte. Aber das Haus war fest und überlebte glücklich den Abriß und auch den Neubau, der es dann um zwei Stockwerke überragte. Das Haus schmiegte sich daran wie ein kleiner Vogel, aber was ihm an Höhe fehlte, wurde voll durch seine Ausdehnung wettgemacht. Es bestand nämlich aus zwei Flügeln, aus dem vorderen und dem hinteren, die ein geräumiger Hof mit kleinen Holzschuppen auf der rechten Seite und einem kleinen, armseligen Rasen auf der linken Seite voneinander trennte. Auf dem Rasen wuchs ein Holunderstrauch, der im Sommer staubig und schwarz vom Ruß war, so wie das Gras darunter und der ganze Hof rundherum. Aber es war doch ein Stück „Natur", und an warmen Abenden versammelten sich dort die Mieter, die ein bißchen frische Luft genießen wollten, besonders die Kinder. Der Hof und das ganze Haus mit seinen Bewohnern, das war noch ein Stück des alten Prag, das Ignát Herrmann so meisterhaft in seinen Bildern festgehalten hat.

In beiden Stockwerken des hinteren Flügels waren kleine Wohnungen und darin meistens alte Leute. Im Erdgeschoß, in einer dunklen, feuchten Wohnung, lebte der Schuster mit drei Kindern, von denen der älteste Bub auf einem Fuß sprang, weil er unter den Rädern der

Elektrischen um den zweiten gekommen war. Im vorderen Flügel hatte unten ein Friseur seinen kleinen Laden neben dem Trafikanten, und bei der Tür, in einem dunklen Loch, wohnte die Hausbesorgerin, ein altes, runzliges Weib, das man allgemein „Fanka" nannte. Gott weiß, wie sie wirklich hieß.

Auf breiten, ein wenig knarrenden Holztreppen stieg man zu uns in den ersten Stock und weiter in den zweiten, wo der alte Musiklehrer und einstmals bekannte Polka-Komponist, Herr B. Smolík, wohnte. Wir trafen uns oft mit ihm und auch mit seiner Frau, einer gebürtigen Polin, die nur gebrochen tschechisch sprach und sich ständig nach ihrer Heimat sehnte. Das Ehepaar war kinderlos, also hielt sie hier nichts, und so brachte die Frau nach Jahren, als wir alle längst aus dem Haus ausgezogen waren, ihren zögernden Mann doch noch zum Weggehen, irgendwohin nach Galizien. Aber dort ging es ihnen nicht gut, und die Frau starb in Not. Ihr Mann kehrte dann nach Böhmen zurück und starb nach Jahren in Prag. Übrigens, nicht einmal in Prag hatten sie großen Wohlstand. Der kleine, magere Herr Lehrer im abgenützten Havelock und mit dem abgeschabten, breiten Hut lief den ganzen Tag hin und her, um Stunden zu geben. Zu Hause hatte er außer der Pfeife ein einziges Vergnügen: einen abgerichteten Star, der schön sprach und pfiff. Zu uns kam er immer um Theaterkarten fürs tschechische und auch fürs deutsche Theater, die mein Vater später als Beamter des Landesausschusses gratis und so häufig bekam, daß wir sie in der Familie nicht einmal alle ausnützen konnten. Da dachte man immer an ihn, wenn es eine Oper gab.

Auch ich ging als kleines Mädchen zu den Smolíks. Mich lockten der abgerichtete Star dorthin, Frau Smolíková, die mir verschiedene Puppenkleider häkelte, und besonders die Untermieterin der Smolíks, Fräulein Štěpánková, die Tochter des tschechischen Volksaufklärers Štěpánek. Sie war ein altes Mütterchen, damals schon über achtzig Jahre alt, gebeugt, aber sehr flink und gesprächig, das seine Tage in einem kleinen Zimmer mit alten Möbeln, geschmückt mit gehäkelten Deckchen, gemalten kleinen Bildern und Fotos sowie mit einer Menge verschiedener Kleinigkeiten beschloß. Es roch darin nach Lavendel und nach einem seltsamen Duft der Vergangenheit, und in den Fenstern blühten im Sommer immer Fuchsien mit bunten, reichen Blüten. Die alte Dame war sehr gebildet, sprach immer noch gut Französisch, und – soweit ich mich erinnere – verstand sie auch etwas von Musik. Aber wie es damals üblich war, bekam sie in der Jugendzeit keine fachliche Ausbildung für irgendeinen Beruf. Da sie nicht verheiratet war und das Vermögen nicht genügte, drohte im Alter die Not, aber davor bewahrte sie die regelmäßige Unterstützung des Vereines „Svatobor", die sie angeblich hauptsächlich dank Prof. Thomayer bekam. Die Unterstützung war zwar nicht groß, aber sie genügte zum bescheidenen Leben, und das alte Mütterchen war nicht anspruchsvoll. Ihre größte Freude war, daß die alten Freunde sie nicht vergaßen. Als wir alle aus dem Haus ausgezogen waren, fand sie einen Zufluchtsort in einer Damenrunde und lebte dort noch ein paar Jahre.

Unsere Wohnung auf dem Karlovo náměstí war geräumig, mit fünf großen Zimmern mit Alkoven und verschiedenen Nebenräumen und Gängen. Sie war mit einem Eisengitter von den Treppen abgetrennt, und auf der Hofseite führte über ihre ganze Länge eine Pawlatsche, auf der wir in hölzernen Kistchen Blumen und zwei Efeublenden anbauten. Wir bekamen sie von den Smolíks, weil der Hausbesitzer fürchtete, daß sie im zweiten Stock die Pawlatsche zu sehr belasteten. Wir hatten sie am Ende der Pawlatsche aufgestellt, so daß sie mit der Wand eine kleine Gartenlaube bildeten. Diese kleine Gartenlaube und die Pawlatsche waren mein Spielplatz, sie waren aber auch der Ort, an dem ich meine Aufgaben schrieb und mich auf die Arbeit konzentrieren lernte, mochte auf dem Hof passieren, was wollte. Darin bekam ich fürs ganze Leben Übung. Die Disposition zu dieser Fähigkeit hatte ich vom Vater geerbt. Der arbeitete jeden Abend im Eßzimmer an unserem gemeinsamen Tisch, und wenn er sich in die Arbeit vertiefte, wußte er überhaupt nichts davon, was um ihn herum gesprochen und getan wurde. Er arbeitete aber immer viel länger, als Mutter und ich bei ihm saßen, oft lange über Mitternacht hinaus. Manchmal erwachte ich in der Nacht nach ein paar Stunden Schlaf, und aus dem Nebenzimmer fiel ein Lichtstreifen. In der Stille raschelte das Papier, und Vaters Feder knarrte. Das war in den Zeiten, als er wirklich von der Arbeit zur Arbeit ging.

Im Physikatsbüro arbeitete er nämlich nur ein Jahr, und im April 1898 stellte er einen Antrag auf die Stelle als Gesundheitskonzeptbeamter beim Landesausschuß, welche gerade ausgeschrieben war. Er erhielt sie, und schon am 25. Mai legte er den Eid in Gegenwart des Landesmarschalls Jiří von Lobkowicz ab. Dadurch wechselte er aus dem städtischen Dienst in den Landesdienst über und geriet freilich in ein ganz neues Arbeitsgebiet. Der Landesausschuß hatte acht Abteilungen. An deren Spitze waren die zwei Beisitzenden, die einerseits von den drei Parlamentskurien (große Bauerngüter, Städte und Industriestädte, Landesgemeinden), andererseits von der ganzen Versammlung gewählt wurden. Jede Abteilung hatte ihre Agenda, die die dort zugeteilten Beamten erledigten. Die Abteilung VII, wohin mein Vater als Konzeptbeamter eintrat, hatte für Gesundheitsangelegenheiten, Irrenanstalten, Gebärkliniken, Findelhäuser, Krankenhäuser, Impfung und Liquidation der Pflegegebühren der Krankenhäuser zu sorgen. Sein Beisitzender war Dr. Grégr. Die Stellung des Vaters war am Anfang – wie er es selber in einem Brief an Dr. med. J. Dvořák (vom 27. Mai 1898) charakterisierte, „einigermaßen unbestimmt", weil der Wirkungsbereich des Gesundheitsvertreters beim Landesausschuß nicht gehörig abgegrenzt war und der Beisitzende Grégr, obwohl er selber Arzt war, zögerte, seine Agenda in die höhere Kategorie zu heben. Wie sich einmal Dr. Dvořák äußerte, war er angeblich überhaupt „ein schrecklicher Starrkopf und den Ansichten eines anderen sehr unzugänglich". Mein Vater aber konnte sich seinem Charakter anpassen und schätzte seine „Starrköpfigkeit" als „eine Energie, mit der er das durchsetzen konnte, wofür er sich einsetzte". Nach drei Jahren wurde Dr. med. Grégr durch Josef Žďárský, einen Grundbesitzer aus dem Turnov-Gebiet, ersetzt. Er war von den Landesgemeinden gewählt. Auch mit ihm schuf sich der Vater eine sehr gute Beziehung, obwohl er sich selber zur jungtschechischen Partei meldete. Ihre Zusammenarbeit charakterisiert am besten, daß schon nach wenigen Monaten der Beisitzende Žďárský seine Ernennung zum Gesundheitsreferenten und später zum Gesundheitsinspektor durchsetzte. Er hatte zu ihm immer volles Vertrauen, achtete seine Anweisungen sehr und erweiterte seine Kompetenz. Der Vater versuchte – im Gegensatz dazu – nie, ihm seinen Standpunkt aufzuzwingen und gewann ihn immer eher unauffällig für seine Ansichten.

In dem Maße, in dem seine Agenda wuchs, nahmen Verantwortung und Arbeit zu, besonders als sich im österreichischen Reichsrat und auf dem Landtag des Königreiches Böhmen die politischen und nationalen Krisen verschärften und die Verhältnisse immer komplizierter wurden. Der Beamte des Landesausschusses mußte sehr viel Takt haben, um bei der Lösung jedweder Frage weder an Personen noch an eine politische Partei anzustreifen. Und mein Vater, der die angeborene Fähigkeit hatte, mit den Leuten zu verhandeln und Auseinandersetzungen zu schlichten, brachte diese beim Landesausschuß noch mehr zur Geltung als auf dem Physikat und kultivierte sie in erhöhtem Maß weiter. Behutsamkeit war notwendig gegenüber dem Marschall Lobkowicz, der zwar gerne die Meinung der anderen anhörte, aber sehr selbständig in seinen Urteilen war und die Vorschläge, die ihm vorgelegt wurden, nicht einfach blind unterschrieb. Noch vorsichtiger mußte man jedoch mit den Beisitzenden der anderen Abteilungen verhandeln, besonders mit denen, die um das Ausmaß ihrer Kompetenz eiferten, wie Dr. Pražák und der stichelnde Karel Adámek. Nach dem Rücktritt von Dr. med. Grégr wurde nämlich das Gesundheitsreferat so verteilt, daß die Aufsicht über die Landesirrenanstalten, die Entbindungsklinik und das Findelhaus der VII. Sektion übergeben wurden, aber ihre Personalien wurden der Sektion I (Dr. Pražák) und die Armenpflege der Sektion IV (K. Adámek) zugeteilt. Dadurch kam mein Vater in ständigen Kontakt mit beiden Beisitzenden. Die Verhandlungen waren sehr heikel, wenn bei der Abstimmung über diverse Vorlagen, zum Beispiel über die Biersteuer, zwischen den Beisitzenden und den Abgeordneten verschiedener politischer Parteien Konflikte entstanden. Wie objektiv der Vater unter solchen Umständen die Personen und die Verhältnisse beurteilte, geht aus einem undatierten Briefkonzept von ihm hervor, das er irgendwann im Jahre 1903 schrieb:

„Bald nach dem Rücktritt von Dr. Grégr wurde darüber verhandelt, daß zum Beispiel die Irrenanstalten in andere Hände kommen, die Personalien abgetrennt und der Abteilung I übergeben werden. Überhaupt ist ein Grund dafür wahrscheinlich das unbescheidene Auftreten der Sekundärärzte der Irrenanstalten gegen Dr. Grégr und seine Nachgiebigkeit ihnen gegenüber. ... Ich glaube, daß auch das Auftreten des Beisitzenden Žďárský gegenüber allen Referaten so gerecht war, daß ihm nichts – wie ich schon unlängst andeutete – vorgehalten werden kann. Eher könnte man sich denken, daß er das große Referat – jetzt in den Händen eines Agrariers – einer Kontrolle unterwerfen oder dessen Macht abschwächen wollte. Das ist meine ganz persönliche Anschauung. Der Beisitzende Žďárský empfindet das vielleicht auch

so, aber näher kann ich das freilich nicht nachweisen. . . .
Der Beisitzende Adámek gibt in den Sitzungen, wie Sie
aus den Nachrichten des Volksblattes entnehmen können,
verschiedene Rätsel auf, und ich befürchte, daß das gute
Verhältnis zwischen beiden durch dieses Verhalten
leidet."

Diesen Brief – und offensichtlich auch andere – schrieb
er an den schon erwähnten Dr. med. J. Dvořák, mit dem
er in den Jahren 1902 bis 1903 sehr rege korrespondierte.
Die ganze Korrespondenz ist wieder ein Beweis, wieviel
Arbeit und Geduld die Erledigung eines Amtsaktes verlangte. Damals ging es um die Systemisierung und Besetzung der Stelle des Direktors der böhmischen Landesent-
bindungsklinik und des Findelhauses. Bis zu der Zeit
leitete Prof. Rubeška die Anstalt, aber schon seit 1899 gab
es den Beschluß des Landtages, daß die Anstalt von der
Klinik abgetrennt und die Stelle des Direktors systemi-
siert werden sollte. Über die Sache wurde dann weiter im
Landesausschuß verhandelt, und zwar besonders nach
dem Vorschlag von Dr. Grégr. Um die Stelle bewarb sich
Dr. Dvořák, der unbestritten viele Qualitäten hatte, denn
er arbeitete als Abgeordneter in der Gesundheitsabtei-
lung. Er hatte in verschiedenen Ländern Österreichs und
auch im Ausland das Findelwesen studiert und die Ergebnisse seiner Studien publiziert. Deshalb förderten der
Beisitzende und der Landesmarschall seine Kandidatur.
Prof. Rubeška – sonst sehr beschäftigt – wehrte sich nicht,
und im Jahre 1903 verzichtete er auf die Direktion. Da
jedoch die Verhandlungen im Landtag in diesen Jahren
schon stagnierten, verlängerte sich die Lösung der Frage
der Systemisierung und stieß auf Hindernisse. Dr. Dvořák wiederum hatte einen temperamentvollen Charakter
und ertrug die Verzögerungen nur schwer, umso schwerer, weil er als Abgeordneter die kritische Situation des
Parlaments und die Gefahr gut kannte, die alten Vor-
schlägen und Vorlagen drohte. Seine Ungeduld wurde
durch die Briefe gemildert, die er dem Vater mehrmals

wöchentlich – manchmal auch täglich – schrieb. Obwohl er einsah, daß auch er in der Sache keine plötzliche Wendung bewirken konnte. Ich glaube, daß es den Vater ungeheuer erleichterte, als am Ende des Jahres 1903 endlich im Parlament abgestimmt wurde. Nun war wenigstens eine provisorische Direktorsstelle geschaffen, die Dr. Dvořák erhielt. Er war von dieser Lösung zwar nicht begeistert, aber später gab er sich zufrieden, als sich das Provisorium in eine definitive Anstellung veränderte.

Solch langwierige Verhandlungen kosteten den Vater viel Zeit, noch mehr aber die Inspektionen der Gesundheits- und Humanitätsanstalten, über die ihm seit dem Jahre 1902 die Aufsicht hinsichtlich des Gesundheitswesens anvertraut war. In Prag und in der nächsten Umgebung bedeutete das einen Verlust von einem halben Tag, in die entfernteren Orte war es aber notwendig, für den ganzen Tag oder auch für zwei Tage auszufahren. In den Taschenkalendern der Jahre 1907 und 1908 notierte er sich die ausgeführten Kommissionen.

Zum Glück wurden ihm der Zeitverlust und verschiedene Unannehmlichkeiten, die die Inspektionsreisen mit sich brachten, teilweise dadurch wettgemacht, daß er gerne reiste und bei der Abhaltung der Amtspflichten nie vergaß, die Landschaft und die örtlichen Besonderheiten zu beobachten. Und so brachte er aus allen böhmischen Städten, durch die er mehrere Male während seines Inspektorats fuhr, viele Erlebnisse mit – und aus mancher außerdem ein Porzellanhäferl mit einem kleinen Ortsbild. Solche Andenken kaufte er auch im Ausland gerne, und nach einiger Zeit hatte er eine schöne Sammlung. Auf beiden Schränken unseres Schlafzimmers stand eine Reihe von ihnen, in allen Formen, Größen und Qualitäten, als Erinnerung an seine Reiselust.

Zu den Kommissionen fuhr er manchmal alleine, manchmal mit dem Beisitzenden Žďárský oder mit einem der Beamten des Landesausschusses. Die längste Reise, die er mit dem Beisitzenden Žďárský unternahm, führte zu den bedeutenden Heilanstalten in Deutschland und war eine Vorbereitung für den Bau der Irrenanstalt in Bohnice.

Die Pläne für diesen Bau wurden im Jahre 1904 ausgearbeitet, und der Vater wurde zu einem Mitglied der Jury ernannt. Seit der Zeit war er dann ein ständiges Mitglied des Baukomitees, an dessen Beratungen er nicht nur gewissenhaft, sondern auch mit wirklichem Interesse teilnahm. . . . Ich hatte immer den Eindruck, daß er in der Anstalt in Bohnice eines seiner zahlreichen geistigen Kinder sah. Sein zweites großes Werk in der Funktion des Gesundheitsinspektors war die Mitarbeit an der Ausfertigung des Entwurfs zum neuen Gesundheitsgesetz.

Die Arbeit beim Landesausschuß machte dem Vater Spaß. Beamter und Wissenschaftler zu sein schlossen einander bei ihm nicht aus, weil beides seinem Dasein als Arzt entsprang. Arzt war der Vater immer vor allem anderen, und er blieb es. Aber er wandelte sich von einem Praktiker und Gesundheitsbeamten immer mehr zum Theoretiker, denn die Theorie reizte ihn mehr. Deshalb verließ er, als er im September des Jahres 1908 außerordentlicher Professor wurde, mit Befriedigung seine bisherige, fast unabhängige und prächtig honorierte Stelle, auf der er gerade zum Gesundheitsrat ernannt worden war, und gab sich ganz der Universitätskarriere hin, die ihm zwar eine unverhältnismäßig bescheidenere Existenz, aber zugleich eine Befreiung von allem bot, was seine wissenschaftliche Arbeit beeinträchtigte. Wenn er sich später manchmal daran erinnerte, sagte er mir: „Ich bin von dort zur rechten Zeit weggegangen, so wie von Lovosice und auch vom städtischen Dienst."

Diese Überzeugung kam übrigens auch zum Ausdruck, als er es ablehnte, in den sich gerade bildenden Gesundheitsrat unserer Republik, aus dem sich später ein Ministerium entwickelte – auch nur vorübergehend –, einzutreten. Er fühlte wohl: Wenn er sein Werk ausführen sollte, durfte er seine Kräfte nicht mehr so aufsplittern,

wie er sich das zehn Jahre zuvor noch hatte erlauben
können.

Seine vielseitige Tätigkeit in den Jahren 1898 bis 1908
war wirklich aufreibend. Beim Landesausschuß war damals schon eine einfache Frequenz (kontinuierliche Arbeitszeit), und so kehrte er aus dem Büro immer erst gegen
drei Uhr nach Hause zurück. Meine Mutter und ich aßen
zu Mittag, wenn ich von der Schule kam, und so aß er außer Sonntag immer allein, und zwar eilig. Dabei las er die
angekommene Korrespondenz und die Nachmittagszei-
tung durch. Ich glaube, daß er oft nicht einmal wußte, was
er aß. Als praktischer Arzt hatte er sich angewöhnt, schnell
zu essen und nicht lange am Tisch zu sitzen. Wenn wir gemeinsam aßen, war er immer als erster fertig. Ähnlich war
es auch auf Gesellschaften, obwohl er dort langsamer aß.
Auch als er alt war und nicht mehr so gut beißen konnte,
behielt er diese Angewohnheit bei, weil er sehr wenig aß.
Einmal – während des Aufenthaltes von Dr. Hrdlička in
Prag – wurden sie gemeinsam auf die Burg zum Abendessen eingeladen. Nach der Rückkehr konstatierte der Vater
mit einem Lächeln: „Nicht einmal der Präsident hat mich
beim Essen übertroffen, obwohl er noch viel weniger gegessen hat als ich."

Nach dem Mittagessen machte er immer eine Weile ein
Nickerchen auf dem Sofa, und dann begann er wieder zu
arbeiten. Entweder hatte er einen Vortrag oder bereitete
ihn vor, gegen Abend hatte er eine Sitzung von irgendeiner Körperschaft, deren Mitglied er war, und nach der
Rückkehr setzte er sich wieder zur wissenschaftlichen
Arbeit oder zu den Amtsakten, die er sich oft nach Hause
mitnahm. Bei alldem blieb ihm freilich sehr wenig Zeit,
sich der Familie zu widmen. An manchen Tagen konnten
wir mit ihm kaum eine Stunde täglich sprechen. Manchmal hatte er mehr Zeit, und besonders die Sonntagnach-
mittage und -abende verbrachten wir immer gemeinsam.
Im Sommer machten wir Ausflüge oder Spaziergänge in
verschiedene Gärten, besonders in die Chotekschen, wo

wir oft im Garten des Holzrestaurants „Na Panorámě" (Zum Panorama) ein Weilchen beim Kaffee saßen. Ab und zu gingen wir ins Nationaltheater.

Der Vater ging abends nicht gerne ins Theater, er hatte dafür auch gar keine Zeit. Allein zu gehen hatte die Mutter keine Lust. So gingen wir nur gemeinsam am Nachmittag, anfangs nur selten und nur zu den für mich zugänglichen Vorstellungen: Die Puppenfee, Eccelsior, Lumpazivagabundus und so weiter. Später gingen wir öfter, und auch unser Repertoire wurde reicher. Als ich heranwuchs, besuchte ich das Theater oft auch am Abend, trotzdem hörten unsere gemeinsamen Sonntagsbesuche nicht auf. Damals gingen wir besonders oft ins Theater in Vinohrady und ins Švanda-Theater in Smíchov, das sehr beliebt und bemüht war, ein anständiges Niveau zu halten. Als der Vater älter war, schaute er zwar ab und zu ein klassisches Stück an, über das man nachdenken und debattieren konnte, er bevorzugte aber Komödien und Operetten. Vielleicht suchte er in ihnen ein Gegengewicht zur Ernsthaftigkeit seines Berufs, vielleicht entsprang das seiner angeborenen Neigung zur Fröhlichkeit, denn er konnte in den Momenten der Zerstreuung und Erholung von den Pflichten lustig sein. In Gesellschaft glänzte er mit seinem typischen Matiegka-Humor und Witz, und immer galt er als guter Gesellschafter und Erzähler. . . . Erst nach Jahren begriff ich, wie sehr er mich in Wirklichkeit beeinflußt hatte, wie er mir unbemerkt neue Horizonte eröffnet und mich gelehrt hatte, die höchste Befriedigung in der geistigen Arbeit – frei von Unruhe und den Kleinigkeiten des täglichen Lebens – zu finden. Das war sein Credo, und damit gab er mir das größte Geschenk, das nicht nur jene sieben Gymnasialjahre zur schönsten Zeit meines Lebens machte, sondern auch später „in schlechten Zeiten" für mich der größte Trost war. . . .

Übersetzung: Jarmila Buttinger

FRANTIŠKA MARKOVÁ-JEŘÁBKOVÁ

wurde 1878 in Teplitz (Teplice) in Nordwestböhmen geboren. Ihre Kindheit und Jugend wurde außer durch ihre Eltern vor allem durch ihren Großvater Jan Pechar, einen bekannten Eisenbahnbauer und Unternehmer, geprägt. Auch der Vater der Autorin hatte sich der Eisenbahn verschrieben. Er war zuerst Bahnhofsvorstand in Bodenbach (Podmokly), später Inspektor der Staatsbahnen. In dieser Funktion übersiedelte er mit der Familie im Jahr 1883 nach Wien. Františka Marková verbrachte den Großteil ihrer Kindheit und Jugend bis zum siebzehnten Lebensjahr in Wien.

Der Großvater wurde, als er schon über achtzig Jahre alt war, Direktor der Staatsbahnen in Prag, sein Bruder Josef, der der kleinen Františka ebenfalls sehr viel Fürsorge widmete, war Hofrat in der Kaiserlichen Kabinettrechnungsabteilung. Auch weitere Verwandte und Bekannte gehörten überwiegend dem Beamtenstand an. Die Autorin blieb diesem übrigens auch bei der Wahl ihres Ehemannes treu.

Ihr Gatte, Dr. Luboš Jeřábek, war zur Zeit der Verlobung Gerichtsadjunkt. Schnell avancierte er zum Bezirksrichter in Prag. Seine Liebe zu historischen Denkmälern führte ihn später an die Spitze des neu gegründeten Denkmalamtes für Böhmen und Mähren.

Im Denkmalamt blieb er auch nach 1918 bis zu seiner Pensionierung. Er starb im Jahr 1934 im Alter von siebzig Jahren. Die Autobiographie der Autorin reicht bis ins Jahr 1940, in dem ihre jüngste Tochter heiratete. Die Autorin versuchte darin, die Atmosphäre des Familienlebens der höheren Beamten zu erfassen.

Das gesamte Manuskript umfaßt 78 Seiten; es ist im Archiv des Technischen Nationalmuseums in Prag, in der Handschriftensammlung, Nr. 1708, aufbewahrt.

Liebe Kinder!

An Winterabenden habe ich Euch aufgeschrieben, woran ich mich in unserer Familie erinnere. Ihr fragt, warum ich das schrieb? Mit Bedauern sehe ich nun, daß ich über die Familie meines Vaters, der in der Hast des Beamtenlebens keine Zeit hatte, Familiengeschichten zu erzählen, fast nichts weiß. Ich will, daß – wenn ich einmal nicht mehr da sein werde – meine Enkel wissen, aus welcher Familie sie stammen, wer ihre Vorfahren waren und welche Schicksale sie durchlebten. Sie waren allesamt ordentliche und ehrwürdige Leute, die es durch eigene Arbeit in der Welt weit gebracht haben, und ich möchte, daß Ihr sie in Ehren zu halten lernt und ihrem Vorbild folgt.

Als ich zur Welt kam, waren meine Eltern beide sehr jung; meine Mutter, geborene Pecharová, war neunzehn und mein Vater Marek vierundzwanzig Jahre alt. Mein Vater, der im Theresianum in Wien erzogen worden war und in Wien Technik studierte, widmete sich dem Eisenbahndienst und begann seine Karriere von der Pike auf als Bahnhofsvorstand in Podmokly. Ich wurde im Jahre 1878 bei Großvater und Großmutter Pechar in Teplice im Haus „Prince de Linge" auf dem Zámecké náměstí (Schloßplatz) geboren. Damals war gerade die Okkupation Bosniens, und mein Vater mußte dorthin. Meine Mutter trug den Abschied furchtbar schwer.

Das Umfeld, in dem ich zur Welt kam, war beseelt von der Liebenswürdigkeit meiner geliebten Großmutter. Ich erinnere mich noch gut an die riesigen Zimmer und das prachtvolle Stiegenhaus, weil wir jeden Sonntag und Feiertag von Podmokly zur Großmutter fuhren. Großvater Jan Pechar war damals Direktor der Bahnlinie Prag–Duchcov und Duchcov–Podmokly. In ihrem Haushalt lebten noch mein Urgroßvater Pechar aus Hostomice und die Schwester meiner Großmutter, Tante Fanny Březinová, ein armes Geschöpf, das an Fallsucht litt und der Großmutter viele schwere Augenblicke bescherte. Weiters waren noch die ältere Schwester meiner Mutter, Tante Anna Pecharová, geboren etwa im Jahre 1855, und der Bruder, Hans Pechar, der in Prag Technik studierte, zu Hause. Großvater Pechar führte neben seinem Beruf noch ein Schamottziegelwerk, das er selbst in Košťany gegründet hatte, und ein Blechwalzwerk in Teplice. Er verfügte über ungewöhnlichen Weitblick und kaufte Felder rund um einen Steinbruch auf, wo er dann auf eigene Faust im Tagbau Kohle zu fördern begann – darüber werde ich Euch später noch erzählen.

Nun sage ich Euch etwas über Podmokly, wo ich auf dem Bahnhof meine Kindheit verbrachte, bis ich fünf Jahre alt war. Ich erinnere mich an unsere Wohnung, wo um uns herum den ganzen Tag – und selbst die ganze Nacht – die Züge donnerten. Und ich weiß, daß mein Vater dort einen schweren Typhus durchmachte. Hinter dem Gebäude befand sich ein sehr hübscher Garten, wo ich mit meiner Menagerie begann. Ich war nämlich mein ganzes Leben lang von verschiedenen Tieren umgeben. Nicht einmal in meiner Kindheit spielte ich mit Puppen, im Puppenwagen führte ich Welpen und anderes Getier umher. Ich hatte dort Lämmer, daran erinnere ich mich sehr gut, dann einen kleinen Mops, den ich von Onkel Karel Marek bekommen hatte, dem späteren Ehemann von Tante Anna, weiters einen Neufundländer namens Fingal und einen zahmen Eichelhäher, der mich immer mit großem Geschrei im Garten begrüßte.

Ich erinnere mich an verschiedene Ereignisse: In Košťany hatten wir in Großvaters Fabrik Kutschenpferde, und am Sonntag unternahmen wir immer einen Ausflug. Einmal begegneten wir einer Prozession; die Pferde gingen durch, und die Kutsche stürzte in den Graben. Ich kam mit dem Kopf unter die Pferdehufe und blieb wie durch ein Wunder unverletzt. Seit dieser Zeit fürchteten sich meine Mutter und Tante Anna bis zu ihrem Tode davor, in einer Kutsche zu fahren.

Eine traurige Erinnerung habe ich an Fingal, den Hund, der oft in den Wald lief und Wild jagte. Von so

einem Streifzug brachten sie ihn einmal schwer ange-
schossen zurück, und ich hatte einige Tage große Angst
um ihn. Zu meiner Freude hat er sich seine Wunde im
wahrsten Sinne des Wortes „weggeleckt".

Als ich fünf war, übersiedelten wir nach Wien, wo
mein Vater zum Bahndirektor am Westbahnhof ernannt
worden war. Wir wohnten in der Schottenfeldgasse, einer
Seitengasse der Mariahilfer Straße. Gleichzeitig übersiedelte aus Teplice der gesamte Pecharsche Haushalt. Großvater wurde Direktor der Staatsbahnen in Prag und
wohnte im Eckhaus am heutigen Pekařovo nábřeží (Pe-
kař-Kai), das später Professor Kukula gehörte, und zufällig auch in derselben Wohnung, in der später die Kukulas
wohnten. Es war eine herrliche Wohnung mit wunder-
schöner Aussicht von dem großen Balkon, und so wie wir
früher die Feiertage stets in Teplice zugebracht hatten, so
fuhren wir nun nach Prag.

Aus dieser Wohnung heiratete auch Tante Anna heraus
und hielt Hochzeit in der Kirche des heiligen Philipp am
heutigen Arbesovo náměstí (Arbes-Platz) in Smíchov, die
aber schon abgerissen ist. Auf dieser Hochzeit war ich
Brautjungfer. Ich hatte ein schönes rosa Kleidchen und
war auf Onkel Karel Marek, den Cousin meines Vaters,
furchtbar eifersüchtig, weil ich mit niemandem die Liebe
meiner Tante Anna teilen wollte. In dieser Wohnung
wurde mein Glaube ans Christkind zum erstenmal er-
schüttert. Wir kamen vor Weihnachten nach Prag, und
beim Herumkramen entdeckte ich im Kasten ein schönes
Kleidchen, das mir das Christkind dann unter den Christ-
baum legte.

In dieser Zeit kaufte mein Großvater von Strousberg
eine Villa in Holoubkov, die nahe der Bahn lag und an
die Ihr Buben Euch noch gut erinnern werdet. Dorthin
sind wir immer in die Ferien gefahren, und dort habe ich
auch Tschechisch gelernt. In Wien hatte ich bis in die
vierte Klasse Volksschule einen Hauslehrer, Herrn Dorn,
und Tante Anna lächelte immer und sagte: „Der Dorn

sitzt neben der Rose." Tante Anna war nämlich zu dieser Zeit auch schon nach Wien übersiedelt und wohnte in unserer Nähe. Von der vierten Klasse bis zur Bürgerschule ging ich ins Pensionat Langer. Ich habe gut und leicht gelernt und hatte fast immer lauter Einser. Nur Klavierspielen habe ich nicht gerne gelernt, ich hatte einen jähzornigen Professor, der mir gleich auf die Finger klopfte, wenn ich einen Fehler machte. Heute sehe ich freilich, daß er mich vorzüglich unterrichtet hat. Denn nur allzubald konnte ich alles vom Blatt spielen, und Abend für Abend spielte ich meinem Vater auswendig vor, was immer er sich gerade wünschte. Was das Pensionat betrifft, so erinnere ich mich nicht an sehr viel Wichtiges. Ich hatte dort eine Freundin, die Tochter eines Divisionsgenerals, und es machte auf mich großen Eindruck, als ich ihn mit Exzellenz ansprach.

Als ich fünfzehn Jahre alt war, trat ich als Externistin ins „Sacré-Coeur" am Rennweg ein. Weil ich das einzige Kind in der ganzen Familie war, war mir zu Hause oft traurig zumute, und die Jahre, die ich im Sacré-Coeur verbrachte, gehören zu den schönsten in meinem Leben. Ich hatte dort einige gute Freundinnen, und zwar Angela Thury, die später Maxl Schmiedl, Luboš' Cousin, heiratete, Mariette von Haas-Bilgen – die Arme starb an Schwindsucht, als wir neunzehn Jahre alt waren – und Mary Baronesse Pascotini, die sich danach dem Studium der Astronomie widmete. In den letzten Jahren waren wir nur drei in der Klasse, und es gab richtige Wettkämpfe im Lernen. Die Klosterschwestern wußten bei der abschließenden Preisvergabe nicht, wem sie eigentlich den Preis geben sollten, weil wir alle hervorragend lernten. Um einander nicht unnötig Konkurrenz zu machen, wählte sich jede bestimmte Gegenstände, in denen sie besonders hervorstach. Mein Steckenpferd waren damals Sprachen – ich sprach perfekt Französisch, Englisch und begann mit Italienisch – und vor allem Zeichnen und Malen, eine Vorliebe, die mich bis heute nicht verlassen hat.

Die Klosterschwestern hatten mich sehr gern. Wie die anderen Zöglinge war ich Mitglied in der Marianischen Kongregation, und als Auszeichnung trug ich ein hellblaues Band auf der dunkelblauen Uniform. Mit siebzehn Jahren hörte ich mit der Klosterschule auf, als ich im Februar 1895 mit den Eltern nach Prag übersiedelte.

Die Familie Pechar

Bevor ich weitererzähle, will ich Euch etwas über die Familie Pechar sagen, die aus Hostomice stammt, von wo auch die Familie Hněvkovský kam. Beide Familien sind nach mündlicher Überlieferung miteinander verwandt, und so ist auch unsere Familie mit der Familie Jeřábek, in die ich eingeheiratet habe, entfernt verwandt. Ich erinnere mich noch an den Vater meines Großvaters, meinen Urgroßvater Josef Pechar, der ein Gut in Hostomice hatte und der dann im Alter zuerst bei Großvater in Teplice und dann in Prag lebte. Nach dem Tode von Großmutter Anna Pecharová, die er unendlich gern hatte, übersiedelte er zu Tante Anna nach Wien. Er starb mit sechsundneunzig Jahren an „Altersbrand".

Er war der entzückendste Opapa, den Ihr Euch, Kinder, nur vorstellen könnt – als wäre er aus einem Märchenbuch herausgefallen. Er hatte herrliche silberne Haare, rote Bäckchen wie ein Maschansker Apfel, Augen wie Kornblumen und hat den ganzen Tag über lustig gelacht. Er war Tscheche, konnte aber Deutsch. Ich erinnere mich, daß sein Lieblingswort „Pardieu" war. Er erzählte oft von seiner geliebten Frau, der meine Mutter angeblich sehr ähnlich war. Sie hatte goldblondes Haar und war unerhört fleißig und energisch. Leider starb sie ziemlich jung, mit fünfundvierzig Jahren, eines tragischen Todes – sie kippte nämlich mit der Leiter um, als sie in der Scheune auf den Heuboden klettern wollte, und brach sich das Genick. Sicher war es ihr Verdienst, daß sie ihre drei Söhne so erzogen hatte, daß sie es sehr weit brachten.

Der älteste, Josef Pechar, lebte später als Hofrat der Kaiserlichen Kabinettskanzlei in Wien. Jan Pechar – mein Großvater – war Direktor der Staatsbahnen, Präsident der Orientbahnen und machte ein riesiges Vermögen. Der jüngste, Ferdinand, hat nicht viel gelernt und wurde Angestellter am Staatsbahnhof in der Hybernská ulice (Hyberner-Gasse), wo er auch wohnte. Die beiden älteren studierten in Prag, sie wohnten in einer Wohnung bei einfachen Leuten, und Fuhrleute brachten ihnen auf ihren Fuhren Aufbesserung von zu Hause. Großvater ging, wie er mir erzählte, manchmal zu Fuß von Hostomice nach Prag, und auf dem Weg badete er dann in Černošice bei der Mühle an der Berounka. Es standen dort damals nur einige Häuschen, und es gab auch schon das Gasthaus „Slánka" (Salzstreuer). Er kaufte mir später in Černošice eine Villa, vielleicht gerade wegen der schönen Erinnerungen an die Jugend.

Die meisten Erinnerungen an meinen Urgroßvater habe ich aus Holoubkov, wo ich das Glück hatte, immer um ihn sein zu können. Er war selbst im Alter stets sehr aktiv, dauernd bastelte er im Garten an etwas herum und schwitzte oft stark. Ich mußte auf ihn aufpassen. Sobald ich bemerkte, daß er erhitzt war, mußte ich das sofort melden, und der Arme mußte sich sofort umziehen. Mit meiner Großmutter – seiner Schwiegertochter – vertrug er sich ausgesprochen gut. Sie haben einander sehr geliebt, und abends spielten sie immer zusammen Trappola. Großmutter hat dann gelacht und gesagt: „Opapa, Sie beschummeln mich." Schlechter vertrug er sich mit seinem Sohn, und als Großmutter starb, zog er sogleich zu Tante Anna nach Wien. Ich erinnere mich, wie er krank war, und auch an sein Begräbnis erinnere ich mich noch.

Das genaue Gegenteil dieses lächelnden Opas war sein Sohn, der strenge Großvater, Jan Pechar, der der Schrecken der ganzen Umgebung war. Er war unendlich arbeitsam – Pflicht ging ihm über alles –, er war hart zu sich selbst und stellte auch an die anderen die strengsten

Anforderungen. Ich glaube, daß meine teure Großmutter, die sanft und liebenswürdig war, mit ihm ein schweres Leben hatte und nicht glücklich war.

Damit Ihr ihn besser versteht: Die meisten Eisenbahnen, deren Direktor er war, hat er selbst aufgebaut, Kohlegruben entdeckt und geöffnet, Fabriken gegründet und mit allem eine Menge Geld gemacht, so daß ihm keine Zeit für das normale Familienleben blieb. Er quälte die Großmutter sehr wegen des Essens. Ich erinnere mich, daß er lauter Rumpsteaks und Beefsteaks aß, und wenn es ihm nicht schmeckte, dann warf er einfach den Teller auf den Boden. Sonst war er freilich äußerst sparsam, er trug Stiefel mit Flicken, darüber graue Hosen, einen Kaiserrock mit Schößen und einen Zylinder. Aber alles war so abgenützt, daß man ihm gern einen Kreuzer gegeben hätte. . . .

Er hatte einen Rohrstock, und wenn ich nicht gleich gehorchte, dann zog er mir auch gleich eins über. Bei Tisch mußte ich sitzen wie ein Soldat, ohne zu mucken, und wenn ich auch nur ein bißchen mit dem Besteck Geräusche verursachte, brüllte er mich an: „Hör auf zu scheppern!" Wenn ich kränklich war, kam er mich besuchen und schalt mich jedesmal schrecklich aus. Obwohl er so rauh und streng zu mir war, hatte er mich von der ganzen Familie am liebsten und war sehr stolz auf mich, weil ich so brav lernte und fünf Sprachen beherrschte. Darum wurde ich von meinem fünfzehnten bis sechzehnten Lebensjahr seine Sekretärin. Ich führte für ihn die englische Korrespondenz mit Mr. Refeen, den er aus Amerika in den Steinbruch einlud, wo man mit amerikanischen Maschinen zu fördern begann. Ihr könnt Euch wohl vorstellen, wie schwierig und ganz und gar langweilig für ein junges Mädchen die Fachausdrücke in diesen Briefen waren.

Ich begleitete ihn auf allen Reisen, nur in Amerika und Rußland war ich nicht mit ihm. Nach Rußland ließen mich meine Eltern nicht fahren, weil dort die Cholera ausgebrochen war. Dafür brachte mir Großvater aus den Hundezwingern des Zaren drei wunderschöne russische Windhunde mit (hingebungsvoll kaufte er ihnen in jeder Station Milch). Sie hießen Dick, Daisy und Vjuga.

Jedes Jahr verbrachte ich mit ihm einen Monat in Karlovy Vary (Karlsbad). Das war die größte Qual, die ich mir vorstellen konnte. Mit niemandem durfte ich Kontakt haben, tagtäglich trotteten wir denselben Weg in den Kaiserpark, nie bekam ich genug zu essen, so daß ich immer einen Mordshunger hatte, und an den Abenden mußte ich eine Menge langweiliger Briefe schreiben.

Dafür erinnere ich mich gern an die Reise nach Konstantinopel im Jahre 1894, als ich sechzehn Jahre alt war. Großvater fuhr als Präsident mit dem gesamten Verwaltungsrat im Orientexpress, um den Betrieb auf der Strecke Wien–Konstantinopel zu eröffnen. Ich, als junges Mädchen, war die einzige Dame, die an der Reise teilnahm. Wir fuhren zwei Tage und eine Nacht mit dem Zug, im Salonwagen, und ein Bankett mit Champagner folgte dem anderen. In Konstantinopel wohnten wir im Pera Palace Hotel, am Freitag – dem dortigen Sonntag – waren wir beim Besuch der Moschee im Selamlik beim Sultan eingeladen. Auch türkische Honoratioren luden uns um die Wette ein.

In Konstantinopel bekam ich auch meinen ersten Heiratsantrag von einem türkischen Christen, den Großvater – das versteht sich von selbst – sehr schroff ablehnte. Der junge Mann ließ sich aber nicht abweisen und kam nach einem Jahr meinetwegen nach Wien. Doch hatte er weder bei den Eltern noch bei mir größeres Glück. Als ich dann schon mehr verstand, stellte ich fest, daß sich Tante Anna und meine Mutter gerne vor der Pflicht, Großvater zu begleiten, „drückten" und lieber mich überall hinschickten.

Aber ich kam ihnen schon bei und ließ mir die Reisen – vor allem natürlich nach Karlovy Vary – zahlen, und um das Geld habe ich mir jedesmal etwas Schönes gekauft. In Rom hetzte Großvater mich so, daß ich einige Tage liegenbleiben mußte, und so war mein erster Eindruck von Rom keineswegs prächtig.

In Prag ging ich täglich mit ihm spazieren, und dort geschah es auch, daß ihn eines schönen Tages auf der Ferdinandova třída (Ferdinandstraße) der Schlag traf. Ich erinnere mich noch heute daran, wie ich erschrak und wie wir Großvater unter Mithilfe der Passanten in die Apotheke Am Můstku (Brückel) schleppten. Ich fuhr ihn dann nach Hrádek (Hradek), wo die alte Marianka, seine Haushälterin, die bei meiner Großmutter diente, lebte. Sie pflegte ihn mit Tante Fanny, der Schwester meiner Großmutter, so daß er sich bald wieder erholte und munter war wie früher. Freilich wiederholten sich die Anfälle noch einige Male. Den schwersten Anfall hatte Großvater in Poděbrady im Sommer 1911. Die Anfälle vergingen ohne gröbere Folgen, geistig war er immer noch sehr rege, und die Lähmungen vergingen nach kurzer Zeit.

Von der Wahl meines Ehemannes war er nicht gerade begeistert, er wollte für mich jemand Besonderen nach seinem Geschmack. Er war Vladimírs Taufpate in der Kirche zum heiligen Nikolaus. Zu den Buben war er unendlich streng, ständig drohte er ihnen mit dem Rohrstock, wenn sie in Holoubkov auf Besuch waren. Die letzten Weihnachten, 1911, entschuldigte er sich aber, es ermüde ihn und er komme nicht. Ich mußte noch einem geladenen Gast absagen, damit die Anzahl der Leute bei Tisch gerade wäre. Aber da öffnete sich, als wir gerade bei der Suppe saßen, die Tür und Großvater erschien. Unserem Vater – abergläubisch wie er war – wurde dadurch der ganze Heilige Abend verdorben, und diesmal gab die Wirklichkeit dem Aberglauben Recht, denn Großvater starb binnen einem Jahr in der Weihnachtszeit im Jahre 1912 im Alter von sechsundachtzig Jahren. Tante Fanny Březinová überlebte Großvater, teilweise verwirrt, und die alte Marianka pflegte sie. Nach Großvaters Tod erlitt sie einen Oberschenkelhalsbruch und starb kurz darauf. Die alte Marianka kam dann zu mir. . . .

Großmutter Anna Pecharová, geborene Březinová aus Hostomice, habe ich unendlich geliebt. Ich erinnere mich sehr gut an sie. Sie hatte einen aufrechten Gang, schwarzes Haar und blaue Augen. Sie war sanft und engelhaft gut. Großmutter sprach fließend Tschechisch und Deutsch. Sie hatte einen schweren Herzfehler, und ich erinnere mich, wie ich immer erschrak, wenn sie einen Herzanfall hatte und nicht atmen konnte. Den letzten Winter ihres Lebens war ich gemeinsam mit meiner Mutter und ihr in Meran. Ich mußte mich von der Schule befreien lassen, ich ging damals in die vierte Klasse Volksschule. Meran hat mir unendlich gefallen. Weil Großmutter nicht gehen konnte, fuhren wir mit der Kutsche auf Ausflüge in die Umgebung. Großmutter fuhr dann nach Holoubkov zurück und ich nach Wien in die Schule.

Wir bekamen Nachricht, daß es Großmutter besser gehe. Aber meine Mutter hat mich doch früher aus der Schule genommen, und am 19. Juni fuhren wir nach Holoubkov, wo mich Großmutter mit einem lieben Geschenk überraschte – zwei weißen Kaninchen. Am zweiten Tag war Fronleichnam, ein schöner sonniger Tag, und Großmutter saß in einem Wagen unter einer blühenden Linde in unserem Garten. Ich spielte zu ihren Füßen auf dem Rasen mit den Kaninchen, und Großmutter schaute mir lächelnd zu. Sie hatte sich angeblich so sehr auf unsere Ankunft gefreut und uns gar nicht erwarten können.

Der alte Opapa saß neben ihr, und plötzlich schrie er entsetzt auf: „Aber sie atmet ja nicht mehr!" Sie hatte den schönsten Tod, den ich je im Leben gesehen habe, sie ging mit einem Lächeln aus einem blühenden Garten, aber weil es das erste Mal war, daß ich mit dem Tod konfrontiert wurde, machte es auf mich einen tiefen Eindruck, und ich habe bitterlich um Großmutter geweint. Sie liegt in Sankt Stephan begraben, wie Großvater, Tante Anna und Onkel Karel Marek.

Wien

Mein Leben in Wien ist eng verbunden mit der Person meines Onkels Josef Pechar, Hofrat in der Kaiserlichen Kabinettrechnungsabteilung. Er war um vieles sanfter und liebenswürdiger als Großvater. Als ich klein war, führte er mich oft nach Schönbrunn oder auf den Kahlenberg, und durch sein Verdienst lernte ich die schöne Umgebung Wiens kennen. Fast jeden Sonntag gingen wir in den Prater, wo wir „Salamucci" aßen, diese fabelhafte ungarische Wurst, die die Italiener verkauften. Der größte Feiertag war, wenn er mich in die Spanische Hofreitschule mitnahm, wo ich die Dressur der herrlichen, weißen Lipizzaner sah. Ungefähr im Jahre 1892 war ich im Spanischen Saal bei einem erstaunlichen Schauspiel dabei. Mein Onkel besorgte uns Sitze für ein großes „Karussell", wo der gesamte Wiener Hochadel, wie Erzherzog Otto und Ferdinand d'Este, eine Quadrille ritt, größtenteils in den Originalkostümen mit den prunkvollen Familienjuwelen. Dieses Bild werde ich nie vergessen. Ich war so begeistert, daß es mein sehnlichster Traum war, Reiten zu lernen, aber dieser Wunsch erfüllte sich mir erst sehr spät. Als ich schon größer war, ermöglichte mir mein Onkel, bei allen Hofbällen zuzusehen. Wir verfolgten sie aus einer kleinen verglasten Loge in dem prunkvollen Saal in der Burg. Jedesmal bekam ich dort eine Bonbonniere mit dem Porträt des Kaisers, gefüllt mit den märchenhaftesten Bonbons.

Ich erinnere mich an die Kaiserin Elisabeth, an den Kaiser, an Otto d'Este – den Vater Kaiser Karls –, Ferdinand d'Este und den ganzen Wiener Adel. Es war ein wundervolles Schauspiel, glänzend waren die Toiletten und unglaublich der Schmuck. Wunderschön war die Musik: Stellt Euch nur vor, daß der berühmte Eduard Strauß, der Sohn von Johann Strauß, dirigierte und selbst Geige spielte. Diese Walzer gingen wirklich in die Beine. Auch bei der Enthüllung des Maria-Theresia-Denkmals hatten wir schöne Plätze. Dort sah ich zum letzten Mal Kaiserin Elisabeth. Wir sind auch sehr oft in die Wiener Oper gegangen, wo eine Tante, Lichtenstern, geborene Strobach, eine Cousine Onkel Karels, jeden zweiten Tag eine Loge im Abonnement hatte. So lernte ich in wirklich glänzender Darbietung alle Opern und Ballette der damaligen Zeit kennen. Am ersten Mai fuhr man gewöhnlich in den Prater zum Blumenkorso, und das in der Kutsche mit Angela Thury. Wir waren immer gleich gekleidet und hatten riesigen Spaß.

Damals begannen wir auch schon, neben den Reisen mit Großvater viel ins Ausland zu fahren. In die Gesellschaft war ich damals noch nicht eingeführt – ich war erst siebzehn Jahre alt. Ich ging auch nie in Tanzstunden, außer im Sacré-Coeur, wo wir „leçons de maintien" hatten. Dort lernten wir Verbeugungen, schönen Gang und auch Tanzen, natürlich ohne Tänzer. Nur im Hause der Thurys lernte ich ein bißchen die Wiener Gesellschaft kennen.

Sie wohnten auf der Seilerstätte und bewohnten ein ganzes Haus, die Kinder – Angela, ihre Schwester Paula und der Bruder Bertl – hatten für sich allein das gesamte Mezzanin; sie führten dort ein großes Haus. Es verkehrten dort vor allem Offiziere der Kaiserlichen Garde, die auf mich großen Eindruck machten. Sie trugen wunderschöne Uniformen, rote Mäntel mit goldenen Borten, weiße Hosen, hohe schwarze Lackstiefel und weiße Pelerinen. Wir spielten dort auch Theater. Als ich in Prag war, fuhr ich auch zu den Thurys auf Besuch. Meine Eltern verkehrten in Wien ebenfalls in guter Gesellschaft. Neben den verwandten Lichtensterns, mit denen wir oft ins Theater gingen, verbrachten wir viel Zeit mit der Familie des Dr. von Peez, der eine der herrlichsten Wohnungen hatte, die ich je in meinem Leben gesehen habe: Sie wohnten gegenüber der Oper. Meine Mutter putzte sich gerne schön heraus, sie bestellte immer Kleider in erstklassigen Salons. Morgens ließ sie sich täglich frisieren, sie hatte schönes goldblondes

Haar und liebte Schmuck. Sie sparte und kaufte sich jedesmal zum Christkind selbst Schmuck. Sie war geborene Wienerin, und Ihr könnt Euch schon vorstellen, wie furchtbar schmerzlich es sie berührte, als mein Vater im Jahre 1895 als Vizedirektor und später Direktor der Staatsbahnen nach Prag versetzt wurde.

Schon in Wien hatte mein Vater eine Vertrauensstellung inne. Er begleitete den Kaiser, der ihn wirklich gern hatte, auf allen Reisen. In Wien begegneten sie einander täglich auf der Mariahilfer Straße, wenn mein Vater ins Amt ging und der Kaiser aus Schönbrunn gefahren kam. Sie trafen immer an derselben Stelle aufeinander, weil sie beide die Pünklichkeit in Person waren, und der Kaiser winkte meinem Vater immer freundlich zu. Sicher, für seine Verdienste wurde er auch vom Kaiser geadelt und bekam das Komturkreuz mit Brillanten. Und vor allem verfügte er auf dem Gnadenweg, daß der Adelstitel auf mich übergehen solle, denn Vater hatte keine männlichen Nachfahren. Auch schönen Schmuck, vor allem eine goldene Uhr mit Brillanten, erhielt er vom Kaiser. Daher war für uns alle die Verlegung nach Prag so, als ob man eine Blume in fremden Boden umpflanzte.

Meine Mutter konnte nicht Tschechisch und ich schlecht. Einzig und allein mein Vater sprach fließend Tschechisch. Ich mußte mich von meinem teuren Sacré-Coeur und allen Freundinnen verabschieden. In Prag wollte ich auch ins Sacré-Coeur gehen – wir zogen genau zum Halbjahr um –, aber es gab hier keine so hohe Klasse. Ich mußte daher von einer Klasse in die andere gehen und verschiedene Gegenstände besuchen. Eine alte Klosterschwester, die dann verrückt geworden ist und vor der ich mich unendlich fürchtete, unterrichtete mich in Literatur, Englisch und Französisch. Ich habe mich hier im Sacré-Coeur mit fast keinem Mädchen angefreundet, später aber befreundete ich mich sehr eng mit Ančí Paloušová, der Tochter eines Berghauptmanns in Prag. Ančí war sehr schön, und weil sie aus einer mittellosen Familie

war, nahm meine Mutter sie überallhin mit, so daß wir
wie zwei Schwestern lebten. . . .

Prag

Als ich nach Prag kam, brach um mich ein Kampf zwischen den tschechischen Verwandten meines Vaters und
der deutschen Gesellschaft aus. Wir hatten am Anfang
nicht begriffen, daß man nicht gleichzeitig in beiden La-
gern verkehren konnte. Durch meinen Onkel Gottwald,
der mit der Schwester meines Vaters, Marie, verheiratet
war, siegte die tschechische Seite. Ich bekam gemeinsam
mit meiner Mutter eine tschechische Lehrerin, ein gewisses Fräulein Grünwaldová, die uns in Grammatik und
Konversation unterrichtete. Arme Mutter, sie hat nie ordentlich Tschechisch gelernt und tapfer alle Aufgaben
von mir abgeschrieben.

Bevor ich beginne, vom Leben in Prag zu erzählen,
wird es angebracht sein, Euch mit der Familie Marek
bekannt zu machen. Ein Heraldiker hat uns versichert,
daß wir angeblich aus dem Geschlecht der Herren Marek
stammen, von denen einer am Staroměstské náměstí (Alt-
städter Ring) enthauptet worden war. Weder Großvater
noch Großmutter Marek habe ich gekannt, Großvater war
Oberinspektor der Staatsbahnen in der Hybernská ulice
und starb sehr jung an Zuckerkrankheit, Großmutter
starb an Krebs, als ich noch ganz klein war. Außer meinem Vater, der der älteste war, hatten sie noch zwei
Söhne, und zwar den späteren Dr. jur. Karel Marek, der
im Aufsichtsrat des Theaters in Vinohrady war, und
František Marek, ebenfalls Advokat in Weldanau in
Schlesien, der im Jahre 1941 verstarb. Der Arme hatte ein
sehr trauriges Leben, denn er verbrachte mindestens zehn
Jahre in der Irrenanstalt. Erst nach seiner Heilung legte er
die Advokatenprüfung ab. Ferner waren da noch zwei
Schwestern: die ältere, Tante Mína Böhmová, verheiratet
mit dem Besitzer einer großen Mühle in Ústí nad Orlicí,

347

und die bereits erwähnte Tante Marie Gottwaldová, der ich angeblich sehr ähnlich war. Daher hatte mich Onkel Gottwald, der selbst keine Kinder hatte, sehr gern. Dr. Karel Marek war mit Julie aus der Familie Micek verheiratet. Diese hatte einen Bruder, Dr. jur. Micek, mit dem ich mich mit achtzehn Jahren auf Wunsch von Vater und der Verwandtschaft verlobte.

Ungefähr drei Monate vor der Hochzeit, als ich schon Möbel, Aussteuer, Wohnung und überhaupt alles vorbereitet hatte, stellte ich fest, daß wir absolut nicht zusammenpaßten. Ich löste die Verlobung, was Stürme des Ärgers auslöste; vor allem die Familie Karel Mareks war mir vollkommen böse. Erst ihre Kinder, Julča Nováková – sie ist schon gestorben –, Frau eines Bierbrauers, und ihre Schwester Máňa Mandlová, Witwe eines Sektionschefs im Landwirtschaftsrat, pflegten mit mir wieder Umgang. . . .

Über die Familie meines Vaters weiß ich nicht viel. Ich erinnere mich nur, wie mein Vater erzählte, daß er oft bei seinem Großvater in Nové Mlýny bei Poděbrady war, wo sie badeten, ruderten und fischten – Vergnügungen, denen mein Vater später in Holoubkov und auch in Černošice bis ins hohe Alter nachging. Er erzählte mir von der Invasion der Preußen, als Großvater, der wundervolle Pferde besaß, sein geliebtes Pferd einmauern ließ, damit sie es ihm nicht wegnähmen, aber es kam ans Tageslicht. Die erste Frage des in der Mühle einquartierten Generals lautete: „Herr Vater, wo haben Sie Ihren Schimmel?" Aber Großmutter war angeblich so energisch und gewitzt, daß es ihr gelang, das Pferd zu retten. Großvater Marek war wohl ein ungeheurer Kraftprotz – mein Vater erzählte von ihm, daß er Hufeisen verbiegen konnte.

Holoubkov

Von zartestem Kindesalter an verbrachten wir die Ferien immer in der alten Villa in Holoubkov. Es gab dort einen großen Saal – den Speisesaal –, der vierzehn Fenster hatte und wo ich später auf dem Rad um den Tisch herumfuhr, wenn es draußen regnete. Der Garten war groß und reichte bis zu einem ausgedehnten Fischteich. Das Baden war hier ideal. Wir fingen Fische und Krebse, und meine Buben haben dort später Wildenten geschossen. Der Garten war aber nur wenig gepflegt, es war fast nur ein Obstgarten. Zimmer gab es genug. Der zweite Flügel der Villa war der sogenannte Schuppen. Dort waren haufenweise Kisten angesammelt, um die ich immer neugierig herumschlich. In einem Teil dieser Kisten war auch mein nunmehriger indischer Salon deponiert, den weder meine Mutter noch Tante Anna wollte. Großvater kaufte ihn direkt vom Kapitän eines indischen Schiffes in Triest. Als ich heiratete, bat ich Großvater darum. Es gab dort auch eine unglaubliche Menge alter Zeitschriften und Zeitungen, unter denen später meine Söhne Luboš und Vladimír zur Zeit ihrer philatelistischen Leidenschaft hartnäckig nach dem „Roten Merkur" suchten – freilich vergebens.

Holoubkov war eigentlich unser Familiensitz. Im Sommer weilten dort ständig Großmutter und Großvater, Tante Anna, meine Mutter und ich; die alte Marianka kochte für uns, und die alte Tante Fanny brummelte irgendwo in der Küche. Großvater, mein Vater und Onkel Karel kamen über den Sonntag und verbrachten dort den Urlaub. Man spielte oft Karten, denn Großvater spielte leidenschaftlich gern Tarock, und ich mußte schon als ziemlich junges Mädchen stundenlang mit ihm spielen, obwohl mir das überhaupt nicht gefiel. Dazu kommt noch, daß mir Großvater mein Taschengeld abgespielt hat und nicht erlaubte, daß es mir die Eltern ersetzten, weil er wollte, daß ich gut spielen lerne.

Das Leben war in Holoubkov ohne Großvater angenehm, beseelt von Großmutters Liebe, aber, o je, wenn der Zug vorbeifuhr und der Schaffner schon von weitem die gelbe Schachtel heraushielt, in die Großvater seinen Kaiserrock, Stiefel und seine roten Taschentücher in der Größe von Segelplanen hineinzulegen pflegte. Die

Schachtel war ein Zeichen für Großvaters Ankunft, und da änderte sich alles auf einen Schlag. Die alte Tante knurrte „Jetzt ist er schon wieder da, der alte Deixel", Marianka schoß durch die Gegend, um Beefsteaks und Rumpsteaks aufzutreiben, und ich mußte, selbst wenn ich die wunderschönste Tennispartie verabredet hatte, zu Hause bleiben und Großvater unterhalten. Das gab es einfach nicht, daß jeder das tat, was er selbst wollte. Ich erinnere mich, daß dieses Tyrannisieren Onkel Karl und Tante Anna schrecklich auf die Nerven ging, so daß sie sich am anderen Ufer des Fischteichs eine kleine Villa kauften, die ebenfalls einst Strousberk erbaut hatte.

Ich hatte in Holoubkov viele Freunde, und zwar die Familie Hopfengärtner, Besitzer von Eisenwerken, die sieben Töchter und einen Sohn, Dolf, hatten, der später um mich warb, aber ich konnte ihn nicht ausstehen. Dann die Familie Hammr, Besitzer eines Sägewerks, gleich über die Straße uns gegenüber. Zu ihnen und zu den Hopfengärtners ging ich Tennisspielen. Meine erste Liebe war Heřman Hammr – wir waren freilich noch Kinder und haben uns nicht ein einziges Mal geküßt.

Um die Sprachen nicht zu vergessen, nahmen mir die Eltern jeden Sommer über die Ferien eine Erzieherin, und zwar eine Französin, dann die Engländerin Miss Bennet und die Italienerin Signorina Ninelli, die etwa vier oder fünf Jahre bei uns verbrachte.

Meine Lieblingsbeschäftigung war Radfahren. Damals fuhren auch noch Onkel Karel und Tante Anna. Zirka sechs oder sieben Jahre lang umwarb mich der dortige Arzt Dr. Podroužek, ein sehr lieber und edler Mensch, aber ich konnte mich nicht dafür entscheiden, auf dem Land als Frau eines Arztes zu leben. Er fiel im Weltkrieg. . . .

Neben Tennis, Baden und Rudern gingen wir oft in die Wälder spazieren, hauptsächlich auf den Trhoň, und suchten Pilze, was ich noch heute leidenschaftlich gern tue.

Tante Anna und Onkel Karel

Ich habe schon erwähnt, daß sie sich beide nicht gern der strengen Zucht unseres Großvaters unterwarfen und deshalb aufs gegenüberliegende Ufer übersiedelten, wo sie zuerst in Strousbergs umgebauter Villa wohnten. Später kauften sie sich aber gegenüber, auf der anderen Seite der Straße, ein großes Grundstück mit einem Wald, und dort errichtete ihnen Professor Kotěra eine wunderschöne Villa, und Onkel Karel schuf um sie herum einen prächtigen Park, den er jedes Jahr erweiterte und in Schuß hielt. . . .

Onkel Karel war Sektionschef im Ministerium der Eisenbahnen, danach wurde er Minister für öffentliche Angelegenheiten im Kabinett Gautsch. Als er diese Funktion aufgab, übersiedelten sie nach Prag, nach Hrádek, wo sie sich von Röhrs sehr schön einrichten ließen.

Ihr erinnert Euch an Tante Anna nur als verschrobene und kränkliche Frau, aber Ihr könnt sie Euch nicht vorstellen, wie sie in jüngeren Jahren war, als sie vor Humor und Witz nur so sprühte und überhaupt für die damalige Zeit sehr gebildet war, denn sie sprach fünf Sprachen, und das tadellos, und interessierte sich ernsthaft für Kunst, am meisten für Malerei. Ich erinnere mich noch, daß ich mit ihr sämtliche Meister und deren Hauptwerke durchgenommen habe, und sie hat sich dabei nur selten geirrt. Darüber hinaus war sie eine hervorragende Hausfrau, sie kochte mit Vorliebe und sehr gut, wodurch sie sich von meiner Mutter unterschied, die niemals einen Kochlöffel in die Hand nahm. In ziemlich hohem Alter fuhr sie noch Fahrrad und spielte Tennis. Die Ehe mit Onkel Karel war vorbildlich. Sie verstanden sich fabelhaft, und keiner tat ohne den anderen einen Schritt. Gemeinsam unternahmen sie lange Reisen ins Ausland, und vor dem Weltkrieg kauften sie sich ein Auto, Dion-Bouton mit hundert Pferdestärken, aber man durfte damit nicht schneller als fünfunddreißig Kilometer in der Stunde fahren. Und ich fragte mich immer, wozu sie die hundert Pferde brauchen. . . .

Zu meiner Mutter standen sie nicht gerade in einem innigen Verhältnis. Es gab da eine gewisse Eifersucht, weil meine Mutter Familie hatte und sie nicht, weil mein Vater einen Adelstitel verliehen bekommen hatte, und die „Exzellenz" war wieder ein schwerer Brocken für sie. Onkel Karel starb im Alter von sechsundachtzig Jahren, und ich mußte ihm vor seinem Tod versprechen, daß ich mich um Tante Anna bis zu ihrem Tode kümmern und sie nicht in eine Anstalt geben werde. Es war peinlich und traurig, das Fortschreiten der schweren Sklerose zu verfolgen. . . . Wenn ich so in Gedanken Tante Anna – die gebildete Dame – mit der kranken Greisin verglich, sah ich mit Trauer, wie veränderlich der Menschen Schicksal ist.

Das gesellschaftliche Leben in Prag

Ich habe Euch schon erzählt, daß ich, sobald ich mit siebzehn Jahren nach Prag kam, auch sogleich begann, Bälle zu besuchen, obwohl ich noch ins Sacré-Coeur ging. Mein erster Ball war der „Matice"-Maskenball, mein Großvater ging als Rauchfangkehrer und ich hatte eine Huzulen-Tracht. . . .

Das gesellschaftliche Leben in Prag war damals nicht so wie in Eurer Jugendzeit. Alles in allem ging man auf vier Bälle, und zwar: auf den Studentenball des „Akademický čtenářský spolek" (Akademischer Leserbund), zur „Národní beseda", wo immer der Adel in seinem ganzen Glanz anwesend war, geschmückt mit wertvollen Juwelen. Der dritte Ball war der von Finanzwesen und Industrie und hieß „Merkur", und dann der „Matice"-Maskenball. . . . Ich verkehrte in der Gesellschaft im Alter von siebzehn bis dreiundzwanzig Jahren, und es wäre fast unmöglich, alle Bekannten aufzuzählen.

Euren Vater, liebe Kinder, kannte ich aus einem Prager Klub nur ganz oberflächlich, und aus uns wäre sicher kein Paar geworden, wäre da nicht die Hochzeit meiner Freundin Maruška Puppová gewesen, die Dr. Storch heiratete, einen Cousin unseres Vaters. Mein Begleiter, Dr. Koželuh, mußte im letzten Augenblick mit Joža Storchová gehen, und Maruška schlug mir aus dieser Verlegenheit heraus Euren Vater als Begleiter vor. Gleich im Wagen hat er mir klargemacht, daß er nicht gedenkt, um mich herumzutanzen wie um das goldene Kalb, und er war ziemlich aufgeblasen und eingebildet. Beim Gastmahl haben wir aber begonnen, uns übers Reisen zu unterhalten, und weil wir beide vieles kannten und daher viel gemeinsam hatten, kam die Unterhaltung bald in Schwung. Am Schluß sagte er dann, daß er sich vor dieser Hochzeit gefürchtet hatte, sich aber ausgezeichnet mit mir unterhalten hätte. Das war im April 1900. Im Herbst war eine Ausstellung in Paris, wohin auch ich mit den Eltern fuhr, und Luboš kam mir dorthin nach. Wir verlobten uns im Februar 1901 auf einer Schlittenfahrt in den Zbiroźské lesy (Zbirower Wäldern) im Schlößchen „U Třech Trubek" (Zu den drei Hörnern), wohin wir vom Direktor der Herrschaft Kolda eingeladen worden waren.

Großvater war natürlich mit meiner Wahl nicht einverstanden, nicht einmal Mutter und Vater. Ich hatte einen sehr schweren Stand, aber letztendlich hielten wir am 1. Oktober 1901 in der Kirche zum heiligen Heinrich Hochzeit. Auch die Familie meines Mannes hatte mich am Anfang nicht gern. Sie dachten schon, daß Vater nicht mehr heiraten werde und daß er bei den Montágs im Familienhaus bei der Mutter bleiben werde, umsorgt von seiner alten Amme Fána, die aus ihrer Feindseligkeit mir gegenüber kein Hehl machte. Es ist interessant, daß mich sowohl meine Schwiegermutter als auch die alte Fána gegen Ende ihres Lebens liebgewannen und ich beiden die Augen zudrückte. Die alte Fána hatte nach Großmutters Tod bei mir im dritten Stock ein Ausgedinge. . . .

Mein Gemahl, Dr. Luboš Jeřábek, war eine glänzende Erscheinung, ein edler Mensch und ein echter Gentleman. Vor allem aber war er ein leidenschaftlicher Patriot, ein Mensch mit goldenem Herz, voller Güte, begeistert für alles Schöne und Edle und gleichzeitig der gebildetste Mann, den ich je in meinem Leben getroffen habe. . . . In seiner Jugend studierte er Jura, nach dem Doktorat widmete er sich dem Gerichtsdienst. Als Gerichtsadjunkt habe ich Luboš geheiratet. Schon sehr bald zeigte sich bei ihm seine Berufung – die Liebe zu den alten Denkmälern und zum alten Prag, das die Spitzhacke der Moderne zu bedrohen begann. Mit einigen Freunden wie etwa Vilém Mrštík, Kamper, Emler und der Malerin Zdenka Braunerová gründete er zum Schutz der Prager Denkmäler den „Klub za starou Prahu" (Klub für das alte Prag), dessen langjähriger Vorsitzender er war. . . .

Als er Bezirksrichter in Prag war, kam eines schönen Tages Max Dvořák, Professor für Kunstgeschichte an der Universität Wien und Vorsitzender des Denkmalamtes in Wien, und forderte ihn auf, aus dem Gerichtsdienst überzuwechseln und den Vorstandsposten des Denkmalamtes für Böhmen und Mähren anzunehmen, das gerade geschaffen wurde. Dieses Amt existierte in Prag überhaupt nicht, und er sollte es eben einrichten. Anfangs war er direkt der Zentralkommission für Denkmalschutz in Wien und während der Republik dem Ministerium für Unterricht und Volksaufklärung unterstellt. Das alles kam erst später.

Nach der Hochzeit fuhren wir eine Woche auf den Špičák im Böhmerwald, und als es zu regnen begann, fuhren wir nach München, wo wir Galerien und Museen besuchten. Danach fuhren wir von Brieg nach Domodossola über den Simplon nach Italien, damals noch in einer sechsspannigen Postkutsche. An diese Fahrt erinnere ich mich immer gern. Natürlich fuhren wir nur dieses kurze Stück. Nicht, daß Ihr Euch vielleicht denkt, wir seien wie Goethe den ganzen Weg im Wagen gefahren. Von Domodossola fuhren wir nach Florenz, wo wir einen ganzen Monat blieben.

Nach der Rückkehr nach Prag übersiedelten wir ins Eckhaus am Komenského náměstí (Comenius-Platz), (nunmehr Náměstí Petra Osvoboditele). Es war eine hübsche Fünfzimmerwohnung, in der am 4. November 1902 unser kleiner Luboš zur Welt kam. Gleich nach der Hochzeit führte mich Vater zu seinen Bekannten. Unter den ersten war Dr. Rieger, ein wirklich imponierender und bewundernswerter Mann. Er war zu mir unendlich liebenswürdig und unterhielt sich mit mir über Wien, wohin er in seiner Tätigkeit als Abgeordneter oft fuhr. Lange konnte ich mich dieser Freundschaft allerdings nicht erfreuen, denn schon nach eineinhalb Jahren starb Rieger. Er hatte ein prachtvolles Begräbnis, wie ein König. Unser Vater war Alttscheche, genau wie der alte Direktor Matuš und der Abgeordnete Brabec, aber unser Vater hatte auch einen Jungtschechen als Freund, und das war Dr. Engel aus Karlsbad, ebenfalls Abgeordneter, der auch Trauzeuge bei unserer Hochzeit war. Treue Freunde waren uns auch die Pantůčeks. Er wurde später Präsident des Obersten Gerichtshofs und bereitete unseren Vater auf die Richterprüfung vor.

Unser Vater, ein großer Liebhaber des alten Prag und vor allem der Malá Strana (Kleinseite), konnte sich nicht an das moderne Viertel gewöhnen, und als bei den Frágners am Malostranské náměstí (Kleinseiter Ring) im zweiten Stock eine Wohnung frei wurde, übersiedelten wir dorthin. In dieser Wohnung kam am 2. Mai 1904 Vládíček zur Welt. Ich möchte noch hinzufügen, daß die ganze Zeit zwischen Luboševs und Vladíčeks Geburt meine Familie mit Vater keinen Kontakt pflegte, sie haben sich nach Luboš' Geburt so zerstritten, daß sie sich nicht einmal grüßten und ich nicht nach Holoubkov durfte. Daraufhin mietete unser Vater eine Sommerwohnung in der Villa Veiss in Černošice, wo wir fünf Jahre lang wohnten. Uns ging es dort glänzend, die Wohnung war hübsch, gemütlich, mit einer schönen Veranda und vor allem dem wunderschönen Ufer der Berounka. Niemals mehr haben wir später so ausgiebig das Baden genossen wie damals. Freilich hatte das auch seine Schattenseiten, denn die Nähe des Wassers zusammen mit Euch Buben ohne Sitzfleisch bereitete mir große Sorgen.

Eines schönen Tages, ungefähr im Jahre 1906 oder 1907, erschien völlig unerwartet bei der Fähre Großvater Pechar. Er kam zu Fuß aus Zbraslav und sagte kurz und bündig: „Ich hab' dir da eine Villa gekauft." Ich war davon keineswegs begeistert, denn die Lage der neuen Villa war nicht im entferntesten so schön wie die der Familie Veiss. Ein Jahr haben wir die Villa vermietet, und erst dann zogen wir – nach verschiedenen Reparaturen – dort ein. Die größten Veränderungen haben wir im Garten vorgenommen. Der gesamte untere Teil war nämlich ein Zwetschkengarten. Wir ließen nur einige Zwetschkenbäume stehen, den Rest bepflanzten wir mit verschiedenen Koniferen und Ziersträuchern und legten Rosenbeete an. Oberhalb der Wasserpumpe war ein Graben, in der Ihr Buben Wespennester ausgeräumt habt. Diesen Graben haben wir dann, als wir den Esel Lotka hatten, mit verschiedenem Material zugeschüttet und dort Blumenbeete angelegt. An der Stelle, wo beim oberen Eingang die Pergola ist, war ein riesengroßer Käfig, eine Volière, in der wir später Kaninchen züchteten und zuvor Lotka ihren Stall hatte. Von jedem Spaziergang in den Wald, wie auch später von der Riviera und den Alpen, brachten wir verschiedene Blumen in den Garten mit und freuten uns, wenn sie wurzelten.

Im Weltkrieg hatten wir eine Kuh, Schweine, Gänse und Geflügel, und gerade im Jahr 1914 kam auch unsere Minda hinzu, ein liebes schwarzes Pferdchen, das wir über 20 Jahre hatten und das uns nur Freude bereitete. Die Beschreibung von Černošice wäre nicht vollständig, wenn ich nicht auch auf alle unsere Hündchen zu sprechen käme, die unseren Garten bewachten: nämlich Ruslan, ein schottischer Schäferhund, dann Rek, einer der ersten Dobermanns in Böhmen, weiters Lady, ein aus Rußland eingeführter echter Schäferhund, deren Vater angeblich ein Wolf war. Dann kam eine ganze Generation brauner Dackel: Zaza, Fifka, Roklan und letztendlich Bročíček. Dann hatten wir noch Jerry, einen Airedale-Terrier; er war der süßeste Hund, den wir hatten. Dann, als er starb, kam Jerry der Zweite, der wie verrückt war; dann noch Gereček, den ein Zug überfahren hat. Später kamen noch die Rauhhaar-Foxterrier Poklínek, Čiki und ihre ganze Nachkommenschaft. Dazwischen gab es noch einige andere Hunde, aber an diesen sind wir nicht so gehangen. . . .

In der neuen Villa in Černošice wohnten wir nur im Parterre. Den ersten Stock vermieteten wir an die Familie Legler, die dort vier Jahre wohnte. Und erst nach Großvaters Tod im Jahre 1912 richteten wir die ganze Villa für uns alleine ein. Es kamen zu uns viele, viele interessante Leute gefahren, und ich bedauere sehr, daß ich kein Gästebuch führte, um mich an alle zu erinnern. . . .

Černošice

Im Sommer fuhren wir fast jedes Jahr während Vaters Urlaub von Černošice auf eine schöne Reise. Ihr Buben erinnert Euch sicher noch daran, daß Ihr für diese Zeit immer in Holoubkov wart. Wir waren im Seebad von Zoppot und machten öfter einen Abstecher nach Danzig, einer alten Hafenstadt, wo wir auf dem Weg in Breslau haltmachten. Ein anderes Mal waren wir in der Bretagne, in der Normandie und in Paris, auf den Inseln Jersey und Guernsey; später, als die Buben schon größer waren, waren wir im Seebad Rimini und in Venedig. Dann waren wir noch in Holland, und später haben wir die Reisezeit verlegt und fuhren im April der Sonne entgegen, in den Süden Italiens und nach Südfrankreich. Einmal waren wir auch in Nordafrika. . . .

Aber auch das Alltagsleben war in Černošice immer schön. Wir hatten eine liebe Nachbarschaft, die Familien Braun und Jánský. Beide Frauen waren meine Freundinnen, und ihre Buben – es waren fünf – waren Eure Spielgefährten. Dazu kamen später noch die zwei Buben von Professor Felix von der Technischen Hochschule. Wir hatten eine Insel auf der Berounka gepachtet, dort, wo jetzt die Pension Steimar steht, und jeden Nachmittag fuhren wir alle in einem Boot dorthin, badeten und fingen Köderfische.

Wir spielten auch oft Karten, vor allem mit den Jánskýs. Aber diese Familien wurden wirklich vom Unglück verfolgt: Im Weltkrieg starb Professor Jánský, ein sehr lieber und lustiger Mensch, an Angina pectoris. Sein Sohn Jenda starb schon mit zirka achtundzwanzig Jahren an Tuberkulose und sein älterer Bruder Sláva im Jahre 1940, schon als fertiger Arzt mit Ordination in Černošice, an Angina pectoris. Mařka Braunová starb kurz nach dem Weltkrieg an Blutsturz, wie zuvor schon ihre Schwester Sláva Šmídová und ihr Bruder Franci Braun. Der jüngste der Braun-Buben starb mit zweiunddreißig Jahren an Kinderlähmung.

Natürlich gab es in Eurer Kindheit nicht die Spur von all diesem Unglück; alle waren lustig, frisch und munter, und vor allem Ihr Kinder hattet großen Spaß. Ihr habt Euch zu einer Bande gegen die Buben vom Dorf zusammengeschlossen und richtige Schlachten geführt. Im Ofenrohr habt Ihr Euch Lehmkügelchen gebrannt und damit den Feind und seine Stellungen bombardiert. Daß Ihr Euch auch öfter verletzt habt, war wirklich kein Wunder. Einmal, bei der Belagerung des Ziegenstalls, bekam Vláďa einen Schuß beinahe ins Auge. Luboš kam zu mir und meldete lakonisch, daß sie dem Vláďa vielleicht gerade ein Auge ausgeschossen haben. Ein anderes Mal wieder habt Ihr sieben von mir eine ordentliche Tracht Prügel bekommen, als Ihr nämlich unten in der Sandgrube gekämpft habt und Dorfbuben von oben auf Euch

„gefeuert" haben. Es war wirklich ein Wunder, daß Ihr nicht verschüttet worden seid.

Die Chronik unserer Familie wäre nicht vollständig, würde ich nicht auch auf die Erzieherinnen unserer Kinder eingehen. Ihr Buben erinnert Euch sicher, wie die strenge Deutsche, Marta, mit dem Rohrstock in der Hand zwischen Euren Bettchen saß und – wenn Ihr nicht einschlafen wolltet – mit dem Stock auf die Tuchent schlug: „Wirst Du schlafen, Du dummer Bub!" Dabei erinnere ich mich an den ersten deutschen Ausspruch Vláďas: „Ich Affe!" – da hat er geprahlt, daß er schon Deutsch kann. Ein lustiger Vorfall war, als sich Vláďa im übermütigen Geschrei auf der Karlův most (Karlsbrücke) den Unterkiefer ausrenkte und den Mund nicht mehr zumachen konnte. Entsetzt hopste er herum, bis ihm die energische Marta durch eine gründliche Ohrfeige den Mund wieder zumachte.

Das genaue Gegenteil war die zweite Erzieherin, die Schweizerin Helène Margot, ein zierliches und hübsches Mädchen, das manchmal völlig ratlos Euren Lausbubenstreichen zusah. Und nur von Zeit zu Zeit machte sie sich Luft: „Sales crapauds!" Aber später ging trotz ihrer Sanftmut alles ganz gut, und Ihr Buben habt ihr brav gehorcht, sofern Euch nicht wieder irgendein Lausbubenstreich daran hinderte. Sie war bei uns bis zum Jahre 1914. . . . Danach wechselten wir in kürzeren Intervallen einige Erzieherinnen, bis zu uns für lange Zeit Fua, nunmehr verheiratete Beckerová, kam, die mir im Jahre 1928 drei Monate hindurch Kyška behandeln half, als sie diesen schrecklichen Scharlach mit acht schweren Komplikationen durchmachte. Ganze lange Nächte hindurch blieb sie aufopfernd mit mir bangend wach. . . . Sie war die letzte Erzieherin und blieb sieben Jahre lang bei uns.

Wir blieben immer fast bis Oktober in Černošice, weil Ihr die Volksschule zu Hause gemacht habt und Eure Lehrerin, Fräulein Jakubíčková zu Euch nach Černošice kam. Freilich, als Ihr dann das Gymnasium besucht habt, mußtet Ihr mit dem Zug hinfahren. Aber die Weihnachts- und Osterferien haben wir unter allen Umständen drau- ßen verbracht. Ihr seid auf all jenen Hängen Schlitten gefahren, wo heute eine endlose Reihe von Villen steht. Ich muß auch erwähnen, daß wir – als Ihr schon größer wart – in Černošice im Sommer neben Minda zwei Reitpferde hatten. Zuerst freuten wir uns wie Verrückte, aber dann war es beinahe eine Belastung, denn man mußte jeden Morgen ausreiten, andernfalls wurden die Pferde schrecklich wild, und da mußte mich unser Vater oder einer von Euch Buben begleiten. Ich erinnere mich, daß wir sehr weite Ausflüge machten, die Pferde haben wir nicht gerade geschont, weil wir es auch sechs Stunden im Sattel aushielten. Aber das Terrain ist in Černošice zum Reiten entschieden ungeeignet, und auch die Leute verfolgten dieses eher plutokratische Vergnügen mit fin- sterer Miene.

Unser Haus

Inzwischen hatten wir in Prag unsere Wohnung bei den Frágners aufgegeben, die für uns zu eng und klein war, weil Euer Vater und ich ständig irgendwelche Antiqui- täten, Möbel, Bilder, Keramiken, Stickereien und so wei- ter aufstöberten und kauften. Wir fanden eine Wohnung am Malostranské náměstí bei den Petzolds, wohnten dort zuerst in Miete, und erst später kauften mir meine Eltern dieses Haus. Als dann mein Vater 1915 in den Ruhestand trat, übersiedelten sie in die Wohnung über uns, wo zuvor Ema Destinová gewohnt hatte. Aber lange konnten sie sich der schön eingerichteten Wohnung nicht erfreuen, denn Vater starb plötzlich im Herbst 1919 in Holoubkov und Mutter im Februar 1920.

In dieser Wohnung lebten wir während des Weltkrie- ges, der uns aber irgendwie nicht schmerzhaft naherück- te. Es fehlte uns an nichts, in Černošice hatten wir eine Kuh, Schweine, Geflügel und dazu noch Minda, die uns

half, jeglichen Proviant aus der Umgebung zusammenzu-
bringen und auch nach Prag zu führen. Im zweiten
Kriegsjahr, im Frühling 1916, kam zu unserer großen
Freude unsere „Kytička" zur Welt, die soviel Freude und
Aufregung in unser Leben brachte, daß wir nicht dazu
kamen, richtig an den Krieg zu denken. . . .

Die schönste Zeit unseres Lebens war dann nach dem
Weltkrieg vom Jahre 1921 bis 1928, als Kyška einen sehr
schweren Scharlach durchzumachen hatte. Wir lebten
glücklich, sorgenfrei, führten ein schönes Gesellschaftsleben, denn alle Gesandten – ausgenommen der deutsche –
und das gesamte diplomatische Korps kamen zu uns auf
Jours, die bei uns stets am Donnerstag stattfanden. So
kamen manchmal auch achtzig Leute zusammen, und
man sprach alle möglichen Sprachen. Das war für mich
eine sehr gute Übung, und endlich konnte ich meine
Sprachkenntnisse zur Geltung bringen. . . .

Kyškas schwerer Scharlach war eine plötzliche Unter-
brechung dieses lustigen Gesellschaftslebens, das mich
dann schon nicht mehr so amüsierte. Die Kinder wuchsen
heran, und je größer sie wurden, desto mehr brauchten
sie mich. . . .

Übersetzung: Reinhard Buchberger

ZWEISPRACHIGES ORTSVERZEICHNIS

Bechyně – Bechin
Benešov – Beneschau
Beroun – Beraun
Berounka – Berauer Fluß
Beřkovice – Beřkowitz
Bohnice – Bohnitz (Prager Stadtteil)
Bochnija – Bochnia (Polen)
Bolevec – Bolewetz (Pilsen)
Borohrádek – Borohradek (Reichenau)
Borová – Borau (Pribislaw)
Božkov – Boschkow (Pilsen)
Brandýs nad Labem – Brandeis an der Elbe
Brandýs nad Orlicí – Brandeis an der Adler
Brno – Brünn
Bubeneč – Bubentsch (Prager Stadtteil)
Bubny – Bubny (Prager Stadtteil)
Černošice – Černošitz
Černovír – Tschernowier
Česká Kubice – Böhmisch Kubitzen
Česká Třebová – Böhmisch Trübau
České Budějovice – Budweis
Česko-moravská vrchovina – Böhmisch-Mährische Höhe
Český Brod – Böhmisch Brod
Cheb – Eger
Chlum – Kulm (Olmütz)
Choceň – Chotzen
Chrášťany – Groschau (Podersam)
Chvalkovice – Chwalkowitz (Olmütz)
Chuchle – Kuchelbad
Damirov – Damirow
Dębica – Debice (Polen)

Dobřany – Dobrzan
Děčín – Tetschen
Domažlice – Taus
Doudlevec – Doudlewetz (Pilsen)
Duchcov – Dux
Františkovy lázně – Franzensbad
Hlinsko – Hlinz
Holešovice – Holleschowitz (Prager Stadtteil)
Holoubkov – Holoubkau
Horní Jelení – Ober Jeleni
Hostomice – Hostomitz
Hostovice – Hottowies
Houšťka – Houschka
Hradec Králové – Königgrätz
Hrádek u Ústí nad Orlicí – Hradek bei Wildenschwert
Hradiště – Hradisch (Saaz)
Jelení (Horní) – Ober Jelení
Jihlava – Iglau
Jílové – Eule
Karlín – Karolinenthal (Prager Stadtteil)
Karlova Huť – Karlshütten
Karlovy Vary – Karlsbad
Karlštejn – Karlstein
Katusice – Katusitz
Kladruby – Kladrub an der Elbe
Klatovy – Klattau
Kolín – Kolin
Koryčany – Koritschan
Košíře – Koschirsch (Prager Stadtteil)
Košťany – Koschtan
Kováň – Kowan
Králíky – Grulich
Královice – Kralowitz (Schlan)
Kralupy nad Vltavou – Kralup an der Moldau
Krušovice – Kruschowitz
Křivoklát – Pürglitz
Kukleny – Kuklena

Kynžvart – Königswart
Kyselka – Gießhübl-Sauerbrunn
Kyšice – Kischitz (Pilsen)
Labe – Elbe
Labská Týnice – Elbeteinitz
Lány – Lana
Lanškroun – Landskron
Lenešice – Leneschitz
Liberec – Reichenberg
Libverda – Liebwerda
Lidice – Liditz
Lipany – Lipan (bei Böhmisch Brod)
Lipník – Leipnik
Litice – Littisch
Litoměřice – Leitmeritz
Litomyšl – Leitomischl
Litovel – Littau
Lobzí – Lobes (Pilsen)
Louny – Laun
Loznice – Loznica
Lovosice – Lobositz
Mariánské lázně – Marienbad
Mariánská skála – Marienberg (Aussig)
Meziměstí – Halbstadt
Mělník – Melnik
Milevsko – Mühlhausen
Místek – Mistek
Mladá Boleslav – Jung-Bunzlau
Mohelnice – Müglitz
Moravany – Morawan
Moravská Třebová – Mährisch Trübau
Mže – Mies (Fluß)
Nelahozeves – Mühlhausen (Welwaren)
Neratovice – Neratowitz
Nová Hospoda – Neuwirtshaus
Nová Huť (Nižbor) – Nischburg
Nové Hrady – Neuschloß (Hohenmauth)

Nové Mlýny – Neumühle
Nový Dvůr – Neuhof (Teplitz-Schönau)
Nový Jáchymov – Neu Joachimsthal (Pürglitz)
Nymburk – Nimburg
Oharka (heute: Ohře) – Eger (Fluß)
Olešna – Woleschna
Olomouc – Olmütz
Opava – Troppau
Orlík (Vorlik) – Worlik
Pardubice – Pardubitz
Pečky – Petschek (an der Staatsbahn)
Pelhřimov – Pilgram
Petrohrad – Petersburg (Böhmen)
Písek – Pisek
Plzeň – Pilsen
Podmokly – Bodenbach
Podolí – Podol (Prager Stadtteil)
Peruc – Perutz
Praha – Prag
Přemyšl – Przemysl (Polen)
Přibyslav – Přibislaw
Radbuza – Radbusa (Fluß)
Radlice – Radlitz (Prager Stadtteil)
Radnice – Radnitz
Radobice – Radobitz
Radovice – Radowitz (Schlan)
Rakovník – Rakonitz
Rokycany – Rokycan
Rozbělesí – Rosawitz (Bodenbach)
Roztoky – Rostok bei Prag
Saské Švýcarsko – Elbesandstein
Sázava – Sazau (Fluß)
Sedmihorky – Bad Wartenberg
Semily – Semil
Semonice – Semonitz
Sence – Senetz oder Sennetz (heute Pilsen)
Senohraby – Senohrab

Skrejchov – Skreichow
Slabce – Slabec (Rakonitz)
Slaný – Schlan
Smečno – Smetschno
Smíchov (Praha) – Smichov (Prager Stadtteil)
Starý Knín – Alt Knin
Svobodné dvory – Freihöfen (Königgrätz)
Šopka – Schopka (Melnik)
Špičák – Spitzberg (Böhmerwald)
Štěpánovo – Stefanau (Olmütz)
Tábor – Tabor
Teplá – Tepl (Pilsen)
Teplice – Teplitz-Schönau
Terezín – Theresienstadt
Tetín – Tetin
Tlučná – Tlutzna
Třebechovice – Hohenbruck
Turnov – Turnau
Týn nad Vltavou – Moldauthein
Týnec nad Labem – Elbeteinitz
Ústí nad Labem – Aussig an der Elbe
Ústí nad Orlicí – Wildenschwert
Veltrusy – Weltrus
Velvary – Welwaren
(Královské) Vinohrady – (Königliche) Weinberge (Prager
    Stadtteil)
Vimperk – Winterberg
Vltava – Moldau
Vršovice – Wrschowitz (Prager Stadtteil)
Vysoká nad Labem – Wisoka an der Elbe
Vysoké Mýto – Hohenmauth
(Královský) Vyšehrad – (Königlicher) Wyschehrad (Pra-
    ger Stadtteil)
Záběhlice – Zaběhlitz (Prager Stadtteil)
Zábřeh – Hohenstadt
Závist – Zawist
Zbiroh – Zbirow

Zbraslav – Königsaal
Zvíkov – Zwikow
Žatec – Saaz
Želenice – Sellnitz
Želkovice – Želkovitz
Žichlínek – Sichelsdorf
Žižkov – Žižkow (Prager Stadtteil)

QUELLEN

Václav Kotyška: Místopisný slovník Království českého, Praha 1895.

Allgemeines Postlexikon der im Reichsrate vertretenen Königreiche und Länder und des Fürstentums Lichtenstein, Wien 1906.

Josef Bělohlav: Praha. Adresář, Praha 1907.

Franz Řivnáč: Plan von Prag und Umgebung, Prag 1875.

Heribert Sturm (Hg.): Ortslexikon der böhmischen Länder 1910–1965, 2. Aufl., München 1995.

ANMERKUNGEN ZU PERSONEN UND INSTITUTIONEN

Akademický čtenářský spolek (Akademischer Leserbund): wissenschaftlicher und gesellschaftlicher Bildungsverein tschechischer Studenten, der die Zeitschrift „Akademické listy" (Akademische Blätter) herausgab. Gegründet 1849, wurde der Verein in den Jahren 1850 bis 1863 unterdrückt, erlebte ab 1868 einen Aufschwung und wurde 1889 offiziell aufgelöst.

Badeniho jazyková nařízení (die Badenische Sprachverordnungen): Badenis Regierung hat diese Sprachverordnungen, die die tschechische Sprache auch als zweite Amtssprache respektierten, im Jahr 1897 verlautbart. Die neue Regierung mußte diese Anordnung schon im Jahr 1898 zurücknehmen.

Čelakovský, František Ladislav (1799–1852): tschechischer Dichter, Journalist und Sammler von Volksliedern.

Česká beseda: Verein mit dem Ziel der Förderung des gesellschaftlichen Lebens der tschechischsprachigen Bevölkerung außerhalb von Böhmen und Mähren.

Grégr, Eduard (1827–1907): tschechischer Politiker, Landtags- und Reichsratsabgeordneter; ein bekannter Redner und Gründer der liberalen Jungtschechischen Partei.

Grégr, Julius (1831–1890): tschechischer Politiker; Bruder Eduard Grégrs; Gründer und Besitzer der „Národní listy", der wichtigsten tschechischen politischen Zeitschrift der zweiten Hälfte des 19. Jahrhunderts. Er zählte auch zu den Gründern der Jungtschechischen Partei.

Herrmann, Ignát (1854–1935): tschechischer Schriftsteller und Journalist, der in seinen Romanen und Erzählungen das Prager Alltagsleben seiner Zeit treffend beschreibt.

Hrubý, Eduard: Teilhaber an Jan Neffs Galanteriewarengeschäft.

Karafiát, Jan (1846–1929): evangelischer Priester und Journalist, der nach einem Studium in Deutschland und England unter dem Einfluß des schottischen Calvinismus stand und bestrebt war, die Anachronismen in der evangelischen Bibelübersetzung zu beseitigen. In seinem Hauptwerk, den „Broučci" (erschienen 1876), beschreibt er am Beispiel von mehreren Familien von Leuchtkäfern sinnbildlich das gesellschaftliche Leben.

Kolár, Josef Jiří (Pseudonym: Medanes) (1812–1896): tschechischer Schriftsteller, Dramatiker und Schauspieler.

Matice (wörtlich: Unterstützung, Fürsorge): Name eines Verlags, einer Zeitschrift und mehrerer tschechischer Vereine zur Förderung von Schulen und Bibliotheken. Der älteste von ihnen wurde 1836 von František Palacký zur Förderung der Herausgabe ursprünglicher tschechischer Literatur gegründet.

Měšťanská beseda (Bürgerressource): politisches und gesellschaftliches Zentrum der Prager Bürger; gegründet 1845, ab 1846 tätig. Es wurde zum Vorbild für die Gründung ähnlicher tschechischer „beseda" in anderen Städten. Es unterstützte Kulturvereine und arbeitete mit ihnen zusammen. Zu Beginn des 20. Jahrhunderts verlor es an Bedeutung.

Minerva: tschechischer Verein zur Förderung der Frauenbildung, der im Jahre 1890 in Prag das erste Gymnasium für Mädchen in der Habsburgermonarchie gründete. Besondere Verdienste erwarb sich dabei die Schriftstellerin Eliška Krásnohorská.

Náprstek, Vojtěch (ursprünglicher Name: Fingerhut) (1826–1894): tschechischer Aufklärer und Pädagoge, der auch die Emanzipationsbestrebungen der Frauen unterstützte.

Národní beseda: Name eines national gesinnten tschechischen Vereins bzw. ein Tanz, der ab 1848 sehr populär war.

Neff, Jan: bekannter tschechischer Kaufmann, der im Jahr 1863 das größte Prager Galanteriewarengeschäft gründete.

Rieger, František Ladislav (1813–1903): tschechischer Politiker; Gründer der konservativen Alttschechischen Partei.

Rukopisy Královédvorský a Zelenohorský (Handschriften von Königinhof und Grünberg): (gefälschter) Zyklus von angeblich aus dem 13. Jahrhundert stammenden Dichtungen, der die Altertümlichkeit der slawischen Kultur beweisen sollte. Die Schriften wurden in den Jahren 1817/18 von Václav Hanka verfaßt und inspirierten in der Folge zahlreiche tschechische Künstler. In den achtziger Jahren des 19. Jahrhunderts wurde die Fälschung der Handschriften wissenschaftlich (besonders von T. G. Masaryk) nachgewiesen.

Strous(s)berg, Bethel Hary: Großunternehmer und Eigentümer der Eisenwerke in Böhmen, genannt „König der Eisenbahn"; 1875 machte er nach Finanzspekulationen Bankrott.

Svatobor: karitativer Verein, der 1862 zur Förderung der tschechischen Schriftsteller und ihrer Familien gegründet wurde. An der Spitze stand František Palacký, später František Ladislav Rieger.

Umělecká beseda: 1861 gegründeter Verein zur Förderung des künstlerischen Schaffens im nationalen Geist. Zu seinen Begründern gehörte Julius Grégr. Der Verein organisierte in der zweiten Hälfte des 19. Jahrhunderts zahlreiche Ausstellungen, Konzerte usw. und war fester Bestandteil des tschechischen Kulturlebens.

Vinařický, Karel Alois (Pseudonym: Karel Slánský) 1803–1896): Geistlicher und Schriftsteller, dessen Werke heute mit Ausnahme seiner Kinderlesebücher fast vergessen sind.

Jan Baše
Geburtsort: Opočno
Berufliche Stationen: Praha, Sarajevo, Maglaj, Trebrinje, Sarajevo, Loznica, Sarajevo, Beograd
Lebensabend: Praha

Eduard Bazika
Geburtsort: Olešná
Berufliche Stationen: Wien, Pardubice, Praha, Roztoky, Podmokly, Olomouc, Praha, Kralupy, Praha
Lebensabend: Praha

Antonín Böhm
Geburtsort: Chrudim
Berufliche Stationen: Chrudim, Plzeň, Praha, Písek, Semily, Pelhřimov
Lebensabend: Týn nad Vltavou

Karel Fasse
Geburtsort: Praha
Berufliche Stationen: Louny, Podmokly, Praha, Wien, Praha
Lebensabend: Praha

Luisa Hálová
Geburtsort: Turnov
Berufliche Stationen: Domažlice, Dobřany, Kladruby, Mladá Boleslav, Turnov, Kradec Králové, Chrudim
Lebensabend: Praha

Františka Marková-Jeřábková
Geburtsort: Teplice
Berufliche Stationen: Podmokly, Wien, Praha
Lebensabend: Praha

Jindřich a Ludmila Matiegkovi
Geburtsort J. Matiěgka: Benešov
Geburtsort L. Matiegková: Lovosice
Berufliche Stationen: Lovosice, Praha
Lebensabend: Mělník

František Procházka
Geburtsort: Slaný
Berufliche Stationen: Velvary, Kralupy, Praha
Lebensabend: Praha

František Vaniš
Geburtsort: Horní Jelení
Berufliche Stationen: Praha, Milevsko, Chotěboř, Hradec Králo-
vé, Praha, Rakovník, Praha, Rakovník
Lebensabend: Rakovník

Jan Vojáček
Geburtsort: Praha
Berufliche Stationen: Budapest, Genève, Praha, England
Lebensabend: Praha

bóhlau Wien neu

„Damit es nicht verlorengeht ..."
Herausgegeben von
Michael Mitterauer und Peter P. Kloß

Eine Auswahl:
30: Pavla Vošahlíková (Hg.)
Auf der Walz.
Erinnerungen böhmischer Handwerksgesellen.
1994. 333 S. m. 16 S. SW-Abb. u. 5 Plänen. Geb.
ISBN 3-205-98147-2
33: Jana Losová (Hg.)
Kindheit in Böhmen und Mähren.
1996. 414 S. m. 16 S. SW-Abb. Geb.
ISBN 3-205-98215-0
36: Erhard Chvojka / Jana Losová (Hg.)
Großväter.
Enkelkinder erinnern sich.
1997. 243 S. m. 8 S. SW-Abb. Geb.
ISBN 3-205-98170-7
37: Pavla Vošahlíková (Hg.)
Von Amts wegen.
K. k. Beamte erzählen.
1998. 374 S. m. 8 SW-Abb. Geb.
ISBN 3-205-98418-8
38: Gert Dressel / Günter Müller (Hg.)
Geboren 1916.
Neun Lebensbilder einer Generation.
1996. 456 S. m. 16 S. SW-Abb. Geb.
ISBN 3-205-98492-7

bóhlau Wien

bóhlau Wien neu

39: Agota Bartnykaité-Savickiené
„Ein Dorf zwischen großen Wäldern".
Übersetzt, bearbeitet und mit einem Nachwort
.versehen von Manfred Klein.
1997. 309 S. m. 8 S. SW-Abb., 2 Karten,
2 Skizzen u. 1 Faksimile. Geb.
ISBN 3-205-98613-X

40: Maria Schuster
Auf der Schattseite.
Bearbeitet und mit einem Vorwort versehen
von Günter Müller.
1997. 297 S. m. 19 SW-Abb., 2 Stammtafeln. Geb.
ISBN 3-205-98781-0

41: Anna Hartmann
Erinnerungen einer alten Wienerin.
Herausgegeben und bearbeitet von Erika Flemmich.
1998. 442 S. m. 23 SW-Abb., 1 Stammtafel. Geb.
ISBN 3-205-98848-5

42: Peter Gutschner (Hg.)
„Ja, was wissen denn die Großen ...".
Arbeiterkindheit in Stadt und Land.
1998. 373 S. m. 20 SW-Abb. Geb.
ISBN 3-205-98916-3

43: Barbara Passrugger
Mein neues Leben.
Herausgegeben, bearbeitet und mit einer Einleitung
versehen von Therese Weber.
1998. 209 S. m. 23 SW-Abb. Geb.
ISBN 3-205-98917-1

Weitere Bände sind in Vorbereitung

bóhlau Wien

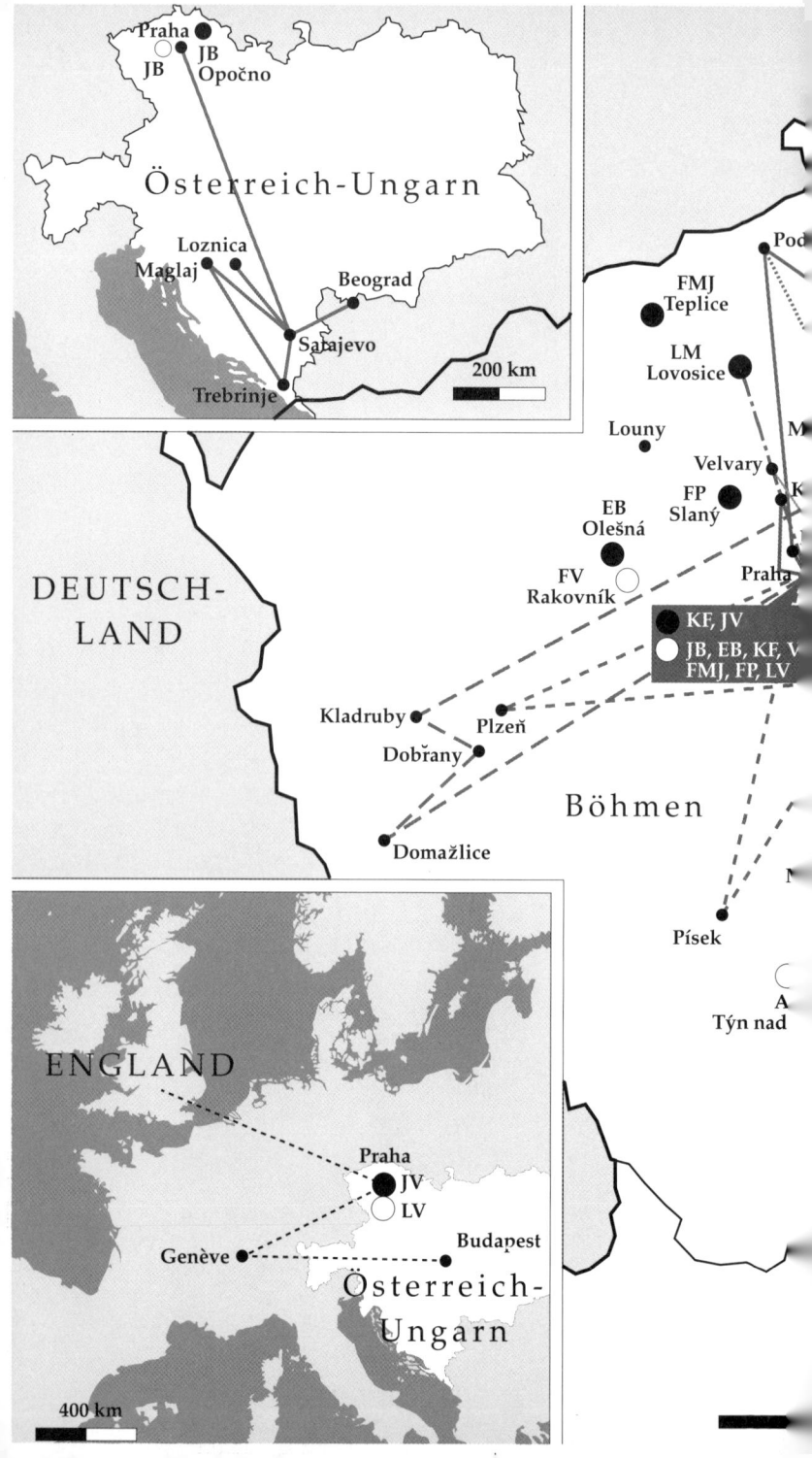

Österreich-Ungarn

Praha
JB
JB
Opočno

Loznica
Maglaj
Beograd
Sarajevo
Trebrinje

200 km

Pod
FMJ
Teplice

LM
Lovosice

Louny
M

Velvary
K
FP
Slaný

EB
Olešná

Praha

FV
Rakovník

KF, JV
JB, EB, KF, V
FMJ, FP, LV

**DEUTSCH-
LAND**

Kladruby
Plzeň
Dobřany

Böhmen

Domažlice

M

Písek

A
Týn nad

ENGLAND

Praha
JV
LV

Genève
Budapest

**Österreich-
Ungarn**

400 km